怎样做人与成才

ZENYANG ZUOREN YU CHENGCAI

——优秀教师教育生涯启示录

于国英 于东红｜编著

中国言实出版社

图书在版编目（CIP）数据

怎样做人与成才 / 于国英，于东红编著. -- 北京：
中国言实出版社，2020.3

ISBN 978 - 7 - 5171 - 3418 - 3

Ⅰ.①怎… Ⅱ.①于…②于… Ⅲ.①家庭教育
Ⅳ.①G78

中国版本图书馆 CIP 数据核字（2020）第 007108 号

责任编辑 王蕙子
责任校对 王建玲

出版发行 中国言实出版社
　　　　地　址：北京市朝阳区北苑路 180 号加利大厦 5 号楼 105 室
　　　　邮　编：100101
　　　　编辑部：北京市海淀区花园路 6 号院 B 座 6 层
　　　　邮　编：100088
　　　　电　话：64924853（总编室）　64924716（发行部）
　　　　网　址：www.zgyscbs.cn
　　　　E - mail：zgyscbs@263.net

经　　销 新华书店
印　　刷 三河市华东印刷有限公司
版　　次 2021 年 1 月第 1 版　　2021 年 1 月第 1 次印刷
规　　格 710 毫米 × 1000 毫米　　1/16　　21.5 印张
字　　数 390 千字
定　　价 78.00 元　　ISBN 978 - 7 - 5171 - 3418 - 3

换了人间

一

自从盘古开天地,三皇五帝到于今。

中华历练五千年,文明大国传世界。

神农尝百草,燧人创火焰,炎黄造文明。

四大发明我为先。

夏商周秦汉,文化大发展。

唐宋兴百业,元朝大无垠。

成败兴衰多少事,换了人间。

二

改革开放,教育兴国,创业创新走向前。

复兴中华,圆梦中国,统一大业定实现!

繁荣昌盛,奔向一流,锦绣山河笑开颜。

紧跟党走,面向世界。

可上太空建站,可下海洋勘探。

俱古今,论杰出人才,还数今天。

目 录
CONTENTS

第四篇　初中篇

第五篇　高中篇

第六篇　大学篇

第一篇

01

| 启 蒙 篇 |

读书学习特重要,科技知识装大脑。
勇攀高峰不停步,争取人生更美好。

第一章

关爱孩子,关注未来

　　父母是孩子的启蒙老师,哺育培养教育孩子是家长的第一要务。父母的教育对孩子的身心健康、思想道德和学业进步等各方面的修养成长起着至关重要的作用。因此父母要更新家庭观念,采用科学的教育方法,让孩子品学兼优,这对下一代的成长,对祖国的未来,有着极其重大深远的意义。

第一节　培养教育子女的重要性

　　"怎样做人与成才"这是人生的两件大事,必须从小抓起,从娃娃抓起。养花栽树的人,首先要懂得养花栽树的方法,花才能养得好树才能长得壮。工人生产产品,首先要明白制造产品的方法,才能造出合格的产品。农民种庄稼,首先得掌握各种庄稼的性能和种植方法,方能有好的收获。同样教育孩子先要了解孩子,然后采用科学的教育方法,才能把孩子教育好。父母能否掌握科学的教育方法,对孩子今后的成败,起着至关重要的作用。为什么呢? 这是因为少年是祖国的花朵,他们是未来的接班人,肩负着今后保卫祖国、建设祖国的重任。少年盛则国盛,少年强则国强。这是放之四海而皆准的真理。历史已经证明,"落后就要挨打"。例如我国汉唐时强盛,所以当时社会繁荣,与各国来往频繁,受到别国的尊重。而清朝后期,由于统治者腐败无能,不重视科学教育,因此落后挨打,受尽了列强的凌辱和欺负! 割地赔款,中国人民受尽欺压屈辱的百年历史,也是激励中国人民不忘过去奋发图强的奋斗史。

　　曾有人说:一个国家的命运与其说是掌握在掌权者手中,不如说是掌握在父母亲的手里。为什么这样说呢? 这是因为社会必然要由新一代承担,而父母正肩负着培养教育、塑造未来接班人的重任。由此可知,父母的教育观念、教育态度、教育方法,以及教育水平和文化素养等,是十分重要的,也是和孩子密切相关的。

　　父母是孩子的第一任老师,也是孩子最亲近的人。父母和孩子从小就生活在一起,因此对孩子的影响最大,最深,也是必然的。但是影响青少年成长的,除父母的因素外,还有学校教育、社会教育等多种因素。

学校教育对学生的成长同样极其重要。因为学校是专门教育学生的机构,对学生的德智体诸方面发展,起着极其重要的作用。家长把子女送入学校后,应经常和孩子沟通,了解孩子的思想学业情况,同时也要和老师联系,了解孩子的思想动态情况及在校表现,共同培养教育好子女。

社会教育对青少年也十分重要。社会教育是指学校和家庭以外的社会文化教育机构、团体组织所施加的影响及教育,如图书馆、博物馆、文化馆、展览馆、俱乐部、少年宫等,这些机关藏书丰富,内容全面,形式多样,各有特色。对人民群众,特别是少年儿童的启迪和传教十分有利,能使他们开阔眼界,提升素质,提高能力,增强兴趣,能补充在学校教育中学不到的知识。所以家长、学校应经常引领孩子组织学生到各个活动机关去学习、活动,很有好处。

社会是个大熔炉,世界之大,无奇不有,因此家长应让孩子多参加一些社会活动,磨炼自己,这对增强孩子的道德修养、坚强毅力、了解社会等都有好处,对他们今后走上工作岗位、提升工作能力都有益处!

特别是当今社会,科学在日新月异发展,社会在夜以继日进步,竞争越来越激烈。"各国的竞争说到底是人才的竞争。"这充分说明人才的重要性,培养德才兼备有某种特长的人才的紧迫性。

国家的强盛与否,在科学;科学的进步与否,在少年;少年的成才与否,在培养;培养的成功与否,在家长、学校和社会。所以希望家长精心培养教育孩子茁壮成长,并且配合学校社会共同努力,把青少年培养成德才兼备的高科技人才,成为将来保卫祖国、建设祖国的栋梁之才!

第二节　古代父母怎样教育子女

我国古代自夏朝建立家天下以来,经过奴隶社会、封建社会和半封建半殖民地社会,历经几千年的改朝换代,在家庭教育子女方面,大致分为三种类型。

第一类为世袭制。如帝王、诸侯、受封有功之卧为世袭制。比如老子死了由儿子继承,儿子死了由孙子继承。第二类是官宦有钱人家、读书人等,通过科举考试进入统治阶层。这类家庭,父母对培养教育子女特别重视,大多有家教、家规、家训制度,或请家庭教师对子女进行严格教育和培养,力求使其长大成才,光耀门庭。如《孔子家语》、《颜氏家训》、《朱子格言》、《曾氏家书》等,这些家教、家规和家训都是古人修身齐家治国平天下的真实写照,也是现代人成家立业为人处世的绝句箴言。第三类是有关劳动人民的教育。其一,统治者为了巩固自己的统治,害怕人民反抗,所以对劳动人民采取愚民政策,通过封建迷信宣传皇帝是天之骄子,理应统治人民,人的一生是由命运决定的等。其二,大力宣传迷信,让民众信仰神仙鬼怪等事物。通过迷信来迷惑愚弄人民,以达到统治广大劳动人民、巩固自己统治地位的目的。其三,旧社会由于科学不发达,所以生产力落后,生产水平低下,再加上统治者的剥削,劳动人民的生活十分艰苦,有时碰上灾年或战乱瘟疫,连性命都不保。东汉诗人王粲写道,"出门无所见,白骨蔽平原";唐代诗人杜甫有诗曰,"朱门酒肉臭,路有冻死骨"。社会是如此不公平,广大劳动人民连吃穿住都难保,哪有钱供子女读书呢;整天愁肠满腹,在死亡线上挣扎,哪有精力教育子女呢!而且父母们大多不识字,社会90%的劳苦大众被剥夺了读书的权利,90%以上的穷人不识字。这是多么可悲的事啊!旧社会由于广大劳动人民失去了受教育的权利,再加上统治者不重视科学文化的教育,不重视对青少年科学文化的教育和培养,因而形成了恶性循环。几千年来,社会发展缓慢,落后于西方列强上百年,受尽列强的欺负和凌辱。

鲁迅先生痛斥旧社会的罪恶,曾悲愤地写道:"中国的孩子,只要生,不管他好不好,只要多,不管他才不才。生他的人,不负教他的责任。虽然,人口众多,这一句话,很可以闭了眼睛自负,然而这样多人口,便只在尘土中辗转,小的时候,不把他当人,大了以后,也做不了人。"这是旧社会的罪恶,是统治阶级造成的。对父母没有重视子女的培养与教育,造成人口素质低下,鲁迅先生表现出无比的忧虑之情。

第三节　古代教子有方的父母

在古代,不仅统治者对广大劳动人民采取愚民政策,对科学文化知识也不够重视,有的甚至记恨读书人。例如秦始皇为了巩固自己的封建专制,曾经"焚书坑儒",烧毁了许多书籍,杀害了许多儒生。但不仅没有起到维持统治的作用,反而更加速了秦朝的灭亡。

尽管如此,各朝各代也不完全相同。例如"贞观之治""康熙盛世"等时期就比较重视文化知识。应该特别指出的是,不管哪个朝代都有文人志士,十分重视科学文化的学习和发展,同时也十分重视对子女的培养教育。因为他们认为大而言之,读书是成才的阶梯,有助于将来报效祖国,建功立业。小而言之,读书是支撑门户发家致富，甚至是光宗耀祖的主要渠道。因此对子女的教育，特别是对男子的教育特别严格，大部分家庭都有家规，或专门请有关教师传授"四书五经"或武术等知识本领。这样的事例很多，各朝各代都有。例如，人们家喻户晓的"杨家将"，由于杨继业、佘太君教子有方，杨家代代忠臣，比如七郎八虎出幽州，为保卫大宋江山，大郎替宋王而死，二郎被铜锏砸死，三郎被马踏死，四郎落入北地，五郎被迫出家，七郎被害致死，等等。正如在京剧《杨家将》里佘太君唱的一样，"使我杨家死的死来亡的亡，只留下沙子澄金杨六郎。"杨继业也被逼无奈，在李陵碑前碰死。更悲壮的还有"佘太君挂帅""穆桂英挂帅""十二寡妇征西"等事迹，终于打败了辽国和西夏，保卫了宋朝的大好江山。还有"薛仁贵征东""薛丁山、樊梨花征西""戚家军"，等等，他们都是教子典型、保家卫国的模范。

又如妇孺皆知的"孟母三迁"。说的是孟轲从小丧父，和母亲相依为命地生活。母子俩虽然生活艰苦，但孟母不但关心儿子的身体成长，更关心他的学业和品德修养。因此，孟母对孟子的教育要求很严。据说他们家原先靠近坟茔，孟轲就老在墓间玩耍。孟母觉得老这样不好，无奈就把家搬到集市附近，不料孟轲又学起了商贾买卖之事，斤斤计较。孟母认为这样也不好，不得已孟母又把家搬到学校附近，这样才安定下来。但是又过了不久，孟母发现孟轲仍贪玩，不努力学习，有一次孟轲不好好学习，逃回家来。这时孟母正在织布，看到儿子这样不争气，气得厉害，当场拿起剪刀把织布机上的毛线剪断了，并且生气地说："你这样不争气，半途而废，就像我剪断织线一样。中途废学是什么事也做不成的啊！"孟轲听后，大为震动，无比羞愧，猛然醒悟，于是发奋苦读，后来终于成为儒家大师和伟大的思想家。这就是从战国时期一直传到现在的家喻户晓的"孟母三迁"的故事。《三字经》中说："昔孟母，择邻处，子不学，断机杼。"讲的就是这件事。孟母教育子女，既耐心又严厉，并且讲究方法，是很值得父母们借鉴和学习的。

又如南宋时期相州汤阴县岳家庄岳飞的母亲姚氏，就是一位知书达礼、教子有方的好母亲。据传岳飞年幼时，由于家乡洪灾而丧父，他和母亲流落到河北大名府黄县麒麟村，在王员外家过着寄人篱下的生活，生活清贫，且孤苦伶仃，但岳母仍不忘教子。从外面用簸箕铲些沙土，摘点柳枝回家，用撒在地上或桌上的沙土亲手教岳飞读书写字。刚开始姚氏用柳枝手把手地教岳飞写字，慢慢地岳飞自己会写了，从此后岳飞朝夕读书写字，大有长进。

这还不算，更重要的是"岳母刺字"，更显示岳母的品德之高尚。她教育儿子要养成忠、孝、节、义等好品德，为国家出力。岳母担心儿子今后贪图富贵，于是就让岳飞到外面买了香烛等设在中堂，然后岳母带着媳妇出来，在神圣家庙之前奉香点烛，拜过天地祖宗，然后叫岳飞跪下，媳妇磨墨，岳母说道："做娘的见你甘守清贫,不贪浊富,是极好的了。但恐我死后,又有那些不肖之徒前来勾引,倘我儿一时失志,做出些不忠之事,岂不把半世英名丧于一旦?故我今日祝告天地祖宗,要在你背上刺下'精忠报国'四字。"然后将绣花针拿在手中,在他背上一刺,只见岳飞的肉一耸。岳母问:"我儿疼吗?"岳飞道:"母亲刺也没刺,怎问孩儿疼不疼?"岳母流泪道:"我儿! 你恐怕做娘的手软,故说不疼。"就咬着牙根而刺,刺完将醋墨涂上,便永远不褪色了。岳飞起来,感谢了母亲训子之恩。

这段母子对话,实在让人感动。岳飞在岳母的教导下,一生精忠报国,流芳百世。岳母实在是品德高尚、教子有方的楷模!

再举一例,是关于曾子以身作则教育儿子要诚实的。事情是这样的:有一次,曾子的妻子要到集市上买东西,六七岁的孩子听到也嚷嚷着要跟妈妈上街,妈妈对儿子说:"好孩子,你就和爸爸在家玩儿吧,等妈妈回来后杀猪给你吃。"孩子听了以后就很听话地不走了。

等到曾子的妻子从集市上买完东西回家后,大吃一惊,原来曾子果然把猪杀了! 妻子说:"我是和儿子说着玩儿呢,你怎么能当真呢。"曾子说:"大人对孩子要诚信,不能说假话,说假话对孩子影响不好,会教坏孩子的。"妻子哑口无言。

曾子也是战国时的思想家。他提出"吾日三省吾身"的说法。意思是每天晚上检查自己三次:一是看自己替人家谋虑是否不够尽心? 二是检查自己和朋友交往是否诚心? 三是老师传授的学业是不是反复练习实践了呢? 结合实际,以身作则,严格要求自己,实事求是地培养教育子女的做法是值得我们学习的。

我国古代教子有方的事例很多,各朝各代层出不穷,如"窦燕山,有义方,教五子,名俱扬。"另外,还有《三娘教子》《颜母教子》等。用不着多举例,也可以使人们明白,在我国古代有许多品学兼优教子有方的父母,他们是佼佼者,为祖国和人民培养了千千万万的才华出众的各类人才,是中华民族五千年来长盛不衰的根本原因,他们永远是我们后辈学习的榜样!

我们应该牢记,每个子女的成才背后都有父母的精心培养和教育。父母是子女的启蒙老师,也是最重要的老师。

第四节　向古代有志青年学习

在我国古代,虽然统治者对广大平民的教育不够重视,但是仍有许多品学兼优的人才报效祖国,这与教子有方的父母密不可分。当今的父母不仅要自己学习古代教育有方的那些父母的楷模事迹,而且要教育孩子向古代有志青年学习。学习他们志向高远、刻苦读书、不怕困难、坚持不懈、顽强拼搏、勇于攀登的精神。当然，时代不同了，现在和过去相比，无论哪一方面都进步了许多，但是古代青少年那种生命不息、奋斗不止的精神，永远是人们学习的榜样。

例如战国时期的苏秦，决心读书成才，读书时夜以继日，困倦时就用锥子刺大腿以提神，然后继续读书。西汉人孙敬刻苦读书，深夜读书时为了预防打盹儿瞌睡，就把头发拴住用绳子吊在梁上。这就是著名的"头悬梁，锥刺股"的故事。

晋代人车胤小时候特别爱读书，可是由于家贫无钱买油点灯，到晚上就不能读书，怎么办呢？他看到夏夜萤火虫飞来飞去，发出亮光，于是就想办法把萤火虫捉住装在瓶子里，夜晚用其照明读书。孙康同样酷爱读书，可是由于家贫无油点灯，冬日就坐在院子里，借着雪的反光来读书。这就是有名的"囊萤映雪"。后来二人都成为当时非常著名的学者。又有幼年好学成才的神童如祖莹八岁能咏诗，李泌七岁能赋棋。

汉代朱买臣，靠卖柴维持生计，常常一面背着柴火一面读书，称之为"负薪"；隋朝的李密因家贫给人放牛，出去回来时把书挂在牛角上，边放牧边读书，这就是著名的"负薪挂角"。二人刻苦学习，终于成才，同时他们的学习故事也成为后人的美谈。

另外还有因家庭贫困无钱上学，更无钱买书读书，但在读书意愿的驱使下借书抄书而读的青少年。如西汉人路温舒，家贫无钱买书买纸，就利用放羊的时间将蒲草编成席，借书抄在上面诵读。西汉人公孙弘，因家穷，给人放猪，把竹子削尖，用来抄写书籍学习。除此以外，还有凿壁借光读书者，有割席而读书者，有划粥而食读书者，等等，不胜枚举。特别应该指出的是，过去的封建统治者重男轻女，宣传什么"三纲""贞洁""女子无才便是德"，等等，但在我国历史上仍然出现了许多巾帼英雄。如南北朝时期的"花木兰代父从军"，唐代的"樊梨花征西"，宋代的"佘太君挂帅"等，古代的女才子，还有东汉时期的蔡文姬，南宋时期的李清照等。

在我国古代，有无数有志青少年热爱读书、克服各种困难、终于成才的故事，对后辈的有志青年有着重要的启迪教育作用！

常言道：有志者事竟成！科学家钱学森也曾说，"不要失去信心，只要坚持不懈，就会有好的成果"，确实是这样。

第二章

家庭教育是孩子成长的启蒙

　　家庭是孩子成长的摇篮。父母在教育孩子方面要同心同德、言传身教,并要提升自身的素质,多和孩子沟通,并在德、智、体、美、劳等方面下功夫,努力把孩子培养教育成品学兼优的人才,将来成为优秀的接班人。

第一节　伟大的母爱,怎样当母亲

　　母爱是人类最伟大的爱。

　　母亲肩负着对孩子的教育责任,任务艰巨,光荣而伟大。但是母亲们的家教水平参差不齐,影响着子女们的发展和提高。这主要表现在以下几个方面:

　　一是有的妈妈盲目地溺爱孩子。由于现在独生子女多,把孩子当作小皇帝;有的妈妈甚至孩子犯了错也不加制止,认为大了就会明白。不想却使孩子养成唯我独尊、横行霸道,不听话、不求上进的坏毛病、坏习惯!给家庭造成麻烦,甚至给社会带来坏处。

　　二是有的母亲因为过分溺爱孩子,所以情愿给孩子当保姆。为了孩子什么都做一包到底。本来孩子能做的也不让孩子做,全由自己包办代替,养成了孩子衣来伸手饭来张口的坏习惯,也会让孩子养成好吃懒做、依赖别人的坏毛病。而且长大了以后什么都不会做、不会干。母亲的这种教育子女的方法是不可取的。正确的方法是要从小培养孩子自立自信自强的意识,培养孩子各方面的能力。其中也包括热爱劳动、有创造性的劳动能力,这样才是正确的,因为父母总会老的,孩子总要自主独立的,及早培养孩子的独立生存能力有好处。

　　三是仍有许多母亲在教育孩子上的观点存在片面性,只看重子女的学业成绩,关注学习分数的高低,而忽视了对子女道德品质、文明礼貌、为人处世等方面的教育,方法也缺乏科学性。只看重结果,不重视过程,表现为简单粗暴,急于求成或恨铁不成钢;不是因材施教、沟通鼓励引导,而是强迫命令,还常有体罚夹杂其中。虽然是少数,也不应该这样,有时会让孩子产生逆反心理而出走。更有甚者,母亲因子女学习成绩不好,对其辱骂体罚,造成孩子自杀的悲剧。所以作为母亲,在教育孩子方面,既要做良母,以身作则,又要因材施教、相互沟通,还要善于引导、科学教育,更要教子有方,培养孩子能力。

那么,怎样做才算一位合格的好母亲呢?作为一个好母亲,不仅自身各方面要好,严格要求自己的一言一行做好子女的表率,不仅要关心孩子身体健康成长,关心他们的学习和成绩,更要关心他们的思想品德,常抓不懈,这是特别重要的。我国古代的许多好母亲,堪称家教的楷模,很值得我们今天的母亲借鉴和学习。

古语道:"玉不琢,不成器。人不学,不知义。""少壮不努力,老大徒伤悲。"这说明子女的成才与否,全在于后天的培养教育,而母亲又是和子女朝夕相处、形影不离的人,是孩子的启蒙老师,母亲对孩子的影响和教育,对孩子的成长以至将来发展成才,起着极其重要的作用。从古到今,历朝历代伟人名人英雄模范科学家等人物的成功,都离不开慈母的培育影响,离不开家庭的教育和引导,更离不开好家庭的家教家规和家风。

现在党中央国务院高度重视人才的培养,提出"大众创业,万众创新"的口号。为父母们培养教育子女提出了新的任务,为子女们成才创业创新提出了新的奋斗目标,特别是当今社会,孩子不仅属于父母家庭,也属于社会国家,他们的成功与否直接影响到国家的强盛。怎样做一个教子有方的母亲呢?应该从以下几个方面努力。

1. 培养教育子女必须从娃娃抓起。

2. 父母是孩子最好的老师。因此要求父母要处处做孩子的榜样。格言说"家长好示范,孩子好习惯",言传身教十分重要。

3. 要采用科学的教育方法,对孩子既不溺爱,也不能打骂责罚,而是要和孩子沟通,了解孩子的思想,然后讲明道理,多鼓励少批评。

4. 孩子的思想教育要常抓不懈,要贯穿于学习和生活的各个方面。

5. 母亲对孩子的爱要适度。既是慈母,又要严格要求,家长也要不断地学习,做一个与时俱进的好母亲,不断提高自己的素质和能力水平。

6. 在教育子女方面,要根据孩子的年龄特点分段进行,要各有各的侧重,而且要循序渐进,这是十分重要的,眉毛胡子一把抓,成效甚微。

7. 要培养教育子女养成良好的习惯,这是终身受用的事情,俗话说习惯成自然,可见养成好习惯的重要性。

8. 培养教育孩子从小树立远大的理想。有位哲人说:"目标越高,责任越强,成就越大。"一个胸无大志、鼠目寸光的人是没有前途的。

9. 人贵有志,学贵有恒。培养教育子女在学习工作生活中要有恒心,有韧劲,有钻劲,要敢于吃苦,不怕困难,这是一切事业成功的保证。

10. 要培养教育孩子从小确立自信自立自强的思想意识,着重培养孩子提高素质,提高能力,掌握科学学习方法,要善学善思,学用结合,切忌形成死板书呆子气,要有发明创新的意识。

11. 要根据孩子的素质、兴趣、爱好、特长来引导培养孩子,多和孩子沟通,让孩子有选择的空间,因材施教,"条条大路通罗马"。切忌强迫命令以致弄巧成拙。

12. 英国剧作家莎士比亚曾说,"千万人的失败都失败在做事不彻底,往往做到离成功差一点就不做了"。这是多么可惜的事啊。必须教育子女要活到老,学到老,为把我国建设成为社会主义强国,为实现中国梦而努力奋斗。

每年公历 5 月的第二个周日是母亲节,这说明世界人民对伟大母亲的敬仰和尊重。诗曰:贤妻良母度一生,酸甜苦辣也能忍! 母亲品德特伟大,千辛万苦育后人。

第二节 父爱是一种责任,怎样做父亲

父爱伟岸如青山,温暖如阳光,宽容如江海。

父爱是一种责任,父爱在父亲的言语里、眼神中、行动中和背影里。

我们现在怎样做父亲,这是鲁迅先生在 20 世纪初就提出的一个发人深思的问题。

古往今来,为人父者以自己的行动,对这个问题做出了各种各样的回答。其中当然不乏令人敬仰的楷模和经典,如《孔子家语》,诸葛亮的《诫子书》,南北朝《颜氏家训》,还有家喻户晓的《陆游家训》《朱子格言》等。在过去,凡名人或读书人,家庭大多立有家谱家教家规,用于教育后人,确实是我们学习的榜样。然而也有一部分父亲在思想上行动中对这个问题不够重视,更有甚者,忘掉了为父的身份责任和义务,做出令人遗憾的种种事情。

例如有的父亲不务正业,经常酗酒闹事,每每喝酒回家无理取闹,不是打妻子就是骂孩子,进行家庭暴力,弄得家庭不安,夫妻不睦,孩子胆颤,这样的父母能教育好孩子吗?

也有的父亲整天"搬砖,围着长城转",输了想赢,结果又输。更有甚者,有的父亲赌博输得精光,债台高筑,东躲西藏,下场堪怜。还有的父亲染上毒瘾,弄得家破人亡,妻离子散,给家庭带来极大的不幸,给社会造成极坏的危害和影响,这

是多么可悲的事啊！

不走正道的父亲，给家庭带来不和或不幸，给子女带来很坏的影响，必须引以为戒。

《文汇报》上刊登过这样一则消息："父母筑长城，儿女巧拆墙。"写的是上海市有五所小学"学赖宁，见行动"，各班成立了少年禁毒队，以特有的武器向有赌博恶习的家长发动攻势，坚持四个月，终显奇效！读罢这则消息，深深地被孩子们的"教父母有方"而感动。子女们，这种聪明勇敢的精神，值得所有青少年学习。这里父道尊严已"丧失殆尽"，本应俯首帖耳，聆听父母教导之晚辈，反过来却对父母尽着"子教"的义务。儿女们的行为，足以证明鲁迅先生所说的"后起的生命，总比以前的更有意义，更近完全，因此也更有价值，更可宝贵"。确实为至理名言！

我国人民历来非常重视对子女的培养教育，特别是现今"望子成龙，望女成凤"几乎成了父母们的共同心愿，这是值得庆幸的。作为父亲肩负着培养教育子女的重任，所以应该向教子有方并且培养子女成才的父亲学习，去掉自身的不良习惯，努力做孩子的榜样！

改革开放以来，为年轻一代的成长提供了良好的社会环境，使年轻人的创造才能得到了空前的发挥。然而在当代，究竟应该怎样当个好父亲？怎样教养子女做人成才呢？这是一个很值得思考的问题。

文学家鲁迅先生曾把父亲分作两类：其一是孩子之父，其二是人之父。第一种只会生不会教，第二种是生了孩子，还要想怎样教育才能使生下来的孩子将来成为一个完整的人。要做人之父是不容易的，要懂教育后代才行。"养不教，父之过。"说明父亲责任之重大，古话说："玉不琢，不成器。人不学，不知义。"人的婴幼儿时期，是父母与子女接触最多最亲密的时期，父母的言行动作都是孩子模仿学习的目标，所以父母是子女的样子，子女是父母的镜子。父母的思想品德，甚至生活习惯，对子女都有潜移默化的影响，因而对子女的教育培养要从娃娃抓起。

怎么抓呢？有研究者称，父亲陪伴多的孩子智力高。为人父者不要借口"男主外，女主内"的说法，整天在外忙事业、忙经商、忙做官、忙交际，把家庭教育的重担都推在妇女身上，这是不明智的，也应常回家看看，找点时间找点机会，多陪陪孩子。

在教育子女方面，常言说，慈母严父。意思是说母亲对孩子多持慈祥、慈爱的态度，而父亲对孩子的教育要严格要求，不能马虎敷衍，这对子女养成认真细心的好习惯是有好处的！常言说：没有规矩，不成方圆。什么是规矩和方圆？有这样一个故事：

相传我国古代，被奉为木匠的祖师爷的鲁班小时候十分聪明。有一年秋天，鲁班母亲需要一个锅盖,就用高粱秆做锅盖,鲁班看见母亲把高粱秆用针和细绳一根根扎起来,扎成板状。然后用一根高粱秆,量了锅口的大小,用针钉在高粱板中间,绕着高粱板切成圆形,正好是一个锅盖。鲁班很受启发,于是就发明了圆规。就是现在的圆规和矩形。后又发明创造了曲尺,又发明创造了木工所用的许多器具,成为制造修理木器、盖房装修房屋等工作必不可少的物件。所以鲁班也成了木匠的祖师爷,于是乎"没有规矩,不成方圆",也成了流传至今的格言,其意义无比深远!

这个故事说明规矩和方圆的关系,也是比喻教育与成才的关系,它形象地告诉人们,要想培养教育后代成才,必须按规矩办事,什么是规矩? 规矩是按一定的标准法则和习惯去办事,这样方能达到目的和要求。比如我国古代许多家庭教子非常严格,都有家教、家规和家法。子女犯错误,就要按家规家法处置,或罚站或罚跪等,表明家长对子女教育的重视和严格要求。

时代虽然不同了,但父亲对子女的教育仍需严格要求,不过要掌握尺度。过分宠爱会造成孩子放任自流,过分处罚批评,也会造成孩子做事谨小慎微,束缚孩子的创新意识和能力,要多鼓励表扬。但如果孩子犯了错误,父亲要讲明道理,适当的处罚也是必要的,让孩子引以为戒!

我国是文明古国,礼仪之邦,更是文化大国,特别是进入 21 世纪,由于改革开放的正确战略,全国人民在党中央的正确领导下,正在为全面建成小康社会而努力奋斗。科学在日新月异地进步,社会在突飞猛进地发展,我国落后贫穷的面貌在改变,科学文化事业也在逐步发展,由文化大国向文化强国迈进。因此,国家提出"大众创业,万众创新"的战略。国家对人才的重视,为青少年的成长和发展提供了良好的社会环境,让青少年的聪明才智和创新、创业能力得到空前的发挥。然而,作为当代的父亲,肩负着培养子女如何做人成才的艰巨而光荣的任务,究竟应该怎样做个好父亲? 怎样培养教育子女呢? 这是很值得所有父亲们思考的重要问题。

作为一个好父亲,首先要有良好的道德和修养,要有良好的工作作风,要有进取心,不断地学习,提升自己,要谦虚谨慎,不骄不躁,等等。一句话,要处处严格要求自己,时时做子女的榜样。

在培养教育子女方面,父亲应做好如下几个方面(打铁还需自身硬)的工作。

1. 父亲应配合母亲在早期重视开发孩子的智商。比如唱歌、读诗、听音乐等。当教会孩子说话时,再给孩子讲故事、让孩子学唱歌、认字、数数、做计算、游戏等,通过多种形式开发孩子的智商。关于智商的高低,根据科学家的研究和实践证明,孩子先天聪明的是有,但是是个别的,对于大多数孩子来说,重要的在于后天的开发,假如没有后天的开发培养,再聪明的孩子也不会成才。宋代的方仲永不是一个很好的事例吗?

2. 一般来说,孩子出生后,父母的培养教育就开始了。有的家长是在怀孕期间就开始。如通过游戏引逗孩子听音乐、玩耍、数数字、念诗词等多种形式来开发其智商;当孩子能说话时,就培养孩子的说话、朗读、记忆、辨认、创新能力等。总之,父亲根据孩子不同的年龄段有意识地进行培养引导,长期坚持形成习惯、规律,花样翻新,这无疑对开发孩子的智力、培养孩子的兴趣、锻炼孩子的毅力大有益处,让孩子和父母一起随时总结学习方法,共同成长!

3. 作为父亲,要通过给孩子讲故事等多种形式,来培养训练孩子的听、说、看、想、思、悟、联的能力,培养孩子的兴趣和爱好。因为孩子来到这个世界上感到什么都是新鲜的,对什么都好奇,好奇是入门的向导,是智力发展的前提,是努力的根源,是成才的起点,应及早开发。

4. 随着经济的高速发展,人民生活水平不断提高,科学文化知识越来越进步,世界各国人民的交流往来也更加频繁。因此在家中条件许可的情况下,应及早让孩子学习一种外语,这对孩子将会有许多好处。例如据报道,瑞士人几乎每人会多种语言,所以被称为多舌岛。这与他们家长从小重视、学校培养有关,家长能及早挖掘孩子的天性,学校设多种外语课供学生选择。比如二年级学生安娜会说五种语言,她告诉记者说,妈妈是瑞士人,爸爸是中国人。在学校她说德语和法语,在家就说德语和汉语,平时她也用英语和意大利语和朋友、邻居交流,多了不起的孩子啊。

5. 父亲要舍得让孩子吃苦。在学习和生活中,让孩子吃点苦,并不是坏事。人们都明白温室里的花朵是经不起风浪的,因此从小就应该培养孩子的吃苦精神,告诉孩子凡事不可能一帆风顺,所以要以苦为乐,敢于向困难挑战。这样能消除他们的娇气,增强内挫力,相反,如果一味地溺爱孩子,就会使孩子产生胆小、怕事、娇气、享受、依靠、懒惰,丧失事业心等坏毛病。如一些富二代就是这样,有的甚至给家庭带来麻烦。

6. 多和孩子沟通。经常了解孩子的思想、学习生活情况,采取有效的解决办法,并要协助孩子制定可行的短、中、长期目标。一般来说,一学期可修订一次,目标要适中可行,要根据孩子的年龄、年级特点,因为孩子有了奋斗目标,就有了自信心,有了自信心就会产生实现目标的动力。所以父亲、母亲、孩子三人要共同研究商量,制定出确实可行的短中、长、期计划目标。

有了目标就有了前进的方向,但光有目标,不检查也不行,不检查会流于形式,因此父母要不定期地进行检查,和孩子共同总结优点和不足,轻装上阵,继续前进,这样不断学习、不断总结、不断前进、追赶目标的过程,也是实现人生奋斗目标的过程。

7. 要培养孩子的独立性和创造能力。这是因为孩子最终要离开父母独立生活的,所以父母应及早锻炼孩子独立生活的能力。这方面中国家长,大多做得不够。比如孩子走路跌倒了,中国家长会很快过去扶起来。而国外家长是叫孩子自己站起来,两种方法,两种效果,中国家长培养了孩子的依赖性,而国外家长培养了孩子的独立性,事情虽小,表现出家长对孩子的两种观念。

在报上可以看到,许多家长因过分疼爱孩子,日常生活中代替孩子做事,于是使孩子失去了做事锻炼的机会,能力低下,遇事手足无措,造成不必要的意外伤害,十分可惜。

更重要的是要及早培养孩子的创造创新能力,这是十分重要的事。比如创造条件,培养孩子,多动脑动手,开发智力,观察大自然,探索新事物等,有利于孩子创造能力的发展。

8. 条条大路通罗马。科学改变生活,科学改变世界,知识改变命运,这是不能撼动也不会被撼动的真理,但是也会有各种支流出现。

父亲要了解孩子的性格、兴趣爱好和智商等特点,根据孩子的实际情况来引导培养,要因材施教,绝不能过分强迫,因为内因是根本,外因是条件,只要孩子根据自己的特长,努力攀登,定会有收获的。行行出状元嘛!

总之,家长对孩子的培养教育是一门学问,也是一场持久战。十年树木,百年树人。只要家长充满信心,持之以恒地教育,并采用科学的教育方法,正确的理念,孩子定会给一个满意的回报!父爱如青山,是一种责任。

每年公历6月的第三个星期日是父亲节,祝天下父亲事业有成,教子有方。

第三节　家庭是子女成长的摇篮

家庭是人生停泊的港湾,也是人生最重要的转折地,家庭更是子女成长的摇篮。

什么是家庭?《新华字典》的解释为:以婚姻和血统关系为基础的社会单位,包括父母子女和其他共同生活的亲属在内。

家庭也是在《婚姻法》许可的范围内,男女青年经过互相了解、恋爱,双方同意结婚,共同生活,从而生儿育女,赡养父母组成的单位,家庭是人类最小的组成单位。

中华民族自古以来就十分重视家庭和亲情，有着光荣的传统，这是中华民族与西方国家显著的差别。中国民族的传统文化是以家庭为本位的文化，人们普遍认为家庭是人生的起点和归宿，是人生停泊休闲的港湾。

人们把生儿育女、传宗接代、孝顺父母、建功立业、光宗耀祖、报效祖国等作为人生的奋斗目标。这种重视家庭，重视亲情的传统，对国家的文明进步与发展起到了极其重要的作用。现在仍然是当代中国发展进步的重要推动力，意义十分重大。

为什么呢？这是因为每个家庭都肩负着责任，特别是中年夫妇，上有老下有小，面临着勤俭持家、教育子女、尊老爱幼、兴家立业等重要任务和责任，那么应该怎样建立建设美好幸福的家庭呢？要谨遵格言：国是家，诚立身，勤为本，俭养德，善作魂，孝当先，和为贵。家和万事兴。每个家庭要想幸福美满、万事兴，就应该像上面说的那样努力。

建设美好家庭是每个人所向往的，因为它关系到每个人一生的幸福，这是无比重要的。中外学者对此有很多论述。举几例和大家共勉！例如俄国作家托尔斯泰曾说过："幸福的家庭都是相似的，不幸的家庭各有各的不幸。"美国卡耐基说："夫妻志同道合是婚姻美满的基础。"又如德国学者阿德勒说："婚姻是一种重担，肩负起它需要我们付出许多的努力，做出许多创造活动，不是身心健康的人是很难负起这个重担的。"中国学者梁实秋也曾说："以爱情为基础的婚姻，乃是人间无可比拟的幸福。"恩格斯说："个人的幸福和大家的幸福是不能分离的。"雷锋同志对幸福更有新意："我觉得人生在世，只有勤劳，奋发图强，用自己的双手创造财富，为人类的解放事业，共产主义贡献自己的一切，这才是幸福的。"前辈们从各个角度分析了建立建设美好家庭的重要性，确实难能可贵！

实际上家庭问题不仅是中国所面临的问题，也是全世界共同面临和关注的大问题。联合国就把1994年作为"国际家庭年"，同时还把每年的5月15日定为"国际家庭日"，可见全世界各个国家对家庭的重视。

我国领导人对建立建设美好家庭同样十分重视，比如2015年，总书记习近平在团拜会上的讲话中，就谈到了家庭与家庭建设问题的重要性和必要性。他提到了"家和万事兴、天伦之乐、尊老爱幼、贤妻良母、相夫教子、勤俭持家"等六个方面的传统家庭观念，深刻地分析了建立建设美好家庭的现实意义和历史意义。

这些观念表明，中国几千年来传统文化的精华，也是现代传统家庭法律道德的规范和要求。在新时期的发展中，应继续传承和发扬。习近平总书记指出，"家庭是社会的基本细胞，是人生的第一所学校，不论时代发生多大变化，不论生活格局发生多大变化，我们都要重视家庭建设，注重家庭、注重家教、注重家风"。习近平总书记高瞻远瞩,还提出了建设家庭的指导意见,就是"紧密结合培育和弘扬社会主义核心价值观,发扬光大中华民族传统美德,促进家庭和睦,促进亲人相亲相爱,促进下一代健康成长,促进老年人老有所养,使千千万万个家庭成为国家发展、民族进步、社会和谐的重要基点"。

建设美好幸福家庭,需要每个家庭成员共同努力,特别是夫妻之间要团结友爱、互敬互爱、互相包容;要讲道德、讲诚信、讲友善、讲平等、讲文明、讲和谐;要志同道合,亲密无间,心往一处想,劲儿往一处使,特别是在培养教育子女方面,更要同心同德,相得益彰。

那么在培养教育子女方面,父母应当怎样做才能把子女培养好呢? 要想培养教育好子女,父母应该做好如下几方面的工作:

1. 父母的爱心,是子女成长的摇篮。"木有本,水有源,人人都是父母生。"人类应代代相传,有了家庭、家族观念,父母用无限的爱心,无限的心血哺育抚养,教育孩子,让孩子健康、快乐、幸福成长!

2. 上面谈到在培养教育子女方面,首先父母要以身作则,处处做子女学习的榜样。除此以外,父母在教育子女上,要相互协调,尽量保持意见一致,对孩子的要求应该坚持一致性和连贯性原则,如果孩子感受到父母教育的坚决性和理性,就能自然而然地养成良好的习惯,从而起到事半功倍的教育效果。假如父母教育子女的思想方法不一致,父亲要严管母亲要溺爱,双方经常发生矛盾争吵,定会给孩子带来不良影响。例如有的夫妇经常吵架,采取暴力方式解决问题,甚至于离婚,给夫妻双方特别是子女带来惨痛的影响。

最好的解决办法是存在分歧时,应在孩子不在场的情况下进行商量,然后统一认识,达成共识。总之,教育孩子是一件大事,要给孩子一个温馨的家,这对孩子的成长发展很有好处。

3. 父母要培养教育孩子怎样做人,怎样做个品德高尚的人,做个有正确人生观的人,学习新知识,掌握新本领,学会创业创新。因为人类发展到今天已走向信息化时代,人们必须有丰富的知识才能进行发明创造,才能造福人类。

4. 家长应具有四种美德:即在社会中要有社会公德,在工作中要有职业道德,在与人交往中要有个人品德,在家中要有家庭美德。有这样的好父母,必然能培养出德才兼备、出类拔萃的好子女。格言说:家长好示范,孩子好习惯,父母都教子,美德代代传。家长的言行是对孩子无声的教育,人们常说:没有教不好的孩子,只有不会教的父母。确实是这样,而且家长还应该经常学习,提高自己的素质。比如学一点心理学、教育学之类的知识,多和别的家长交流,以提高培养能力。

5. 培养教育子女也要紧跟形势。这是因为不同的社会制度,培养不同的人才,为本社会本阶级服务。比如奴隶社会培养的人才是为奴隶服务的,封建社会培养的人才是为封建主统治服务的,资本主义社会培养出的人是为资本家的统治服务的。只有社会主义社会培养出的人才,才是为广大的劳动人民服务的。社会主义的教育方针是培养具有社会主义觉悟的、有文化的劳动者。培养德、智、体、美、劳全面发展的合格的社会主义接班人。正如邓小平提出教育的目标是:教育要面向世界,面向未来,面向现代化。现如今国家对人才培养十分重视,出台许多扶助政策,家长要配合学校把子女教育好,国家的需要就是我们的志愿。

诗曰:

培育子女最重要,德才兼备离不了。

科学装进头脑中,富民强国时代好。

第四节 培养教育子女要和学校、社会相结合

父母培养教育子女做人成才,必须配合学校教育、社会教育,三者缺一不可!互相配合,取长补短,共同教育才是完整的教育。因为这三种教育各有长处,各有特点,绝不能互相代替,特别是当今社会是知识爆炸的时代。人类正面临着新的生存挑战,人们必须有智慧和丰富的知识才能发明创造,才能造福人类,才能不被社会淘汰。

作为父母必须明白,教育子女是重要责任,每个优秀孩子的成长都凝聚着父母巨大的心血和智慧,成功绝非偶然。比如许多少年大学生都离不开父母的精心培育,但是社会发展到今天,父母也有难言之隐。其一,父母有父母的工作,一般来说都很忙,很少有一方没有工作。即使有也因为整天忙于家庭事务,没有过多时间按时、按需、按质、按量地培养教育孩子,往往是心急火燎,心有余而力不足,达不到预期的教育效果。其二,由于时代的变迁,社会的发展,科学文化知识的不断进步,孩子所学知识在日新月异地增长,孩子对新知识的需求不断增多,使许多家长难以应付。有的家长是工人,有的是农民,有的是商人,即使是经历过大学教育的家长,也因为社会的发展时代的变迁,有些力不从心。而大部分家长,对怎样培养教育孩子比较茫然。其三,有的家长因为忙,有的要外出打工,因此把孩子交给爷爷、奶奶或姥姥、姥爷来喂养、管理,使孩子失去了父母培养教育的良机!还有的家长为了省心省事,也或是忙于工作,就多掏几个钱把孩子送到了寄宿学校里。

上面列举了个别家庭在培养教育子女方面存在的一些欠缺和不足,这也是条件所限,不得已而为之。

根据科学家鉴定,人的一生可分为婴儿、幼儿、少年、青年、壮年、中年、老年等七个阶段。由于人的一生中从婴幼儿到老年,要经过不同的发育阶段,每个阶段的身心发育都有不同特点,因此也影响到人的品德思想、学习生活等各个方面的不同特点。所以父母培养教育孩子主要在婴幼儿时期和青少年阶段。为什么呢?《三字经》说"人之初,性本善。性相近,习相远"。《新三字经》的开头也说,"人之初,如玉璞,性与情,俱可塑。若不教,行乃偏,教之道,德为先"。这都说明了培养教育子女的重要性,及从小抓起的必要性。

由于零岁至三岁前的婴幼儿感到一切都是新鲜的,他们心灵纯洁,脑无分别,德行纯正,心如明镜,此时抓紧培育,可以达到深深入心、终生不移的效果!因此,婴幼儿时期应主要以培养孩子的本性、德行为主要目标。比如从思想、语言、识字、图画、音乐、计算等入手。

孩子在儿童时期(3~8岁间)的特点是对事物觉得新鲜,感到迷惑不解,所谓懵懂即是如此,因此,此时的儿童求知欲最强、最盛,万事万物总要问个为什么,所以这一时期的儿童德行仍净,知识已萌,记忆增强,悟性微弱。儿童父母要抓住这一时机,培养孩子的正义感、正直正道之心,修养德行。在学习方面,家长要配合学校老师,培养其学习兴趣和上进心。(第一关键期)

孩子少年时期(12~15岁)应养志,少年时期是孩子生长发育的第二个高峰期。这一时期的特点为:男女生在形态、生理、内分泌,以及心理、智力、行为等方面都有显著的变化。这一时期的父母要特别注意留心孩子的特点。这时的孩子已经懂事,知识渐开,烦恼增多,记忆犹新,感性加强,悟性提升。少年期宜养心志。因此,父母此时应重点培养孩子的爱心和远大志向,防止出现逆反心理或走上偏路,这是孩子极其重要的成长阶段。家长应和学校密切合作,培养教育好孩子,这一时期是孩子的关键期。(第二关键期)

孩子的青年期(15~18岁)也称青春期,是男女身体发育趋向成熟时期,也是风华正茂的时期、含苞待放的时期。这一时期是孩子发育的第三个高峰期,也是身心剧烈变化的时期。这个阶段,孩子进入高中学习,是孩子成长的转折期,也是教育的困难期,这一时期是孩子思想最活跃的时期,因此也是发挥他们自身作用的关键和最佳期。由此父母要教育孩子修身明德、爱国敬业、诚信友善、刻苦读书、学以致用、力求成才。(第三关键期)

孩子成长的第四个关键期是孩子进入大学或高中专学习,将要走上工作岗位时期。这一时期的父母、老师应教育孩子德业无穷,学无止境,要努力掌握科学文化知识,争取成为德才兼备的人,为今后创业创新准备条件,为向祖国贡献力量奠定坚实的基础。真是:可怜天下父母亲,活这一生不放心! 朝思暮想为儿女,千辛万苦献爱心。

总之孩子从出生到大学,要经过幼儿、小学、中学、高中、大学等五个关键期。这五个关键期是父母培养教育子女最揪心最辛苦的20多年,也是父母最乐于奉献的20多年。这20多年,父母应和学校密切配合,共同培育好子女。

为什么呢? 这是因为:

1. "独木不成林,一人不为众。"孩子一生的成长单靠父母的培养教育是远远不够的,不必说每个家长的知识文化水平参差不齐,就是经过严格训练学习的大学生父母,随着时代的变迁和发展,用所学知识来教育孩子也是远远不足的。再加上工作忙,所以必须经过学校各方面的培养教育、学习训练才行。因为学校是专门培养教育学生的机构,学生经过小学、中学、大学的教育和训练,通过语、数、外、政、史、地、理、化、生等多种课程的学习和实践,方能学到丰富的系统的先进的科学文化知识。

2. 有人说自学也可以成才。这句话也有一定道理,如画家齐白石、数学家华罗庚等,这说明条条大路通罗马。但这毕竟是少数,而且这些人后来也进行过深造。

3. 随着科学的进步,科学文化知识也越来越丰富、复杂和深奥,因此分工也越来越细,一个人不可能门门通,在掌握了基础的前提下,专攻一两门专业为好,可以为今后创业创新奠定基础。

这就是家长为什么要配合学校老师共同培养子女的根本原因。

最后一关,社会教育也特别重要。社会是个大熔炉,每个人必须在社会这个熔炉中发育成长,学习、工作、锻炼、生活。每个人必然在社会这个大家庭中进行活动,接受再教育。比如招聘工作,接受培训和接受再教育等。

每个人都离不开社交社团活动,然后了解它,熟悉它,掌握它,进而为其奉献光和热,服务于社会,与时代共发展。

第五节　家庭教育的重要作用

1. 什么是家教、家规、家法、家塾、家风、家谱?《现代汉语词典》的解释为:

家教是指家庭教育,是家长对子弟的教育。

家规是指封建家庭中的规矩,要求家中成员遵守,一般要求较严格,当然正当的家教家规也适合于新社会。

家法有多种含义。①古代学者师徒相传的学术理论和治学方法。②封建家长统治本家或本族人的一套法度。③封建家长责打家人的用具。

家塾指旧社会有钱人家,把教师请到家里来,专门教自己的子弟的私塾。有的家塾收亲友的子弟。

家风是指家庭中或家族中的风气。

家谱指封建家族记载本族世袭和重要人物事迹的书。当然现在有的人家也制作有家谱。

2. 家教的重要作用何在?

首先我们说,一个家庭,一个家族,如果有好的家教,严格要求子女,并有适宜的家法,那么必定会有好的家规;有好的家规,才会有好的家风;有好家风,子女才会品学兼优,德才兼备,将来才能成为国家的栋梁之材。

所谓家教,也就是家庭教育。过去有钱人家,父母长辈除了对子女在思想品德、为人处事、学业方面的教育外,还立有家规和家法,晚辈犯了错误后轻者批评教育,重者接受家法处罚。这样的事例举不胜举。如三娘教子:儿子不爱学习,逃学回家,三娘十分气恼,除砍断织布丝线外,还罚跪教育儿子,终于使儿子明白读书的用处,从此努力上进,终于成才!还有的人家,把出名的有才学的先生请到自己家中,专门培养子女。子女爱文学文、爱武学武,严格培养训练。据传,宋代的著名教师周侗就教出了徒弟卢俊义、林冲、武松和文武双全的岳飞等著名的英雄好汉,成为那个时代的栋梁之材。近代又有许多富庶人家自费让子女出国留学,可见父母对家教的重视及家教的重要作用。

当今社会,由于科学的进步,社会的发展,竞争日趋激烈。作为父母,应该清醒地认识到,教育好子女是父母不可推卸的责任。当然我国也有许多教子有方的父母,比如出现过许多神童和少年大学生。但总的来说,我国是发展中国家,还处于起步阶段,和西方先进国家比还有差距,所以培养人才更显得重要。

对于培养教育孩子,同样是一分耕耘,一分收获。教育家周弘曾经说过:"没有种不好的庄稼,只有不会种庄稼的农民,没有教不好的孩子,只有不会教的父母。"确实有一定的道理。

良好的家教不仅是为子女更好地发育成长,不仅是为了培养子女成才,更重要的是能为国家培养栋梁之材和合格接班人贡献力量,意义极其重大。祝天下所有家长都能培养教育好子女,为把我国建设成为伟大的社会主义强国,实现伟大的中国梦而奋斗!

第二篇

02

| 幼 教 篇 |

第三章

影响青少年成才的几种因素

儿童是祖国的花朵,父母是花朵的园丁,怎样培养未来的接班人,是家长的重要责任,要懂得教育孩子的方法,明白影响青少年成长的因素有哪些,知道怎样培养提高孩子的智商和能力,避免在教育孩子的过程中犯这样那样的错误。

第一节　遗传的影响——内因

从"少年强则中国强,少年盛则中国盛"这句话中可见培养青少年成才的重大意义和作用。那么影响青少年成才的因素有哪些呢? 我想因素固然很多,但概括起来不外乎有两种,内部因素和外部因素。内部因素有遗传、家庭环境和家庭教育等。外部影响有学校教育、学校环境、人际交往,以及社会环境等。

首先谈谈遗传因素对下一代的影响。

什么是遗传? 所谓遗传是指生物体的构造和生理机能等,由上代传给下代。遗传是一门学问,专门研究生物体遗传和变异规律的科学称遗传学。例如奥地利生物学家孟德尔创立的一种遗传学说,其主要论点为:生物体细胞中的遗传因子是遗传的物质基础,遗传因子,按照自由组合和分离的规律来控制个体的发育。这个学说后来被摩尔根学派所继承和发扬,称孟德尔主义。

我们知道世界上的各种植物、动物和微生物,也就是生物,都能繁衍后代,包括人类也一样。

俗话说"种瓜得瓜,种豆得豆","龙生龙凤生凤,老鼠的儿子会打洞","谁养的像谁,谁养的谁亲"等,这就是遗传的真谛。老虎的子女是老虎,鹿的子女仍然是鹿,孔雀的子女仍然是孔雀。同理,人类也一样,父母的子女仍然属于父母,世界上没有完全相同的两个人,正如世界上没有完全相同的两片树叶一样。

从人类的生理特点看,遗传是由生物体的构造和生理机能的结构相同或相近而形成的。因为人类的生命是由蛋白质和细胞等构成的。细胞的性质结构相同或相近,就产生了遗传。比如父亲的精子和母亲的卵子结合,那他们的子女就有父母的特征。父母有什么爱好特点或有何病变等,也就遗传给子女了,简单地说,这就是遗传。比如父亲爱好体育,母亲身体肥胖等,那他们的子女也可能有此特点。而且父母与子女之间还会产生共鸣现象。

根据科学家的研究和实践证明,遗传有多种形态乃至变异现象。人们常说"一娘养的数百般",也就是这个道理。比如一个娘生的几个孩子,其性格、聪明程度、爱好等也有较大差别,这就说明遗传表现的多样性和变异的情况。为什么呢?一般情况下,父母比较聪明的,子女也比较聪明。父母一般的,子女也不太突出。父母有何特长,子女也可能有。但是也有特殊情况存在。比如父亲较聪明,而母亲较一般的,或是母亲较聪明,而父亲一般的,子女就存在变异情况,生下的孩子就有可能像父也有可能像母。比如父亲或母亲的某种有病基因,就有可能在某些方面能传给子女,如父亲有某病,子女也有可能会有;母亲有心脏病,子女也有可能存在,等等。所以到医院看病时,医生总会问病人的家属病史,有的疾病还隔代遗传。据专家统计得出变异现象像父亲者约占30%,像母亲者约占70%左右。这就是人类的遗传和变异现象。

根据科学家的研究,人类智力的遗传因素约占一个人的10%左右,和朋友同事交往所受的启发占8%左右,家庭教育学校教育和社会教育占32%左右,自己的努力程度占50%左右! 可见,一个人的成才与否,关键在自己的努力程度。科学家爱因斯坦曾说:"智慧并不产生于学历,而是来自于对知识终身不渝的追求。"

明白了遗传的优点和危害以后,那么应该怎样做才能使孩子更聪明呢?

国家提倡优生优育。我国《婚姻法》规定,男女双方不能近亲结婚,最低应出了五代。例如《红楼梦》中,假如贾宝玉和林黛玉结婚为姑舅成亲,和薛宝钗结婚为两姨成亲,都不好。为什么呢? 因为近亲结婚后,他们遗传下来的各种基因和染色体是相近或相似的,也就是说有共同的优缺点。双方基因中染色体的荷尔蒙中都存在着小毛病,结合之后,$A+A>2A$,就会变成大毛病,危害健康。

如果父母不是近亲结婚,父母在生理上存在的毛病也能遗传给子女,其中也包括某种毛病。但这是属于单向遗传,有时会发生,有时这种毛病是隐性的,不会发生。

这样的事例很多。过去由于医学科学不发达,造成许多家庭悲剧,根据科学家的研究,近亲结婚还有如下危害:一是女方不易怀孕;二是即使怀孕了,后代往往是弱智儿童;三是子女容易出现畸形、软弱,对后代的危害极大。

这样的事例很多,比如以下两个事例,一个是两姨结亲,一个是姑舅结亲。

何仁杰聪明能干,大学毕业后被留校在天津大学任教。他姨母见他有出息,就和小何的父母商量,把自己的女儿嫁给何仁杰。婚后两家亲上加亲,更加亲近和睦。何仁杰的妻子刘女士是中学教师,也是个聪明伶俐的女子,二人婚后感情很好,夫唱妇随,工作生活十分愉快美满,人们非常羡慕。第二年,刘女士生了个儿子,全家更是欢乐无比,喜上加喜,广邀亲朋以示庆贺!但是日子久了,夫妇俩觉得儿子有点儿不对劲儿。两三岁了,还不会说话,反应迟钝,而且逐渐嘴歪眼斜,夫妇俩大吃一惊,无比悲痛。去了好多医院,经过各种治疗,效果都不佳,经医院确诊为大脑发育不全,是弱智畸形儿童,可能是近亲结婚的缘故。夫妇俩唉声叹气痛不欲生。经申请批准生了第二胎,是个女儿,可仍是弱智。夫妇俩整天愁眉苦脸,以泪洗面,一个幸福的家庭变成了悲伤的家庭,只好认命了,真是近亲结婚害死人!

还有一个真实事例是发生在内蒙古和林县浑河南的57号村。有一家农民叫郭太官,家有两个女儿,还想要个儿子,考虑再三抱养了亲戚家一个男婴,取名为成应。经全家精心抚育,成应也渐渐长大。不想第三年,郭太官的妻子真的给他生下了一个儿子,全家非常高兴,取名叫均成。俗话说:有小不愁大。十几年过去了,成应长成了一个20岁的壮汉,是该结婚的时候了。成应的亲生父母考虑到郭太官有两个儿子,怕成应打光棍儿,经过说合就把成应姑姑的女儿嫁给了成应,成为姑舅亲。

结婚后的第二年,成应妻子生了个儿子,全家人当然高兴。可是过了不久,发现孩子越长越畸形,智商低不说,而且头大身小关节大。住院治疗,医生都不明原因,治不了。孩子越来越严重,到五六岁时已成驼背,十几岁了,个子仅有1.23米,走路气喘,身体畸形,关节大而不能劳动。这可愁坏了父母和全家人,只好再生一个。第二胎又是男孩,同样的病状,有的地方比大儿子还严重,第三胎是个女儿,同样是个残疾人。

这件事惊动了和林县防疫站的医生们,专门来57号村调查了解情况,测量了水质和周围环境等,没有发现什么,又检查了三个孩子的病情,询问了家族史,采集了样本,回院研究。

经研究得出结论为:小儿麻痹大骨关节病。极可能是近亲结婚导致的基因遗传性疾病,相同的有病基因或染色体相结合造成了这样的结果。病因已找到了,但生米已成熟饭,结果不可能改变,后悔也已经晚了,只有终身痛苦遗憾了!

《婚姻法》规定,近亲不许结婚,国家提倡优生优育,这不仅关系到家庭幸福,更关系到国家的人才培养和祖国的繁荣昌盛。

第二节 家庭环境对子女的重要作用

家庭环境对子女的影响也是非常重要的,它仅次于遗传。人们常说"近朱者赤,近墨者黑",就是这个道理。

环境影响分家庭环境和社会环境两种。我们先谈家庭环境对子女的影响。

家庭环境对子女的影响极其重要。这是因为父母与孩子有血缘关系、亲属关系,同时父母和孩子朝夕相处,是孩子的启蒙老师,是孩子的长辈,同时还是孩子的亲人,父母对孩子的无私奉献,形成最亲密无间的亲情,尤其对孩子的品德、人格等发展,有着至关重要的影响。孩子总是模仿大人的言行和处事为人,这就给父母提出了言传身教、以身作则的要求。用你们温和体贴的言语去引导他,用你们的身体力行去感染他,用你们的知识智慧去培养、教会他,和孩子一起生活、学习成长,教育要讲究科学、艺术。

家庭环境,父母亲应该注意以下几方面。

1. 除了对孩子进行爱的教育外,还要尽量给孩子创造美好的生活、学习等各方面的优良环境,让孩子舒适地成长。比如孩子有自己的房间、书桌和书柜、床铺,而且在孩子学习的时候从不看电视、不听音乐,家中也从来不打牌不打麻将,同时要求孩子养成好习惯,保持房间整洁清洁,做力所能及的事,要热爱劳动等,孩子就能在优越舒适的环境中养成良好的习惯,从而洁身自好,自强不息。

创造家庭美好环境,首先父母要和谐。"家和万事兴"就是这个道理。夫妻和睦,家庭就幸福,孩子就快乐,特别是在教育子女方面意见要一致,不能一紧一松,更不能在孩子面前吵架,给孩子心理造成不良影响。父母要心往一处想,劲儿往一处使,并坚持不懈,必定有收获。比如许多教子有方的父母,在孩子很小的时候,就培养孩子的是非观念、美好的品德和健全的人格,不是单纯的灌输文化知识,而是共同商量目标一致地精心培养孩子,尊重信任孩子的意见,随时观察孩子的优点和欠缺,及时给予表扬或纠正,让孩子在大人的表扬声中、信任中获得强大的推动力,从而努力奋进,克服在生活学习中的各种困难,积极参加各种有益活动,锻炼自己。

2. 精神环境。父母要鼓励和引导孩子热爱大自然,爱护美好的自然环境,并保护创造美好环境!积极思维,积极进取,要有生气,热爱读书,从书中汲取营养,这种精神是金钱买不到的。父母在条件许可的情况下,晚间可以陪孩子一起学习,这样对孩子有鼓励和促进作用。

每一个优秀孩子的成长,无不凝聚着父母巨大的智慧及心血,成功确实来之不易,作为父母,当看到自己的孩子和别人孩子的差距时,要回顾自家的付出与别人的差距,然后采取必要的措施赶上来,在培养教育孩子方面,同样是一分耕耘一分收获。试想,如果你松松垮垮、马马虎虎,整天和烟酒麻将交朋友,想让孩子成才,那是天方夜谭。

培养孩子的精神环境十分重要,要让孩子保持心灵纯洁美好,有爱心,积极进取,天天向上,避免让垃圾污染心灵。

3. 文化环境。所谓文化,是指在社会历史发展过程中所创造的物质财富和精神财富的总和,特指精神财富,如文学、艺术、教育、科学等。

家长应努力为孩子营造一种美好的文化环境和氛围,让孩子在这种美好环境氛围中去努力读书,钻研科学知识,变被动学习为主动学习。比如有的家长在孩子稍微懂事时,就经常给孩子讲各种故事,伟人名人从小立志成才刻苦读书的故事等,从多方面教育启发孩子的思想,激发孩子的兴趣爱好。也有的家长根据孩子不同的年龄段,给予不同的培养教育,比如教孩子识字、学诗、画画、唱歌等。当孩子在某一方面取得成绩时,父母就应该表扬或奖励,买几本有用的书或到书店、文化宫游览,开阔眼界;当孩子犯错后要及时讲清道理,指明方向,加以纠正。

营造良好的文化环境,是要家长及早培养孩子的自立能力,培养孩子爱读书、多读书、读好书,多联想、学以致用,防止孩子读坏书,误入歧途。

值得注意的是现今家家生活好了,许多家长爱孩子仅表现在吃穿上,动辄花上几百元或上千元给孩子买吃的、穿的、用的,却不教育孩子养成艰苦奋斗、勤俭朴素的好作风,长此以往,会使孩子养成懒惰、不求上进、虚荣等不良习气。物质上的富有,掩饰不了内心的荒芜,君不见有一个农民到学校看儿子,儿子却和同学说这是村里不认识的人,这样令人寒心的事例不少。

第三节　家庭和谐或不睦对子女的影响

上面提到家和万事兴的理念及好处,确实是这样,无数事实证明,家庭和睦,事业就兴旺,生活就幸福,子女也会聪明有为。为人父母者,双方除恩爱团结包容、同甘共苦、白头偕老外,还要有高尚廉洁的品格,这是因为父母的道德修养对孩子美好品德的形成,起着极其重要的作用。这种品格体现在爱国、敬业、诚信、友善、勤奋,对他人的热诚与宽容,对生活事业乐观向上的态度上。只有这样才能让孩子积极向上,成功成才,孩子也才会敬仰爱戴父母。

当今,在科学日新月异的进步,社会迅速发展的情况下,父母还应有较丰富的知识。因为这样不但对自己的工作有意义,而且对孩子的成长有帮助。孩子在成长学习过程中会不断地接触新知识提出新问题,需要父母解答,这就要求父母应该有较高的文化知识和素养来满足孩子的需求。

上面谈了家庭和睦的好处,下面再谈谈家庭不和的危害。

家庭不和,夫妻间经常吵架,甚至采取暴力手段等,势必给家庭带来隐患和不幸。俗话说"清官难断家务事",确实如此,如果各不相让,那问题就很难解决了,各有各的说法,各有各的理由。

俄国作家托尔斯泰曾说"幸福的家庭都是相似的,不幸的家庭各有各的不幸"。尽管原因很多,比如因为金钱,因为子女,因为家务,因为性格,因为要钱吸毒,或某一方面出轨等,不一而足。总之夫妻之间经常吵架,不仅伤感情,长此以往,双方就会离心离德,对工作生活和事业都不利,特别是对子女的身心健康带来极其不利的影响。比如,兰拥民和妻子姜氏都是农民,生有一儿一女,本来生活也可以,可是夫妻二人各有不良癖好,兰拥民爱喝酒,妻子爱玩麻将。妻子整天玩麻将,越玩越上瘾。输了想赢,结果又输了,饭也不按时做,儿女放学回家后连饭也吃不上,欠下人家8000多元,无力偿还。兰拥民十分气恼,于是二人经常吵架,有时还使用暴力。儿女们哭爹喊娘,无比痛苦,不仅如此,吵架后双方都心灰意冷,兰拥民又养成了酗酒的坏毛病。喝酒回家摔家具、骂孩子,弄得全家一塌糊涂。后来兰拥民又染上了吸毒,女儿也病了,儿子也离家出走了,要债的碰破头。甚至有的家庭因吸毒、赌博、奸情等导致家破人亡、妻离子散者,屡见不鲜!

这就是家庭不和给全家带来的危害,特别是给子女带来的伤害,整天提心吊胆,哪有心思学习呢?俗话说:"全家一条心,黄土变成金;一人一条心,穷断脊梁筋。"确实是这样啊!

有多少家庭,父母因种种原因经常吵架,甚至使用暴力越闹越凶,最后走到离婚的地步!不但给双方的思想、精神、经济带来创伤和损失,更严重的是给子女造成终生伤害。"爸爸一个家,妈妈一个家,唯独我没有家……"这样的孩子,由于从小缺失母爱或父爱,缺乏温暖,缺乏教育,生活艰难等,思想上精神上往往会产生变异,有的性格孤僻,反应迟钝,胆小怕事,萎靡不振,不求上进,认为自己低人一等,受人歧视;有的孩子性格粗鲁暴躁,报复心强,容易惹是生非,胡作非为,甚至走上犯罪的道路。还有的家长外出打工,把孩子留给爷爷奶奶或姥姥姥爷,让孩子从小就缺乏来自爸爸妈妈的亲情,这对孩子的成长和教育是极其不利的。

家庭教育极其重要。孩子从出生的第一天起,就开始接受家庭教育,首先从父母那里学习语言和周围事物,学习生活习惯,等等。如果孩子在家中受到良好教育,在校接受再教育就顺利,反之则反。

家庭教育给孩子的印象最深刻,是孩子成长发展的基础。因为父母与孩子有亲情遗传关系,他们共同生活在一个家里,互相联系,耳濡目染,父母的教育在孩子心灵上起着决定性的作用,所以父母的思想态度、作风爱好、行为习惯等都会潜移默化地影响着孩子。

家教是学校教育的基础。今天许多家长十分重视对子女的教育,他们对子女严格要求,耐心教育,这是值得庆幸的。但也有些家长有片面的认识,认为只要让孩子吃好,穿好即可,至于教育问题是学校和老师的事,这种认识是不正确的。

要谨记:

大千世界无奇不有,教育子女放在前头。

家庭和睦兴旺发达,警示父母别走邪路!

第四节　影响青少年成长的外部因素——学校环境

影响青少年成长的外部因素,概括地说有学校环境和社会环境影响两种。

环境对青少年的影响也是极其重要的。这是因为青少年本身天真烂漫,纯洁无邪,像一张白纸那样纯洁干净,他们向往美好的未来,感到一切事物新鲜有趣。但是因为涉世较浅,辨别是非能力差,各种人都希望用自己的颜色,赤、橙、黄、绿、青、蓝、紫来渲染他们,所以家长学校要特别注意,防止青少年的心灵被环境污染。

有这样一个真实的故事,说明外部环境对孩子的重要影响。传说我国有个"猪孩"叫王显凤。从小因生活贫穷、双亲残疾而被放在猪圈中养大。它改变了人的本性和素质,在恶劣环境的影响下,她学会了在猪中抢食,啃草根、树皮,扒土、蹭痒。一直到八岁,她才被人发现,救出来以后发现她不会说话、穿衣、吃饭,跟猪的习性相同。专业人员用各种方法对她进行教育训练,多年后仍然只有小学孩子的低智商!她智商过低的原因,经科学家研究认为是错过了感官发展教育关键期和受环境影响的结果。这个故事虽然有点特殊,但有力地证明环境对人类有重要影响。

科学研究证明,孩子从出生开始,就会借着听觉、视觉、触觉、嗅觉、味觉等感官来熟悉环境,了解事物,不同的环境会造成孩子不同的素质和性格。因此,父母要充分给孩子聆听、触摸、观察、品尝等机会,以刺激孩子的各个感官,从而引导孩子增强体质,提高智商和能力,这是非常重要和必要的。

学校是专门培养教育学生的重地,学校环境当然是可以的。教学相长、尊师重教,蔚然成风。可是从唯物辩证法的观点看,也存在不足。学生们为了一个共同的学习目标,从五湖四海走到一起来。由于每个学生的家庭背景、教育影响不同,所以各有特点,千差万别,参杂不齐,这就给学校各班的教学工作带来困难。再加上学校学生多,也给学校的管理工作带来了麻烦。在各个班中,总会有个别学生因各种原因而学业成绩不理想,从而产生厌学情绪,甚至在校拉拢朋友胡作非为,在社会上或个人或组成小团体胡作非为!有的进了少管所,或进了监狱大门。比如李明星本来是个品学兼优的好学生,但是进入初中后,受同学的引诱胁迫,加入团伙,不努力学习,每天不是请假就是旷课欺骗老师,整日和同学吃喝玩乐,抽烟喝酒,没钱了就向父母要或者偷窃,最终走进了少管所的大门。等到学校家长知道后,已经晚了。

这就是一个好学生由好变坏的过程,这样的事例很多,必须引起学校家长的重视才行。

第五节　社会环境对青少年的影响

社会环境对青少年的影响也是十分重要的。环境能改变一个人的思想品德、性格和行为。大家进过动物园或看过驯兽师吧,经过驯兽师的训练,动物能改变性格和行为,按驯兽师的意志意愿去做各种动作。同理,人类经过培养、教育和训练也能改变思想品德、性格和行为。

有这样一个真实的故事,印度的狼孩。据传,从前印度有一家人生了一个婴儿,因无力喂养,被迫将孩子遗弃在野外,碰巧被一只母狼碰见,就叼回狼窝里了。母狼刚生下小狼,出于母爱,就把婴儿和狼崽子一起奶下了。过了五六年,人们发现在狼群中好像有一个人感到十分奇怪,就追逐想捉住他。他惊慌地尖叫着,四脚奔跑着,但最终因跑的速度慢被人们捉住。捉住时,他怕人、躲藏尖叫、龇牙咧嘴,有狼的习性,而且全身长毛,不懂人语,不吃熟食,四脚走路,人们十分奇怪,有各种各样的猜测。后来人们把狼孩送到动物园,由专门的驯养师进行喂养、调教、培训,但因智力低下,习性难改,收效甚微。又活了两年而死,非常可惜。据说还有虎孩,不管怎样,都说明社会环境对青少年的影响很大。家长、学校必须重视,防止孩子被坏的社会环境污染。

社会是一个非常广阔而复杂的大群体,大世界大熔炉,有无数机构、单位、机关和制度。如社会分工、社会活动、社会教育、社会科学、社会制度、社会意识,等等。

这里主要谈谈社会科学和社会教育的问题。

社会科学是研究各种社会现象的科学。包括政治经济学、法律学、历史学、美学、伦理学,等等。社会科学是人们对阶级斗争经验的总结,属于上层建筑范畴。

社会教育是学校以外的文化教育机构,如图书馆、博物馆、文化馆、展览馆、俱乐部、少年宫等,它是对人民群众,特别是对青少年进行教育的机构。

人类的一生可分为婴幼儿、童年、少年、青年、壮年、中年、老年等几个阶段,每个阶段又有每个阶段的人生特点。孔子说"三十而立,四十而不惑,五十而知天命,六十而耳顺,七十而从心所欲"。古代科学落后,再加贫穷、战争、医疗条件差等原因,古人寿命一般不长。六七十岁就算大岁数了。那么孔子所说"三十而立"是啥意思呢? 意思是说,人活到三十岁就可以自立自强独立了。那么三十岁以前呢,孔子没有说,我想,三十岁以前属于儿童青壮年时期,正是青壮年们刻苦学习,掌握科学文化知识,学习做人成才的关键时期,而30岁以后呢是走向社会,用自己的所学所得创业的时期。"四十而不惑"意思是说人到中年正是建功立业时期,不迷惑不疑惑,不惶惑,意志坚强坚定,决心干一番事业的时期。"五十而知天命"意思是说人到五十岁时已进入老年,事业成功与否已经一目了然,今后怎样全在命运了! 至于"六十、七十岁",那就顺其自然了。

孔子把人每十年划为一个阶段,是有道理的,说明每个人在不同阶段的特点和作用。

每个人的生活都离不开社会,社会是个大熔炉,它磨练了每个人的思想、意志和品格。俗话说"真金不怕火炼"。许多人在磨练中受到锻炼,成为一块真金好钢,为人类作出了贡献,受到人们的敬仰和赞美。然而也有一些人在磨练中败下阵来,为什么呢? 尽管各有各的原因,但一个"私"字了得。大部分都是经不住诱惑和欺骗、胁迫而造成的。因此,家长应教育子女,要广交朋友,要交好朋友,防止被污染以致误入歧途。有诗为鉴:

环境是个大染缸

环境是个大染缸,少年一定要提防。

不慎一脚踏进去,花红柳绿大变样。

一直坚定走正道,光明前途在前方!

第四章

根据男孩女孩的不同特点进行培养教育

男女从生理、外貌、长相、性格等方面的特点看,都有区别! 因此对孩子们的培养教育也应该区别对待,根据其各自的特点进行不同的培养教育,从个性中求共性,这也是科学的教育方法。无论是家长还是学校,都应该注意这方面的问题。

第一节 男孩的特点

世界上的各种生物有其特点。人类也一样,严格地说,世界上没有完全相同的两个人,他们既有各自的特点,也有共性,比如男孩和女孩就是这样,他们天生就不一样。

男孩有何特点呢? 从外表看,男孩长相粗犷结实、高大健壮;从外貌看,男孩粗眉大眼、活泼好动;从性格看,男孩性格直爽刚强、不爱哭、爱淘气、顽皮、爱幻想、爱冒险、爱探索、爱惹祸。应该说95%的男孩是这样,让大人总是提心吊胆的,不放心。

男孩性格刚强,当他受到某种委屈或遇到某种困难而哭闹时,你就说"男子汉大丈夫,不哭"他就真的不哭了! 这就是男孩的阳刚之气。

男孩的优点是什么呢? 他们的优点很多,比如他们的精力充沛旺盛,充满了力量,敢于闯荡,敢于冒险,敢于探索。他们要强好胜,不怕困难和挫折,爱奇思妙想、动脑动手,了解新事物,有积极向上的思想和精神,求知欲、好胜心强,有不甘落后的特点,兴趣广泛,思维活跃,他们喜欢交往,热爱集体,爱好运动等。如能根据其特点,科学正确地进行培养,大部分都能成为各行各业的优秀人才。要注重培养他们宽容、谦逊、豁达的进取精神。

比如《男儿当自强》一文中写了一名13岁的小男子汉有着凌云壮志的故事。

茂林父亲因操劳过度,一个月前因脑溢血突然去世,母亲也因病卧床不起,家里原本就穷得叮当响,现在更是雪上加霜。

生活的重担一下子压在了家里唯一的男子汉、年仅 13 岁的茂林身上。一夜之间,他觉得自己长大了,像个饱经风霜的汉子,深思熟虑地思考着。妹妹年幼无知,母亲让他退学,他有责任扛起这个家。但是他读了几年书,知道知识就是力量的道理,他太爱读书了,于是他对母亲说:"妈妈,我要读书,家里没有钱,我想法子赚。"

于是,茂林一大早便光着脚,扛着个破麻袋,包着两个饭团,攥着向乡亲借来的五元钱出发了!逼自己去干极不愿意干的活,走村串户的收破烂。"收鸡毛、鸭毛、破烂货了。"他顶着如火的太阳,一个村一个村地叫着,嗓子都叫哑了。渴了向大婶讨口水喝,饿了掏出变味儿的饭团吃。茂林本钱少,借来的五元钱很快用光了,他就到村头村尾的垃圾堆里翻。就这样,茂林把一天收来的鸡毛、破鞋、烂铁等送到收购站,赚了四元钱。

就这样,在暑假里和以后的假期里,茂林为了给自己挣学费,他捡过破烂儿当过搬运工,卖过水果,反正能赚钱的事儿,不管多脏多累,他都愿意去干。

他向贫穷抗争,与命运抗争。

命运似乎专门和这个山里的孩子作对!茂林考取了德明中学借读生,这要比正取生每学期多交 150 元学费。

茂林经过一个月的艰苦劳动,交了学费,仅剩 20 多元,是一个月的伙食费和零用钱。在德明中学,只有他穿着打补丁的破烂衣服,有时赤脚上课,吃着三角钱的白饭。一双旧解放鞋是他从垃圾堆里捡来的,还总舍不得穿。于是乎善意的、恶意的、无意的眼神,嘲笑,一股脑冲着他而来!

茂林苦恼过、委屈过,生活实在太无情了,像磐石一样的重担压在他的肩上,而更让他伤心的是:开学后的第一次考试,考四门茂林就有两门不及格,其中英语他才得了 9 分。全班 60 名同学,茂林排在第 60 位。命运,一次又一次地把他推向绝望边缘!

还能读下去吗?他问自己,他再次想起了体弱多病的母亲在山里苦苦劳作的情景和面黄肌瘦的小妹的面容,她是多么思念他这位大哥啊!他发过誓,要用知识和智慧让母亲和小妹过上好日子,这是他作为儿子大哥男子汉的责任,绝不能让她们失望!

他彻夜未眠,反复思考着。

必须读下去且读出个样子来,他咬着牙挺住了。

从此王茂林开始更加发奋地读书,决心赶上来。每天早晨他五点钟起床背英语,小手册不离手。把课前、课后、休息等所有的空闲时间都用上了。

　　夏天在路灯下读书,为了躲避蚊虫叮咬,他把自己包得严严实实,汗水浸透了衣裤,他也不在乎。冬天在路灯下读书,寒风刺骨,他被冻得直打哆嗦,仍然坚持,有时实在不行就跑到男厕所里。

　　有几次晚上,茂林在路灯下学习,夜已很深,四周万物寂静。他实在困极了,但他想再学一会儿,于是闭上眼睛休息一下,不料竟然睡着了! 直到巡夜老师经过,才发现了手里拿着书本的茂林,老师十分感动……

　　那是多么艰难的一段光阴,然而茂林仍然坚持着、学习着。因为茂林明白今天奋发读书对于明天的重大意义,所以他很珍惜用血汗和眼泪换来的学习机会!

　　茂林辛勤的耕耘,终于有了可喜的收获,初一上学期期末,他由倒数第一跃上了全班第30名,下学期成了20名,初二上学期跃上第8名,而下学期开始他过关斩将,跃居全年级第1名,并把这个成绩一直保持到毕业,同时他还参加了县级数学比赛,在一百多名数学尖子生中荣获二等奖。

　　茂林以自己自强不息的精神和优异的成绩,赢得了全校师生的尊敬和赞扬。

　　王茂林成为德明中学的骄傲,被评为“县十佳少年”,学校还破例减免每学期多交的150元借读费用。

　　这就是一个男子汉的成长过程。男儿当自强,前途必光芒。实现中国梦完全有希望! 这样的事例很多,不胜枚举。总之,人的出生不由己,但出生后的道路,完全靠自己选择。

　　那么男孩的缺点是什么呢? 因人而异,一般来说男孩有自尊心,但不及女孩强烈。有自立自强的愿望,但也有忽冷忽热的毛病,男孩比较粗心、任性,不过事在人为,只要家长根据其性格特点以及兴趣爱好,给予恰当的引导、培养教育,使其树立远大理想,并勤奋坚持,不断地进取,必定会有光辉的人生的。

第二节　女孩的特点

　　女孩有何特点呢? 从表面上看女孩一般长得比较清秀标致,可爱乖巧,从外貌看女孩,眉清目秀,安静伶俐,清洁干净。从性格看女孩,性格文雅大方,机灵聪明,姿态雅致,仪表宜人。除此以外,女孩的特点还有爱说、爱笑、爱哭、爱唱、爱美、爱面子、害羞、爱探索、有进取心、梦想多等特点。女作家冰心也曾赞美女孩说:“世界上若没有女人,那么这世界至少要失去十分之五的真,十分之六的善,十分之七的美。”毛泽东也曾赞美妇女说“妇女能顶半边天”,可见妇女的伟大作用。

女孩做事一般比较认真,细心稳妥。

那么女孩究竟有什么好呢? 九岁的小女孩伊丽莎白·克莉丝廷·海斯写给美国教育家詹姆士·杜布森博士的信中,列出了女孩的 30 种优点。比如女孩唱的歌更好听,女孩学得更快,女孩更有吸引力,女孩儿走路姿态优雅,女孩儿坐相更斯文,女孩儿更富有创造性,女孩儿看上去比男孩漂亮,女孩更有仪表风度,女孩更有才华,等等。

不能因此就说女孩比男孩更好,只能说各有特点、优点。但这小女孩所列举都是事实,女孩的优点的确很多。正因如此,古往今来出现了无数巾帼英雄和优秀女子。

时代不同了,男女都一样,重要的是家长要培养女孩发扬自己的优点,弥补自己的弱点,父母要以无限的关爱去呵护她们的心灵,以榜样的言行去影响她们的思想,以完美科学的教育去充实她们的头脑,以丰富的经历去开阔她们的视野,要从小精心培养她们自信优雅独立大气高贵的气质,纠正其软弱娇气的弱点!

正确科学的教育能使女孩出类拔萃!

下面谈的是中国的保尔·柯察金的事迹,希望对青少年有所启发! 保尔·柯察金是《钢铁是怎样炼成的》一书中的主人公,是作者奥斯特洛夫斯基一生的斗争史。

尼古拉·阿列克谢耶维奇·奥斯特洛夫斯基是坚强的布尔什维克战士,著名的无产阶级作家。他 1904 年 9 月 22 日出生于一个工人家庭,家境贫寒,11 岁开始当童工、15 岁参加革命、16 岁参加战斗负重伤、23 岁双目失明、25 岁身体瘫痪。1936 年 12 月 22 日,年仅 32 岁的英雄去世。读这部杰作,能给人以无限的启示和教育。

保尔在战场上负重伤,但以惊人的毅力战胜了死神。他被转入后方,伤愈后搞共青团、肃反、修铁路、公路、支前等工作。在寒风刺骨、冰天雪地中劳动。更不幸的是他在 23 岁时双目失明,25 岁时又身体瘫痪。但是病魔并不能使他屈服,他和恶魔做了顽强的斗争,他躺在病床上思考着:"怎么办呢? 做什么呢?"他想到自己头脑还没有坏,于是决定著书。

开始时自己坚持写,把纸夹在印版上,但因双目失明,右手抖,虽坚持了一段时间,但写得乱七八糟,而且身体也不允许。后改为自己念,让妻子抄! 这件事惊动了苏维埃政府后,政府有关人员十分同情支持他,并配上专人负责帮助保尔继续完成未完成的工作。经过三年多的顽强拼搏和与病魔的斗争,经过无数个日日夜夜和不眠之夜,克服了无数次艰难困苦,在苏维埃政府的支持帮助下,世界名著《钢铁是怎样炼成的》终于问世了! 它是"保尔"用血泪和生命完成的,是一部享誉世界读后让人荡气回肠的英雄颂歌。

在书中保尔说过这样一段话:"人的生命是应当这样度过的,当他回首往事的时候,不因虚度年华而悔恨,也不因碌碌无为而羞耻,这样在临死的时候,他就能够说,我把整个生命献给了伟大的共产主义事业。"这段名言和这部长篇小说,始终激励着无数人直面困境,奋起直前,这也是一部闪烁着崇高的理性主义光辉的长篇小说。

所谓"中国式的保尔",指的是中国残疾人的模范代表张海迪。

张海迪是个聪明伶俐的小姑娘,她热爱读书。1955年出生于山东的一个书香家庭,因此她在父母的培养教育和严格要求下读了不少书。但不幸的是在她五岁的时候患了脊髓血管瘤的病。父母带着她到许多大医院进行治疗,但都收效甚微,钱也花光了,病情仍无好转。母亲经常掉泪,父亲愁眉苦脸唉声叹气,医院的医生要他们回家保养治疗。

小海迪的病越来越严重,胸部以下的身体全部失去知觉。但天真无邪的小孩仍不忘读书,无论是在医院里治病期间,还是在家里的病床上,治完病或吃完药,她就咬着牙利用所有时间读书。由于下身瘫痪,躺在床上不能动,她就让妈妈把书放在床头,利用镜子的反射读书,以后,又把书卡在特制的书架上阅读,当病情稳定后,坐在床上或轮椅上看书。她哭喊过反抗过,当第一次躺在床上不能行动时,她哭喊着问妈妈:"妈妈,我不能走,今后怎么办呀?"妈妈流着泪说:"孩子,你会好的,让妈妈伺候你吧!""不,不!""我要向保尔学习,向海伦·凯勒学习!"她坚决地说。

海迪经过自己的努力,凭借自己日日夜夜的苦读和思考,获得了丰富的知识,并且学会了英、法、日等几种语言文字。30年来,她不断地追求,靠自己的刻苦努力,辛勤耕耘、写作,著作有《向天空敞开的窗户》《轮椅上的梦》等,并翻译了《海边诊所》《小米勒旅行记》等书籍。

1997年,她被日本NHK电视台评为"世界五大杰出残疾人"之一。现担任我国残疾人联合会主席,真是苦心人天不负!

她说,"只要心在动,我就要努力学习和工作,顽强地与疾病抗争"。

这就是"中国式的保尔"与病魔抗争,并作出光辉业绩的张海迪同志的辉煌人生,她告诉人们,"世上无难事,只要肯攀登"。

她不但是残疾人的楷模,也是健康人学习的榜样。

这就是一个有志气的女孩奋斗的经过和成功的结果。但愿所有女孩去掉娇气或嫉妒心,把嫉妒变成自己的上进心、奋斗心。

关爱女孩,就是关注民族的未来。这正是:

有志者,事竟成。身虽残,志不穷。勤为本,诚立身。俭养德,善作魂。创大业,有恒心。为祖国,献青春。

第三节　男孩女孩的差别及相同点

上面谈了男孩女孩的特点,下面再谈谈男孩女孩的差别及相同点。

大家明白,世界上的各种生物都各有特点。也包括雄性和雌性生物的差别,人类是高等动物,男孩儿女孩儿当然也有差别,这是为什么呢?

英国伦敦大学的海恩茨和美国德州农工大学心理学系的亚历山大曾拿猴子做过实验。他们给一群猴子许多玩具,包括玩具枪、布娃娃、卡车等以及中性的玩具,如图书、各种纸笔等,结果发现雄性和雌性爱玩的玩具不同。人们为了测试孩子爱好什么,对什么感兴趣,也曾用刚会爬的孩子做实验,发现男孩女孩的爱好不完全相同,男孩爱枪、球之类的玩具,女孩爱花、画之类的。猴子、猩猩和人类的构造相近,而它们没有受到人类文化的社会压力。这个发现证明儿童对玩具的偏好至少有一部分源自先天的差异,男孩爱玩皮球、枪、车等玩具,女孩爱玩洋娃娃、鲜花等,这都是由先天因素决定的。

再比如猴子、狮子、老虎、狼、狗、羊、猪等动物,凡是胎生的脊椎动物,它们的子女都是由母亲的乳汁哺育喂养教育大的。而卵生的动物,如飞禽则是由父母共同哺育长大的,这也是由先天决定的,或者是动物的本能。人类是高等动物,后代子女也由母亲的乳汁喂养,父母共同培养大的,这也是源自先天的生物性差异。

男孩女孩的差别,除上文提到的各自特点以外,最大的差别是男孩长胡须,是雄性的象征,女孩乳房增大,是雌性的象征。他们的变化,成长发展也完全不相同。随着年龄的增长,变化也越来越明显,比如女孩的声音细而高,男孩的嗓音粗而低等。

根据《黄帝内经》女七男八的发育过程,可以了解女孩男孩的不同发育变化过程,抄录于下,与大家共赏。

帝曰:"女子七岁,肾气盛,齿更发长。二七,而天癸至,任脉通,太冲脉盛,月事以时下,故有子。三七,肾气平均,故真牙生而长极。四七,筋骨坚,发长极,身体盛状。五七,阳明脉衰,面始焦,发始堕。六七,三阳脉衰于上,面皆焦,发始白。

七七,任脉虚,太冲脉衰少,天癸竭,地道不通,故形坏而无子也。"

这段话是什么意思呢? 说明女子是阴性代名词,女子的生命节律是与七相关的,他的意思是,女子长到七岁,肾气就旺盛,开始换牙长发。14岁,天水来了,任脉也通畅,太冲穴也旺盛,月经也按时来了,所以能生育孩子了。21岁时,肾气平均,所以牙齿长到顶点。28岁后,筋骨坚硬,身体强壮。35岁后,脉络衰,脸面开始焦、掉发。42岁时,三阳脉下降,面焦发始白。49岁后,任脉虚,太冲,脉衰少,天水竭,地道,月经不同,也就是更年期到了,所以不能生育了。

这就是女子由小变老的几个节律和过程,下面再看看男子发展壮大,直至衰老的整个过程。

帝曰:"丈夫八岁,肾气实,发长齿更。二八,肾气盛,天癸至,精气溢泻,阴阳和,故能有子。三八,肾气平均,筋骨劲强,故真牙生而长极。四八,筋骨隆盛,肌肉满壮。五八,肾气衰,发堕齿槁。六八,阳气衰竭于上,面焦,发鬓斑白。七八,肝气衰,筋不能动,天癸竭,精少,肾脏衰,形体皆极。八八,则齿发去。"

这段话的意思是,男子8岁后精气充实,长发换牙。16岁后,肾气旺盛,天水至。精气溢泻,故能有子。24岁后,肾气平均,筋骨强劲,故真牙生而长到极点。32岁后,筋骨隆盛,肌肉壮,正是壮年。40岁后,肾气开始衰弱,开始掉发牙齿干枯。到48岁后,阳气在上面衰竭,面焦,头发斑白。到56岁后,肝气衰,筋骨弱,天水竭,肾脏衰,形体下滑。64岁后则齿发去。

古时候女子16岁左右家庭要给她举行成人礼,盘头,插簪子。男子在20岁时家庭给他举行冠礼,表示已成年。

这就是女孩男孩一生的变化过程及差别。可以看出女孩比男孩变化早一些,快一些。但是从女孩男孩的差别中,也可以找出其共同点,比如除了女孩儿有女性的特点,男孩都有男性的特点外,其他方面的结构基本相近或相似。这是由人的生理结构而决定的。

由此我们可以明白,所有孩子的共同点是精力充沛、聪明机灵、好学,勇于探索,勇于前进。只要培养教育得法,就可以成为各行各业的优秀人才。

第四节　男孩女孩存在区别的原因

为什么要不厌其烦地谈论男女之间的区别呢！目的是为了了解男女的个性和共性，以便采取不同的方法进行更好的培养教育。

那么男女之间存在区别的根本原因是什么呢？根据医学科学的不断进步，这个问题会逐步得到解决。

根据中医的理论认识，男女的区别主要由任脉督脉和太冲脉的不同构造引起，因卵巢、精巢的不同而产生区别。比如女子14岁后，会天癸至，任脉通。任脉走人体前的正中线，从会阴处一直上升到人中，女子的任脉经过乳房，所以女子的乳房突出发达，会产生乳汁喂养孩子，任脉又主血，所以任脉主胞胎，它主女人的生育。

女子到14岁后任脉通血也足了，起于会阴穴的太冲脉主阳气，与人的性有关，冲脉气带着任脉血而行，所以它们主发育人的第二特征。而男子在16岁时就会长胡须，出现遗精现象等第二特征。

中医还认为女子收敛在前，生发在后，因此这是阴的特征，女子的生殖器全部内收；而男子生发在前，收敛在后，所以生殖器就全部在外面了。

中医还认为，任脉督脉太冲脉，都起源于会阴处，就是我们前后阴正中间的那个地方，在那个点的里面，在我们身体的内部，女的通卵巢，男的通精巢。属于奇经八脉，是元气的储存地。它可以起重大作用，比如说生育胚胎等。男人的生殖能力主要是由督脉决定的，女人的生殖能力主要是由任脉决定的。而人的任脉、督脉又上升到人的头顶百会处，而我们的人中恰恰是任督二脉的交汇处，所以，人昏倒时要用大拇指掐人中。这是什么道理呢？这像《易经》里的两个卦象，离卦和泰卦。人昏倒后是阴阳、离决卦。意思是阳气上升，阴气下行，因此阴阳分离，所以就断气了。在这种情况下，必须抓紧，用大拇指，掐人中穴，刺激人中穴，使阴阳重新和合，变成了阴阳和合卦，也就是由否卦变成了泰卦。

因为阴气是下降的，阳气是上升的，阴阳必须和合，人才能存活。由此可知，人中穴是人体的一个重要穴位，男女的区别主要是精巢和卵巢的经脉的区别造成的。

除此以外，人的其他经脉及五脏六腑，结构都是相同或相近的。比如除个别女性病以外，其他病无论男女都同用一种药即可。

上面从中医的角度谈了男女之间的区别，下面再从西医的角度谈谈生男生女的区别。

过去由于医学落后，科学不发达，再加上封建迷信思想，人们认为生男生女是天注神造的，其实不然！

由于医学科学的不断进步，科学家研究证明，男女性别的决定是人为的，并不是命里注定的！男女性别，取决于受精卵。

科学研究认为，决定婴儿男女命运者，是男女双方。婴儿的性别是由男子精囊中的精子和女子卵巢中的卵子相结合而决定的。

男性的精子有成为男孩的 y 精子和成为女儿的 x 精子，他们在精囊中混合在一起，谁最终和卵子结合，决定着是男是女。

人体细胞中有另一种决定性别的染色体称为性染色体。女性的性染色体有两个成一对，叫 x 染色体。女性产生卵子时，原先成对的染色体，也成为两个子染色体。这就是出现双胞胎的原因。若受精的瞬间卵子 x 和 y 精子结合成为 xy 受精卵则为男孩，若卵子 x 和精子 x 结合组成 2x 受精卵则成为女孩，所以说精子是决定男孩女孩的金钥匙。

上面从西医的认识角度，简单地谈了一下男女之间的区别及其原因，根据《黄帝内经》阴阳学说的说法，天地组成乾坤。天为阳，地为阴，男为阳，女为阴，白天为阳，黑夜为阴，后背为阳，前胸为阴，提角为阳落角为阴，精子为阳，卵子为阴。日为阳，月为阴，天干为阳，地支为阴。只有阴阳和合才能成形，天为阳自强不息，地为阴，厚德载物，上善若水，同舟共济。

在宇宙间，天地人又分别组成三宝：天有三光：日月星；地有三珍：水气生；人有三宝：精气神。

总之，天之运行有规律，地生万物有规律，人之生存有规律。人，这个生活在地球上的高等动物，是一部最精密、最完美、最神圣、最复杂的机器。只有很好地了解他，合理地保养他、保护他，适时地运用他，利用他，方能更好地发挥他的能力和潜能，反之则反。

科学是无止境的，医学也是无止境的。相信随着医学科学的不断进步和发展，对人类的研究也会越来越精确、准确。人类也会越来越聪明，越来越健康长寿，对社会的贡献也会越来越多，越来越大。

第五节　优生优育的重大意义

什么是优生优育呢？所谓优生，就是研究如何改进人类的遗传性，去掉各种疾病,生育一个优秀的聪明的健康的婴儿,将来能成为祖国的栋梁之材,因此,婚前检查很重要。所谓优育就是要求育龄夫妇要采取各种科学的有效的先进的育婴方法,生一个聪明的健康的可爱的小宝宝。因为这不仅是家长的需要,也是国家社会的需要。

1. 优生优育的重大意义

优生优育的好处很多,它的重大意义是不言而喻的。首先,现在的孩子不仅是父母的孩子,还是国家的孩子,是祖国的花朵,是未来的接班人,是保卫祖国、建设祖国的生力军,是使中国长盛不衰、繁荣富强的栋梁。

俗话说:"十年树木,百年树人。"可见培养人才的不易!大家明白,一个刚落地的婴孩,除了父母的精心哺育、培养、教育外,还要经过幼儿园、小学、中学、高中、大学等20年左右的学校培养和教育,方能走向社会,为祖国和人民贡献力量。期间,国家要花费大量的钱财进行人才投资,试想如果不进行优生优育,能培养出优秀的合格的人才吗?这是不可能的,所以说优生优育是十分重要的,父母们必须重视。

2. 不优生优育的危害

不优生优育的危害很大,这是因为胎儿是父母的结晶,是从母体中诞生出的一个小生命,因此这个小生命的身心健康等各种因素,必然含有父母的元素。也就是说,父母的许多优点和缺点,孩子也可能存在,更重要的是父母的疾病或许多不良习惯也会影响孩子的一生。比如父母亲有心脏病,也可能遗传给孩子,或者父亲有脑病也可能使孩子痴呆、聋哑,等等,这就是遗传,生物体的构造和生理机能等由上代传给下代的原因。所谓遗传学,就是专门研究遗传和变异规律的科学,了解一下,大有益处。

旧社会由于医学不发达,广大劳动人民也不懂什么优生优育,只管生,因此出现了许多残疾儿童,如痴呆的、聋哑的、有疾病的,等等,这不但给孩子本人的身心健康带来刺激、危害和极坏的影响,而且给家长也带来麻烦和痛苦。

新社会不同了,国家提倡优生优育,大多数家长也比较重视了。那么怎样进行优生优育呢?这是个很重要的问题,是关系到中华民族繁荣昌盛、国富民强,屹立于世界民族之林的大问题。

3. 怎样优生优育

人们明白了优生优育的重要性以后,就应该重视它,因为养育孩子是人类最纯洁最神圣的事情。过去认为孩子是"神赐的",新社会人们的认识有进步,但随着科学水平的提高,社会的发展,竞争的日趋激烈,人们都希望有一个既优秀又聪明又健康的小宝宝,不求多,但求精,这种观点是非常正确的。

要想优生优育,家长首先应明白男孩女孩存在区别的原因,有关激素的问题和染色体的问题。

科学家研究证明,男女存在区别主要是男人的雄性激素和女人的雌性激素在起作用,那么什么是激素,什么是雄性激素和雌性激素呢?

所谓激素是指人体内分泌腺分泌的物质,凡高等动物激素分泌基本相近,激素直接进入血液,分布到全身,对机体的代谢繁殖发育和生长等起重要调节作用。如甲状腺素肾上腺素胰岛素等都是激素,统称荷尔蒙。

明白了激素以后,人们又会问什么是雄性激素和雌性激素? 它们的作用又是什么呢?

所谓雄性激素是指生物中能产生精细胞的,男士能产生精细胞,它存在于精囊内,也就是睾丸内,是男子或某些雄性哺乳动物生殖器官的一部分,人的睾丸也叫外肾。

所谓雌性激素是指生物中能产生卵细胞的,女子能产生卵细胞,它存在于女子的卵巢中,精巢和卵巢分别储存在雄性、雌性哺乳动物体内,称为持续雌雄异体,人类和高等哺乳动物都是如此,它们的作用是阴阳和合后,也就是精子和卵子结合后,会在母体内产生新生命。大家也明白,以人类而言,生下男孩就会有男孩的特征:健壮有力,长胡须等。而如果是女孩,就会有女孩的特征:文雅、细心,能生儿育女等,同时每月按时来月经,女性的这些特征,是由于女子的雌性激素和女子体内的细胞核中存在能被碱性染色体染色的丝状或棒状体。细胞分裂时,在显微镜下可以看到染色体是由核酸和蛋白质组成,是遗传的主要物质基础,各种生物体的染色体有一定的大小形态和数目。

科学研究证明,由于雌雄性激素和染色体的作用,男孩女孩的大脑也存在差异。比如女孩大脑发育的速度比男孩快,女孩大脑左右半球的联系多于男孩,而且女孩大脑的左半球较发达,所以女孩儿说话比较早;男孩儿大脑右半球的内部连接较发达,因此男孩爱动手,擅长拆卸和修理机械。因为右脑是负责运动、数学和空间感的,左脑是负责语言和推理的。

科学家通过解剖和电脑成像,发现大脑结构上有差异,哈佛大学医学院的哥德斯坦和同学测量了男女皮质区的体积,并算出了每个区站、整个脑容量的体积比例,发现男女之间存在着七个不同的区域,有的区域女人较大,有的区域男人较大。

由上面的事例可以明白男女之间的差别是因为生理方面的某些构造不同而产生,但是这些差异对于男女双方的质地来说,是一些细微的差别,只是一种发展趋势。我们了解了男女各自的特点以后,及早采取措施进行优生优育,是十分重要和必要的。

什么是优生优育,怎样优生优育呢?

所谓优生,就是国家提倡育龄夫妇少生优生,控制人口数量,提高人口素质,生育素质优良的孩子。所谓优育,就是国家提倡父母以优良条件抚育婴幼儿,以先进的科学方法培养教育孩子做人成才。

怎样才能优生优育呢? 这就要求育龄夫妇多学一些这方面的知识,采用科学的方法,生儿育女。

①夫妻双方要学习一些优生优育的知识,采用科学的方法优生优育,这是十分重要和必要的。因为有一个聪明健康活泼可爱的小宝宝,不但对父母有利,而且对国家对社会也是一种贡献。试想,假如生一个残疾孩子,不但对孩子本身不负责任,给孩子的身心造成终身痛苦,而且也给父母带来极大的不幸,给国家社会带来负担。

②夫妻双方要和谐友爱,据专家研究,夫妇之间感情越好,性爱越强,怀孕几率越大,生育子女质量越好。

③夫妻双方要养成良好的学习、生活习惯,拒绝不良的习惯和嗜好,如抽烟、喝酒、赌博等。

④在怀孕期间,食品要荤素搭配,粗细结合,花样要多些,营养要丰富,多食新鲜蔬菜,切忌整天大酒大肉,可适当吃点鱼类。

⑤怀孕期间,切记不能乱吃药,即使吃补药,也要经医生批准方可,不然会导致胎儿有疾病或残疾。

⑥要定期到医院进行检查。

⑦要适当走动,特别是胎儿月份大时更要走动,这对胎儿和母亲都有好处,不要坐着不动;同时要多和胎儿交流沟通,比如说说话,给他唱歌、念诗等,这样对孩子的智力发展是很有益处的,夫妇之间要禁止吵闹,禁止污言秽语,更不能打架,防止胎儿受到损伤。

⑧母亲每天要有个好心情、好环境,心情舒畅,营养丰富,护理适当,这样必然会有一个聪明的、健康的、可爱的小宝宝出现!

⑨产后应适当吃些鸡、羊肉补补身子,给孩儿增加奶水,但不宜多吃,防止适得其反。

下面谈谈什么是胎教以及胎教的重要性?

所谓胎教是指孕妇怀孕期间,通过自身的调养和休养,给予胎儿良好影响,如注意营养,保持心情舒畅,谨慎用药,避免辐射,与胎儿交流,等等。

胎教是胎儿发展的第一个关键期,母亲在怀孕期间,一定要保持好身体,在饮食方面多加注意,要粗细结合,荤素搭配,花样翻新,营养丰富,多吃新鲜蔬菜水果,适宜吃些鱼、鸡、鸭等肉食。为使胎儿聪明,母亲要抓住宝宝健脑的春天,给胎儿大脑提供足量的营养物质,促进胎儿大脑的发育生长。根据科学研究:1. 充足的脂肪可使脑功能健全。2. 有充足的维生素 C,可使脑功能敏锐。3. 有充足的钙质,能使大脑持续工作。4. 糖质是脑活动的来源,但不宜过量。5. 多吃有蛋白质、维生素的食物,能使宝宝聪明。所以说养胎期间的营养十分重要,必须要引起重视。

　　这真是种瓜得瓜,种豆得豆,优生优育后代必强!

第五章

教育的重要性和伟大意义

"人之初,如玉璞,性与情,俱可塑。"这句话说明了教育的重要性。

教育,能使受教育者明理做人,聪明智慧,更能让青少年掌握科学文化知识,进行创业创新,教育推动历史前进,让社会越来越进步、文明。

一块玉料能否被雕琢成美玉,全靠父母的智慧和心血!作为启蒙老师的父母必须随时反思自己的教育方法是否恰当,这直接影响着孩子的健康成长。

第一节　要做合格的父母

父母应该怎样培养教育子女呢?中国教育家陈鹤琴曾告诉人们:"家庭教育是孩子的启蒙教育,在孩子的思想道德形成中起着至关重要的作用,提高父母素质,更新家庭教育观念,掌握科学育人方法,对下一代的成长有着特殊而重要的意义。"这说明了家庭教育的重要意义,父母肩负着重大的责任,《新三字经》开头就说:"人之初,如玉璞,性与情,俱可塑,若不教,行乃偏,教之道,德为先。"这说明每个孩子都像一块未雕琢的璞玉,能否雕琢出各种美丽的玉来,全在于父母的精心雕琢,父母的言行举止都会对孩子产生极为重要的影响,这种影响也会伴随孩子的一生。例如有的父亲爱好文学,子女耳濡目染,也可能对文学感兴趣;如果母亲爱好数学,那么子女也许能成为数学家。当然,根据科学家的研究和实践,这与遗传有一定关系,但绝对离不开父母的培养教育和影响,假如父母走歪门邪道,那么子女也很可能走到邪路上去,这就有力地证明,每个优秀孩子的成长,都凝聚着父母巨大的心血和智慧。

作为父母,一定要正确认识自己的义务和责任,还要随时检查自己的教育方法是否正确,及时纠正缺点和错误,把科学的家教观念和先进的家教方法运用到家庭教育中来。每个家长必须明白,父母是孩子最亲近的人,也是孩子的启蒙老师,责任重大,教育方法是否妥当,直接关系到孩子的成长和成才。

那么父母应怎样教育孩子为好呢？

要想教育好子女，首先要做合格的父母，名言说，没有教不好的孩子，只有不会教的父母！确实是这样，其实有的父母在十月怀胎的过程中就开始进行胎教了，据说这样做能开发胎儿的智力，提升孩子的能力。

父母从孩子一出生，除了哺育孩子外，还可以根据其生理特点和心理发展的规律，结合男孩女孩的个性和共性及个性差异，有目的有计划她对孩子进行培养和训练，让孩子及早养成良好习惯，并开发思维。

怎样做合格的教子有方的父母呢？这确实是不容易的，以下观点供大家参考。

1. 首先，父母要严格要求自己，时时事事处处做孩子的榜样，要求孩子做到的首先自己做到，因为父母的言行对孩子都有重要的影响。

2. 父母要热爱学习，做孩子的榜样，同时要多学一些教育孩子的材料，提高自己的素质，用科学的方法培养、教育、引导孩子上进。

3. 当孩子懂事时，父母首先要对其进行经常性的品德教育，教育孩子热爱祖国，爱科学，爱劳动，要尊老爱幼，助人为乐，从小养成好品德，是将来成功成才的基石。

4. 孩子的发育成长分不同的阶段。父母抓住各个阶段的关键时期，适时合理进行教育，必然能取得效果，比如幼儿和小学时就分别采取不同的教育法，根据各个阶段的特点教育孩子，才能有的放矢。

5. 要经常和孩子沟通，了解其思想、学习等情况，征求孩子的意见，及时采取措施进行改进和补救，父母关系要和谐，意见要一致。

6. 要教育孩子树立远大理想、培养高尚情操，要有热爱科学、勤奋好学、持之以恒等精神，这是产生动力的源泉，成为德才兼备之才的奠基石。要明确学习目的和奋斗目标，忌不动脑筋。

7. 要培养孩子大胆谨慎、认真细心、勇于探索创新、敢于和困难作斗争的精神，树立世上无难事、只要肯攀登的思想，当然也应防止骄傲情绪的产生，它是阻碍前进的绊脚石，忌不求甚解，走马观花。

8. 要培养孩子的爱心、孝心、恒心和进取心，教育孩子要有宽阔的胸怀，要广交朋友，拥有良好的人际关系，像大海一样，"海纳百川，有容乃大"！

9. 培养孩子自尊、自爱、自信、自立、自强的优秀品质。教育孩子要诚信乐观，胜不骄，败不馁，要有责任心，同时爱护自己的身体，明白身体是革命的本钱。

10. 要注重孩子的兴趣爱好和特长，可培养其一技之长，忌赶鸭子上架，以致适得其反，弄巧成拙！

11. 教育孩子要珍惜时间,时间就是胜利,时间就是生命,"业精于勤,而荒于嬉",要以提高自己的素质能力为目的,艰苦奋斗,创业创新。

12. 要教育孩子从小养成好习惯,向身边优秀的人学习十分重要!

做一个合格的父母是不易的,在教子方面确实要花费一定的心血,但现在是信息化时代,不能采用"愚公移山"的办法,要用智慧。因为孩子的发育成长阶段不同,父母要抓住孩子各个不同阶段的特点,也就是关键期,采取恰当的科学的方法,以取得事半功倍的效果。总之父母要经常深入细致地观察了解孩子的思想、愿望、感受和要求,抓住时机进行指导,定会取得明显的结果。比如人们常说的神童、少年大学生就是成功的典型,而方仲永就是失败的典型。

第二节　人生的关键期

什么是关键和关键期呢? 所谓关键是比喻事物最紧要的部分,对情况起决定作用的因素,这重要时期就成为事物发展的关键期。比如办好学校的关键在于提高教学质量,孩子的婴幼儿时期是父母培养教育的关键期。

1935 年,奥地利动物学家洛伦茨用小鹅做了一次实验。刚出生的小鹅,如果最初看见鹅妈妈,小鹅就跟鹅妈妈走,如果看见的是洛伦茨,小鹅就跟洛伦茨走。假如不让小鹅看到活动的事物,两个星期后,它就失去了"认母"的能力,也不会有这种行为了。

中国动物学家丁玉华在中国湿地研究麋鹿 18 年,实验也证明,小动物初次见到谁就跟谁走,小麋鹿在刚生下来时,如果看到的不是鹿妈妈,而是人,那么小麋鹿就会认人为母,假如五天到一个星期仍见不到母亲,小麋鹿也就失去了认母的能力,而且鹿妈妈也不认识小麋鹿了。

事情就是这样,洛伦茨把小鹅认母的现象称为"印记"现象。人类也一样,刚生下来的婴儿是不认得母亲的,几个月以后方能认妈妈、熟人或生人。科学家把人类的这段时期称作关键期,也就是事物最紧要的时期,对情况起决定作用的因素时期。我们提到的猪孩、狼孩也是这样。可见,关键期对人类特别是对青少年培养教育的重要作用。

科学家经过研究发现,任何事物的发展都有一个过程,任何生物的生育发展也有一个过程。特别是人类的发育生长更复杂,有各个不同的发展阶段。如婴幼儿、儿童、少年、青年、壮年、中年、老年期,而且各个发展阶段都有特点。比如孔子说"三十而立,四十而不惑,五十而知天命,六十而耳顺,七十而从心所欲"等。其中,青少年时期发展快变化多,尤其是人脑某个功能区域神经网络的构成,有突发生长期,这也是人类学会某种知识、技能、行为等的最佳时机。为什么呢? 这是因为青少年是刚制造成的一整套最新的、最完美的、最精致的机器。比如青少年时期大脑最活跃,最灵敏,反应最快,因此记忆力也最强,所以此时是读书学习的最佳时期,而且记住的事情、知识很牢,不易忘掉,甚至终生都不会忘却。人到中年为什么分析能力、判断能力、联想能力特别强,正是创业创新的大好时机呢? 这是因为人到中壮年,这部机器经过磨合,正是兴盛时期,血脉正常,供油充足,运转正常,没有毛病。再加上经过读书学习,大脑吸收储存了大量科学文化知识,如果利用这些科学文化知识进行发明创新,当然是最好的时机了。

那么为什么人到老年各方面退化了呢? 比如记忆减退,身体会出现许多毛病,等等,这是因为这部机器因常年运转已经老化了的缘故,供油不足,各个机器零件松弛,运转不灵,而且一个零件出现毛病,影响整部机器的运转,这时候如果进行很好的保养、补救、锻炼,还可以延长寿命。

上面简单谈了人生少年、中年、老年三个时期的发展变化,其实人的一生不单单是这三个发展阶段,单青少年时期就有许多不同的发展阶段,以下要逐步谈到。

根据科学家研究,人的大脑在发育的过程中都有一个发展的时间顺序表,哪一时间哪些功能先发育,哪些功能后发育,各个时期都不一样。婴儿刚出生时大脑的发育还不成熟,比如刚出生的婴儿,头顶部的前中央名叫囟脑门的地方还是软的,还没有长住,等孩子到两岁左右,头顶骨才能合拢长住。而且随着孩子身体的成长,大脑也在发育成长完善,大约在 12 岁以后,大脑才能完全成熟。所以说人的一生有许多不同的发展变化,如果父母和学校老师能抓住孩子的大脑发育时间表,也就是孩子大脑发育的关键期,对其进行适当的科学的培养教育,效果就会好得多。假如失去了好时机,再补救就很难了! 这样的事例很多,比如前面提到的方仲永,本来很聪明的孩子,父母贪图小利不使学,到头来仍然"泯然众人矣"! 其次,还要防止孩子受坏环境的影响变坏。"近朱者赤,近墨者黑。"这是千真万确的事实! 所以说做一个合格的父母,应该根据孩子大脑功能各个不同的发育关键期,适时地进行培养教育和训练,孩子必然会给你一个圆满的回报的!

第三节　胎儿的特点和胎教的好处

俗话说:"春天种下种,秧苗才能生,必须浇灌好,方有好收成。"孩子就是春天的秧苗,生长的好坏全凭园丁的培养、浇灌、施肥和保护,园丁可根据秧苗生长的各个不同阶段,需要什么供应什么,秧苗必然会茁壮成长,必然会有好的收获,这些秧苗就是婴幼儿,园丁就是父母。

假如父母的培养教育错过了孩子成长的各个不同关键期,孩子的巨大潜力就会被白白浪费掉,再补救也难了,很难取得预期效果!儿童在各个年龄段的身心发展各有特点。教育必须遵循儿童发展的内部规律,按照其实际水平来培养训练才好,所以说儿童的进步发展取决于教育,而教育又要受儿童年龄特征的限制,以及大脑发育和个性特点的制约。

那么儿童身心发展有哪些特点和规律呢?

1. 胎儿的特点和胎教。胎儿教育(1 到 10 月)上面谈过,这里只作补充。

胎儿的营养来自母体,孕期饮食对胎儿健康至关重要,孕妇在饮食方面应注意以下几点。

(1)早期胎儿还处于细胞分化、器官形成阶段,要注意叶酸、维生素等的补充,多吃点菠菜、油菜、小白菜等,要保证清净。

(2)孕妇中晚期的食物应是每天吃 150 克左右的水果,200 克左右的奶制品,200 克左右的鱼禽蛋肉类,250 克左右的谷薯杂豆类食物,每天吃够 300 到 500 克蔬菜。要营养均衡,谷物为主,多吃蔬菜,肉类适量。

(3)每天食盐量控制在 20 克以内,每顿少于 6 克,忌食农业污染食物,防止胎儿畸形早产,忌烟酒。

2. 胎教的好处。当孩子在母体内四个月以后,母亲能感到胎儿在体内的动静,这是胎儿成长的活跃期,包括大脑也在发育形成,处于活跃期。在这一时期父母可在早中晚间定期和孩子说话,给孩子读诗或唱歌等,形式多样地和胎儿沟通 20 分钟左右进行胎教工作。这样通过父母自身的调养,也能给予胎儿良好的培养和影响,提前激发孩子的大脑发育认知能力,促进和增强胎儿的记忆识别等能力。有许多家长的实践证明胎教效果不错。

专家的研究实验证明,对胎儿的早期教育有很多好处。不但能激发胎儿大脑的兴奋,促进大脑的发育,增强大脑细胞的活动能力,而且有利于大脑的认知和记忆,能使胎儿聪明,提升胎儿的素质和各方面的能力,对孩子今后的成长成才,是有百利而无一害的。

3. 如何保养胎儿?前面简单地谈了保养胎儿的一些做法,除了要保持心情舒畅,饮食营养搭配,不能乱吃,要定期到正规医院检查外,再补充以下几点。

①当母亲怀孕后,应早晚按时适时地锻炼一下身体,比如吸吸新鲜空气、活动活动经脉等,这样不但对母亲的身体有好处,而且对胎儿的健康也有好处,另外,妻子怀孕期间,夫妻尽量少同床,对胎儿有利。

②由于胎儿逐渐发育成长,母亲承担的重量越来越大,锻炼身体应逐步减弱,但早晚仍要散散步,呼吸新鲜空气,不能老坐着躺着,走动时要慢,防止因摔倒而造成不必要的伤害。

③每天早晚要深呼吸五分钟,其方法是用鼻子吸气,让氧气在体内回旋后再用口呼出,这样做的好处是既对母亲的身体有好处,又对胎儿的健康有益处,能增加胎儿的肺扩量和舒服感。

④母亲不能吃得太饱,不能太热。一是母体内的热毒,是初生婴儿所患疮疖等的病因,假如母亲体内有热毒,就会传染给胎儿;二是胎儿染上疮疖等病毒造成以后的麻烦。

总之,父母若能精心保养,必能生一个称心如意、聪明健康的好宝宝! 这真是:

怀胎十月整,母亲实艰辛,

保养加教育,方能促才成。

第六章

学龄前儿童的成长特点及教育

学龄前儿童发展的不平衡性,要求家长培养教育孩子时要根据孩子不同的年龄阶段的特点,采取不同的方法,在传授知识方面也要循序渐进,方法灵活。教育要遵循儿童身心发展的内部规律,考虑儿童成长的实际水平,以开发儿童兴趣、智力为出发点和目标。比如多给孩子讲些童话、寓言、有意义的民间故事,名人伟人的奋斗史刻苦学习的方式方法等,亦能取得预期的、事半功倍的效果。

第一节　儿童各个阶段的成长特点及教育

根据学龄前儿童身心发展各阶段的共同特点,我们可以把儿童的发展分为几个时期和阶段。

1. 乳儿期:从出生到一周岁,从乳汁期到喂养期。

2. 婴儿期:从一岁到三岁,语言培养训练期。

3. 幼儿期:从三岁到五岁,护牙、识字培训期。

4. 儿童期:从五岁到六岁,开发大脑益智训练期。

5. 幼儿园培训期:四到六岁左右。

学龄前儿童发展的持续性,要求父母在喂养哺育、保护、培养教育孩子等方面要循序渐进,特别是在教育孩子方面,要采用科学方法,由简单到复杂、由具体到抽象,不断提升教育的内容让孩子学得快乐,日有所长,避免突击性或跳跃性,使孩子产生厌恶情绪。

下面谈谈乳儿期的特点及培养教育。

1. 乳儿期的特点。刚出生的小宝宝,这个刚来到世界的新的小生命,像树苗一样柔弱可爱,父母的关爱就像阳光雨露。什么时候浇水,什么时候接受阳光,什么时候补充营养,什么时候防病,父母心里必须清楚。事实上,孩子的每个发育阶段都很重要,把握好各个关键期,培养教育出聪明、健康、活泼的孩子,是父母的重要责任。

乳儿有哪些特点呢？大家清楚，当胎儿呱呱落地时，他不会说话，不会认母，十分柔弱，除了饥饿或有疼痛而啼哭时，最爱睡觉。这时的孩子最娇嫩，最柔弱，家长必须注意以下几点。①按时喂奶。②尽量让乳儿吃母乳，最好吃六个多月。因为母亲的初乳不但含有水、蛋白质、乳糖、盐类等多种营养，而且有抗菌素，对孩子的健康有好处。科学家研究证明，乳儿吃母乳要比喂奶粉好得多！经专家实验，刚生下的小动物不给吃母乳，小动物容易得病或夭折。③这一时期要让孩子多休息，要多观察孩子的动静变化等，有问题及时解决。④要给孩子洗澡，保持孩子的清洁卫生，父母和孩子应同房分床睡，防止挤压孩子。⑤当孩子两个月左右后可以躺卧结合，可以逗孩子玩儿，把孩子放进摇篮里，室内吊五色的彩球供观赏。

经观察，乳儿经常有睡笑、睡哭的现象，有时会打激灵被吓醒啼哭，这说明孩子虽小，大脑也在思维、活动、做梦。据心理学家分析，乳儿期孩子的大脑虽然还没有发育完全，比如囟脑门还没有完全合缝，但已经发育成型，而且发育很快，虽不成熟，也已经完成80%，因此，这一时期的孩子，虽不会说话，不会表达，但通过笑、哭、哇哇声，来表示自己的心情。一个月后，乳儿体重可增加5公斤左右，身高可增长10厘米左右。

乳儿的另一个特点是，到4到6个月的时候，可以适当喂养一些辅助食物。因为这时候孩子看到大人吃饭时会吧唧嘴，或流口水，舌头不停地蠕动，有吃的愿望，这时大人可以适当喂点易消化的食物，从稀到稠，从少到多，循序渐进，同时要观察情况，看实际效果。

根据世界卫生组织建议，从6个月开始可以添加辅食。它的好处是给乳儿科学添加辅助食品，不仅能增加营养，为孩子今后逐步改变食物方式奠定基础，同时避免今后挑食，为孩子健康的一生奠定根基！总之，辅食要营养丰富，花样多，以激发孩子对辅食的兴趣。

医学专家研究认为，刚生下的乳儿到半周岁左右，是孩子感官发育关键期，这一时期孩子的特点是，虽然不会说话，不会认人，孩子经常睡觉，吃了睡，醒了吃饿了哭，有疼处也哭，但是也有愉快的和不高兴的时候，比如我们经常会看到孩子在睡觉的过程中，有时会笑，有时会打激灵，有时会哭醒，这是什么原因呢？心理学家认为这是孩子在做梦，做好梦就会笑，做噩梦就会哭，受惊吓就会打激灵。这也是孩子大脑活动的表现，孩子从出生起，虽不会说话，但会借着听觉、视觉、嗅觉、触觉、味觉的感官来熟悉环境，了解事物。孩子的哭闹也表现了他的不愉快，有痛楚或反抗意识。所以说这一时期是孩子的各个感官活动发展的关键期。父母根据孩子这一时期的特点,进行适时的合理的培养教育,必然能收到良好的效果。

2. 乳儿期的培养教育。根据乳儿期的特点,孩子6个月左右会翻身,7个月会爬,一周岁左右会说话。父母要不失时机地进行培养训练,激发孩子的各个感官,这样能使孩子聪明,增长智慧,父母应做到以下几点。

①当孩子睡醒、吃饱或高兴时,父母要经常采取各种方法引逗孩子,使孩子高兴、发笑、说话,锻炼孩子的思维说话能力。

②在室内吊上五彩线球、花朵、飞机、气球等玩具,让玩具摆动或响动,或摇动"拨浪鼓"等,来锻炼孩子的视觉听觉,激发孩子大脑的活动和思维能力,以达到提高智力之目的,玩具可定期调换。

③父母要经常教孩子叫妈妈、爸爸、爷爷、奶奶和叔叔、阿姨等,锻炼孩子的视觉记忆和思维能力,当然这些工作以后还要不断进行。

④让孩子嗅鲜花,比如玫瑰的香味儿,各种食物的味道,锻炼孩子的嗅觉和味觉,等等。

⑤父母通过给孩子喂奶、喂食、洗澡,与孩子玩耍等形式,通过触觉和孩子建立亲密的关系,就是非常必要的。

这一时期的乳儿特别需要与父母建立强烈的亲情和依恋关系,孩子需要获得舒心安慰及安全感。到5到6个月以后,孩子逐步强壮,腰板也硬了,会翻身,会爬了,这时要特注意防止孩子跌地、烧伤等意外事故的发生,要经常抱着孩子到外面走走、看看,让孩子见见世面,开开眼界,让孩子的基本需要得到满足。假如没有父母的温情呵护及培养教育,那么他长大后很可能胆小怕事,对周围的人冷漠、不信任,产生焦虑。

心理学家指出,千万不要认为这个还不会表达的主儿,只是喂饱了,不哭了就行了。父母在日常照料中应经常逗着玩儿,给予孩子足够的安慰,让他们感受到关心和亲情,这个非常重要。同时不要在孩子面前吵吵嚷嚷,动手打架,暴力行为会让孩子恐惧害怕,甚至会吓出病来! 这真是:

十年树木,百年树人,精心哺育,方能成人。

第二节　婴儿期的特点及培养教育

俗话说,有小不愁大,乳儿在父母的呵护、哺育下,发育成长得很快,不知不觉进入婴儿期。

什么是婴儿? 婴儿有什么特点呢? 婴儿也叫婴孩,是指大约一岁到三岁以内的孩子,根据新华词典的解释,不满一周岁的孩子也可称作婴儿。

1. 关于婴儿的特点,人们根据婴儿的发展特点,总结出一个顺口溜为"两三个月会认人,三爬六坐七圪墩,两岁已能迈步走,说话不清笑煞人"。意思是孩儿到两三个月后,就学会认人了,三个月后就能翻身爬行了,到六个月后就会坐了,七个月后就能蹲下小便了,两岁左右就学会走路,同时也能学着说话了。当然,孩子的这些发展变化,还与父母的培养、教导和孩子的健康状况等有关,培养引导得好,孩子营养也不错,学得就快一些,否则就慢一些。

婴儿大多在两岁左右,身体逐渐硬朗,思维逐渐复杂、敏感,大脑的活力也在逐步加强。比如不停地翻身、爬动、学走路、学说话,等等。这时的婴儿已进入口语表达和行动模仿的关键期,这一时期的父母应特别注意以下几方面的问题。

①父母要和孩子建立信任感。信任感需从小就培养,比如扶着孩子学走路或买适合孩子行走的玩具车,把孩子放入车内,让他自己走。

②教孩子说话,学习叫爸爸、妈妈、爷爷、奶奶、姥姥、姥爷等。父母千万不要认为孩子大了就会明白,不重视这方面的培养和训练,这是非常错误的思想。父母从小的培养教育对孩子的发展起着至关重要的作用,能激发孩子大脑细胞的活力,使大脑多产生思维,从而提高其记忆力水平,否则可能会使孩子反应迟钝,甚至会变得痴呆。

③教孩子数数,比如从一数到一百,先从一数到十或二十,每天增加,有进步就表扬鼓励,增加孩子的兴趣。

④教会孩子姓甚名谁,懂得几岁,属相是什么等,能记住简单的动植物名称,父母要有充分的耐心。

⑤要给孩子充分玩耍的时间,在玩耍中学习,在玩耍中增加智慧。比如母亲教孩子唱儿歌,用口唱用手指,这样能增加孩子的兴趣乐趣,提高记忆力。

⑥给孩子买一些能开发智力的玩具,让孩子通过玩耍动脑筋来开发智力,比如拆卸、安装物件儿,盖楼架桥等需要动脑筋或创造创新的活动玩具。

⑦还应该提醒父母,这个时期的婴儿有几个特点:学说话、学走路、爱玩儿、爱动、闲不住、十不怕。常言道,"初生牛犊不怕虎",有敢闯敢干的精神。因此,父母一定要眼勤、手勤、腿勤,看管好孩子,防止碰伤、烧伤等意外事故的发生,这样的教训很多,特别要教育孩子不要玩家中的电器,防止触电。

2. 婴儿关键期,父母应如何培养教育? 上面简单谈了婴儿关键期的一些行为表现和特点,父母亲要根据其表现和特点,采取科学的培养教育方法,让孩子逐步养成良好的习惯,为将来更好地生活学习奠定基础。

那么这一时期应该怎样培养教育孩子呢? 首先父母应该明白,孩子在婴儿时期对父母的依恋关系仍很重要,许多事情必须经过父母的指引、培养教育方能学会。比如学说话、走路认人,等等,因此父母必须和孩子建立信任感,经常和孩子沟通,以给孩子安慰、安全与信任感,科学家指出,父母经常和孩子沟通,孩子会很聪明。

孩子发育成长到两岁左右,进入口语表达关键期,三岁左右,口语表达能力变得丰富,并大幅度提高。家长应根据孩子真实的心理及自身的实际情况,适当增加语言互动和游戏,提高孩子的语言表达能力。孩子刚开始学话,发音欠准确,这是正常现象,但是口吃的毛病也多在这一阶段发生,所以家长要特别注意预防此毛病的出现。具体做法是家长多带孩子到动物园看看各种动物,到花市看看各种花卉,或者到博物馆参观,让孩子开开眼界,然后给孩子买动植物图书,让孩子认识熟悉并记忆这些东西。

家长还可以制作卡片和孩子做汉字游戏,也可以带他们到超市教孩子认识各种食物和生活用品,耐心解答他的问题。并根据孩子的兴趣,适时地教他识字,在教的过程中,家长本身说话要注意语音语速的正确,孩子如有毛病及时纠正。

对于思想天真纯洁的孩子,父母不要因为忙或其他原因而说谎来欺骗孩子,对孩子造成不良影响,有错误,必须向孩子承认并改正。

有这样一个故事:从前有一户农民叫贾全友,儿子叫贾茂,一家三口过着平民的生活。有一年夏天,全友路过一片西瓜地,当时正是傍晚回家的时候,他看到满地的大西瓜十分喜人,就摘了一个抱回家中放到凉房里。吃完饭后,他从凉房里抱回大西瓜切开,鲜红的瓜瓤十分香甜,全家人幸福地吃着。突然五岁的儿子问爸爸:"爸爸,这瓜这么好吃是哪来的?"全友见儿子追问,十分生气,就低声说:"不许和外人说是偷的。"这句话说坏了,贾茂老想着吃西瓜的事。到了七八岁,想起吃西瓜的事,忍不住也偷了一次。觉得好玩又能吃上香东西,于是乎后来就成了毛贼!

父母多跟孩子互动,多陪孩子玩儿十分必要。玩可以增强孩子的兴趣,给孩子带来欢乐,还能锻炼孩子的动手能力,提高孩子的思维能力和智力,益处很多。所以平时父母就要多跟孩子互动,高质量地陪孩子玩,对提高孩子素质很有好处,而且能提高丰富孩子的语言表达和词汇积累能力。

中国的语言是最丰富、最美丽、最准确的语言,也是世界上广泛运用的语言,比如描写一个人的眼睛,方法无比丰富,可以描写,可以形容,也可以比喻;写人可以正面,可以反面,可以赞扬,可以讽刺等。单一个下雨就有毛毛细雨、铺盖雨、罗面雨、疾风暴雨、和风细雨等,这说明了中国语言的复杂、词语的丰富,从而也说明孩子学习语言的重要性、复杂性和长期性。所以对于孩子的语言学习,父母必须重视起来。

中国是一个文明古国,也是一个文明大国,要想成为文明强国,需要千千万万的父母经过千辛万苦,精心地、科学地培养下一代,方可完成,这是多么艰巨而光荣的任务啊!

婴儿要有一个健康强壮的身体。

"身体是革命的本钱。"没有一个好的身体,什么也干不成。健康必须从娃娃抓起。因此家长必须注意孩子的健康,让孩子从小有一个活泼健壮的身体,为孩子今后的学习工作和生活打下坚实的基础,为此父母要注意以下几点。①孩子这时正是长身体的关键期,各个器官正是成长成熟期,正需要各种营养来补充身体,所以父母对孩子的饮食方面要特别注意,每餐要荤素搭配,粗细结合,花样多点,吸收各种营养对孩子的健康很有好处。②要把食物洗干净,防止感染细菌或食物中毒。③打预防针。④要定期检查,有病及早治疗等。

更重要的是,孩子学走路时,大人一定要指点,或用手拉着走,或用玩具车把孩子放入车内站立,双手捏住车把手来回走动,这样帮助孩子不断练习,自然就学会了,同时父母要细心观察,教会孩子走路的正确姿式,防止出现其他毛病。比如驼背或罗圈腿等,若有此毛病,要自行想办法矫正或及时到医院治疗。但父母要放手让孩子玩耍锻炼,尽量少介入。比如跌倒了,哭闹不起来,外国母亲就不像中国母亲那样马上扶起来,而是鼓励孩子自己站起来,这样做的好处是从小就培养孩子自立自强的思想,去掉依赖思想。总之,孩子的成长做人,全在父母的指点、引导、培养及教育。

第三节　幼儿的特点及培养教育

人的一生中,心理状态随着年龄增长也在不断的变化,每个阶段都有主要矛盾。要解决这些矛盾,顺利地处理好各个阶段的问题,使孩子得以完美成长,收获幸福,而孩子的完美成长,全在于父母的培养教育。

孩子在不断地发育、变化、成长,慢慢地懂事,由婴儿过渡到幼儿期(3到5岁)。那么什么是幼儿,幼儿有哪些特点呢?顾名思义,幼儿就是指幼小儿童,一般指3到5岁左右的儿童,他们的生理和心理特点又有所不同。

现在的孩子生活在和平环境中,由于科学的进步,社会的发展,人民生活前所未有的提高,大多不是缺营养,而是因营养过剩而导致肥胖病,这点要引起父母的重视。那么幼儿又有哪些特征呢?在正常的发育下,他们的发展速度和各个年龄段的特征大体相同,有相对的稳定性。但由于遗传基因、环境、教育等不同,同一年龄段发展的水平又有区别。例如解放后的儿童,无论身体的发育还是智力发展,都超过解放前的儿童。今天 21 世纪的儿童,又超过上世纪六七十年代的儿童。有专家以北京市 1975 年七岁儿童与 1937 年七岁儿童相比,男生身高增长 4.44 厘米,体重增长 1.45 公斤,胸围增加 0.86 厘米。女生分别增长 4.56 厘米,1.03 公斤,0.60 厘米。(吴凤岗《谈儿童心理发展》218 页)这是解放后儿童生活水平提高和科学文化进步的原因。2014 年,专家对少年儿童进行测试,结果发现男生身高又比 1975 年增加了 3.41 厘米,体重增加了 1.48 公斤,胸围增加 0.74 厘米。女生分别增长 3.72 厘米,1.42 公斤,0.276 厘米。这是国家进入小康社会,儿童营养丰富的结果。

这些事例证明,在和平环境中生活好,营养丰富,环境优越,科学文化进步的发育成长就好一些,快一些。

婴儿成长到幼儿又有许多特点和明显的变化。比如身体由软弱到逐渐强壮,适应环境的能力由原先的脆弱到逐渐坚强,语言表达能力由单调到逐渐丰富清晰,思维由单纯到逐渐复杂,等等,这些都是幼儿时期的特点。但这些发展变化也不是均衡的,有的时期这方面快一些,有的时期那方面又快一些,发展过程也是由量变到质变的过程。

这时儿童的心理特点,从心理学角度分析,有的是心花怒放;有的是心猿意马,心思不专,变化无常;有的是无理取闹;有的是心血来潮;有的又忘乎所以。总之,这一时期的孩子求知欲强,感到什么都很新鲜,但缺点是欠专心,变化大。

另一个显著的特点是护牙。由于现今的儿童营养丰富发育快,因此换牙也提早了,五岁前是孩子牙病高发期。

从出生到入学前,是孩子护牙最佳期。中医认为牙齿属肾,肾好则骨骼强壮,牙齿坚固。但很多人认为乳牙不必护理,会被新牙代替。首都儿童研究所副主任医师李海鹰指出:对乳牙保护不当会波及牙龈、牙髓,而且乳牙如果过早脱落,会导致新生牙齿畸形。其实五岁以内,龋齿、牙颌畸形,牙齿过敏及乳牙替换异常等,都是孩子牙齿多发病。

李海鹰医师指出,护理婴幼儿的牙齿,母亲应注意以下几个事项:乳牙萌出加辅食时,可给孩子稍硬些的食物,利于孩子咀嚼磨牙,对促进口腔周边肌肉发育和提高语言能力都有好处。三岁前母亲可用指套为孩子清洁乳牙和牙龈,之后教会孩子认真刷牙漱口。别让孩子含奶瓶睡觉,否则容易出龋齿!两岁左右不再使用奶瓶,避免牙齿畸形,纠正孩子含手指咬东西等不良习惯,不给孩子喝碳酸饮料,少吃糖类,防止腐蚀牙齿。

　　根据幼儿的一些特点，父母要因材施教，尽力发挥其特长，培养孩子养成良好习惯，为今后的健康发展奠定基础，创造条件。

　　孩子3到5岁时，已经基本懂事，也有了自己的思维能力。因为有的思维意愿往往与大人不同，所以容易和父母产生矛盾。比如这个时期的孩子，在语言上，大人让做的事情，往往说"不"，什么都是"不"，用"不"来表示反对，甚至哭闹；在行动上，常常会用"打人"来表示自己反对的态度；和小朋友在一起玩耍的时候，我的玩具就是我的，不给别的小朋友玩儿，或者看到别人的玩具新鲜就会抢，不给就会发生哭闹或打架的现象，等等。

　　还有的孩子表现为对长辈或父母不礼貌，不讲卫生，不守规矩等。这个时期的孩子自我意识萌发，经常不听话，这就是孩子的第一个叛逆期。父母要经常观察孩子的各种表现，不失时机地进行引导教育，让孩子明白是非，发扬优点，改正缺点，逐步懂得做人的道理。

　　管教措施：首先父母应该明白，这是孩子身心发展的自然规律，属于正常现象，也是孩子从意识上最早开始的与父母的分歧，父母不能限制，而是应该在表扬的前提下进行引导纠正。比如孩子对长辈不尊重这方面，父母应该向孩子讲明有礼貌的孩子才是个好孩子，应该向孩子讲清楚，比爸爸年龄大的男人应该叫伯伯，老人应叫爷爷。同样比妈妈年龄大的女人叫阿姨，老人应叫奶奶；和爸爸年龄相仿的男人应该叫叔叔，和妈妈年龄相仿的妇女叫阿姨；和自己年龄相仿的小朋友应该叫哥哥、弟弟或者姐姐、妹妹等。要教育孩子对长辈和客人要有礼貌，讲求礼节，见人要问好，言语动作要谦虚，恭敬才是个好孩子，也会受到大人或别人的夸赞和喜爱，长大后才能成为一个有出息的孩子！假如从小养成坏习气，目无尊长、目无他人、唯我独尊，甚至动不动就要恶语伤人，这样的孩子，就不是好孩子，就会受到人的厌恶，长大后也会遭人唾弃。

　　只要父母耐心地引导，对孩子讲清道理，孩子总会明白，听话改正的。

　　再比如上面说过，有的孩子不听话，特别是男孩，稍有不如意就爱哭爱闹，甚至打人，非达到自己的心愿不可！根据心理学家的分析，这样的孩子性格比较犟，但是也有其优点，长大以后会比较顽强要强，所以说父母遇到这种情况，千万不能打击孩子，如果孩子的目的愿望正确，父母应该鼓励表扬，并帮助孩子达到目的、愿望。父母应该夸奖孩子说："你的想法和做法很对，我们帮助你完成。"比如孩子要买画册、图书和玩具等，大人们应该满足要求，但如果孩子的要求欠正确，父母也应讲清楚道理，说明不能的原因，千万不能对孩子说谎话，以免造成坏影响，使孩子今后也撒谎。

　　对孩子的语言、行为礼貌等教育，应该是随时的经常的。因为孩子在幼儿时期懂得较少,正是学习做人的时候,有时候虽然有叛逆的表现或行为,这也是很正常的现象,从辩证的观点看,还有其可取之处!比如上面提到这样的孩子,有思维有个性,虽然性情急躁,但将来有创造力,要比处处听话、事事靠大人的决断,比有依赖思想不动脑的孩子强一些。所以父母要根据孩子的实际表现,正确的要鼓励表扬,欠正确的要讲清道理,逐步引导教育使其改正。比如父母要教育孩子讲卫生,饭前要洗手,说明不讲卫生不洗手会得病。再比如吃饭时要守规矩,不要哭闹,有事要告诉大人,要有礼貌,先让长辈,大人举筷,自己再吃。再比如买了好吃的零食,应先让父母和长辈吃,然后自己再吃,千万不要大人吃一点就哭闹不止,等等。这些虽然看起来是一些生活小事,但是对孩子来说是对他的礼貌教育,是让孩子从小养成懂礼貌、懂规矩、有孝心的大事,是对孩子今后做人成才至关重要的大事情。父母还要教育孩子学会广交朋友,要心胸宽广,不要心胸狭窄。

当然对孩子来说一次两次不一定会记住,但经常提示引导,孩子就会懂得,就会习惯,自然就会养成良好的习惯。

第四节　对幼儿的思想教育

所谓幼儿,顾名思义是指年纪小,未长成,处于幼年时期,他们的特点是由于年龄小,不懂事,头脑简单,很幼稚,活泼,爱动很淘气,而且想到什么都觉得新鲜有趣,因此爱模仿、爱学习,就像一张白纸,好写最宝贵的文字,好画最美最好的图画,这就是教育。《三字经》中说"养不教,父之过"。更准确地说应该是父母过。因为仍有大部分家庭男子主外,每天在外面干事业和孩子接触较少,因此教育孩子就少一点。而女子主内,每天在家中操持家务,和孩子朝夕相处,孩子的吃喝拉撒全由母亲操心,因此和孩子的接触多一些,教育培养孩子的任务就更重大一些。

下面再谈谈教育问题。

什么是教育,教育是指培养新生一代准备从事社会生活,将来更好地立足社会、服务社会、建设祖国的整个过程。主要是指家庭、学校对儿童、青少年培养教育的过程,它包括的内容很多,比如德智体美劳等。

教育是门很深的学问,比如各种飞禽经过其父母的孵化成活后,又经过父母的共同哺育,培养教育学会了生存的本领!同样各种动物,虽然它们的后代大多数是由母亲哺育的,但父亲也有保护后代的责任。如狼等动物是共同抚养后代的,如母狼生下小狼时,由公狼捕食喂母狼。这有力地证明,哺育、培养教育后代,不但人类存在,各种动物也存在,而且是亘古未变的事情,而且人类对后代的哺育、培养教育意义更重大！这是因为小而言之，教育是养育后代怎样做人、如何成才的事情，是关系到青年人一生前途的问题，大而言之，是使人类社会进步、推动历史前进的大问题。

教育是古往今来都存在的，但教育内容却随着时代的变迁在不断地变化。教育属于上层建筑，它是为经济基础服务的。比如封建社会的教育宣扬"三纲五常""学而优则仕"等，是为统治者的统治服务的。而我们现在的教育是现代化的教育，是面向世界、面向未来的教育，是让祖国繁荣富强、人民生活更加幸福的教育。当然过去在教育方面的精华，我们还是要继承发扬的，比如：仁义礼智信等。

古人对造字很讲究，汉字也很有意思，一个字有时有多种结构、多种读音，因此说汉字是世界上最美丽最精准的语言文字。比如"教育"二字就有很多讲究，也很有意思。先说"教"字，有两种读音，一个是教书，一个是教育。再从结构上看，教字的左上方"土"，左下方为"子"。土是土地，厚德载物，生长万物的地方，中国是农业大国，民以食为天，所以中国人历来对土地十分珍爱；中国古人以"子"为美称，如孔子、男子、女子，有活跃学习、生发之意。中间又加一撇，组成一个"孝"子。因此，古代教育子女，首先要热爱土地，像土地那样胸襟宽广，厚德载物，有接纳万物成长的高尚品德，并且对父母长辈要有孝心，推而广之，要有博爱之心，怎样教呢？古之"教"字从"支"，什么意思呢？是指长者手里拿着棍子敲打的意思，使懂事很少的儿童、少年等人觉醒、觉悟，成人成才也。

再说"育"字，上面是"云"，下面是"月"，什么意思呢？"云遮月之翼"，表明年幼无知的孩童，朦胧萌动的萌童，不懂事，更需要天天耐心培养教育！所以说教育之意也是上所施，下所效，也是上行下效，教学相长也。

明确了教育的重大作用和意义以后，下面再谈谈对幼儿的思想教育。

一、要培养孩子的自主能力

幼儿期的孩子，大脑虽然还未成熟，但是很活跃，对世界怀有好奇心，一方面对新鲜事物很感兴趣，渴求探索，但另一方面又因年幼无知，带有破坏性，也容易发生事故，因此父母在这方面应特别注意。从身体方面看，这一时期的小孩活动能力已经发展起来，爱动、淘气是他们的特点，而且有独立自主的要求，为此家长要有意培养孩子的自主能力，比如让孩子学着自己吃饭、穿衣、刷牙、走路、说话等，这是孩子了解社会探索世界的开始和行动，但要紧跟孩子，随时引导和纠正孩子的行为，防止发生意外。

此时父母应允许或有意培养孩子独立地去干一些力所能及的事情，并加以鼓励和表扬。这样不但会培养他们的自主意识和自豪感，而且会增强他们的意志力和创造力,对孩子的发展是很有益处的。相反,假如大人这也不行,那也不行,事事干涉或包办代替,就会限制孩子的思维、创造精神和能力,更会让孩子陷入无能的漩涡,不敢前进,进而开始怀疑自己,产生依赖思想,胆小怕事,产生不做无所谓、一做就坏事的想法。

二、要加强思想教育

这一时期的孩子,父母对他们进行思想教育很重要,上面已经提到,除了让孩子树立尊敬老人、尊敬父母、懂礼貌、守规矩的意识以外,父母还要有意识地培养孩子热爱集体、助人为乐等精神。比如,每天晚上,父母可以定时给孩子讲一讲英雄模范、好人好事或先进人物的故事。如雷锋同志的大公无私、助人为乐精神;王杰同志的千锤百炼大比武精神;黄继光在朝鲜战场上用自己的身体堵住敌人枪眼炸碉堡的事迹;邱少云在朝鲜战场上坚守纪律,被烈火烧死也不喊不动,终于取得胜利的英雄事迹;王成用爆破筒闯入敌阵和敌人同归于尽的故事;以及"狼牙山五壮士""东北抗联"和以冷云为代表的八女宁死不屈投江牺牲的故事;还有女英雄秋瑾、赵一曼、刘胡兰等人的英勇事迹;还有张志忠、左权将军为抵抗日本侵略者而壮烈牺牲的故事,等等。讲解这些英雄人物的爱国主义精神,能影响并激发他们的爱国热情和向英雄学习的思想。也可讲一些民间故事、神话故事。

当然孩子年龄还小,有些事情还不懂,不理解,而且,思想品德教育是个长期教育的过程,随着孩子年龄的增长,知识的不断丰富,会逐渐地理解。父母也要循序渐进地加强思想教育,因为思想决定行为,行为决定习惯,习惯决定性格,性格决定命运,所以这是非常必要的。

第五节　家庭教育是培养孩子成功的厚土

一、教育子女的几种形式

随着科学的进步,社会的发展,对后代的教育越来越重要,无数家长也懂得了早期教育子女的重要性,但是每个家长的教育观念和方法各有不同。比如,有的家长由于工作忙,没有时间教育孩子,就把孩子早早地交给了幼儿园;有的家长生活好了,收入高了,情愿掏很高的价钱,选择所谓的高级幼儿园,希望孩子成才;还有的家长外出打工,把孩子丢给爷爷、奶奶或姥姥,使孩子成为留守儿童,对其缺乏正确的教育,放任自流,等等。这些做法都是欠科学、欠正确不合理的。

二、要赢在家庭教育上

"不要让孩子输在起跑线上",首先要赢在家庭教育上。这就是说,学校教育固然重要,但家庭对子女的培养教育也不可忽视。这是因为父母是孩子最亲近的人,孩子从小就和父母生活在一起,朝夕相处,相依为命。父母是孩子的第一任老师,父母的言行举止对孩子的影响最深,对孩子性格的形成,思想的启迪,起着决定性的作用。比如古代的孟子、岳飞等人的成人成才,与从小受母亲的教育影响是分不开的。因此说,家庭教育是起点,家庭是孩子成功的出发地,而家长是孩子走向成功的导师和助手,学校教育和社会教育是家庭教育的延续和发展。

作为父母应该把家庭教育放在第一位,让孩子在父母的指导培育下生活在自由、快乐、美好、幸福的环境中,只有这样孩子才能健康成长。

三、适合孩子才是最好的教育

一提到对孩子的教育问题,刘芳就很纠结,她说她的儿子今年四岁了,可是孩子很调皮,很淘气,家里待不住,就要到外面去,到外面又东跑西颠不听话,碰伤两三次还不改,街上车多人杂又怕出事故,实在对这孩子没有办法。

邻居听了以后说:"为什么不送幼儿园呢?"刘芳说:"咱们小区没有幼儿园,条件好一些的幼儿园学费不但高,还要什么赞助费,然后每月还交什么管理费、生活费等。"邻居说:"其实孩子过早上幼儿园也未必好,过早地离开父母,对孩子的身心束缚严重,我有个亲戚把两岁的儿子送到幼儿园,发现孩子性格有点呆。"

刘芳听了邻居的议论以后,又咨询了心理学家,回来以后,她买了些如何培养教育孩子的书,认真地学起来。她才明白"父母好好学习,认真指导教育孩子,孩子才能天天向上"的道理。于是,她和孩子共同学习成长。有时带孩子到动物园、博物馆,有时又到公园玩耍,图书馆看书,等等。经常和孩子沟通,回来后有计划、有安排地教孩子认字或数几个数或背点古诗。特别是根据孩子爱听故事的特点,每晚和孩子爸爸轮流讲故事。比如讲古代的神话故事如"嫦娥奔月""牛郎织女""七仙女下凡""后羿射日"等让孩子增加联想、幻想感;或者讲寓言故事、童话故事如"狼和小羊""乌鸦和狐狸""狐假虎威""白马王子""丑小鸭""渔夫的故事""古代英雄的石像",等等;也讲些英雄模范故事。这样,一方面增加了孩子的知识储备,激发了其学习兴趣,另一方面对孩子的思想教育也起到了显著的作用。

自从刘芳对孩子采取了这些措施以后,孩子各方面大变样了,不但开阔了眼界,增长了知识,还能自觉地认字、写字、背诗了。

刘芳向邻居们夸奖自己的孩子变了样,性格也改好了。邻居问她是怎样改变的,她如实地说:"父母也要好好学习,和孩子一起成长,有针对性地认真指导教育孩子,孩子才能天天向上,适合孩子的才是最好的教育。"

第六节　孩子执拗发脾气怎么办

一、婴幼儿的多种表现

孩子在婴幼儿时期,性格特点表现为很调皮、很淘气、不听话、爱耍脾气,有时执拗耍性子。人们常说"夏天的天,小孩的脸",意思是说,说变就变,变化很快,一会儿哭,一会儿笑。

在现实生活中,大多数家长们都会遇到这样的一些问题,比如在商店玩具店里,孩子要让父母买某一种玩具,父母不肯,孩子就会很执拗,大发脾气,哭闹不休,甚至会躺在地上打滚儿。这时怕丢面子的父母就会赶紧承诺给孩子买,让孩子停止吵闹折腾。有时女孩看见别家女孩的衣服华丽好看,或者看到人家女孩头上的花朵好看,要父母买,假如达不到目的也会大哭不止非要不行;或者买吃的,因为看见别人的大自己的小,非要大的不行,等等,这就是婴幼儿性格上的一些特点,有时很执拗,经常发脾气,你让他往东他偏要往西,这是孩子的叛逆行为。

二、对孩子心理行为的分析

关于第一种情况,说明孩子有孩子的思维认识,大人有大人的看法,出现分歧是自然现象。我们明白,意识是由物质决定的,人的意识就是人的大脑对特定物质生活环境的认知。孩子爱好玩具,这是孩子的特点,是正常现象,而且孩子在婴幼儿期间大脑有一个大的发展运动过程,开始用自己的思维解决问题,去看待世界,这就是人们常说的童真童趣。大人的观点当然和孩子不同,大人认为孩子执拗,孩子却认为大人不近人情。而最好的办法是相互理解、沟通、引导。父母遇事要多征求孩子的意见,有时应站在对方的立场上考虑问题,以平等的地位相处,用孩子能接受的方式进行解决。当然,如果孩子的要求是错误的,父母应该怎么办呢? 比如孩子要到危险的地方玩耍,这时父母要耐心地对孩子进行说服教育,说明不能去的原因,讲清道理,孩子自然会听大人的话。万一个别孩子仍不听,这时大人可以用诈唬的方法假装打孩子的屁股加以教训,或拉着孩子离开!

关于女孩看见别人的衣服华丽,花好看,向大人要等现象,这是女子爱美的表现,当然应该尽量满足要求,即使当时不行,也要告诉孩子,今后会补上。不过,也要教育女孩在穿衣上要整洁朴素大方;在眼界上要开阔视野;在精神上要丰富其思想,积极向上,独立自主,高雅睿智,见多识广,才华出众。这样,才能一生幸福。

至于有的孩子有嫉妒心,看见姐姐哥哥的食物大、好,就哭着要求换,等等,碰到这种情况,父母要及时教育孩子,要孝顺父母,尊敬兄长,要有忍让大度的品性,可以给孩子讲"孔融四岁能让梨"的故事。孔融,汉朝大文学家。据传,孔融四岁的时候,有一天家里来了贵客,全家人十分高兴,孔融的母亲端上一大盘梨来招待客人,并让孩子们每人拿一个后出去玩耍,让孔融先拿,因为孔融年龄最小,才四岁。于是孔融上前捡最小的梨,拿了一个,大家见了非常奇怪,不解地问孔融:"为什么拿一个最小的,不挑一个大的呢?"孔融微笑着天真地回答说:"数我年龄最小,所以拿一个最小的,大的留给客人和哥哥们吃吧!"大家听了以后十分感动。客人们赞不绝口,认为小小年纪能有这样的美德,将来必成大器!果然,孔融从小志向高远,刻苦学习,最终成为西汉伟大的文学家。"孔融让梨"的故事也成为传世美谈!

三、对孩子的教育

上面对孩子不听话、爱耍小性子、执拗、爱发脾气等现象,作了简单分析并提出了处理办法。总的来说,家长对孩子的各种表现,应当具体问题具体分析,实事求是地加以解决。作为父母,在针对孩子任性、执拗、爱发脾气等方面进行教育时,应注意以下几个方面,并采取相应措施。

1. 如果孩子的要求是正确的,比如在书店要求买图画书等,在游乐场适当玩一玩某种游戏,或买某种玩具,或要求父母讲故事等,父母应该尽力满足孩子的要求。为了防止意外,需要大人保护的项目应该和孩子同时参与。

2. 让孩子多玩动脑筋开发智力的游戏或玩具,比如玩积木、小汽车、飞机等,培养孩子的创新精神。

3. 鼓励孩子的创造、创新,虽然孩子的发明创新不够完美,但家长也应表扬或给予奖励。因为小孩天真可爱,最爱别人的夸奖和表扬,鼓励、表扬和奖励,能促进孩子开动脑筋进行发明创造。

4. 对于孩子不正当的要求,家长要分析其心理原因。比如,孩子玩家电,在大路旁玩耍,在危险的地方玩儿,等等。父母要加强这方面的教育,向孩子讲清不能做的理由,大多数孩子是会听、遵守的。万一有个别孩子顽皮好奇仍然不停,为防止意外,父母可以严厉批评,甚至适当给予惩罚,让孩子加深记忆,少犯类似错误。

5. 孩子的心灵是天真幼稚可爱的,比如孩子也会天真地想:"只要我发脾气,在大人面前大哭大闹,父母就会满足我的愿望。"于是每当孩子有新的愿望要求得不到满足时,就会哭闹不止,久而久之孩子就会越来越得寸进尺,脾气也会越来越坏,性格也会变得越来越粗暴任性不服管教!

父母要警惕孩子的这种行为和思想,对孩子绝不能过分娇惯,让孩子任性胡来,因为这对孩子良好性格的养成及未来的发展是极为不利的,正确的办法是孩子大发脾气时,把孩子抱走,等孩子心情平静下来再说明原因。

6. 孩子耍性子发脾气是孩子成长中出现的普遍现象,家长应该明白,这是孩子的性格逆反期,是正常现象,家长要正确引导教育,不要过分训斥、批评、责怪他。家长只要说明是非曲直,孩子会逐渐明白的。

这正是:

教子要从幼年抓,思想品德兼才华。

从小养成好习惯,创业创新为国家。

第七节 孩子矮小软弱该怎么办

一、造成孩子矮小软弱的原因

据专家统计,我国儿童解放后身高比解放前平均增长4.25厘米左右;其中体重增加1.5公斤左右;其中女生身高平均增长4.56厘米左右,体重增加1.4公斤左右。这是解放后人民生活在和平环境中,生活水平普遍提高和科学文化进步的结果。

大部分儿童的发展速度和各个年龄段的特征大体相同,有相对的稳定性,但由于生活环境、教育、饮食和遗传因素的不同,同一年龄段的儿童发育水平也有差别,上面的对比数字就是有力的证明。

据兰州大学第二医院儿童保健科副主任朱艳芳说,我国儿童矮小和软弱症发病率为3%,4到15岁需要治疗的患儿约700万,但接受合理治疗的儿童并不多。因为许多家长对这种疾病并不了解,有的家长被虚假广告宣传及产品误导,盲目地为孩子选择增高产品或保健品,穿增高鞋垫,吃增高药等。那么孩子长不高、软弱,到底有哪些原因呢? 朱艳芳认为,造成孩子矮小软弱的原因很多,主要有以下几点。

1. 遗传因素的影响。主要是两个方面:一个是个子矮的父母所生宝宝比个子高的父母所生的同龄宝宝个子要矮一些。二是爸妈身高增长较晚,孩子身高增长也会较晚。

2. 骨骼和生长激素的影响。骨龄落后，且生长激素不缺，那么孩子就可能较晚长高。他举例说，如果一个 8 岁的儿童，虽然身高与正常平均身高相同，因为早发育骨已达到 11 岁，与 11 岁儿童平均身高相比，就属于矮小了，成年后身材就会矮小。但如果同样 8 岁儿童身高低于平均身高 5 厘米左右，骨龄只有 7 岁，则成年后身材不会矮小。

3. 妈妈在怀孕期营养状况的影响。妈妈孕期营养较差，孩子以后身材会矮小，因此尽可能不要出生足月小样儿，生出来足月，但是体质身高始终追不上正常值的宝宝。

4. 后天因素的影响。孩子成长期间摄取的碘和锌不足，长期慢性疾病等都会造成其身材矮小。

5. 夫妻双方在怀孕前，因过量抽烟喝酒，也会使怀的宝宝身材矮小，身体软弱，甚至畸形。比如出现小儿麻痹，患耳聋眼瞎等残疾病症。

6. 母亲在怀孕期间未适当走动、适当锻炼身体也是重要因素之一。

二、如何发现孩子矮小的苗头

孩子的出生有两种情况，一种是在城市出生的孩子，出生时大多在条件较好的医院里。另一种是在农村出生的孩子，出生时大多在家里，由接生婆接生。

婴儿出生后，有以下几种情况。

1. 如果母亲在医院生产，就方便多了。现在医学进步了，假如婴儿有异样情况，医生必然会对孩子进行恰当的科学处理，并会告诉父母应怎样哺育，保养孩子。有的医院还会为其办理《儿童保健手册》，注明 0 到 18 岁儿童身高标准，家长可以根据此表给孩子做一个简单的评估。如果孩子的身高、体重不符合同龄、同性别儿童正常身高的下限，就需要到医院咨询，根据情况进行辅助治疗。从新生儿开始，6 个月内进行第一次评估，以后每 3 个月左右评估一次，直到 4 岁左右，半年检查一次，以后每年检查一次。

2. 如果母亲在农村生产，发现婴儿非常矮小瘦弱，父母就应该回忆寻找其原因，并加强观察哺育，如果在 3 月之内仍不见效，可到医院咨询医治，根据医生的意见进行哺育、保养和治疗。

3. 孩子出生后一段时间，如发现婴儿某一方面有异样，可及时到医院检查治疗，以免延误治疗时机。

三、发现孩子矮小，父母应怎么办

专家指出，导致儿童身材矮小的因素很多。比如遗传、营养、环境、损伤，缺钙或某种元素等,要治疗,必须查清病因,对症下药,争取最佳效果。

家长如果发现孩子患了矮小症、侏儒病,其原因多由脑垂体前叶的功能低下所造成,应及时到医院治疗。有三种情况:1. 足月小样儿;2. 身材特别矮小,瘦弱者;3. 过分肥胖的宝宝。这三种婴儿最易患身材矮小症,特别是第二种情况。

现在家长都希望子女身材高一些,长得俊一些。但专家提醒家长:1. 孩子性早熟对身高有很大影响。比如现在有的家长经常给孩子零花钱,让孩子乱吃零食,造成孩子肥胖、性早熟。

我国根据《黄帝内经》女七男八的理论,一般把女孩七岁男孩八岁性发育认为是性早熟。专家指出,性早熟的孩子因为营养过剩,发育比同龄孩子早,因此,性早熟孩子比同龄孩子高,但性早熟导致孩子骨骼的发育增速,骨骼过早闭合,反而会影响孩子今后的生长,使孩子在成年后身材较矮。

另外,如果孩子是足月小样儿,或经过数月的哺育,仍然特别矮小瘦弱,可能是患有侏儒症。侏儒症病患者多是由脑垂体前叶的功能低下所致,属于大脑的毛病,应及时就医。

据专家统计,我国现有各类残疾人 622 万之多,而儿童和青少年约占 20%,等于 122.4 万人,是一个不小的数字。造成这种结果的原因除上述外,还有车祸、烧伤、触电、溺水等。所以必须引起家长学校和社会的重视。特别是家长,应明白培养教育孩子健康成长,是父母的第一要务,假如父母不谨慎,造成孩子矮小软弱甚至残疾,不但使孩子身心受到极大伤害,而且给父母带来不必要的压力、麻烦、愁苦和遗憾,更给社会国家带来损失。

第七章

孩子儿童期的特点及教育

父母要根据孩子儿童期的特点,重视培养孩子的良好品质,纠正各种缺点,养成良好的习惯。孩子只有形成好的品质,学会怎样做人,怎样前进,将来才可成为优秀的人才,成为祖国可靠的接班人。

第一节　孩子儿童期的特点

一、儿童期的孩子有如下特点

1. 孩子成长发展到童年期,大脑的思维活动开始活跃起来,活动能力也得到加强,此阶段他们除了睡觉会一刻也不停地活动。

2. 他们对各种事物对世界怀有好奇心,感到什么都新鲜,而且他们有了独立自主的要求,比如他们想不受大人的束缚,乱跑疯逛,还想要试着自己吃饭、穿衣行走等,这是他们探索世界的开始。

3. 他们精力旺盛,思维混乱,一刻也停不下来,是大人觉得最难带的时期。

4. 在语言方面,他们已经能听懂大人的话,并基本上能表达自己的心愿,在行动上,对周围的环境事物充满了兴趣,什么都想玩儿、想试,也是最易发生事故的时期,俗语说"五岁、六岁惹人嫌"就是这个道理,人称"顽皮鬼"。

5. 童年期的孩子,要求独立的愿望逐渐强烈起来,表现在他们玩耍时,往往不让大人参与或干涉他们的布置和格局,他们做事时有时很神秘,不让大人知道,如果大人干涉破坏,就会大哭大闹,等等。

6. 想象力培养的关键期。4到6岁的孩子是想象力培养的关键期。这一时期的孩子大脑发育较迅速,思维记忆等活动加强,想象力也逐渐丰富起来,但是由于天真幼稚、缺乏知识等多种原因,想象联想往往存在错误、很幼稚,需要大人的指点、引导、培养和教育,同时这一时期也是孩子的第二叛逆期。

7. 求知敏感期。求知是孩子的天性,孩子的求知、对文化学习的兴趣,萌芽于3岁以前,以后逐步加强。4到6岁,也就是我国孩子即将进入小学学习的时期。这一阶段,一方面孩子已经懂事,爱动脑筋,求知欲特别强,爱问问题,对什么都感兴趣;另一方面,家长因为孩子正式入学,要做准备工作,通过培养孩子的思想品德、学习规矩等,为孩子顺利入学奠定良好的基础。

总之人的一生中心理状态随着年龄的增长,也在不断地发生变化,每个阶段都有各种矛盾需要解决。家长要根据孩子儿童时期的特点,不失时机地进行培养教育,顺利处理好各个阶段的问题,这样,孩子才能完美成长,获得成功和幸福!

二、儿童身心的发展有一定的规律

儿童的心理和身体是按照顺序持续发展的。如心理上由不懂事,到逐渐懂事,思维由具体到抽象、由简单到复杂,身体由软弱到逐渐强壮,对环境的适应能力由弱到强,知识由少到多,等等。但发展是不平衡的,有时候快,有时候较慢,其原因是每个儿童的遗传因素不同,接受的环境影响和教育不同。比如有的儿童发展比较早比较快,有的儿童发展比较晚比较慢。专家指出:人的神经类型就有四种,所以会出现有的儿童恬静温和,有的活泼爱动,有的爱好文学,有的爱好数学,有的形象思维较好,有的逻辑思维较强,等等。

其次是男女之间的差别。一般来说,女孩发育比男孩早一些,男孩比女孩发育迟两年左右。如刚入学的儿童,一般来说女孩比男孩学习好,而到中学就不一样了。

另外还表现在儿童的心理个性上,如儿童的兴趣、爱好、性格等也有区别。人们常说"人是百样图",确实如此!因此每个家长必须了解孩子的特点、长处和不足,取长补短,因材施教,方能取得良好的效果。

第二节 培养孩子的独立自主能力

一、培养孩子独立自主能力的重要性

孩子最终是要离开父母独立学习工作和生活的,这是客观规律。因此,父母要及早培养孩子的独立自主能力,为孩子今后的学习生活和工作创造条件、奠定基础,这也是父母必须要做的工作。

上面提到孩子到了童年活动能力发展起来,此阶段他们有了独立自主地要求。比如孩子和小朋友玩耍,不愿意大人干涉,等等,这一时期的孩子和父母的冲突较多,较激烈,是孩子的第二个反抗期。因此父母在这个阶段不宜过多地干涉孩子的行为,要允许他们独立自主地去干一些力所能及的事情,鼓励他们多动脑多动手,并对他们的工作予以表扬或进行提示,帮助他们顺利完成任务,达到孩子的目的。这样既让孩子高兴,也增强了他们的自信心,而且会逐步培养出他们的独立自主意识,增强其意志力、创造力。同时父母要鼓励孩子爱好多一些,什么都试一试,比如唱歌、识字、计算、看书、绘画等,尽力发挥其兴趣和特殊才能。相反,假如大人对孩子时时担心、处处包办、溺爱或是独断,就会妨碍孩子的独立自主能力,使孩子陷入无能的漩涡。进而怀疑自己的能力,胆小怕事,丧失大胆创新的能力,对孩子往后的发展是极为不利的。

二、怎样培养孩子的独立自主能力

例如沈阳的小女孩金今 1 岁就开始学画,3 岁吟诗,5 岁出诗集,6 岁就成为中国十大希望之星。她的成功跟妈妈抓住她的形象思维能力和独立自主创新能力关键期进行教育有很大的关系。

金今从半岁到 5 岁期间,妈妈始终抓住关键期对孩子的想象力、独立自主能力和创新能力进行培养教育,为孩子营造一种童话般的氛围,点蜡烛、放音乐、看童话故事,编一些狗王国、花家族、太阳公主等故事,将孩子的生活变得真真假假虚虚实实,借此培养孩子丰富的想象力。同时,父母还尽力培养她的独立自主能力、发明创新能力。比如培养金今的自理能力,如吃饭拿衣讲卫生等;培养她的独立自主能力,学习如何编故事,如何读诗等;培养她的创新能力,鼓励启发金今写诗,正确表达自己的思想感情,等等。经过几年的辛勤培养,教育终于获得成功,真是"儿童成才靠教育,辛苦不负有心人"!

童年期也是孩子想象力、独立自主、创新能力发展的关键期,因此,这一时期父母要让孩子多听、多看自己喜欢的童话和科幻故事,多看图画、动画片、科幻片,父母也可以给孩子讲一些古今故事,启发孩子学习前人的事迹,识字后教育孩子多读书。比如"原子弹之父"邓稼先,在小时候就把家里大部分藏书都读过了。这为他今后留学美国和回国建设祖国,并作出卓越贡献,奠定了良好的、坚实的基础。

家长应采取多种形式来提高孩子的想象力、独立自主和创新能力。

第三节　开发孩子的大脑

专家研究表明,3 到 6 岁是儿童大脑发育的高峰期。这一阶段的孩子因为活泼爱动,身心发育很快,大脑的思维能力也逐步得到加强,所以这一时期家长要重点培养孩子的智力,训练孩子的大脑,用以准备迎接未来的挑战和更好地学习、生活。

一、开发孩子大脑的重要性

人类的大脑为什么最发达呢? 人的大脑最发达,是人类在漫长的进化历程中劳动实践的结果,也是对后代培养教育、训练、严格要求的结果。大家明白,动物经过人类的训练,也能学会各种简单的动作,比原先聪明得多。但是动物毕竟和人类不同,人类自从发明了语言文字以后,大脑得到了充分的发育和锻炼,因此人类越来越聪明了。

这个阶段的孩子需要感官体验刺激和思维能力的启迪发育,还要有充足的营养,以保证孩子的身体健康,精力充沛,引导孩子集中注意力,培养其专注力和记忆力,这是十分重要的。

家长只有把孩子培养成爱动脑筋、思维敏捷、乐于探索的孩子,将来才会在激烈的竞争中勇往直前,立于不败之地!

这样的事例很多。如战国时秦国的甘罗 12 岁当宰相,唐朝骆宾王 7 岁能写诗等,都与从小父母对其教育培养分不开。现在,国家对人才的培养十分重视,提出"以人为本""大众创业,万众创新"的战略理念,因而无数家长对培养教育子女特别重视,出现了不少教子有方的父母,以及天赋高、智力强、才华好的神童。除上面提到的金今外,还有河南省周口市的陈磊,他 6 岁零 3 个月,就能认 3000 个汉字,能看《格林童话》《伊索寓言》等读物。还有江西省的宁铂,据说宁铂会讲故事,两岁能熟背 30 多首诗,3 岁能数 100 个数,4 岁学会了 400 多个汉字,5 岁上的小学,而且成绩突出,6 岁就能读各类书和科普读物,等等。这有力地证明家长及早训练开发孩子的大脑,使其成为天赋很高、智力超常、勤于思考、思维敏捷、接受理解、记忆力极强的孩子,是每个家长首要的任务之一。

科学家钱学森告诉人们"不要失去信心,只要坚持不懈,就终会有好成果的",确实是这样。

二、开发孩子大脑的几种措施

有人说过,一个国家的命运,与其说是操纵在掌权者手里,不如说是掌握在父母的手里,为什么呢? 因为社会的未来必定由新的一代来承担,而父母就肩负着塑造孩子未来的重任,因此说父母的教育思想、教育态度、教育水平、教育措施及文化素养等是十分重要的,也是与孩子密切相关的。父母必须采取各种措施,开动孩子的大脑。

父母是孩子的启蒙老师,在家庭教育中,父母应始终坚持"动之以情,晓之以理,以身作则,因材施教,持之以恒"的原则教育。

首先,父母要不断学习新的教育思想,改变不宜的家庭教育观念,采取科学的教育方法。同时要理解孩子的思想、要求,对其进行正确引导,克服重智轻能的思想,让孩子不断进步,健康成长。

下面谈谈开发孩子大脑的几种措施。

措施一:3 到 6 岁的孩子正处于大脑发育成长的高峰期,因此家长在这一段时间内,要特别重视开发孩子的大脑。

比如抓住语言训练关键期。对孩子进行语言训练关键期在 3 到 6 岁。孩子的语言敏感期在 6 个月左右就开始出现,到 2 岁左右就能牙牙学语,能叫爸爸妈妈;3 到 4 岁是听说的敏感期,这一时期孩子模仿性特别强,但有表达不清的现象,家长应逐步纠正;5 到 6 岁是孩子学习、应用、阅读、理解的敏感期。这一阶段,孩子经过大量的模仿吸收、学习、阅读、理解等措施,口头语言已基本能表达清楚,而且这时孩子渴求学习知识的愿望十分强烈,父母要抓住孩子这一时期的特点,重点培养孩子的语言表达能力,鼓励孩子多阅读、学习、理解、应用,提高语言的运用能力。

家长可以通过定期给孩子讲故事,和孩子猜谜语,向孩子提问等方式,培养孩子运用语言的能力,开发孩子大脑的思维活动能力,并促进孩子理解和表达能力的提升,这对孩子今后的发展很有好处。

措施二:学点外语。

孩子的童年期正是求知欲旺盛的时期,对周围的环境和事物都很感兴趣,什么都想玩儿一玩儿或试一试。为了开发孩子的大脑智力,在条件许可的情况下,可以让孩子及早学点外语,让孩子体验两种语言和文字的区别及趣味,以开发其大脑,提高孩子的思维和记忆能力。比如瑞士的家长和学校,就非常重视孩子的语言教育。

瑞士人因会多种语言,所以被称为"多舌鸟"。这与他们从小学开始就学习多门外语有关,与父母对孩子学习外语的重视有关。例如小学二年级学生安娜,可以说五种语言,她告诉记者,妈妈是瑞士人,爸爸则是中国人。从小妈妈就教她说德语,爸爸教她汉语,在学校她说德语和法语,平时她也用英语和意大利语与朋友和邻居交流(见《生命时报》2015.1.16)

措施三:通过参观开动脑筋。

为了开发孩子的大脑智力,父母亲应有意识地带领孩子参观各种文化、游艺活动,让孩子开阔眼界、增长知识,启迪孩子思维,促进孩子大脑智力的开发。例如带孩子到图书馆参观,让孩子看各种书籍,使孩子感受到进入了知识的海洋。同时父母要启发孩子多看书、多学习、多思索、多创造,做一个学识渊博,对社会有贡献的人。让孩子买几本可爱的书回去学习,并经常到图书馆阅览图书,必定起到良好的教育效果。再比如带孩子到博物馆游览参观,让孩子见识有关生命、历史、文化艺术、自然科学技术方面的文物或标本,使孩子了解各方面的知识,用于开发孩子的大脑和智力。再比如带孩子到文化宫参观游览,让孩子了解人类社会历史发展过程中所创造的物质财富和精神财富,如文学、艺术、教育、科学等;引导孩子学学诗文、练练书法、算算数学,开发智力的同时,提高其各方面的能力。

还可以带孩子到植物园、动物园参观游览,让孩子了解各种植物和动物的特点,明白大千世界无奇不有,并启发孩子爱护动物和植物,热爱大自然,努力学习,将来成为一个生物学家。还可以领孩子到历史博物馆参观学习,让孩子了解历史,了解我国上下五千年的文明史,了解我国各个时期的英雄模范、伟人名人等,学习他们的高尚品德及顽强拼搏的精神。总之,凡是对开发孩子智力有利的举措,父母都可以去尝试,必然能取得极好的效果。

第四节　文化学习关键期

一、培养孩子文化学习兴趣的重要性

孩子对文化学习的兴趣萌芽在3岁左右,4到6岁开始逐步加强。3岁左右的孩子已经会表达自己的意思,对什么都感兴趣,经常问这问那,出现想探究各种事物的强烈意愿!

这个阶段的孩子一方面活泼爱动、敢闯敢干,易发生意外,因此家长应特别注意;另一方面爱动脑筋,有好奇心、问题也特别多。父母要抓住孩子这一个阶段的特点,不失时机地对孩子进行文化学习的启蒙教育,使孩子尽快地投入到学习文

化知识的环境中去。

　　例如贺照兰的儿子庄光磊,两岁时就由做小学教师的姥爷教他学语文、数学,他学得十分起劲,反应也出奇的敏捷。于是姥爷每天有规律地教他一些知识,到了3岁时,庄光磊能认识几百个字,并能独立地看书,看儿童杂志,普通的加减法也难不住他。到五六岁时,他已读了很多书,能背很多诗词,数学也学得很好。在家长的辛勤培养教育下,庄光磊形成了自立自信的性格以及自觉学习的习惯,终于在1999年高考时获得理科状元,考入北京大学生物系。

　　这样的事例很多。再比如2002年天津市文科状元刘小溪的父亲刘泽明接受记者采访时说,孩子先天聪明是有的,但是对于大多数的孩子来说,重要的在于后天的教育,没有后天的教育,再聪明的孩子也不会成才。小溪在我们的培育下几个月就能说话了,两岁就能背诵好多唐诗宋词了。3岁开始,我们就给她报了游泳班、绘画班、舞蹈班、手风琴班等,使她兴趣广泛,这对开发她的智力,培养她的兴趣爱好和总结学习方法,无疑都是有益的。他还谈了培养刘小溪成才的整个过程。例如"身教从幼儿园开始""智力在于早期开发""树立短、中、长期目标",等等。

　　其实父母在培养教育孩子方面,如果抓住了各个阶段的关键问题,就可以达到事半功倍的效果,假如错过了关键期,补救起来就比较困难,往往事倍功半,走许多弯路。

二、怎样培养孩子文化学习的兴趣

　　实践证明,儿童期的启蒙教育对孩子一生的影响十分重要,所以每位家长必须引起重视。应怎样进行培养教育呢? 这个时期父母可以在孩子兴趣爱好的基础上,给孩子提供丰富的文化知识,包括自然、科学、文学、艺术等,满足孩子如饥似渴的需求。

　　父母要采取多种措施,把孩子的兴趣吸引到文化学习上来,为孩子今后的生活打下良好的基础。

　　措施一:引导孩子向名人看齐。

　　在孩子心里,童年生活是最丰富多彩的,也是最无忧无虑最幸福的,童年的经历是他们最难忘也是最宝贵的。童年的一些事情,会对他们今后的生活产生重要的影响,因此父母应采取多种措施,让孩子既生活得快乐、幸福、丰富多彩,又能增长知识,对科学文化产生兴趣。比如每天晚上给孩子讲讲名人小时候艰苦奋斗刻苦学习的故事,用以启发孩子向别人学习,产生学习科学文化知识的意愿。

　　晋代人孙康从小热爱读书,但是因为家贫,晚上连点灯的油也没有,怎么办呢?他就每晚坐在院子里借雪反射的光来读书,冷了站起来走走,继续读书。隋朝的李密小时候很爱读书,也因为家贫无钱上学,从小给人放牛,他想了一个读书的方法,替人放牛时,利用一切时间读书,并把书挂在牛角上,边放牧边读书。用古人勤奋刻苦读书的事例来影响孩子,使他们树立艰苦奋斗的精神,从小养成艰苦朴素的作风。

措施二:让孩子自己讲故事。

儿童最爱听故事,所以父母应抓住孩子这一特点,多给孩子讲一些神话故事,让孩子多产生联想和想象,并了解历史和时代的变迁。比如讲讲嫦娥奔月的故事、牛郎织女的故事、孙悟空的故事,等等,以提高孩子的想象力,让孩子了解各方面的知识。

晶晶今年4岁,从小特别爱听妈妈、爸爸讲故事,每天傍晚吃过晚饭后,他就请求爸妈讲故事,爸妈给他讲了各种各样的小故事,有刻苦学习的名人故事、有各式各样的神话故事、有稀奇古怪的科幻故事,还有各种动物的故事,等等,使他受益匪浅,获得了许多知识,明白了许多道理。后来爸妈又让他复述一些有意义的故事,同时还让他学着自己编小故事,每天晚上三人坐在一起轮流讲故事,有时还玩儿击鼓传花的游戏,谁讲不出来故事就唱歌或跳舞,特别有意思。这样,在爸妈的精心培育下晶晶懂得了许多知识和道理,同时还开动了脑筋,提高了素质,而且对学习文化知识产生了极大的兴趣,主动要求父母给他买书来学习。

孩子的优秀源于父母更优秀的教育。父母选择教育孩子的方法并不是随随便便的,要讲求科学,讲求实际和艺术,才能起到事半功倍的效果,假如不符合或不能满足孩子对学习的要求和欲望,孩子很可能会把此欲望转向其他方面,比如捣乱、乱动、不听话、不爱学习、不求上进等。

措施三:给孩子足够的空间发展。

没有坏孩子,只有不会教的父母。著名教育家苏霍姆林斯基指出:"父母是创造未来的雕塑家,孩子的成才是由父母的双手奠定的,教育好子女是每个父母的基本义务。"当前科学迅速进步,社会飞快发展,竞争越来越激烈,国家对教育也特别重视,如何把自己的子女教育成才,让孩子赢在起跑线上,已成为每个家长迫切关注的问题。

时代发展到今天,父母都应该与时俱进,换一个新的思想,接受新的教育观念,走出家庭教育的误区,只有采用科学的教育方法,孩子才会身心健康地全面发展!

代正鸣的女儿谢茜是四川省2002年理科状元,以702分的成绩考入北大光华管理学院。据代正鸣说他们对孩子的早期教育很重视,在孩子很小的时候就开始教她识字,算术,读古诗,学简单的英语词语等,他家藏书较多,订阅了许多报刊,孩子识字又早,她很喜欢自己找书看报。

在学习上,他们从来都是鼓励孩子独立思考,因此谢茜很小的时候就有自己解决困难的能力。他们还向孩子强调学习的时候要有耐心恒心,还经常提醒她不要骄傲,孩子从来都是先完成作业才出去玩或干别的事情。他还谈了培养孩子养成良好习惯,如何和孩子沟通的问题。

实践证明,抓住孩子的文化敏感、关键期进行培养教育,作用重大。家长还应该给孩子足够的发挥空间,从多方面帮助孩子开拓思维,扩大眼界,丰富知识等,为孩子的成长、成才、成功奠定基础。在条件允许的情况下,孩子应有独立的房间、书柜、写字台、收纳箱,把自己的东西分门别类地收藏好,让孩子从小养成独立自主的好习惯。

孩子的成长离不开父母的培养教导,凡是对孩子成长成才有利的事,父母都可以尝试,但不能过分干涉,束缚孩子的自由,应该给其广阔的活动空间,"海阔凭鱼跃,天高任鸟飞"。

第五节　对孩子的思想教育

孩子的思想道德品质问题,父母要从小抓起。最重要的是教孩子怎样做人。德国教育家卡尔威特说过:"父母要重视培养孩子具有良好的品质,只有培养出好的品质,学会做人的孩子,将来才可成为优秀人才,走出卓越幸福的人生!"

对孩子的思想品德教育是一个逐步的长期培育过程,要根据孩子不同阶段的特点,逐步展开,循序渐进。

诚信是孩子将来立身社会的前提和基础,对孩子的人生起着决定性的作用,十分重要,因此父母必须重视培养教育。

一、让孩子具有诚信的良好品质

什么是诚信呢? 诚信简单的解释就是诚实守信用。诚即诚实,言行跟内心思想一致,有好的思想行动。信就是守信讲信用,说话做事和朋友交往等要有真心,不撒谎,不欺骗,等等,这是做人的根本。做到这些确实是不容易的。

韩梅,今年6岁上幼儿园中班。她在妈妈的教育下做事很认真、细心,学习也很努力,自己读了许多书,例如《鲁滨孙漂流记》《伊索寓言》和许多童话故事。她还爱看电视中的少儿节目,有时她和妈妈还进行讲故事比赛。她还爱好唱歌跳舞,妈妈教育她要和小朋友团结,要说话、做事讲信用,要诚实,要帮助其他小朋友,做事要有始有终,要带头干一些力所能及的事,不要说谎话欺骗老师或同学,要做个诚实守信的好孩子。

小韩梅牢记妈妈的教导。从此后,她各方面更加努力,在幼儿园里她经常给小朋友讲故事,帮小朋友们削铅笔擦桌子,等等,小朋友之间有打架的,她主动劝说拉架,还主动从家中拿来小玩具和同学们玩儿。因此她在同学中威信很高,同学都愿意听她的话,愿意跟她玩儿。

她牢记妈妈的诚信教导,撒谎、欺骗、说脏话就是个坏孩子!因此,她对老师同学都十分讲诚信,说过的话必然能兑现,承诺的事必定办到。

诚信是每个人的立身之本,是一个人最宝贵的财富。只有诚信才能取信于人,才能赢得人们的尊敬。一个人能取得成功与否,很大程度上依赖于品德的高低,而诚信是每个人品格的试金石,其他品德都是建立在诚信的基础上的。

古往今来,才华横溢的人并不少见,但是才华横溢又品德高尚、有诚信的人才能永垂不朽。所以父母要从小培养孩子养成诚信的人格,让孩子永远保持正直,挺起脊梁,光明磊落地做人,给孩子未来的成功铺垫可靠的基石,也给孩子奋斗的目标和耐力。

二、孩子缺乏诚信的原因

凡是做父母的,都希望自己的孩子诚信、具有美好的品格,不喜欢孩子撒谎、捣鬼!可是许多孩子却不是这样,往往说的一个样,做的却是另一个样,当面一个样,背后又一个样儿!面对孩子的这种言行,许多父母十分生气,又着急,对孩子不是训斥,就是惩罚,但是这种方法有时却促使孩子再次撒谎,欺骗大人,为什么呢?

父母应该了解孩子产生这种言行的根源,其实孩子有这种言行不一的毛病不是天生的,而是因为后天的各种需要引起的。比如因为吃的需要穿的需要,或者由于玩耍做的错事等,为了逃避大人的批评责罚而想出来的所谓策略,这与父母的教育不当也有关系。

其实父母惩罚打骂孩子越厉害,越会使孩子产生逆反心理,导致说谎欺骗大人的言行越重,为什么呢?心理学的观点认为,孩子的道德行为和道德意识是密切相关的。道德意识决定着道德行为而道德行为又在道德意识下体现出来。由于孩子的认识水平不高,为了眼前的利益,往往会做出错事。许多孩子也知道自己的行为是不对的,但由于意识力薄弱,感情冲动,自制力不强会干错事,干完错事后又怕大人批评处罚,所以就会说谎欺骗别人,答应别人的事又不算数。

培养孩子的诚信观念主要取决于父母的培养教育。孩子还小，有时出现言行不一不履行诺言的情况，也是正常现象，不足为奇。家长要从孩子的认识上找原因，向孩子说明道理，指出错误的所在，不要看成是品德问题而打骂孩子。要注意从小多对孩子进行诚信培养教育，孩子会明白诚信的好处、养成优良品德的。

三、应采取的措施

诚信既是立人之本，也是立国之本。这不仅关系到孩子前途，更关系到国家和民族的未来。只有人人讲诚信，家庭才能和睦，事业才能兴旺，人民才能和谐幸福，国家才能繁荣昌盛。因此每个家长必须重视对孩子进行诚信的培养教育。

措施一：讲清诚信的好处、不诚信的危害。

上面谈了诚信的重大意义，但孩子由于年龄小，深奥的道理也听不懂，应该告诉孩子，诚信是一种好品德，讲诚信就会有许多朋友信任你、支持你、帮助你，将来在学习、工作和生活中，就会得到充分发展的机会，大展宏图！相反，失去诚信就会名声扫地，失去朋友，在社会上也会失去发展的机会，因此可以说诚信是开路的通行证。

李开发给女儿媛媛讲了古代"曾子杀猪"的故事。

据传曾子是孔子的弟子，属于儒家学派思想家。曾有"吾日三省吾身"的名言。曾子有个小儿子，一天，曾子的妻子要去集市上买东西，临走时儿子要跟。母亲不愿让儿子跟着上街，于是就哄儿子说："妈妈到集市上买东西不方便带你，怕你跟着有事，等妈妈回来后，把咱家的大肥猪杀了，给你炖肉吃！"孩子听妈说要给炖猪肉吃就高兴得不走了。等母亲回来以后，看到曾子真的找人把猪杀了。妻子大吃一惊，说："我是哄孩子玩儿的，你为什么真把猪杀了？"曾子说："对小孩儿要诚信，不能撒谎，说了就要做到，更不能欺骗孩子，你今天欺骗了他，他学会了今后欺骗别人怎么办？"妻子哑口无言，无可奈何。

媛媛在父母的培育下，各方面表现很好，她还给小朋友讲"曾子杀猪"的故事，启发小朋友们讲诚信讲友爱讲团结。

对于孩子的不诚信行为，家长一定要严肃对待，认真分析处理，对孩子饱含感情，以理服人，说明撒谎的危害，指出不诚信问题的严重性，让孩子明白不诚信是不好的行为，对人对己都不好，必须坚决去掉！

措施二：对孩子不诚信的行为不能迁就。

当孩子有撒谎等不诚信的行为时，父母一定不能迁就姑息，不然会越来越严重，发展到不可收拾的地步，那时事情就难办了！

马斌今年五岁，在幼儿园学习，一个星期天的下午，母亲领着马斌到邻居家串门。马斌和邻居家的小朋友玩捉迷藏,玩得很开心。轮到马斌来找小朋友了,找着找着,他忽然看见写字台上放着一个瓷娃娃,很精致,正和他笑,很可爱,他又拿起仔细看了看,爱不释手,于是偷偷地装进自己的内衣兜里。又玩儿了一会儿,马斌要求妈妈回家,于是母子俩告别了邻居回家。

回家后,马斌拿出瓷娃娃玩耍,被母亲看见了。母亲问:"瓷娃娃是哪儿来的?"马斌把瓷娃娃藏在身后,低着头小声说是小朋友给的。妈妈一看马斌的表情,明白马斌是在撒谎,就追问马斌究竟是哪儿来的,并严肃地对马斌说:"好孩子不许撒谎!"马斌被追问不过才被迫说出了事情的真相。

妈妈听了以后,当时就发火了,揪住儿子狠狠地打了屁股,把儿子打哭了,而且问他:"为什么撒谎?为什么随便拿人家的东西?为什么欺骗妈妈?"儿子哭着说再也不敢了。然后妈妈告诉他说谎做错事必须接受处罚,要求儿子必须亲自给人家送回去。儿子不情愿,妈妈想了想,于是领着儿子拿着瓷娃娃亲自给邻居送去,并道了歉,从此两家的关系更亲近了。

家长面对孩子的不诚信行为,一定要认真对待,决不能因爱孩子而迁就姑息!有的家长认为孩子还小,大了就会明白了,这种观点是极其错误的!殊不知,家长不从小教育孩子走正道,让孩子养成坏毛病、坏习惯、坏思想,习惯成自然,到大了可就难改了!格言说"小时候偷油,到大偷牛",就是这个道理。所以说对孩子的思想品德教育、人生观教育一定要从娃娃抓起,这是一个长期的过程。

措施三:身教胜于言教。

因此说父母的身教更胜于言教。父母的一言一行都是子女模仿学习的榜样。孩子的优点和缺点,与父母亲有着紧密的联系。所以说身教重于言教,要求孩子做到父母首先应该做到,不然就没有说服力,适得其反了。

平平在上幼儿园。春天的一天,他在上学的路上看见广场上放风筝的人特别多,空中飘着五颜六色的风筝,十分好看,就闹着让爸爸也给他买风筝,在星期天带着他放风筝玩儿。爸爸听了以后就说:"好的,只要平平在学校表现好,爸爸一定买风筝带平平玩儿。"

星期天到了,平平问爸爸买风筝了没有,爸爸又哄他说忘了。平平失望地哭着说:"爸爸说话不算数,我在学校表现得很好,老师还夸奖我呢!爸爸为什么不给我买风筝,说话不算数!"爸爸不耐烦地说:"小孩子听话,我今天有事,送你到奶奶家玩儿吧。"平平不情愿地被送走了。回家以后平平把这件事告诉了出差回家的妈妈。妈妈鼓励孩子说:"平平是个好孩子,既然你在校表现好,妈妈就带你去买风筝。"于是带着孩子到集市买了风筝,第二天放学后领着儿子放风筝,母子俩玩得很快乐。平平高兴地说:"还是妈妈好!爸爸说话不算数。"

教育孩子诚信,父母首先要对孩子做到诚信,为孩子做榜样。试想父母整天不务正业,玩牌耍麻将,甚至赌博吸毒,孩子肯定也会学坏的!为了教育孩子诚信,父母应在日常生活中以身作则,以增强对孩子的说服力,提高教育效果。如果说话不算数,给孩子留下不好的印象,日久天长,孩子也会不诚信。

措施四:孩子合理需求应满足。

艾子林娜·罗斯福说,"个性的造就由婴孩时开始,一直继续到老死"。这则名言阐明父母从小培养教育孩子的重要性,孩子良好的个性品德,必须从婴孩抓起。因为婴孩刚来到世界,涉世未深,正是模仿人的开始阶段!正如新三字经中开头所说的"人之初,如玉璞,性与情,俱可塑。若不教,行乃偏,教之道,德为先"一样。

其实孩子不诚信的行为表现,大部分是由于某种需要产生的。假如孩子的心意得不到满足,就必然会寻求满足需求的办法。因此,当孩子提出某种需求时,父母一定要认真分析,对待合理的应尽力满足,不合理的应给孩子讲明道理。不然一方面会使孩子丧失自尊心,另一方面,孩子可能会换种方式,以不诚信的方式来满足自己的需求。这样反而会造成不好的结局或不必要的麻烦!

梅梅和小朋友们玩耍,看到其他小朋友穿的各种新衣服,花红柳绿的,十分羡慕,回家和妈妈说:"妈妈,你给我买一身新衣服吧,人家小朋友都穿的新的花衣服,十分漂亮,就我是旧的,非常土气。"妈妈听了以后,看着梅梅语重心长地说,"梅梅是个好孩子,你的要求也对,可是咱家是农民家庭,不如人家有钱,再说,好孩子在穿衣打扮上要养成整洁朴素的好习惯才好,这么办吧!"妈妈想了一下说,"如果梅梅在幼儿园各方面表现好,受到老师的夸奖表扬,妈妈一定领着你买一身你最爱的新衣服。"梅梅高兴地说:"好,妈妈和我拉钩。"妈妈说:"好。"拉完钩后,母女俩都笑了,梅梅也高兴地去学习看书了。

妈妈对梅梅的要求处理得很好,这样做既促进了梅梅上进,强化了孩子的诚信行为,使梅梅经过努力能够达到目的,同时也表现了家长的诚信,真是两全其美的事情。

孩子还小,有时为自己利益和需求往往会有各种要求,父母应该分析孩子的需求意见,凡合理的应尽力满足或提出合理条件,促使孩子通过努力达到目的。凡不合理的需求应解释清楚,孩子也会同意的。这样可以有效避免孩子不诚信行为的发生。总之,孩子在成长过程中必定会有诚信的表现和不诚信行为!父母一定要不失时机地培养教育,去伪存真,让孩子明事理,成为一个诚实守信、品德高尚的人,为将来的进步铺平道路。

第六节 孩子不听话怎么办

一、家长教育孩子的五个误区

如今,多数人都信奉没有教不好的孩子,只有不合格的家长。这就对家长教育孩子提出了更高的要求。确实,随着科学的不断进步,社会的飞速发展,人才竞争也愈来愈激烈。那么作为孩子首任导师的父母,究竟怎样培养孩子呢?

目前家长教育孩子存在以下几个误区:1. 过分溺爱孩子,对孩子有求必应,无休止地娇惯,甚至孩子犯了严重错误也不加制止,不进行批评教育,放任自流,认为孩子大了就会懂的,把孩子惯成"小皇帝"。让孩子在日常学习、生活中唯我独尊、打人骂人、不懂礼貌、不守规矩、性格野蛮粗鲁、不求上进。等到父母明白时,坏习惯已经形成,管不住了,结果可想而知,父母后悔莫及! 2. 对孩子管束过严,不管孩子对错,总以家长的身份给孩子下达任务,若完不成,非骂即打,不分青红皂白,严重束缚了孩子的天性和身心健康。这种家长错误地认为不打不成才。孩子在重压下会产生两种结果:其一,胆小怕事无所适从,到大无所作为;其二,会产生叛逆心理,逃避出走。3. 家长不务正业给孩子做坏的榜样! 孩子暗自模仿,日复一日,终会学坏。4. 夫妻不和经常吵架,甚至采用家庭暴力造成家庭离散。孩子从小失去母爱或父爱无人培养管教,形成悲观、孤僻,或者怪异、畸形、玩世不恭等性格,逐步走上犯罪的道路,给社会造成麻烦和不安定因素。5. 父母长期在外打工的留守儿童,缺乏母爱和教育等。

以上,这五种教育孩子的误区,都能给孩子造成坏的影响,影响孩子的正常成长,每个父母必须重视,力求克服改正自己的缺点和错误。

二、孩子不听话的根源

孩子不听话的根源很多,但归纳起来不外乎以下几种情况:1. 孩子天真幼稚,心直口快,碰到喜欢的事物就想要或做,这时父母不同意就会哭闹,产生不听话的举动。2. 父母过分溺爱孩子,使孩子养成得寸进尺、有求必应的思想习惯,有不满意就会哭闹,不听话。3. 父母管理教育孩子不当,不能满足其心愿,也会使孩子出现顶嘴、哭闹等不听话的现象。4. 父母对孩子管教过严或方法不对,不符合心意时就对孩子非打即骂,比如在学习方面不能如意,对孩子施加过大压力促使孩子产生厌恶情绪、叛逆行为,适得其反,造成麻烦。5. 父母的认识错误,对孩子错误言行也不加制止、教育，认为孩子大了，就会懂得。这就助长了孩子的坏习惯，造成孩子不听话，大了也管不住的不良后果。6. 家长不给孩子做榜样，言行不一或夫妻不睦，经常吵架，给孩子带来负面影响，父母成了孩子的污染源，久而久之孩子也学坏了，更不会听父母的话了。7. 父母离异，孩子从小缺失母爱或父爱，缺乏教育，也容易变坏。或者父母另组家庭，使孩子失去了家，不被爱护、重视，也容易产生性格变异，不听话，甚至生病或学坏。举个例子吧：

小楠本来是个好孩子，在校表现都很好，可是自从父母离异后，她整天掉眼泪，继父不把她当人看待。八岁的她得病住进了医院，继父几乎和母亲吵翻了天，母亲每天来医院照料她，要她好好治病，什么都不要想。

她爱写日记，记录每天的身体状况和思想。母亲准备把所有的积蓄拿出来的时候，继父下了最后通牒，离婚。母亲处于两难境地，生怕再花钱也未必能救得了小楠，为此还要失去丈夫，岂不是得不偿失，自己还年轻，可以再生，她左思右想，暗暗伤心地决定，让她顺其自然也免受治疗的折磨。

小楠的神志越来越模糊了，但她仍强打精神记日记，她问妈妈："妈妈，你不会丢下我吧？"

母亲一阵心酸，流着眼泪却微笑说："哪能呢，孩子，放心吧，你的病一定会治好的！"她安心地依偎在母亲的怀里。在小楠离去后，母亲收拾她的遗物时，翻开她的日记本，在最后一页写着：我知道妈妈不会继续给我治病了，可我就是想听她说愿意，我就是希望妈妈再爱我一次。

母亲像万箭穿心一样痛苦，她嚎啕大哭，她想起对女儿的不诚和无奈，她觉得失去的不单是女儿，而是整个世界。

这就是父母离异后对孩子的影响。

还有父母常年在外打工，孩子从小失去母爱和父爱，缺乏正当的哺育培养和教育，成为留守儿童，也会给孩子的思想等各方面带来阴影，对孩子的自身发展极为不利。

总之，家长只有懂得教子误区，并改正它，只有明白孩子不听话的原因后，用恰当的科学的方法去疏导他、教育他，才能让孩子成为一个德才兼备的人。

三、应采取的措施

俗话说"望子成龙，望女成凤"，可以理解，但父母一定要实事求是，量力而行，切忌因追求完美而给孩子过大压力，这样只会得不偿失！因为生命必须有缝隙，阳光才能照得进来。

父母应根据上面孩子不听话的各种表现以及产生的原因，对孩子进行客观地分析,认真地疏导,解释其错误之所在,说明正确的道理,孩子自然就会明白,心服口服地承认错误,并能改正,避免重犯。

措施一:有尺度地爱护孩子,不能一味慈爱。

父母都爱自己的孩子,这是人的本能反应。但父母对爱孩子的认识不一样,采取的教育方式也不同,因而对孩子的影响也有差别。李妈年近半百才有一个儿子,视若宝贝。为了儿子,她放弃了自己心爱的工作,整天在家操劳,忙里忙外地伺候儿子,对儿子有求必应。可是儿子越来越不听话,有时因一时达不到目的就哭闹不止,甚至骂妈妈是大坏蛋。可李妈总认为孩子小不懂事,自己对儿子有不周到的地方,于是更加精心地伺候儿子,对儿子的事一包到底,要打头不敢给身子!

后来儿子上学了,她风里来雨里去骑车接送儿子上学,不想儿子在校不但不学习,还捣蛋、懒惰,学校要求转学,后来她又咬牙送儿子去上了贵族学校。

有一次,李妈拿了许多东西高兴地去看儿子。儿子却嫌她年老皱纹多,太土气,给他丢脸!告诉同学说是他家佣人,并告诉李妈不让她再来了,不然就不认她这个妈妈。这件事对李妈妈的打击特大!她痛不欲生,哭诉无门,大病了一场!她不明白自己对儿子十多年的艰辛付出得到的却是不认母亲的回报。

许多父母由于溺爱孩子,对孩子百依百顺,事事包办,造成孩子独断专横、自私自利、不懂礼貌、不守规矩,养成懒惰、不求上进、虚荣等不良习惯,而且形成坏思想坏习惯后,不但不听话,还会顶嘴,不尊敬父母等,此时再进行教育纠正可就难了!

正确的方法是爱孩子要有尺度分寸,不能溺爱,对孩子首先要从思想上人格品德上进行教育,让孩子明白什么是对的、好的,什么是错的、坏的,怎样做人、怎样成才的道理,从小养成良好的品德、积极向上的精神,方能有出息。从某种意义上讲,对子女严格要求胜过溺爱。

措施二:不打不成才和过分夸奖都是错误的!

有的家长教育孩子信奉不打不成才的观点,还有的家长为了培养孩子自信,总是虚夸孩子聪明等,用以增强孩子的自信心,其实这两种观点都带有偏见,是不科学的。

亮亮六岁,刚上小学一年级。亮亮本来是个好孩子,在校表现也好,可是亮亮爸爸望子成龙心切,对儿子要求严格,稍有不满就严加指责,从不表扬孩子。在一次语文测试中亮亮考得不好,语文考了64,数学58分。爸爸知道以后不分青红皂白地打孩子,一边打一边责骂孩子为什么不努力?为什么只考了这么点分数?

亮亮被打,吓坏了,得了一场病,从此后少言寡语,胆小怕事,到医院检查医生说孩子出现了抑郁症，父母大吃一惊，后悔不已！

原来亮亮爸爸的性格粗鲁，经常发脾气，特别是不顺心时，对亮亮也不管对错，经常责骂，使亮亮产生自卑、自疚的心理，常常担心害怕，久而久之得了抑郁症。

老被父母责骂，甚至被打而不被肯定的孩子，很难用乐观积极的心态对待生活和挫折，常怀自卑感，很难成功，有时反而会走向反面。正确的方法应该是多和孩子沟通，正确的，应当鼓励表扬；错误的，有欠缺的，父母应当和孩子共同分析问题，研究解决方案，让孩子感到被爱被尊重，在交流中，家长传达出来的表情、言语动作等，会深入孩子内心，产生一种动力，伴随孩子成长。

家长的另一种偏见是虚夸孩子，这也是不正确的一种观点。称赞孩子应该讲方法和智慧，过分夸奖会使孩子产生虚荣心，会有骄傲狂妄霸气的毛病，遇到阻碍或刺激时缺乏耐心坚持的毅力，有时抑郁有时爆发，因而也很难成功！

正确的方法是：1. 孩子有进步时要称赞，表扬其努力精神、进步与好学品德，并指明前进方向，这样才会使孩子成竹在胸！总之，批评责骂孩子也是必要的，特别是对孩子品德和安全方面的问题，一旦发现不妥，必须纠正！2. 批评孩子时，父母也应用爱心包容心感染孩子，让孩子明白错误根源及危害，认识自己的价值，增强对父母的信任感。3. 如果父母回忆到过去在教育孩子方面有不科学不完美之处，也可以向孩子说明或道歉，帮助孩子去掉阴影和负担，"亡羊补牢，犹未晚矣"，这样孩子才会健康成长，才会上进。

措施三：为孩子创造良好的环境。

瑞典教育家艾伦凯指出，"环境对一个人的成长起着非常重要的作用，良好的环境是孩子形成正确思想和优秀人格的基础"。确实是这样。因为孩子模仿性强，再加上孩子从出生到青少年时期，大多时间在家里，所以家庭环境对孩子有潜移默化的影响，家长不但要处处起模范带头作用，而且要给孩子一个安静舒适的学习生活环境，让孩子从小养成良好习惯和高尚的品德。

措施四：多了解孩子，多沟通。

英国教育家斯宾塞曾说，"孩子在想什么，面临怎样的问题？孩子的内心世界就像一个装满秘密的盒子，这个盒子里，有动物有人物，有梦境，有情绪，杂乱无章地塞在里面，如果不经常打开看看，有一天当你不经意打开时，也许会从里面跑出来一只老鼠让你吓一大跳"。

确实是这样，孩子的心里总有许多稀奇古怪的想法，不和孩子沟通，就不能了解孩子的想法和做法，就容易在教育孩子的过程中犯错误！所以说，多了解孩子、和孩子沟通是解决问题的好办法。

韩香经常和儿子沟通,了解儿子的思想和想法,比如孩子告诉妈妈,今天在幼儿园里受到老师的表扬,韩香就会竖起大拇指说,"好孩子真棒,下次会做得更好"!儿子告诉妈妈不高兴的事,比如和同学吵架、打架了,而且自己还吃亏了,妈妈告诉儿子,"下次再这样,你就说,好孩子不骂人、不打架,他就不这样做了"。后来儿子告诉她,果然是她说的那样。

有一天儿子和韩香聊天时又说:"有的小朋友不讲卫生,乱扔垃圾。"妈妈说:"好孩子要讲卫生,不能乱扔垃圾,你把垃圾捡起来,丢到垃圾桶内。"儿子这样做了,并且告诉妈妈说老师表扬了他,还让小朋友们向他学习呢。

和孩子沟通是为了了解孩子。一方面,为促进父母与子女之间的亲密关系,另一方面是为了教育孩子,激励孩子,帮助孩子实现自己的理想。沟通是为了更好地了解孩子,教育孩子。

第七节　抓住阅读关键期(**4** 到 **6** 岁)

一、黄金阅读关键期的意义

4 到 6 岁是学前期。是孩子自主能力形成的关键期,也是孩子良好的生活和学习习惯养成的重要时期,家长要抓住这个阅读关键期,以培养孩子养成热爱学习的好习惯。据佳立的父亲介绍说,佳立从小就是个聪明听话的孩子,一直都受到父母及周围人的喜爱。父母遵循古训的教导,从不溺爱孩子,而是对孩子严格要求,爱憎分明,分辨是非对错,立志培养其成为一个有用的人、诚信的人!

佳立父母认识到培养教育孩子必须从娃娃抓起,必须抓住孩子的黄金阅读期,以开发孩子大脑,使其聪明睿智,让孩子从小树立热爱读书、积极上进的思想。为达此目的,他们在孩子两三岁时就开始文化教育培养了。教他看图说话、数数字、讲故事、背唐诗三百首等,更重要的是培养孩子的识字和阅读兴趣,因此买了许多图画书和小人书让他看。说也奇怪,在大人的培育下,孩子对认字很感兴趣,三岁就能认几百个字,到五岁时就已经很喜欢看书了,为此又为孩子订阅了《故事大王》《讲故事》《寓言童话》之类的书籍,里面内容多,很新鲜,常常吸引着他安静地看上老半天,有时还高兴地给爸爸妈妈讲解书中的内容,爸爸妈妈鼓励他多看多思、多动脑。

在父母的辛勤教育培养下,佳立从小懂事能干,特别是养成了爱阅读爱学习的好习惯,把看书当成一种有趣的事,对知识充满好奇,孜孜不倦地进行探索。所以在他上学前夕,他已经能独立地看许多书,并学会了查字典。而且在学龄前的文化知识学习方面也是超前的。在父母的启迪和教育下,佳立如饥似渴地读了大量的各类作品,包括民间故事、童话故事等,是文化知识吸引着他,使他一直保持着旺盛的学习精力。

实践证明,佳立父母在孩子4到6岁期间,抓住其黄金阅读期,让孩子养成了阅读大量书籍、吸取各类科学文化知识的好习惯,为今后继续深造奠定了良好基础。在2002年高考中,他以593分的成绩考入清华大学,这有力地证明了辛苦不负有心人的道理。同时,专家指出,五岁左右也是孩子学外语的最佳时期。

二、培养孩子动脑筋的办法

措施一:数数法。

学龄前的儿童都有学数数的经历。当孩子会说话时,家长除了教孩子叫爸爸妈妈、爷爷、奶奶、姥姥、姥爷外,就是教孩子说自己几岁、姓甚、名谁等,还有就是教孩子数数。这是锻炼孩子的记忆力、让孩子开动脑筋的好方法。让孩子从1数到100或上千,学会以后就可以教孩子认字,当孩子学会10个阿拉伯数字后,就可以教他加减乘除法了,这是孩子入门的前提,家长随时指导、测试锻炼孩子的记忆,开动孩子脑筋是十分重要和必要的。

用这种方法出些简单的加减法或乘除法,来锻炼孩子的记忆、计算能力,开发大脑,提高素质是很有必要的。当然孩子有时可能出错,这也是很正常的事。错的,家长应指明错在哪里,说明注意事项。对的,应加以鼓励或表扬,激发孩子的积极性和兴趣。

措施二:记忆法。

家长从小培养孩子的记忆能力十分重要。

有位教育家曾说,培养一个优秀的孩子,关键在头三年。此时孩子刚能说话,好奇心特别强,记忆力也在增强,思维开始打开。此时对孩子进行知识的传授和智慧的开发,往往胜过以后。这一阶段的孩子的特点是,分析能力弱,但记忆力特别强,见过做过玩过的事情,永远记忆犹新,这是婴幼儿及少年时期的一大特点,因此家长必须抓住孩子这一黄金时期,培养、训练、提高孩子记忆能力。

怎样培养训练提高呢?一是要培养孩子的兴趣,因为有名人说兴趣是成功的一半,意思是说对某一事物产生兴趣,就会去研究它、钻研它、试验它,也就会有成功的希望;二是要培养其辨别记忆能力;三是教给孩子记忆的方法。这样做,有如下几点好处。1. 能增加孩子的学习兴趣,让孩子产生学习某种事物的动力。2. 能提高孩子的注意力和识别能力,提升孩子的记忆力。3. 能使孩子养成动脑筋的好习惯,对全面提高孩子的素质起促进作用。

当然孩子还小,培养教育要科学得法。一个人是否有好的记忆力,对他的一生至关重要,对他们将来做人成才、创业创新起着关键性的作用,所以父母必须从小就培养孩子的记忆力,这对孩子很有好处。

措施三:智力、智能的开发。

家长对孩子进行智力智能的早期开发也是十分必要的。首先家长应明白什么是智力和智能。智力是指人认识理解客观事物并运用知识经验等解决问题的能力。它包括记忆、观察、想象、思考、判断能力等。智能是指人在聪明智慧、智力、智谋等方面的能力。

对孩子早期智力智能的开发,也有多种方法和措施。孩子出生不久后,就可以采取多种方法,来开发孩子的大脑,促进其智力智能的提高。例如:1. 在孩子面前悬挂各种花草等图案或各色气球、能响动的器物、玩具飞机等,并经常摆动它们来吸引孩子,使其发笑快乐。2. 当孩子不高兴要哭时,可以轻轻摆动摇篮唱“摇篮曲”,哄孩子高兴或睡觉。3. 摇动手摇小鼓,吸引孩子,逗孩子玩耍。4. 念文章给孩子听,教孩子说话,等等。

当孩子会说话时,父母应制作各种图片、玩具等,逐一拿出来哄逗他,教他认字、计数、数数目,并让孩子跟着大人念一些简单上口的事物或词语,或给他各种图片来看,开发孩子的思维能力。比如:1. 把家中的器皿贴上标签,让孩子认记,外出时看到什么教什么,以丰富孩子的头脑和知识。2. 教孩子识字写字,学古诗读书,每天学习三小时,上午、下午、晚上各一小时。让孩子养成自觉守时、惜时的好习惯。3. 在晚上,家长最好要陪读,回答孩子的问题,讨论研究一天的收获心得,互相沟通总结,为明天或今后作出安排,学习曾子“吾日三省吾身”的办法。4. 从心理学的角度出发,加强对孩子的身体锻炼,特别是对孩子四肢的训练,以刺激大脑半球的发育,让他抓筷子、画画写字,增加两手的活动机会,促进孩子大脑的发育。5. 给孩子买些智能玩具,并尽可能让他自己动脑筋拆卸安装,以开发智力,重视孩子手脑并用,还应该给孩子买些组合玩具,培养孩子的组合能力和创新能力。6. 家长还可以教孩子心算,这一快速的简便算法,以锻炼孩子大脑的灵敏度!总之,家长既要给孩子创造好的条件和环境,又要经常和孩子沟通,了解孩子的思想和需求,及时帮助孩子解决问题。而更重要的是培养孩子的自主思想和能力,培养孩子树立刻苦读书、爱动脑筋、不懈奋斗的精神才是根本。因为内因是根本,外因是条件。正如“受精鸡蛋给以适当温度能孵出小鸡,石头却不能”。

措施四,培养孩子广泛的学习兴趣。

孩子对科学文化知识学习的兴趣,萌芽在 3 岁以前,到 5 岁左右,孩子开始由看图发展到识字,这一时期孩子的求知欲旺盛,兴趣广泛,是孩子的阅读启蒙敏感期,也是阅读关键期,所以父母在这一阶段要正确引导培养孩子广泛的学习兴趣,为今后孩子的竞争奠定坚实基础。也许有的家长会说,"孩子年龄太小,过早了,我们小时候十多岁才开始念书"。殊不知此一时彼一时,时代不同了,旧黄历不能用了。其一,现在是信息时代,社会变化迅速。其二,科学飞速发展,竞争日趋激烈。其三,随着社会的进步,人类也越来越聪明。其四,科学文化知识越来越纷繁,复杂深奥,急需下一代来继承。其五,未来的世界属于年轻一代。所以说时不我待,培养子女成才必须从婴幼儿抓起,这是时代所需。

大兴今年5岁,胖胖的,是个聪明的惹人喜欢的孩子。大兴的母亲思想开放,很喜欢文学,在母亲的启迪和教育下,大兴从小就是个阅读狂。他5岁时就如饥似渴地阅读了家中的许多藏书,从6岁开始就一头扎进家中各个房间的书橱中。他一面读,一面还给小朋友们讲故事,小朋友们都爱和他玩耍,他还教小朋友们认字、猜谜语、学数字,成为小朋友们的小老师。他兴趣广泛,热爱阅读,在上小学时就已经读完了各个学科的很多图书。

父母亲为了让孩子增长见识、开阔眼界、了解社会,还经常领着他到各地旅游,比如领着他到北京参观了故宫、清华园、北京大学,到上海参观了黄浦江夜景和东方明珠塔,到南京参观了孙中山陵墓,到过苏杭;还领着他到泰国、柬埔寨等国旅游,他看到泰国的大金塔后大开眼界。父亲还告诉他:"你要学习明代顾炎武先生读万卷书、行万里路的精神。"大兴高兴地说:"世界之大,真是无奇不有,真让我大开眼界!"母亲又说:"学习书本知识一定要和实际结合起来,也就是理论联系实际,这样才会更全面地发展。"大兴愉快地回答:"爸爸妈妈,放心吧,我一定会努力的!"

家庭对孩子的学习成长起着至关重要的作用,只有家庭和睦,孩子才能无后顾之忧,安心地学习,只有家长培养教育孩子得法,孩子才会主动自觉地投入学习,坚持不懈地进行探索。培养孩子广泛的学习兴趣,掌握扎实的基础知识是非常重要而必要的。

第八节 学习国外家长育儿的理念

一、遇事时对孩子的不同态度及处理办法

我国的父母管理、培养教育子女同国外既有相似之处,也有不同之处;既有其长处,也有其不足。因此学习国外一些父母教育孩子的理念和做法,取长补短很有必要。

比如人们很清楚的一点,就是当孩子在外面玩耍不慎跌倒啼哭时,中国父母的做法是,很快过去,把孩子扶起来,拍净身上的土,然后抱起来哄孩子不哭。而国外的父母却站在旁边问孩子跌倒的原因,鼓励孩子自己站起来。

同样的一件事情,有两种不同的理念认识,从而产生两种不同的处理办法,导致两种不同的结果,为什么呢?从心理学的角度分析。1.中国父母,特别是中国母亲,有溺爱孩子的理念和做法,这样长此以往,会给孩子产生依赖思想,其结果是孩子会事事、时时、处处依赖别人,缺乏自信、自立的能力,对孩子今后的发展不利!2.外国父母的理念和做法却不同,他们从小就培养孩子自立、自信的思想和能力,使孩子养成自己的事情自己做、不依赖别人的理念和习惯,久而久之就会树立起自己对自己负责,艰苦锻炼、克服困难、立志成功的毅力和精神,对孩子今后创业成才很有好处。

再比如:很久以前,有位11岁的美国男孩踢足球,不小心踢碎了邻居的玻璃,人家要求赔12.5美元。当时12.5美元可以买125只生蛋的母鸡。闯了大祸的男孩向父亲认错后,父亲让他对自己的过失负责。儿子为难地说:"我没有钱赔人家。"父亲说:"这12.5美元借给你,一年后还我。"从此,男孩开始了艰苦的打工生活,经过半年的努力,终于挣足了12.5美元还给了父亲。这位男孩就是后来成为美国总统的里根。他在回忆这件事时说,父亲让他通过自己的劳动来承担过失,使他懂得了什么叫责任。

孩子年纪小、好奇、贪玩,再加上缺乏知识和经验,犯错误是正常的、难免的。孩子犯了错误,父母的态度和处理方法很重要。就中国父母而言,处理该问题可能有两种办法:一种是责骂孩子:"你是怎么搞的?净干错事,真讨厌,快回家学习去!"于是孩子没事了,什么责任也不必负。父母则留下来代替孩子承担责任。另一种家长遇到此事后却说:"宝贝是你弄坏的吗?没什么,你回去吧。"然后又是给邻居道歉,又是赔偿,这样做却助长了孩子犯错误的思想。

像里根父亲那样做,看起来似乎有点残酷,其实这正是父母对孩子深沉的爱。让里根承担过失,既教育了里根认识到犯错误的危害,又让他切记从小要有责任心。一般来说,孩子犯错正是教育孩子的好时机,不论孩子有什么过错,只要有能力,就应该让他自己承担责任,教育其今后少犯或不犯错误,并增强其责任心。

二、国外家长如何教育孩子懂规矩

世界各国的风俗习惯不同,但在教育子女礼貌待人遵纪守法这一点上却相近,比如,据有关资料获得以下经验和做法,摘录参考。

A. 英国:把餐桌当成课堂。

作为绅士国度,英国家庭很重视餐桌教育。他们认为餐前的举手投足是每天不可缺少的事,如果在这些细节上做不到,没教养,别的方面就难教育了!

现代的英国家庭,要求孩子在餐桌前必须做到如下几方面。

1. 餐前要等家中的老人和女性先坐下就餐,其他人才能就餐。

2. 人口多的家庭,传统的英国家庭,在老人或女性成员临时入座时,要求在场的男性成员,无论年龄长幼都要站起来,再坐下以示礼貌。

3. 在用餐中,无论长幼都要姿势端正,刀叉的使用一定要得体。

4. 英国的孩子从小就被父母教育正确使用刀叉,永远不把刀叉锐利的一头对向他人,而且要轻拿轻放刀叉。

5. 父母要求孩子在吃饭时不能发出不雅的声音,不能边说话边喝汤,一些年幼的孩子在吃饭时提出喝饮料,会被父母严厉制止,以后就习惯了。

6. 在用餐时间内,谁也不准打开电视或平板电脑看,为人父母首先要做到这一点。

7. 不要随便打断别人说话,等别人说完后再发言!要离席时要和在场成员说明,然后再离开。

由此可见,英国父母从小就培养教育孩子养成懂礼貌、尊长辈、守规矩等好习惯,把餐桌当课堂来教育孩子,这种方法值得中国父母借鉴。

B. 法国:教育孩子尊重他人,学会等待。尊重他人,是法国家庭教育的一个基本点,学会等待更是其中一个重要内容。

父母有意识地培养孩子形成这种习惯。孩子的要求并非都能马上达到。例如孩子提出的要求合理,父母就会表扬,并努力达到孩子的要求。如果孩子提出要求欠合理,就给孩子讲清原因,并经常和孩子沟通,了解孩子的思想,随时进行教育。

法国父母从小就教育培养孩子树立自立自信自强的思想观念,比如小孩儿哭,法国父母通常认为这是正常的事,只要哭声不异常,一般不去理会。这样小孩在潜意识中就会明白,把哭当成要挟工具无效,再比如孩子做错事一般让他自己负责,养成自己的事自己办的思想习惯。

父母们还教育孩子管理时间、遵守时间。去法国人家中做客,家里无论年龄大小都严格遵守作息时间,小孩更是如此。该几点睡就睡,该几点起就起,该几点吃饭就几点吃饭,很准时。这对养成孩子的好习惯很有好处。家长还通过家庭各种游戏来开阔孩子的大脑思维和锻炼孩子的独立性及能力。

在公共场合,法国孩子一般颇守规矩,比如按顺序排队,不打扰别人,说对不起、谢谢等,这些都与从小父母和学校的培养教育分不开。

C. 日本:家庭教育孩子"内外"有别。

在公共场合,日本孩子显得沉默老实。人们注意到,日本孩子坐公共车时,不会来回走动,在餐馆吃饭时不会大声喧哗。有时有的孩子抢了别人的玩具,但对方父母会赶紧上来道歉,并要求自己的孩子与小朋友分享玩具。其实孩子的心智都相似,不同的是家庭教育的区别。

日本家庭教育孩子"内外"有别,指的是对家庭和公共场合要区别对待!因为在家里身边都是父母等可以接受你的亲人,因此小孩可以完全放开,而在公共场所,周围都是生人,没有接受你所有表现的义务,所以必须对自己的言行有所收敛和控制才行,表现出好的一面才不会给人添麻烦,惹人讨厌!这是日本家长教育孩子的基本理论。

日本父母还手把手教孩子写字、学画等。一般素质良好的中产阶级的父母,会教孩子学礼仪和规矩。教育孩子如何和别人不发生矛盾,要控制自己的情绪,无论高兴难过都不能不分场合地大喊大叫。日本父母还教导孩子如何和别人谈话相处,包括站在对方的立场上思考,说宽慰的话,不必说出自己的真实想法。若观点不一致,为避免进一步对立,暂时低姿态等条件成熟时再表达自己的观点。

D. 美国:教孩子爱国,自立自强。

美国是个自由国度,但并不意味着孩子不懂规矩。

据有关报道,美国父母从小就重视对孩子进行爱国和自立自强的教育,父母经常通过讲故事、讲美国历史等多种形式,培养孩子热爱自己祖国的感情。比如父母经常给孩子讲国旗的来历,讲独立战争、南北战争,讲华盛顿的事迹等,让孩子了解祖国的昨天、今天,激发孩子爱国的热情,创造更加美好的明天!

美国父母还经常带着孩子到外地旅游,到各地参观,让孩子增长见识。特别是父母有意让孩子参观烈士陵园和纪念塔,激发孩子热爱祖国和向英雄先烈学习的思想感情。在家长的培养悉心教育下,美国的孩子从小就热爱祖国,对美国国旗也怀有感情。当然学校对这方面的教育也特别重视,比如升国旗唱国歌,所以美国孩子见了国旗要行礼,见了纪念塔要鞠躬。

另外美国父母从小就培养孩子自立自强的思想观念,培养孩子从小养成吃苦耐劳、艰苦奋斗的作风。比如父母是百万富翁,儿子仍要经过刻苦努力、艰苦奋斗、顽强拼搏方能成功,绝不允许儿女吃老本。如上面谈到里根打工半年还父亲的借款就是一例。这样的事例很多。再比如美国总统罗斯福,从小就有残疾,胆小腿瘸,牙齿外露,那种畏首畏尾的神态使人见了发笑。但他从不因自己的缺陷而气馁,而是因为有了缺陷才更加努力地奋斗,在父母严格要求悉心教育下,他咬紧牙关制止唇齿的颤动和内心的畏缩。对困难他从不退让,绝不把自己看作是一个懦弱无能的人。他学会了游泳、骑马、赛球、竞走,而且技艺精湛。后来他又患上了脊髓灰质炎症,臀部以下全部麻痹了,但他又和病魔进行了顽强的斗争,最后还当上了美国的总统。他说:"身体的残疾并不可怕,可怕的是思想的残疾。"正是因为他无所畏惧地进行各种挑战,才成为了美国总统。总之,在美国,无论是家庭还是学校教育,也都从小培养孩子懂规矩、爱国、自立自强、多动手,在实践中提高能力和素质,中国父母不妨借鉴一下外国父母的教育方式。

第八章

关于幼儿园教学

幼儿园是培养教育幼儿的机构,它对幼儿进行思想、体育、语言、图画、手工、音乐、计算等培养教育,为孩子进入小学奠定基础,因此说幼儿园教学很重要。而家长和幼儿园老师共同培养教育孩子更重要,让孩子从小就养成有礼貌、守纪律的习惯,成为一个有理想的人,为今后更好地进取奠定坚实的基础。

第一节　国家对培养教育幼儿的重视

一、国家采取的措施

邓小平曾说,"教育要从娃娃抓起"。艾子林娜·罗斯福也曾说,"个性的造就由婴孩儿时开始,一直持续到老死"。

每年的 6 月 1 日是儿童节,可见世界各国对培养教育幼儿的重视。

1. 我国对培养教育幼儿特别重视,特别是改革开放以来,党中央更加重视对幼儿的培养教育。近年来不但在全国各地兴建了许多公办幼儿园,而且还培养了大批幼儿园教师,为更好地培养教育幼儿奠定了人力物力基础,这是十分可喜可贺的大事!

2. 国家培养了大量德、智、体、美全面发展的,热爱幼儿教育事业的年轻幼儿教师,为幼儿园的教学工作提供了人才支援,为办好幼儿园提供了保障。

3. 教育部对怎样办好幼儿园工作,提出了许多指导意见和方针,为各地办好幼儿园工作指明了方向。比如由过去行政事业、厂矿企业等单位设立幼儿园,到现在提倡公办、民办相结合的办学方式,这样可以互相学习,互相交流,取长补短,起到共同提高的办学目的。

4. 在教学方面,对幼儿进行最基本的训练和教育,为正式进入小学学习奠定基础。比如从幼儿开始开展思想、体育、语言、识字、数数、认识环境、图画、手工、音乐、计算等多种形式的培养、训练和教育,为幼儿的身心健康发展以及今后的继续成长和全面提高做准备。

在国家对幼儿园办学的重视和指导下,全国各地各种类型的幼儿园像雨后春笋一样办起来,满足了广大适龄孩子入学的需求。

第二节　家长应该怎样选择幼儿园

一、幼儿园办学为什么十分兴盛

当前幼儿园办学为什么这样兴盛呢? 特别是在大中城市,尽管公办民办幼儿园建立了不少,但仍然"远水解不了近渴"。许多家长反映孩子不能就近上幼儿园,必须到远处,因而接送孩子非常麻烦。为什么会产生这种状况呢? 经过调查了解,总结了以下几种原因。

1. 家长对培养教育子女的重视。在过去,大多数家长对子女入幼儿园不太重视,让孩子在家中学习或自由发展,到七八岁时达到小学的入学年龄,就直接送子女上小学。既省事又省心,也减轻了许多负担。但是现在不同了,随着科学的不断进步,社会的飞速发展,人才竞争日趋激烈,家长们改变了旧思想,认识到及早培养人才的重要性。因此尽早把子女送入幼儿园,让幼儿园老师进行培养、管理教育,自己也省了一番心,这是一部分家长尽早送子女入园的原因之一。

2. 现在的家长都很忙,而且大多数是双职工,整天忙于工作,早出晚归,无暇照顾孩子,所以大多年轻家长在孩子 3 岁左右就将孩子送入幼儿园。

3. 当前人民生活都提高了,特别是一些家庭富裕有余,所以对子女身上的开销毫不含糊,样样捡贵的好的,对子女的学习方面更是求高求好。而且给子女选择幼儿园时,往往选择贵族幼儿园,每学期花好几万也在所不惜。

4. 也有的家长或因老人年迈有病,或因太溺爱孩子,担心把孩子惯坏等种种原因,把孩子及早送入幼儿园,让幼儿园老师培养教育和管理。

总而言之,上面提到的这几种情况,是当前幼儿园比较兴盛的原因,当然,也不排除个别地方幼儿园办学较少,不能满足人口发展的需要。

二、家长应如何选择幼儿园

当前各种幼儿园层出不穷,有公办、民办、集体、合办等几种类型,有高价的贵族幼儿园,也有设备较好的普通幼儿园,还有设备一般或较差的平民幼儿园以及只管看娃的保姆式幼儿园等。幼儿园的类型这样多,那么家长应该怎样选择幼儿园呢?

1. 作为家长,选择幼儿园也应该讲求实际、实效。既要考虑孩子的性格年龄、思想需要,也要考虑家庭的经济条件,还要考虑幼儿园的远近,考虑到如何接送孩子,而更重要的是看幼儿园的办学方针方向是否正确,办学理念是否正规,幼儿园老师是否是从正规学校毕业而来的,对幼儿是否有爱心,工作中是否认真负责等。

2. 要看幼儿园师资是否稳定,设备是否具备要求,教学设施是否科学,教学内容是否适合幼儿特点等。

3. 要看活动器具是否具备,是否存在隐患或危险。

4. 更重要的是看幼儿园的办学观念、教学措施、管理方法等,听群众关于幼儿园的办学效果和名声的反映。

5. 考虑幼儿园离家远近,接送是否方便,收费是否合理? 总之,家长应全面分析,考虑一切为了孩子,为了孩子的一切!

希望家长根据实际情况,为孩子选择一个称心如意的幼儿园,以取得事半功倍的教育效果! 当然,把孩子送入幼儿园并非万事大吉,家长应该和幼儿园老师经常联系,了解孩子的情况,家园共育共同培养教育孩子。

三、各类幼儿园的特点

现如今,全国各大中小城市,各种幼儿园如雨后春笋一样出现了,这无疑是一件好事情,解决了许多幼儿入园难的困境。然而怎样的幼儿园才好呢? 只有适合孩子的才是好的。

现在的幼儿园千差万别,各有特色,但大致有如下特点:

1. 所谓贵族幼儿园,顾名思义,是为条件好的家庭的子女开办的幼儿园,一般的家庭是上不起的。它的特点是建筑比较豪华,设计精致,讲究教学规范,教材较全面,要求严格,活动器材齐全等,对幼儿教师的要求也高一些。但这种幼儿园的缺点是收费过高,让许多普通家庭上不起。除了常规的学费外,还有许多其他收费,如赞助费、管理费、生活费、外教费等,一学期下来大约需开支 5 万元,这对一般家庭来说确实难以承受。而且这种幼儿园,往往重视外表或形式也是有的,事在人为,主要在教师。

有研究人员警告说,幼儿园太好或许会伤害孩子,其原因是会让孩子产生虚荣、奢侈浪费、讲求吃穿等思想,养成不求上进、不愿吃苦、衣来伸手、饭来张口、不愿动手等坏习惯,这对孩子将来的成人成才是极为不利的,这样的实例也很多,必须引起家长的注意和重视。

2. 公办或民办的普通城市幼儿园,顾名思义,它是适合工人、农民工、干部、教师等职工大众家庭子女入学的幼儿园,它的特点是,设备比较齐全,校容校貌比较整洁、雅静,教学比较正规,管理比较规范,教材比较先进,教法比较科学,适合幼儿特点。入园价格比较合理,不以营利为目的,办园方针方向正确,对幼儿教师要求严格合理、正规。办园条件可以,名誉尚好。

3. 关于公办或民办的农村幼儿园。是指在农村设立的幼儿园,民办的居多,它的特点是规模大小不一,设备比较简单,有的幼儿园利用两三间民房置办桌椅板凳,或雇用几名幼师或者由自己和子女担任幼师即可开办。

这样的幼儿园也多是为留守儿童和流动人口的子女学习提供方便的,城市里也有,多在城乡结合部。这种幼儿园收费较低,来去自由,比较适合留守儿童和城乡流动人口子女的学习生活,但欠缺的是设备较简陋,教学质量较弱,不太正规。其次还有托养型的保姆幼儿园。

四、留守儿童的现状

所谓留守儿童是指父母长期在外地打工或做事,把子女留在老家生活,托亲人照看的幼小儿童。留守儿童的特点是孩子从小长期缺乏母爱和父爱,缺乏培养和教育,这对孩子的思想、精神、生活、学习等诸多方面,都会产生许多不利的因素,因此必须引起父母们和社会的重视!

2015 年,据"上学路上儿童心灵关爱中心"发布的《中国留守儿童心灵状况白皮书》调查统计:当前我国农村有超过 6000 万的留守儿童,如此庞大的留守儿童群体,是中国快速城市化进程催生的。另全国妇联发布的《我国农村留守儿童、城乡流动儿童状况研究报告》显示,当前我国留守儿童存在着受侵害率高、犯罪率高、住院率高等三高现象,严重影响儿童的正常成长。

①据调查统计,我国每年有近 5 万名儿童死于意外伤害,其中大部分是留守儿童和流动儿童。2014 年留守儿童在过去的一年中遭遇过不同程度的意外伤害,受害率占 50%,有资料显示,在过去的三年中,广东就有 2500 多名女童被性侵,广东正是留守儿童高度集中的地方,占全国留守儿童的 7.18%。

②据调查统计,我国近年判决生效的未成年人犯罪,每年上升 13%,而留守儿童就占其中的 70%,因为从小缺乏管教,再加上社会诱惑,部分留守儿童沾染上吸毒、赌博、等恶习,最后走上违法犯罪的道路,据基层办案民警介绍,留守儿童大部分不求上进,不服管教,一般 10 岁到 12 岁出现逃学、小偷小摸等劣迹,辍学后逐步沾染不良风气,13 岁左右实施犯罪活动,17 岁左右是高峰期。

③住院率高。据四川自贡荣县人民医院统计,2014 年一年收治儿童 7012 例,

其中留守儿童为 4280 例,占 61%,其原因是无人关爱管教,生活不规律等,这是许多留守儿童的精神创伤和隐痛。

专家指出,长期与父母分离导致许多留守儿童形成孤僻或粗暴的性格,自闭、自卑者多。对于精神受到创伤的留守儿童,心理安全不容忽视,他们有各种极端表现。

第一种形式是自杀。约占自杀的留守儿童其总数的 27% 左右,例如 2015 年 6 月 9 日,贵州毕节市四名留守儿童服农药自杀,兄长小刚还留下遗书说:"谢谢你们的好意,我知道你们对我的好,但是我该走了! 我曾经发誓不活过 15 岁,死亡是我多年的梦想,今天清零了。"小刚等四人的自杀并非孤例,是多么可悲呀!

第二种形式是暴力倾向。其根源是对父母的不满与愤怒,儿童采取多种形式,如通过攻击他人或采用暴力电子游戏释放自己。

第三种形式是沉迷网络网游、偷东西、不求进取、吃喝玩乐、只图一时快乐、早恋、学习态度差等。应该指出,父母离异的孩子也有这种思想或表现。总之在留守儿童中,大约有 80% 的儿童有程度不同的心理问题。

留守儿童的现状不容乐观,已引起了党中央、国务院的重视,国家已在采取许多措施扭转这种局面。

1. 国家对留守儿童的处境已重视起来,并采取了一些相应的措施,比如花钱资助农民建设新农村,修建新农村示范区,在边远贫困山区地带进行移民并村,努力让农民脱贫奔小康!

2. 大力号召农民回乡,就地搞创新,建设新农村。只有农村繁荣了,农民富裕了,过上小康生活了,农民外出打工的现象才会减少,留守儿童也就少了。

3. 大力兴办文化教育设施或基地。农村是个广阔的天地,是可以在此大有作为的,比如办一些图书馆、阅览室、幼儿园、小学校等,大力开展文化艺术活动,发挥每个人的聪明才智和创业创新精神。

4. 缩小城市和农村的差别,科学文化教育下基层、下农村,加大培训贫困地区、农牧区教师的力度。

5. 对留守儿童的家长进行正面宣传,对留守儿童也要加强思想、生活等全方位的教育和帮助,使其走上健康成长发展的道路。

6. 建议父母不要同时外出打工,可以一个在外一个在家,这样在外面的可以安心,在家中的也放心,两全其美! 当然条件许可的话定期回家看看,并经常与家中保持联系。

另外,鼓励优秀教师下农村,采取措施提高农村办学条件,提高农村教师教学质量。

第三节　幼儿园的教育原则及教学工作

幼儿园的教学原则应该是:培养孩子们的合作意识、进取意识、礼貌意识、规矩意识、卫生意识、健康意识、创新意识,等等。让孩子学会与人交往相处,形成乐观随和、助人为乐、诚实忠信、文明友善等好品德。为以后继续学习进步打下坚实基础!

幼儿园是为幼儿进入小学学习培养合格生源,因此幼儿园的任务是培养幼儿尽早熟悉学校的事理,如学习环境、纪律等,为幼儿顺利进入小学生活学习准备和创造条件。幼儿园的教学原则应该是一切为了幼儿,一切为了幼儿的健康成长和成才做准备。

如今的孩子个个聪明,在家长的培育下,大多 3 岁会背诗,4 岁会写字,5 岁就会算简单的加减法,有的幼儿园,上课学习代替了玩耍嬉戏,孩子们过早地背上了学习的重担,有的幼儿园还给幼儿留家庭作业,这是不可取的。因为过早给孩子加重学业负担,会限制孩子活跃的思维和活泼的天性,可能会让孩子产生厌学情绪,得不偿失!

过去幼儿园就是幼儿的乐园,孩子们以玩为主,以学为辅。而现在一些幼儿园却相反,提前把小学的学习内容搬到了幼儿园。这样也有弊端,因为幼儿们学了小学的课程,一旦进入小学又重学一次,这样容易使孩子养成上课不注意听讲,不做作业,不认真学习的坏习惯,所以这种方式是不可取的。

快乐的童年本应该属于孩子。实际上学前教育应该以认知为主,以幼儿的兴趣为主,教幼儿开阔思维、眼界、认识世界、学会生活自理和基本的社会规则等。孩子是天真快乐、无忧无虑的,幼儿园也应该成为孩子们快乐成长的乐园才好!

对于幼儿园的教学工作,其一,幼儿教师应该是幼师学校毕业或经过培训的年轻教师,学过教育学,懂得儿童身心的发展规律和特点,以及各个幼儿身心发展的个别差异,采取不同的方法,循序渐进地进行指导培育,切忌急于求成。其二,幼儿的年龄特征在不同的时期有不同的特点,也就是有其稳定性和可变性,在正常的发育下,他们各个年龄段的特征基本相近,也就是说有一定的发展规律。但是在不同环境和教育下,同一年龄段的幼儿又有区别。正如有的人说世界上没有完全相同的两个人一样。

根据专家的研究分析,儿童的身心发展是有规律的,每时每刻都在发展变化,比如身体由弱到强,思维由简单到复杂等。但是发展是不平衡的,这里单说孩子从出生到幼儿期就有三个高峰期。

第一高峰期:从出生到一岁,是思维观察期,称为乳儿期。

第二高峰期:从两岁到三岁,称为婴儿,极致思维观察模仿期。比如模仿大人学说话,学走路等。

第三高峰期:从三岁到五六岁,称为学习期。思维、语言、身体逐步成熟,求知欲旺盛,开始走向学习阶段。

幼儿教师只有懂得幼儿各个年龄段的特点及各个幼儿的差异,采取不同的方法进行培养教育,方能取得良好的效果。

其三,幼儿教师必须有高尚的情操,热爱幼教事业,必须对幼儿有爱心,方能搞好幼教工作。"十年树木,百年树人",可想而知,培养人的工作是很难的,因为面对的是千差万别的人,而幼儿教师面对的是千差万别、各有特点的孩子,因而工作就更难了。所以说幼儿教师对幼儿必须有爱心、有耐心才行,这是搞好幼儿工作的首要条件。

根据有关报道,由于个别幼儿园教师师德不高,对幼儿教育缺乏细心、耐心,更缺乏爱心。因此出现了幼儿教师体罚幼儿的不良行为,有的甚至还很严重,这确实是不应该的,必须引起广大幼儿教师的重视。

其实,幼儿园老师应该是多面手、全面手。不但会语文、数学,而且音乐、舞蹈、图画、手工都懂,这样才能教好孩子。同时教育工作是一门艺术,它包含各种艺术,如引导艺术、培养艺术、教育艺术、教学艺术、辅导艺术、管理艺术等,所以幼儿园教学应本着以下原则。

1. 思想教育:要培养孩子形成尊敬师长、尊敬长辈的观念,养成有礼貌、守纪律以及遵守交通规则的习惯。

2. 孩子年龄小思想单纯。对孝顺父母、热爱祖国要适当讲一些,要教育孩子诚实守信,要教导他们不打架、不骂人,团结小朋友,有助人为乐的精神,热爱集体。总之,在思想教育方面,要培养孩子积极向上的良好品德。

3. 在教学方面,以开发幼儿的大脑思维为目的,培养孩子的创新理念,比如让孩子玩一些积木等现代玩具,来开发孩子们的思维创新能力,或通过图画、手工等活动培养孩子们的创新意识。

4. 培养孩子的独立自主能力。孩子的自主性逐渐增强,对外界怀有好奇心,所以家长和幼儿老师应鼓励孩子去干一些力所能及的事情并给予表扬,这样就能培养他们的独立自主意识,使他们拥有较强的意志力。

5. 发展孩子的主动性。上学前,孩子对新环境会充满兴趣,穿着新衣服、背着新书包上学会感到很荣耀,这时的父母和老师对待这些"捣蛋鬼"要有耐心和包容心。做错事应和他们讲明理由，多沟通，千万不能打击。不是危险的事情就不要干涉，以免挫伤孩子的积极性。

6. 老师可以多给孩子讲讲伟人的奋斗故事，让孩子们心中有榜样。讲一些童话、寓言、民间故事，让孩子明白一些道理，得到启迪。家长要和老师要经常沟通，取长补短，用科学的方法共同教育好孩子。

7. 当孩子在幼儿园学习期满，准备进入小学学习时，幼儿老师应提前教孩子做思想准备。比如，给孩子讲述小学的学习生活，也可建议家长带孩子提前到学校参观，熟悉环境，激发孩子过学校生活、学习的兴趣及愿望，去除紧张害怕的情绪。物质上的准备也很重要。因为孩子要到新环境里学习、生活，家长除鼓励孩子外，还应给孩子准备好学习用品和在校用的生活用具。教给孩子注意事项，培养孩子的生活自理能力，让孩子通过锻炼减少对大人的依赖性。

这真是：

幼儿教育必有方，德才兼备是方向。

乐学勤学基础好，今后必定成栋梁。

第四节　要培养教育孩子有孝心

一、尽孝道是我国的优良传统

什么是"孝"呢？"孝"是指晚辈孝顺老人、孝敬父母等。中国汉字教育的"教"字，左边就是个"孝"字。中国是个文明古国，我们的祖先历来就重视"孝"。确实是这样，相传我国古代就有著名的二十四孝。比如："卖身葬父"的董永，"孝心感天"的王祥，"为母埋儿"的郭巨，"百里负米"的子路，"芦衣顺母"的闵子骞，还有"尝粪忧心""扼虎救父""哭竹生笋""鹿乳奉亲"等故事，都是谈子女孝顺父母的事迹，十分感人。

董永"卖身葬父"的故事是这样的：董永，据说是东汉千乘人——今山东高青一带人，家中很穷，而且幼年丧母。为避战乱，随父逃难，父亲体弱难行，就背着前行，流落汝南。不幸父病，侍奉左右，花钱为父治病，把父亲仅有的一点准备给儿娶妻的钱也花光了，仍不治而死。无钱葬父，卖身求葬。富翁看其孝顺、诚实，买下，守孝三年后给富翁当长工抵债，感动七仙女。于是才有了"天仙配"。

又如"黄香温席"的故事。黄香，东汉人，据史书记载，黄香家贫，可是在父母的教育下，黄香很小就很懂事，礼貌待人，孝敬父母。可不幸的是，在黄香七岁那年,母亲因病去世,只留下父子二人孤苦零丁、相依为命,生活十分清苦。而黄香十分懂事,白天,父亲教他认字,他除了认字外,就到外面拾柴、烧火,帮父亲做饭。黄香很勤快,考虑问题很周到,办事很认真负责。冬天,由于家中贫寒,买不起煤炭,家中非常寒冷,他看到父亲晚上冻得哆嗦发抖,心中十分悲痛和难过。又见父亲的被子又薄又旧又破,冷如冰铁,冻得难睡下。他反复思考,最后决定给父亲温席。于是每天晚上吃过饭,黄香把饭桌收拾干净后,就提前上炕,把父亲的被褥铺开,自己钻进被子里为父亲温席,等到暖和后才让父亲上炕歇息,天天如此,年年如是。父亲见黄香这样孝顺自己,十分感动,流着泪说:"黄香啊!父亲没出息,才让你这样受罪,你要努力,争取上进啊!"黄香给父亲擦干眼泪说:"父亲不必这样说,这是孩儿应该做的。古人说'孝敬父母天降福',孩子愿意这样做。"父子俩又悲又喜,抱在了一起。这个故事又名"扇枕温衾"。

冬天是这样,夏天又如何呢?到了夏天,酷暑难挡,特别是到了晚上,蚊蝇乱飞乱咬,鼠虫乱窜乱跑,瘟疫经常发生,穷人死活难逃。黄香家也是如此,十分难熬。由于无油点灯,蚊虫乱飞乱咬,父子俩根本不能睡觉。黄香见父亲被蚊蝇、臭虫咬得脸上身上青一块紫一块,有许多疙瘩,搔痒难耐,十分痛心。怎么办呢?小黄香想了一个办法——和泥把鼠洞堵住,又编了几把蒲扇,每晚把蚊虫赶走,当父亲睡下时,又坐在床前用蒲扇为父亲赶蚊蝇,天天如此,年年如是……

黄香孝父的事迹感动了世人,被流传至今,成为后辈学习的楷模。新三字经里的"能温席,小黄香,爱父母,意深长"赞的就是他。黄香不但孝顺父母,而且是一个有志气、力求上进的少年。他在父亲的教育下,刻苦功读,读了大量的书籍,终于成为东汉时期有知识的名人。当时就有"天下无双,江夏黄香"之说。诗曰:扇枕温衾是黄香,孝顺父母美名扬。人生在世须奋斗,忠孝节义不能忘。

我国是文明古国、礼仪之邦,孝老爱幼的事例举不胜举。又如三国时吴国的神童陆绩,从小酷爱读书,见多识广,能说会道,名声远扬。六岁被袁术接见,很受喜爱,赠橘吃,拿三个孝母,受人敬佩;还有"闵子骞谏父"的故事。说的是春秋时闵子骞五岁时,母亲早逝,父亲续娶继母,生有弟弟。一年冬天,父亲看见闵子骞干活的时候抖如筛糠,而弟弟却面色红润,两人都穿着保暖的棉衣,父亲认为他偷懒,让他跪地用皮鞭抽——打破衣服一看,原来棉衣里芦花乱飞,棉衣薄;再看弟弟的棉衣,全是新棉花,而且很厚。父亲明白了,原来闵子骞在家十分孝顺继母,任劳任怨,可是继母不喜欢他。吃不饱穿不暖不说,还经常责骂凌辱他,特别是继母生了儿子后更是如此……父亲明白以后,一怒之下,决定休妻。可是子骞流着眼泪说:"她毕竟是我们的母亲,休了母亲,弟弟怎么办?"父亲听了他的话后,叫来妻子李氏,严加训教,李氏承认了错误,流泪表示改正,全家重归于好。

闵子骞小小年纪,通性达理,能孝顺、包容、忍让继母的高贵品质,很值得我们特别是青少年学习。

据传,闵子骞品德高尚,艰苦努力,积极进取,最后成为春秋时代的名人。

格言说:"百善孝为先。""孝"是我国自古以来的优良传统,应从儿童抓起,发扬广大。

二、国家对敬老、孝老的重视和关怀

随着人民生活的提高,医疗条件的改善,人们对身体健康愈来愈重视,对敬老、孝老、养老更加看重。所以也要尽早培养孩子敬老、孝老、养老的孝心,继承和传扬中华民族的美德。

首先,国家对敬老、孝老、养老十分重视,提倡老有所养、老有所医、老有所居、老有所得、老有所乐,并建立了养老保险制度——凡60岁以上的老人都有退休基金或养老金(妇女55岁以上),而且在城乡各地建立许多养老院,供老人们享用。养老院里建有各种活动室——比如阅览室和下棋室、乒乓球室等锻炼身体的场地,让老人们活得舒心、开心,这是史无前例的举措。

养老院里,还有小型医疗室,老人小病可以就地治疗;大病可以到大医院救治,并且国家还建立了"合作医疗"制度,大病、重病可报销80%以上。同时,病人由专门人员看护治疗,并开展老人疾病预防、保健与安养等活动。经常举行各种比赛,让老年人发挥特长,使其生活得有意义。另外,养老院里吃住方便,环境优雅。

在文艺方面,成立各种活动小组,还有定期、不定期的学校、机关来养老院慰问、演出、播放电影或清扫卫生等,既发挥了老人们的兴趣、特长,也活跃了文艺生活。比如有的老人有文艺特长,就让其表演节目,有的演唱或拉二胡,有的还可以说书,大家也可以在一起聚会闲聊……

在吃穿方面,为了让老人们吃得开心,穿得舒心,一日三餐,花样翻新,任老人挑选,定期有工作人员给清洗,头发长了,有人给理发;老年妇女或有病者,有人侍奉梳头……总之,让老人活得舒心,让子女感到放心。基本上使老年人达到了老有所养、老有所医、老有所居、老有所得、老有所乐的条件。因此,老年人的健康状况在迅速提升,寿命在不断延长。

三、"割肝救母"——留学生救母感动中国

据报道有这样一件感人事迹——22岁的中国留学生彭斯割肝救母的模范事迹感动中国,这是2011年发生的。

　　"身体发肤受之父母,母亲有难我一定要为她做点什么。"22岁的留学生彭斯听闻母亲慢性重型肝炎晚期需进行肝移植手术时,马上放下学业,从美国回到广州,毅然割下自己60%的肝脏移植给母亲,挽回了母亲的生命。不少网友感叹,百善孝为先,彭斯的行为让人们看到,中华民族自古流传的感恩行孝的美德依旧在80后、90后中绵延不息。

　　中国人寿保险公司广州分公司姚家成说:"以前有偏见认为,新一代年轻人比较自私,在彭斯身上,我们看到了80后、90后的孝心。希望中华民族的传统美德能在更多的年轻人身上得到体现。"

　　这就是敬老爱幼,敬孝、孝顺的美德。有诗曰:捐肝救母,世界少有。一片孝心,传扬千秋。壮哉彭斯,感动全球。

四、敬老、孝老要从儿童抓起

　　尊敬长辈、孝顺父母是中华民族的优良传统美德,因此必须从儿童抓起。孩子有无敬老、孝顺父母的心理,全在家长从小对孩子的培养教育。孩子在家关心孝顺父母,到社会才有可能关心同事和他人,也才有可能做到对国家忠诚。所以,绝不能忽视培养孩子尊敬父母的好品德——这也是关系到家风的一个大问题。

　　常言说:"家贫出孝子,国难显忠良。"比如2014年10月1日,"全国最美乡村少年"发奖会上,表彰了十名尊老尽孝的模范少年,事迹十分感人。其中有黑龙江七岁的乡村少年吴金棋,一岁时父母离异,父亲长年在外打工很少回家,依靠爷爷奶奶生活,十分艰难。爷爷有病,奶奶又聋又哑。他懂事后就养鸡鸭、种果树卖钱,给爷爷治病,还上山采药打柴维持生活。上学后学习前三名,放学后和奶奶卖鸡蛋、鸭蛋、果子……还按时给爷爷按摩、熬药治病,每天上学一两个小时就请假回家帮爷爷奶奶干活。他说:"要努力学习,将来让爷爷奶奶安享晚年。"多么好的孩子。剧作家阎肃老师发奖时说:"吴金棋的孝心十分感人,希望把中华民族的孝道发扬广大……"

第五节　要培养孩子的爱心

一、培养孩子爱心的重要性

　　科学家爱因斯坦曾说:"对一切人来说,只有热爱才是最好的老师,历史上许多科学大师、文坛巨匠、事业巨子和在各领域获得成功的人才,都是从兴趣爱好起步的。"这说明爱心爱好的重要性。

所谓"爱心",是指关怀爱护人的思想感情。要从小培养孩子具有博爱的胸怀。有爱心是孩子今后立身社会的基础和前题,因此,家长要从小培养孩子的爱心,教育孩子学会做人。

有个父亲叫韩通文,为了培养儿子的爱心,他专门到新华书店买了一套《中国地图》和《世界地图》。回家后把它挂在墙上,每天教儿子看地图,学历史,让他熟悉中国地图,了解中国有多少个省(市、自治区)以及它们的地理位置、首府名字,以及首都北京的位置等。又介绍各省(市、自治区)的特点、特产、人文概况……好让儿子了解中国是个地大物博、人口众多的多民族国家,而且也是个文明古国,但是自清末,尤其1840年鸦片战争后,由于闭关落后,受尽了列强的侵略和凌辱,有许多英雄牺牲在保卫祖国的战场上……父亲以此来激发儿子热爱祖国、热爱人民的爱心,教育孩子明白"落后就要挨打"的道理。他还通过《世界地图》,让儿子了解世界的风貌和各国的位置概况等,这样,既让儿子学到了知识,也激发了孩子的博大爱心。

孩子的爱心是通过自然地模仿学习,潜移默化地渗透,再加上父母的培养教育而逐渐形成的。在这一时期,家庭是最重要的传播培育基地,而父母是最重要的爱心播种者。

爱心是指对人或事物有爱怜、爱惜、同情之心。它包括宽容、忍让、大度、助人为乐等。一句话,就是大公无私的精神,这种精神是无比可贵而高尚的。它能让孩子从幼稚走向成熟,从渺小走向博大。所以,父母必须从小对孩子进行"爱"的培养和熏陶,使其具有高尚的情操,为今后成为一个有爱心的高尚的人奠定基础。

希望今年5岁,他非常爱听爸爸妈妈给他讲故事,经常想起故事中那些英雄、模范等有爱心的人物,决定要向他们学习。

爸爸给他讲《三国演义》《水浒传》《岳飞传》里的故事,以及孙中山、毛泽东等伟人的故事,不同领域的科学家、名人的事迹;妈妈给他讲动物也有爱心的故事。比如"羊有跪乳之恩,鸦有反哺之德,狐有首死南山之忠,马有报主之义"等。

有一天晚上吃完饭,希望又要求妈妈讲故事,妈妈说:"好,今晚上再给你讲一个动物有爱心的故事。"妈妈说:"其实不光人类有爱心、良心,动物也有灵性、爱心,也会知恩图报。今晚给你讲一个真实的故事——患难见真情、知恩图报的狐狸的故事。"

一位唐山的老农说,1976年之前,他是唐山某水库的管理员,经常一个人住在水库边的配电室里。因常常闲来无事,喜欢上了垂钓,钓的鱼吃不了,就养在一个大缸里,大缸放在简易的厨房中。

1976年初夏的一个晚上,听到厨房里有动静,他拿着家伙想去看个究竟。原来是一个偷吃鱼的野狐掉进了缸里,怎么也爬不上来。想到前几次不明就理地鱼就少了,就想弄死这只狐狸。当他用手电照着正要动手时,看到狐狸眼里满是惊恐,还流着眼泪发抖,他的心软了……最终还是放了它。后来再没有少过鱼。他就感念这狐狸通人性,有良心。更让他想不到的是,唐山大地震时,这只狐狸居然救了他的命。

1976年7月28日凌晨3时左右,熟睡中,他被一种急促的抓挠声和呱呱鸣叫声吵醒,听出来是那只狐狸,就起床开门——见那只狐狸焦躁不安地仰头望着他,并一次次地原地兜圈子,像一个有急事的有满腹话想说的哑马。他想它可能是饿急了,来求援的,可是当他扭身准备取食时,狐狸咬住他的凉鞋襻,狠命地往外拉。他突然有一种预感,就随狐狸来到院子里,就在这时,大地震突然降临,配电室瞬间变成一堆废墟……

年迈的老人一直念念不忘那只被他放生、又来救他的狐狸,老人感慨万千地说:"地球就是个大家庭,动物与人类息息相关,它们尽管不会言语,却也有着同样的思维、灵性、良心和爱心……"讲到这儿,希望的爸爸又插话说:"还有'老虎报恩''猎狗救主'的传说等可多了。"希望高兴地说:"我要向那些有爱心的人学习,我要爱护小动物,长大后做个有爱心有出息的人。"

成功的路有万千条,都离不开爱心的铺垫,因此说爱心是人性的基础,是做人应有的素质。

幼儿时期是各种品质形成的关键期,爱心的形成也是在孩童期。因此要早早抓教育。那么应怎样培养孩子的爱心呢?

二、培养孩子爱心的几个方法

思想家、教育家孟子说:"爱人者,人恒爱之;敬人者,人恒敬之。"意思是说,爱是相互的。父母要让孩子明白,只有拥有爱心的人,才是高尚的人,才能受到别人的敬仰,也才能得到别人的拥护和支持。

1. 爱心是健康成长的关键。

父母要经常教育孩子懂得——爱心是健康成长的关键。因此父母不但要时时、事事、处处以身作则,言传身教,给孩子做爱心的榜样和模范,而且要利用机遇,采取多种形式,培养孩子的爱心。

在文文小时候,爸爸就有意识地培养他的同情心、爱心。当见到五星红旗时,就会给文文讲红旗的来历,讲为什么是红色的;当看到纪念碑时,就讲烈士们的事迹;当见到比他小的小朋友摔倒时,爸爸就启发文文:"你看那个小妹妹摔倒了,你看她哭了,你摔倒时疼不疼呀? 快去把小妹妹扶起来,帮她擦眼泪好吗?"文文跑过去把小妹妹扶起来,帮她擦眼泪并说:"痛不? 别哭了!"小妹妹破啼为笑。

这样,文文的爱心在不知不觉中就培养起来了。

爱心,包括尊老爱幼、和睦乡邻等,它的含义很广很深,珍惜光阴、爱护一草一木、礼貌待人等,都是有爱心的具体表现。父母是孩子爱心的传递者,要教孩子懂得什么是爱,它的重要意义在哪里? 结合孩子生活的缺欠及时进行教育,是让孩子健康成长的一把钥匙。

2. 利用纪念日公祭进行教育。

父母要利用纪念日、追悼会、公祭的活动,对孩子进行爱心培养和教育,从而激发孩子的爱心、同情心,以及对敌人、侵略者的痛恨。

六岁的亚男是个聪明可爱的孩子,她出生在南京,父母是知识分子。父母对亚男的培养教育很重视,特别是对她的爱心教育也抓得很紧,为了培养她成为一个有爱心的孩子,常常利用节假日或纪念日、公祭日,领着她参加活动,以培养她的爱心和见识。比如每年领着孩子参加中国抗日战争胜利纪念日(9.3)、南京大屠杀公祭日(12.13),还领着孩子参观一些纪念馆、博物馆。一方面使孩子增长了知识和见识,另一方面激发了孩子的爱国之情,懂得软弱、落后就要挨打的道理,让孩子不忘国耻,加深爱国思想。

3. 表扬孩子的爱心行动。

当孩子表现出爱心行动后,父母应给予鼓励和表扬,这样会激发孩子产生关爱他人的愉悦心理,同时会产生不断进取的强烈愿望和把关爱他人当作乐趣的健康心理。

花花的母亲听到幼儿园老师说,花花在幼儿园表现不错,关心小朋友,照顾有病的同学。妈妈很高兴,回家后便给花花做了一桌丰盛的饭菜,吃饭时,妈妈在饭桌上很郑重地表扬了花花这种爱心行为。妈妈说:"为了表扬花花在幼儿园关心、照顾小朋友的良好表现,妈妈今天特意做了一桌丰盛的饭菜,让花花吃,关且妈妈还买了一本书赠给花花,以表奖励。"花花无比高兴,接过书一看,是一本《新三字经》。全家人一片欢笑。

培养孩子的爱心应从大处着眼,从小事做起。当孩子做了好事以后,父母应适时给以鼓励、表扬或奖励,目的就是告诉孩子,大人们对他这种好的表现很赏识,他以后就会经常这样做,慢慢地就会成为有爱心的人。

4. 培养孩子团结友善的品格。

"爱心"是一种优良的道德品质,它包括的内容很多。比如团结、友善就是做人的优良道德品格,是爱心的具体表现。有一首很有名的歌叫《团结就是力量》。歌中唱道:"团结就是力量,这力量是铁,这力量是钢,比铁还硬比钢还强……"可见团结的重大作用和意义。

斌斌是个爱起哄、爱出风头的孩子。在幼儿园里经常起哄、欺负一些弱小或者有残疾的孩子,因此孩子们都远离他,使他被孤立。有一天下午,小朋友们在操场上玩皮球。斌斌看见赵林拿着皮球,就跑过去,冷不防把赵林按倒要皮球,正在这时只听赵林"妈呀"一声哭叫,大家非常惊奇,一看赵林在哭,站不起来了。大家忙叫老师,老师问明原因后,急忙将赵林送往医院,经检查是腿部骨折,赵林住院了。

幼儿园长和班主任同两家家长协商,斌斌父亲出2000元给赵林看腿。当然幼儿园也承担了一部分责任,同时班主任老师谈了斌斌在幼儿园的表现。

斌斌父亲回家后,一气之下打了斌斌,并教训他说:"你小小年纪,不求上进,而是起哄,出风头,给大人找麻烦……"母亲语重心长地教育斌斌说:"团结、爱护小朋友才是个好孩子,才会受到小朋友帮助、支持,长大以后也是一样,没有人的帮助、支持,什么也干不成。要讲团结、有爱心,千万不能欺负弱小者,记住了没有?""记住了。"斌斌说,从此后他改了以前的缺点。

和睦友好,团结一切同志,也是一种高尚的品德。必须清楚,一个人的才智、能力是有限的,有些事情只有在大家的支持、帮助和共同努力下才能完成。

下面再谈"友善"的问题,待人和睦友善也是一种宝贵的品质。善良的心虽然别人看不到,但可以表现在和人交往的言谈举止上。别人看到你的和睦友善,也会给你以回报。家庭需要和睦友善,这样才会幸福。俗话说"家和万事兴",就是这个道理。同样,为人处事、待人和睦友善,你会一路顺风、一生平安;由此上溯到一个国家更需要国民的和睦、友善、和谐来促进长治久安,才能万众一心,繁荣昌盛。

俗话说:"一人一条心,穷断脊梁筋;大家一条心,黄土变成金。"也说明团结、友善、和谐的重要作用。另外,一个人也是一样,软弱、落后也会受人欺辱。俗语说:"强者生,弱者亡,世上只有狼吃羊。"这是千古不变的真理。

第六节　要培养孩子的责任心

一、责任心是孩子成人成才的基石

家长从小培养孩子的责任心十分重要。所谓责任,是指对人对事负责、尽责,要有责任心,自觉地把分内的事做好。这也是益人益己的诚信行为,一种高尚品德。

把孩子培养成一个有责任心的人,是父母的责任,这是关系到孩子前途、命运的大事。一个有责任心的孩子,会对自己、对他人负责。对自己严于律己、力求上进;对他人关心备至……这样的孩子一定是个能把学习、工作做好的孩子,会受人拥护和赞扬,将来会成为对社会有用的人,有价值的人。所以说,责任心是孩子成才的基石。

一天早上,上幼儿园大班的威威对妈妈说:"妈妈,今天是星期六,幼儿园要大扫除,该轮到我清扫厕所了。可是我不想扫,厕所又脏又臭,而且好累。妈妈你给班主任打电话,就说我今天病了,把这个活安排给别人好了。"

妈妈听了威威的话后,很不是滋味,就语重心长地教育威威说:"威威有这种思想很不好,为什么呢?因为公共厕所是大家用的,因此需要大家共同维护、清洁。你也怕脏,他也怕累,谁来清理它?而且,孩子,你要有责任心,才能把工作做好,才能受到大家的拥护和赞扬,才能成为一个有出息的人。"妈妈说到这顿了顿又说:"要有责任心才是好孩子,今天你为不愿清扫厕所而撒谎是不诚实的表现,今后可别有这种思想了。"威威听了妈妈的话后说:"妈妈,我错了,我今后一定努力做个有责任心的好孩子。"

事实证明,很懂事,又有组织能力的孩子,往往都有很强的责任心。他们积极上进,对工作认真负责,又关心他人,将来也必定是个有出息的人。相反,一个没有责任心的人,在家不会孝顺父母,工作不会有成效,事业不会有成就,他的人生必定是可悲的。因此说,从小培养孩子对自己、对他人都有责任心的人格,是比金子还要珍贵的事情。

那么应怎样培养孩子的责任心呢?

二、父母要重视培养子女做个有责任心的好孩子

让子女做个有责任心的好孩子,这是一个需要长期教育、逐步发展巩固的过程,必须从幼儿做起。父母应从孩子的学习、生活中培养,抓住各种机遇,创造性地培养孩子的责任心。

1. 要讲清有责任心的孩子才是个好孩子。

所谓责任心表现在很多方面。比如在学习方面,总是认真、细心、刻苦钻研,不会就问,井井有条地完成学习任务,同时能帮助同学,各方面表现都很好;在为人处事方面,能善待同学、团结同学,能给同学们分忧解难,在同学中有威信;在工作方面,能起到模范带头作用,既有组织能力,又有实干精神,能保质保量完成任务;在生活方面,有自理能力,凡是自己的事自己做,能帮助父母做些力所能及的家务事,热爱劳动,锻炼自己,讲卫生、懂礼貌、守规矩等;在思想方面,要求进步,尊敬长辈,孝顺父母,诚信友善,文明和谐,做到爱国敬业,等等。

当然,孩子年龄还小,不可能一下子完全做到,但父母只要耐心细致地培养教育,让孩子明白责任心的好处,并努力去实践,这样,孩子习惯成自然,就会慢慢成为一个有责任心的好孩子,长大后也会成为一个有责任心的人,一个有核心价值观的人。

2. 要从小事做起培养孩子的责任心。

培养孩子的责任心,要从孩子抓起,从身边的小事抓起,让孩子从小养成有责任心的良好习惯。

祥祥在幼儿园大班学习,很努力,但有一个缺点,就是责任心不强,经常丢三拉四的。一个星期一的早晨,祥祥上学后,妈妈又发现祥祥忘记带算术书和铅笔盒了。幼儿园虽然离家不远,但妈妈为了培养孩子的责任心并没有给他送去。

上课了,祥祥才发现算术书昨晚放书桌上忘记带了。祥祥很着急,想和同学一起看看,结果被老师发现了。老师走过来问祥祥:"你的书呢?"祥祥红着脸说:"忘拿了,丢在家里了。"老师说:"作为学生,在学习上要有责任心,千万不能丢三拉四的,好,和同桌一起看吧!"于是老师开始讲课了。

中午放学后,祥祥回到家,妈妈问:"祥祥,今天你没有带算术书和铅笔盒,怎么上课写字的呢?"祥祥流着泪,低着头低声说:"老师说我没有责任心……让我和同桌一起看。"妈妈说:"老师批评得很对。孩子,无论做什么事,要有责任心,对所做的事负责,才能做好,学习也是一样。祥祥什么都好,就是有个缺点,不够认真细心,有时有丢三拉四的毛病,妈妈相信祥祥今后一定会改掉的。你说对吗?"祥祥高兴地说:"妈妈,今后我一定改掉。"妈妈又高兴地补充说:"妈妈本来要给你送去,但是为了提醒你今后注意,所以没有那样做。"从此以后,祥祥无论学习做事,都没有遗失、耽误过。

对孩子责任心的培养,需要一个逐步发展的长期过程,必须从幼儿抓起,让孩子从思想上认识到责任心的重要作用,并认真、自觉地去实践,长此以往,孩子的责任心就会培养起来。同时父母也要有意识地抓机遇、创造机会,培养孩子的责任心。

3. 给孩子承担责任的机会和体会。

孩子年幼,缺乏知识和经验,经常出现一些过失是难免的事情。问题是父母应该怎样对待犯错误的孩子? 有的父母会责怪孩子,责怪完以后孩子无事了,该做啥还做啥,而父母却替孩子给对方赔礼道歉或赔偿,更有些家长还包庇孩子的错误等。总之,就是不给孩子承认错误、承担责任的机会。这样做,孩子怎能产生责任心呢?

有这样的两个真实事例,值得广大为人父母者借鉴。

良良在妈妈的培养教育下很有责任心。在幼儿园里,他经常帮助同学,老师因此选他当班长。在家里良良也经常帮大人做事,比如扫地、整理房间等。妈妈外出购物时,良良总是帮妈妈计算、拿东西。

看着良良小小年纪这样有责任心,邻居们就问他妈妈:"你是怎样教育孩子的?"这时,良良妈妈就会自豪地说:"我会在良良面前'示弱',出门时告诉他,妈妈记不住回来的路,你要领路啊;去购物时,我就会说,妈妈力气小,拿不动了,他就会主动过来帮忙……每当回到家,我就向他爸爸夸良良一番,大家表扬他,他特别高兴,习惯养成自然,他现在经常照顾我,而且很有责任心。"

第二个是前面提到的里根11岁时打工半年还父亲的12.5美元的故事,里根从实践中明白了责任心的重要性。两个故事都有深刻的教育意义,良良在父母培养教育下有了责任心。

读了里根的故事,你是否感到里根的父亲有点"残酷"? 其实,这正是父亲爱孩子的深沉表现:一方面锻炼了孩子,增长了孩子的见识,另一方面也让孩子深切地体会到承担责任的重要性和艰辛,可以警示其今后少犯错误。所以说,这既磨炼了孩子的意志,又锻炼了孩子克服困难的毅力,有助于孩子日后的成功。

孩子犯错误,正是父母教育孩子的好机会,无论孩子犯有什么过失,只要他有能力,就应该让他自己承担责任,这对孩子有好处。

4. 教育孩子,自己的事自己负责。

要培养孩子的责任心,父母就要从小在孩子的学习、生活方面培养他们、训练他们,及时纠正他们的不良习惯和作风,教育孩子从小要学会自己的事情自己负责,这是很重要的一点。

为了让萍萍在学习生活中有责任心,对她的事情,萍萍妈妈从来不包办。而是告诉她,自己的事自己负责。妈妈说:"有了金钢钻儿,才能揽瓷器活儿。""从小学下好本事,到大不用求别人。"她经常鼓励女儿自己穿衣,收拾书包,整理清扫房间。同时还让萍萍做些力所能及的事,比如每个星期日让萍萍清扫厨房一次,妈妈指导她怎样做,等等。

在妈妈的指引、培养和教育下,萍萍养成了良好的习惯:学习努力、认真负责;在生活中自己的事自己负责。领居们也夸奖萍萍是个好孩子,知书识礼,今后一定是个有出息的女子。

父母要明白,孩子的成长不仅是身体智力方面的,更重要的还有人格品德方面的。只有使其成为一个完整意义上的、高尚的人,才能对社会有用。因此,父母应从小培养孩子的责任心,使其成为一个高尚的人,一个对社会有用的人。

第七节　父母应不应该打孩子

当今,人们提倡采用科学的教育方法教育孩子,也就是采取说服教育的方法。认为打孩子是父母无能,甚至是愚蠢的表现。

那么,父母究竟应不应该打孩子? 笔者认为,具体问题具体分析。其原因如下:

一、教育的形式是多种多样的

什么是"教育"? "教育"是指培养新生一代准备从事社会生活的整个过程。因此说,教育是个长期的培养过程。教育可分为三个阶段:家庭教育、学校教育、社会教育。孩子未入学前的教育,主要是家庭教育,入学后是学校和家庭共同教育,工作后还应接受家庭和社会的共同教育。可见父母的责任之重大。这里只谈家庭教育,其余以后还要谈到。

1. 教育的形式是多种多样的。比如启发沟通式、交谈式、示范式、指导式、讲解式、批评式、参观式,等等。父母在教育孩子方面,应根据孩子的年龄、性格、特点、兴趣、爱好等,和孩子进行沟通。通过启发、指导、解释等形式教育孩子,使其明白什么是对的,什么是错的,让孩子逐步明白事理。当然,说服教育,多鼓励、表扬,少批评指责是对的。

2. 根据我国的传统教育,大多数家长信奉"养不教,父之过,教不严,师之惰","严师出高徒","家教从严"等理念。认为教育子女必须从严,方能使其成人、成才,因此在过去的家庭教育中,都有严格的家教、家规、家风和家法等,子女们违犯了家规就要受到家长不同程度的惩罚,如训斥、鞭笞、罚跪等,例如《朱子治家格言》"岳母刺字""三娘教子"都是严格教子的典范,流传至今,值得家长们借鉴。

3. 家长应该知晓,孩子因为年龄小、见识少、知识薄弱,受好奇心的驱使,犯错误是正常的、难免的,家长应分析错误产生的原因,及时和孩子沟通,指明错误原因,使孩子明白道理后不再重犯。但是,说服教育也不是万能的,长此以往,有的顽皮孩子认为犯了错误,父母只不过又老生常谈一气罢了,于是就产生了无所谓的心理,甚至会故意犯错。孩子如果屡教不改,或发生了危险事故,家长就不能小看了,在这种情况下,家长可以采取严厉一点儿的措施。

二、什么情况下可以严厉对待孩子

随着社会的发展,教育也在不断地改革、进步,更加科学化,过去教育孩子的陋习也在逐步去掉或改变。比如过去先生都有"戒尺",学生犯了错误,先生就打学生手心三下,以示警戒和教训,当然现在不用了。

那么,什么情况下不能教训甚至打孩子呢?下面七种情况下。

1. 孩子是好心做错事,不宜教训甚至打孩子。应该向孩子说明错误原因,指明正确做法,让孩子纠正错误,不再重犯即可。

2. 家长对某件事没有事先告诉孩子应该怎样做,或没有讲清楚而导致孩子犯错误,不宜打孩子。让孩子明白正确的做法就行了。

3. 孩子发明、创造、创新的举措导致犯错误,不能打孩子。而是应当鼓励、指导,需要时,给予物质的支持。父母如果会,就帮助孩子完成,不会时,让孩子看书学习、找资料或请教别人。

4. 如果孩子所犯的错误是模仿父母造成的,更不应该打孩子。父母应反思自己应该怎么做才能以身作则,起带头作用。等自己改正自己的错误,并告诉孩子,或向孩子道歉,或讲明原因,弄懂事情应该怎么做时,再和孩子共同完成。

5. 父母不能带着情绪,特别是在暴怒之下,不问原因,不分清红皂白地打孩子,这样容易错打或失手,给孩子造成不必要的伤害。

6. 孩子有某种疾患,如神经障碍、亢奋、敏感,或受过某种刺激的,不能打。以免造成伤害或加重病情。

7. 3 岁以前的孩子不要打,因为不会犯大错误,管理好孩子就可以了;6、7 岁的孩子,父母尽量不要打;11、12 岁的孩子就不要打了。因为孩子到了 6、7 岁时,有了独立自主的意识,自尊心也愈来愈强烈。这时的父母应积极主动地引导、帮助孩子学习、做事情,鼓励孩子勤奋、努力、积极上进。特别是在学校里的学习、生活,家长要多和孩子沟通,让孩子树立自尊、自立、自信、自强的思想观念,渴望凭借自己的能力,不断取得各种成就。当然,在前进中会出现错误,但家长不能体罚,不然会伤害孩子的自尊心,影响人格的健康发展,使其产生消极、自卑情绪或逆反心理。

孩子进入青少年期后,思想道德认识、身体等各方面逐步走向成熟,人生观、世界观虽不完善,但有自己的认知。因此,若此时发现孩子的欠缺或错误,家长应耐心地和他进行交流、说明。如果体罚孩子,会产生相反效果,孩子会认为体罚是对自己人格的严重践踏,尤其男孩子,甚至会产生叛逆心理,这对今后的培养极为不利。

什么情况下可以严厉对待孩子呢?

俗话说:"6、7岁的孩子惹人嫌,11、12岁惹狗嫌。"这说明6岁到12岁的孩子是最顽皮最淘气的。掏鸟、耍水等最具破坏性,也易出事故。因此,家长应特别注意,防止发生意外。

在中国,许多家长认为,打孩子也是一种教育形式。孩子不听话,或犯了较严重的错误,通过"打"的方式给孩子以教训,加深孩子印象,使其改邪归正。

下面几种情况下尤其要严厉教训孩子。

1. 孩子到危险的地方玩耍。比如上树掏鸟、不经父母允许而到水库等地玩水,或不遵守交通规则,在马路上乱跑乱逛,发生危险事故等。为了加强教育,以免再犯,可以严厉警示孩子。

2. 孩子由于好奇,喜欢触摸一些危险物品,比如有的孩子喜欢玩弄电源插头、煤气等易燃品。父母已告诉孩子,但孩子不听话或没有理解父母的教导,没有意识到自己所作所为的严重性,家长又没有工夫看住孩子,导致危险发生时,为了警戒,可以严厉警示孩子。

3. 当父母发现孩子有某些不良思想倾向、作为、习惯,比如口出恶语,屡教不改,不尊敬父母长辈,或经常偷家里的钱出去买自己喜欢的东西,或和其他哥们吃喝玩乐,挥霍浪费钱财等,若屡教不改,可以教训孩子。

4. 经常欺负比自己弱小的孩子,并以此为乐,或打群架,造成对方伤害者,经教育后仍不悔改可以教训他,以示警戒。

5. 自私,不关心他人,不求上进,经常不守规矩,胡作非为,父母或老师教育后,仍然不改或不承认错误者。

6. 经常说谎,欺骗父母和别人,造成不良影响,并屡教不改者,等等。总之,教训孩子的目的是为了教育、警戒孩子,以免再重犯,使其改邪归正。所以家长要以沟通、说明教育为主,尽量少打或不打。

三、温馨提示

虽然打孩子也是一种教育方式。但"打"是教育的手段,不是目的。因此,父母应注意以下几点:

1. 以和孩子沟通、说服教育为主,通过教育让孩子明白是非,今后不再重犯。这是最好的教育方法。

2. 孩子犯有严重的错误或干危险的事,影响很坏,方可打他,让他明白错误的严重性,加深印象,接受教训。

3. 打孩子必须掌握分寸。绝不能残酷、虐待性地打孩子,绝不能没头没脑乱打一气,不能用工具打,如鞭子、棍棒等;不能打头、脸、眼、鼻、耳等部位,以免造成伤害,只象征性打屁股就可以了。

4. 父母还必须向孩子说明原因,讲清道理,让孩子心服口服,起到事半功倍的效果。

5. 父母要意见一致,夫唱妇随,做好善后工作。

这真是:幼儿教育

幼儿教育是个宝,打好基础特重要。

仁义礼智都学好,前途光明直到老。

第三篇

03

|小学篇|

第九章

关于小学的教与学

小学教育在儿童教育中有着奠基石的作用。但小学教育离不开家庭教育的配合,因为父母对孩子的影响直接关系到儿童的思想、性格和习惯的形成。因此,在让孩子接受学校教育的同时,家长必须和学校紧密配合,更新教育观念,采取科学的育人方法,和学校共同培养教育孩子。这对下一代的成人成才,有着极重要的意义。

第一节 爱国主义教育——培养孩子热爱祖国的情怀

形式:小学一年级开学第一堂公开教学课。

题目:爱国主义教育——培养孩子热爱祖国的情怀(第一课时)。

时间:某年秋季开学9月4日上午。

地点:某学校礼堂。

参加人员:学校领导、低年级老师、低年级学生和被邀请的一年级家长。

上课铃声响后,赵老师走进教室:起立,问好,坐下。

"亲爱的小朋友们!"赵老师说,"今天是开学第一堂课,我和小朋友们一起来认识我们可爱的祖国,从而热爱我们伟大的祖国。"说着老师按动电钮,屏幕上马上出现了放大的中国地图。

老师用教鞭指着地图说:"这就是我们的祖国,大家看她像个什么?""公鸡。"有的小朋友回答。

"对,回答正确。"老师说,并在黑板上写了"祖国"二字。"我们的祖国可大了,有960多万平方公里,居世界第三位。人们把伟大的祖国比作母亲,很恰当,我们要像热爱自己的母亲一样热爱自己的祖国。大家说好吗?""好!"学生们齐声回答。老师又在祖国右方写了"母亲""热爱"四个字。

老师继续提问:"哪位小朋友能回答祖国的首都是什么,在哪里? 请举手。"有的小学生举手。

老师叫前排一名举手的女学生回答,并上讲台找北京的地理位置。

"很好,北京是中国的首都,是党中央的所在地。"老师随后又在祖国下方写了"北京"二字。然后继续提问:"大家再考虑,每天早晨要在天安门升什么呢?"学生们思考,有的说爸爸妈妈带我去北京天安门广场看过升红旗。

"回答得很对。"老师说,"大家再思考,五星红旗为什么是红色的呢?"有的学生说,红色鲜艳好看;有的说红色更亮……等大家发表了意见后,老师总结:"五星红旗用红色,象征中国革命的胜利是来之不易的,是用革命先烈的鲜血染红的;五个黄五星,中间大的代表中国共产党,四个小的从左向右分别代表工人阶级、农民阶级、城市小资产阶级和民族资产阶级,大家清楚了没有?""清楚了。"学生们回答。老师又补充说:"红旗是无产阶级革命的象征,大家以后会逐渐清楚的。今后,我们见到迎空飘扬的五星红旗要向她敬礼。"说罢,老师又在北京下面写了"红旗"两个字说:"红旗也叫国旗。"紧接着赵老师又打开电化教学,按动电钮,屏幕上又出现了放大的北京天安门。

老师问:"同学们看,天安门上挂着一个圆的东西是什么?"有的学生答:"爸爸告诉过我,那是国徽。""很正确。奖励这位同学一个小红旗。"老师把讲桌上一个小红旗给了那位小朋友,小朋友很高兴。老师继续说:"国徽是代表国家的标志。我国的国徽,中间是五星照耀下的天安门,周围是谷穗和齿轮,象征工农联盟。"老师又在红旗下面写了"国徽""天安门"五个字。

然后老师又说:"亲爱的同学们,这一节课就讲到这里。下面请大家跟着老师朗诵黑板上的词语,然后再熟悉一下祖国地图。"(共用了 20 分钟左右)

老师领读,用教鞭指着词语:

祖国、母亲、热爱、北京、红旗、国徽、天安门

反复领读三次后下课铃声响了。

老师总结:"同学们,这节课就上到这里,下节课仍在这里上,下课。"

第二节 国歌、国语及爱国主义教育的措施和意义

爱国主义教育——培养孩子热爱祖国的情怀(第二课时)。

赵老师走上讲台说:"同学们,大家再把上节讲过的词温习一下,我指哪个,大家一起念两次。"念完后,老师又说:"请同学举起右手练字的笔顺——老师领着念:'祖'字的笔顺为点、横撇、竖、点、竖、横折、横、横、横。练完后总结:笔顺的规

则是:由上到下,由左到右,由外到内,请学生们记住,下去练习。"

"下面再请三位同学给这几个词语加拼音好吗? 会者举手。"叫了三位举手的学生在黑板上加拼音。经检查一位同学全对,得小红旗,其余有错,老师纠正。

"上一节,我们讲了可爱的中国、国旗、国徽和首都北京。"老师说:"这一节课再让学生们了解一下我国的'国歌'和'国语'。它们都是代表国家的,是由国家正式规定代表国家的歌曲和语言。大型活动都要升国旗,唱国歌,以表示对祖国的尊敬和热爱。我国的国歌是'义勇军进行曲';我国的国语是'汉语普通话'。"老师说:"现在大家看屏幕。"说着老师又按电钮,屏幕上出现了国歌歌曲。老师把"国歌""国语"写在黑板上,并领唱"起来,不愿做奴隶的人们"。老师领学生唱了两次国歌,让学生们课下再练习,学会唱国歌。

然后老师又讲了学习国语——汉语的重大意义。老师说,我们生在中国,长在中国,是祖国培养、教育我们长大成人。因此,我们一定要像热爱母亲一样热爱自己的祖国,努力学好祖国的语言文字,努力学好科学文化知识,长大后,更好地为祖国为人民服务,把祖国建设得更繁荣更富强。

老师最后总结说:"亲爱的同学们,你们是祖国的花朵,是未来的接班人。希望你们热爱祖国、努力学习、掌握科学知识、锐意进取、自强不息,把爱国之志转化为报国之行。"老师又把"花朵""接班人"写在黑板上。

接着赵老师布置了作业。1. 学生们下去商量、讨论,怎样用实际行动热爱祖国。2. 把上一节的词语和本节词语写在作业本上,加拼音。每个词语写 5 次,达到认识、会写的目的。

赵老师提前授完这节课以后,紧接着由校长讲话。

郭校长首先谈了这次爱国主义公开教学的重大意义。他说,爱国主义教育要年年抓、经常抓,必须从儿童抓起,要贯彻教学的始终。因为少年兴则国兴,少年强则国强。父母要配合学校,教育孩子适应时代发展的需求,增强孩子爱国的情感和振兴祖国的责任感。家长和学校通过紧密配合,共同培养教育孩子,使孩子逐步树立自尊心和自信心,把伟大的中华民族精神发扬广大……为此,郭校长提出了以下几点建议:

1. 今后,学校要根据需要,随时召开家长座谈会。了解家长对学校的意见和建议,办好学校。

2. 期中、期末,定期召开两次家长会,或学校开或班级开。向家长汇报和总结本学期的各项工作,征求家长意见并向家长汇报本学期其子女的思想、学习、生活等情况及今后努力方向。

3. 衷心希望家长对学校多提宝贵意见,并和学校紧密配合,共同培养、教育子女,特别是对子女的思想、品德等方面的教育,家长更有说服力。

4. 家长有什么意见、建议,可随时来学校反映或电话联系。

郭校长最后说:"办好学校离不开党的教育方针,离不开全体教师的协作努力,也离不开家长的支持和协助……这次公开教学课很成功,很有意义。"

郭校长讲完后,又有几位家长代表发了言。家长一致认为这次爱国主义公开教学课,举办得很好,很成功,也很有意义,对家长的启迪、教育也很大,使他们明白了家庭培养、教育、影响的重要性,家长们一致表示,今后一定和学校紧密配合,共同培养教育好子女。

最后,由教导主任郑老师作总结发言,并安排了下一步工作:

1. 对这次爱国主义公开教学课,以教研组为单位,进行讲评、研究、讨论,取长补短,改进自己的教学方法,提高教学能力。

2. 各年级组要做出安排,各科都要举行一、二次公开教学课。

3. 各科教师要加强教学研究,努力探索科学教学、管理等方法;尽职、尽责搞好工作……

"爱国主义"公开教学圆满结束。

一、关于爱国主义教育

爱国主义思想需要长期培养教育,应该从儿童抓起。那么,什么是爱国和爱国主义呢? 根据《新华词典》的解释:"爱国"就是热爱自己的国家。有爱国之心,报国之志。"爱国主义"又比"爱国"提升了一步。它是指对祖国的忠诚热爱的思想。广而言之,爱国主义是有阶级性的,无产阶级的爱国主义是从本国劳动人员的根本利益出发的,是跟国际主义密切联着的,既热爱自己的祖国,反对未来侵略,又尊重别的国家和民族的权利和自由。可见培养孩子爱国主义思想的重要性。

实践证明,培养孩子的爱国之心,就是培养孩子高尚的道德情操、健全的人格,一个从小没有爱国之心的孩子,将来是不可能成为国家的栋梁之材的。家长要充分地认识到这一点。

纵观古今历史,无数的伟人名人、科学家、文学家、艺术家、英雄模范等人物,他们都有爱国主义情怀,因而都有远大理想,都有报国之志,所以,才能成就一番事业。不是吗? 因为有了爱国主义之心,才能产生爱国之志,有了爱国之志,才能产生远大理想,有了远大理想,才能产生为之奋斗的毅力,最后才能成功。这样的事例不胜枚举。如革命先行者孙中山、毛泽东,科学家钱学森、邓稼先,诺贝尔奖获得者、生物学家屠呦呦等。

孩子是未来的接班人,要振兴中华,责任重大。他们正在成长时期,各方面的可塑性很大,所以,要及时地把爱国主义的理念传递给他们,使他们是非明确,从思想上扎下爱国主义的根基,拥有美好的心灵。

二、家长应采取的措施

爱国主义包括的内容很广,如爱祖国、爱人民、爱劳动、爱公物、爱社会主义等,这些都是爱国主义的具体体现。

前辈人经过五千余年的艰难奋斗,才有了今天的繁荣。而今,使中国腾飞,实现中国梦的理想落在了下一代的肩上。为了让其将来能承担责任,父母必须及早对他们进行爱国主义教育。怎样培养教育呢? 父母应从以下几个方面入手。

措施一:学习前人的爱国主义思想和精神。

父母应告诉孩子,中华民族的历史是前辈艰苦奋斗的历史,是浴血奋战、保家卫国的历史,也是中国人民发明创造、改革创新的历史。各朝各代都出现过不少志士仁人,爱国精英。为了保卫祖国,无数先烈贡献出了自己宝贵的生命;为了建设自己可爱的祖国,无数科学家呕心沥血,发明创造,贡献了自己毕生的精力。这些都是我们后辈学习的楷模。

孙明月和妻子从儿子孙越很小的时候,就利用晚上的空闲时间给儿子讲解古今中外伟人、名人的爱国故事。利用孩子爱听故事的心理,进行爱国主义思想教育,效果特别明显。例如讲花木兰代父从军的故事,苏武牧羊的故事——苏武,留胡坚不辱,雪地又冰天,苦忍十九年。渴饮血,饥吞毡,牧羊北海边……苏武流落北地,但他仍然热爱自己的祖国。匈奴首领看他是个人才,劝他投降,封官许愿,但他忠于祖国,宁死不屈,因而受尽了种种凌辱,苦忍十九年,妻离子散后,终于回到祖国。还有唐朝的薛仁贵征东、薛丁山、樊梨花征西等爱国故事,又如南宋民族英雄岳飞,从小热爱祖国,母亲在他背上刺有"精忠报国"四字,他牢记母训,组织民众抗金,收复失地,但被奸臣秦桧所害。后人评价:"青山有幸埋忠骨,白铁无辜铸佞臣。""人到宋后少名桧,我到坟前愧姓秦。"爱国之人流芳千古,害国奸贼遗臭万年。

还有南宋民族英雄文天祥,多次抗敌失败,被俘死不投降,从容就义,临刑时还要求面向南方。文天祥的行为表现了一个志士仁人的爱国之心。还有杨家将出生入死,保家卫国,胡家将、狄家将等的爱国故事;明朝"戚家军"保家卫国、抗击倭寇;清朝又有三元里人民抗击侵略者;郑成功、林则徐等爱国人士的英雄事迹。近现代的爱国人士有革命烈士张志忠、抗日英雄左权、吉鸿昌,等等,他们为新中国的胜利,为抗击日寇的侵略,保家卫国,贡献出了自己宝贵的生命,是永远值得我们后辈学习的榜样。

孙明月和妻子除了给儿子讲爱国故事外,还给孩子买了许多关于爱国故事的图书、画片、地图等,让孩子了解祖国的地貌、山河、物产、古迹、名胜,以及历史上的著名人物如秋瑾、方志敏、鲁迅、刘志丹、董存瑞等,系统地对孩子进行爱国主义培养和教育。

父母的精心培养和教育,使孙越的爱国主义思想深入心底。他不但学到了许多知识,大开眼界,更了解了祖国的过去和无数爱国志士的英雄事迹。他高兴地对爸爸妈妈说:"我一定要向那些英雄人物学习,热爱祖国,长大后做个对祖国有用的人。"

措施二:带孩子参观一些纪念馆、博物馆、科技馆。

古往今来,许多仁人志士都有忧国忧民的思想,以报效祖国为己任。反抗侵略保卫祖国时,前仆后继,临危不惧;在和平年代时,关注民生,发明创造,建设祖国。这种可贵的精神,使中华民族历经苦难而不衰。如忧国忧民的杜甫、范仲淹、辛弃疾等;进行发明创造的蔡伦、毕升、张衡等。父母要经常带领孩子参观纪念馆、博物馆、科技馆等馆所,一方面能让孩子了解历史,学习历史知识,明白历史的演变过程;另一方面让孩子通过参观学习,了解我国历代志士仁人的爱国主义思想和创新精神,塑造孩子的国魂。

钱祥很重视孩子的爱国主义思想,经常利用公休日、节假日领着儿子参观一些纪念馆、博物馆或科技馆,培养孩子的爱国情感。比如利用节假日领着孩子专门到南京参观"抗日战争纪念馆",让孩子了解日本侵略者在中国犯下的滔天罪行——"三光"政策的残酷,南京大屠杀的残忍……以及中国人民经过艰苦卓绝的斗争终于使日本侵略者投降的历史。在孩子幼小的心灵中逐渐明确了爱国的重要性,使爱国之心深深地扎下了根。

另外,还带孩子到北京参观了"历史博物馆""军事博物馆",让孩子了解了世界的概况及中国历史的变革沿续进程和军事方面的知识。带他到"科技馆"参观、玩耍,让他接触一些新的科技知识,使其开阔眼界、增长知识,热爱科学,为今后继续深造奠定基础。

通过这样的举措,孩子必然对民族英雄产生敬佩之情,对祖国的悠久文化无限热爱,对为祖国的强盛而努力工作的优秀科学家充满崇敬之情,也必然对侵略者产生无比痛恨之情。

措施三:让孩子学习诗词,陶冶情操。

我国是诗词大国,唐、宋时期诗词特别兴盛,出现了许多伟大的诗人。而且根据诗人的特点,后人还给诗人们冠以各种名号:如诗仙李白、诗圣杜甫、诗王白居易、诗佛王维、诗鬼李贺、诗囚孟郊、诗豪刘禹锡等。

诗词配谱可以唱,所以又称诗歌。

诗,可以分两类,一类是浪漫主义,代表人物如李白;一类是现实主义,代表人物如杜甫。

我国素来有崇尚诗词的传统,读写诗词有多种好处:

1. 诗歌通过有节奏、韵律的语言反映生活、抒发情感,富有诗情画意,给人以美的感受。

2. 诗歌都押韵,语言凝练,字数整齐,内容深刻,谱曲可以唱,因此深受人们喜爱。

3. 诗歌(包括词)更为强调诗性和感悟,对学生提升语言文字能力特别重要。相比于其他文学体裁,诗歌更能促进学生想象力的提升,以及思考方式的转变。

4. 诗歌不仅运用典故,而且用简单凝练的文字表达深刻的意境、内涵和外延,这种把深刻的含义隐藏在简单文字里的方法最能体现诗歌的魅力。

5. 古今中外,有许多好的诗词值得我们学习,特别是值得学生阅读。通过阅读一些好诗词,感受诗人的爱国情怀,能引起读者的惊喜、感动和共鸣,更能激发学生的爱国之情。比如爱国诗人陆游的《示儿》一诗:"死去元知万事空,但悲不见九州同。王师北定中原日,家祭无忘告乃翁。"表达了诗人盼望收复失地的爱国之情,确实是人们特别是青少年学习的榜样,又如外国好诗:"生命诚可贵,爱情价更高,若为自由故,二者皆可抛。"表现了诗人为争取自由而不惜牺牲自己生命的大无畏精神。

读诗写诗对学生特别有益,它不仅能提高学生驾驭文字的能力,使学生展开合理的想象和联想,而且还能从小培养孩子的语感,陶冶情操,提高生活的格调,更能让青少年通过学习前辈诗人的爱国思想,更加热爱自己的祖国。

新文在爸爸的指引下,从小就读了许多诗词。当他读了抗日英雄吉鸿昌、革命烈士夏明翰的绝命诗"恨不抗日死,留作今日羞。国破尚如此,我何惜此头。""砍头不要紧,只要主义真。杀了夏明翰,还有后来人。"时,感动得流着眼泪问爸爸:"这两位爷爷真的死了吗?"爸爸告诉他:"都牺牲了。"新文哭着说:"他们太伟大了,为了反对侵略,争取祖国的独立、自由,不惜牺牲自己的性命,真了不起,我一定要向他们学习。"这就是学诗词的益处。

爱国主义思想也能使孩子树立远大理想,因此,父母应当从小就培养孩子的爱国主义思想。

措施四:让孩子树立爱国之心、报国之志。

父母要从小培养教育孩子树立爱国之心、报国之志,只有树立了远大理想,才会产生为实现理想而不懈努力奋斗的精神。当然,孩子还小,正在学习成长时期,不可能做出惊天动地的大事来,但是,爱国也不是空洞的口号,要把热爱祖国和建设祖国的心愿落实到实际行动中,比如热爱亲人,敬老爱幼,热爱家乡,热爱朋友,有同情心,热爱生活,积极上进,帮助别人等。从小处着眼,落实爱国之心。

有的父母认为,孩子还小,先把学习抓好,孩子大了自然就知道爱国了,这种认识是极端片面的。这是因为一个人的良好品德、素质的形成是与父母从小的培养教育分不开的,孩子一旦养成坏习惯,想改可就难了。比如留守儿童从小缺乏父母的哺育教育,养成了坏习惯,有的离家出走,有的小偷小摸,有的打架斗殴,有的甚至吸毒,慢慢走上了犯罪的道路,这是多么发人深省啊!因此说,培养孩子树立爱国思想,具有良好品德是父母不可推卸的责任。

小梅从小在父母的培养教育下,怀有爱国之心和远大理想,具有同情心。

2008年7月,她在电视上看到汶川地震,军民同心抗震的场面后,哭着问妈妈:"有的小朋友死了,多可怜呀!有的小朋友没父母了,怎么生活呢?"妈妈告诉她:"有国家负责安排呢!"后来在南京抗震救灾捐款处,许多父母领着孩子捐款,小梅的母亲也领着她来到捐款处,把她几年的积蓄全部捐给了灾区人民共300元。她母亲说,孩子从电视上看到有的小朋友没有了家,有的成了孤儿,难过得哭了,很想帮助他们。

小梅的母亲特别支持她参加贫困地区或灾区捐款捐物的公益活动,这已经是第三次了,母亲认为这是让孩子贡献爱心,对她进行爱国主义教育的好机会。

父母要教育孩子懂得:爱国主义是一个人的国魂。有了爱国主义,就会有中华民族的繁荣昌盛,就会有灿烂的今天和未来,就会实现中国梦。"天下兴亡,匹夫有责。"今天,爱国主义精神在大多国民心中扎下了根,将这样的精神一代一代传下去,中华民族就会昌盛不衰。

诗曰:中国梦

科技能使国强盛,万众齐心搞创新。

早日实现现代化,国富民强是根本。

创业需要年青人,人才战略要先行。

千军万马奔小康,共同完成中国梦。

第三节　做好从幼儿园到小学的角色转化工作

教育在儿童的身心发展中起着十分重要的作用。有人把儿童比作一张白纸,可以在上面画最好的图画;也有人把儿童比作一团面,你想捏个什么样就会变成什么样;还有人说,"傍红染红,傍黑染黑"等,都说明教育影响的重要性。尤其小学阶段是儿童的启蒙打基础阶段,开好头以后,对孩子的培养教育就会顺心,反之,就会造成诸多麻烦,特别是父母亲要更加注意。

为什么要做好孩子从幼儿园到小学的转化工作呢?第一,小学阶段是对孩子进行启蒙教育给孩子打基础的重要阶段,家长要培养教育孩子从思想上重视学习、热爱学习,从而努力、认真、细致、有创造性地完成学习任务,并可以大量地阅读一些好书,扩大知识面。第二,从幼儿园升入小学对于儿童来说是生活历程中的一个重要转折点。以前儿童主要是在家庭或幼儿园里接受教育,他们受教育的形式是游戏,在玩中学、学中玩儿,学习压力小。而进入小学后,儿童受教育的形式主要是学习,而且课程逐渐增多,学业负担也逐渐加重,三年级时又增添英语课,小学的环境对儿童的要求和入学前相比大不一样,学生多了、老师多了、教室多了、课程多了、作业多了、要求严了,等等,这对大多数儿童来说是个考验。

一、学龄初期儿童身心发展特点

根据儿童身心发展的特点,孩子从六七岁到十一二岁为童年期,又称学龄初期,这是儿童又一个身心健康发展高峰期。这个时期的儿童聪明、活泼、爱动,大脑发育很快,记忆力加强,爱思考,而且思维敏捷,对新鲜事物十分感兴趣,求知欲强烈,有时争强好胜,但缺点是粗心大意、浮皮潦草、不求甚解等,而且由于好奇心强顽皮不听话,什么都想试试,因此容易发生事故。俗话说,"六七岁的孩子惹人嫌,十一二岁狗也嫌"!所以父母要特别注意这一阶段的孩子,对他们加强说服教育,并和学校老师联系,共同教育,防止不必要的事故发生。

六七岁的儿童已进入学龄期,科学家研究证明,六岁儿童的大脑重量已经达到成人大脑重量的80%以上。从生理、心理状况看,已具备了入学的条件,他们求知欲旺盛,渴望当个小学生,背小书包,戴红领巾,上课做操、游戏等,对外界事物感到有趣新鲜,如果培养教育得法会收获很大的。为了让儿童尽快地适应小学的学习生活环境和各方面的要求,每个家长要提前和学校老师联系,做好孩子入学前的各项准备。

二、怎样做好转化工作

儿童爱玩耍,这是他们的特点。据科学家研究,玩耍能促进儿童的身心健康发展,加速儿童各个器官的活动,促进身体长高。比如美国有个少年,从小身体很弱,个头也很矮,他为此很苦恼,后来他接受学校的训练,每天做引体向上,一直坚持了五六年,奇迹出现了,他居然长到了1.8米以上,成为一名优秀的运动员。因此说儿童爱玩是一种正常现象,无可非议,但是作为父母,不可放任自流,应该培养教育孩子玩儿也要有个尺度,不能任意胡来,这样假如养成坏习惯,就难改了,而且容易发生事故。

那么父母应该如何做好孩子从幼儿园到小学的转化工作呢?

1. 首先要做好孩子的思想转化工作。父母应告诉孩子,幼儿园和小学是截然不同的两种学校。在幼儿园时,因为孩子年龄小,懂事少,所以多以游戏为主,没有学业负担,而小学则不一样了,要按时上下课,而且课程也多了,学生有了学习任务,有了家庭作业有了考试等,竞争比幼儿园激烈得多了。父母要告诉孩子,上小学后要听老师的话,少贪玩,把心思转移到学习上来,争取当个好学生。父母要培养教育孩子从小养成爱看书、爱阅读的好习惯。培养孩子热爱知识、热爱学习的好思想很重要!孩子明白了这个道理后就会变被动为主动,事情就好办多了。

春香今年六岁,刚上小学一年级,由于春香在上小学前,父母就给她做思想转化工作,并给她做好了入学的一切准备工作,使她懂得了学习的重要意义,因此入学后各方面表现都很好,学习也很认真、努力,多次受到老师的表扬,并成了三好学生和班干部。

春香之所以能这样,是父母亲对孩子的思想转化工作做得好,有的家长把教育推给学校,这是不明智的,正确的做法是和学校经常联系,共同教育好孩子。

2. 培养孩子热爱学习的兴趣。对一切人来说,只有热爱才是最好的老师,历史上许多科学大师,文坛巨匠和在各领域获得成功的人才,都是从兴趣爱好起步的。我国教育家黄宗羲也曾说,"学则智,不学则愚;学则治,不学则乱。自古圣贤,盛德大业,未有不由学而成者也"。苏联文学家高尔基也曾说,"书籍使我变成了一个幸福的人,使我的生活变成轻快而舒适的人了,好像新生活的钟声在我的生活中鸣响了"。因此说家长要从小培养孩子热爱学习,热爱科学文化知识,使他们对科学文化知识感兴趣,有感情,由被动学习变为主动学习。

为达到此目的,建议家长和子女商量利用每晚6点半到7点的半个钟头共同阅读,以增长知识为主,也可完成作业、讨论等。定出具体计划,一旦实施,坚持到底,必然能收到良好的效果。

俄国文学巨匠托尔斯泰教育子女时就是这样做的。当时没有电就在屋上吊一个大吊灯,下面放一个大方桌,桌上再用同等距离的隔板隔开,从大到小依次落座,每晚从7点到7点半,阅读半个小时。阅读的内容较广,父母亲从书店买了许多适宜孩子们看的书,让他们阅读,有时候也阅读父亲的作品。孩子们很受启发,并一直坚持阅读,即便父亲有事不在,孩子们仍然坚持阅读,他们已经养成了良好的习惯。

父母每天陪读半小时,至少有如下几点好处:(1)能给孩子起模范带头作用,孩子看到父母亲也在学习,自己就无话可说了;(2)通过学习,父母也在增长知识,这是两全其美的好事;(3)孩子有不清楚的地方可以提问,父母解答不了的疑难问题可以记下来,让孩子去请教老师;(4)通过陪读,能了解孩子真实的学习情况,可以通过沟通相互取长补短,同时也可以防止孩子偷懒,弄虚作假;(5)长期坚持,养成习惯,有助于孩子今后的成长成才。

3. 帮孩子做好心理准备。为了让儿童适应小学的环境和要求,家长和幼儿教师要配合做好孩子入小学前的心理准备工作,这一点特别重要,那么怎样做好孩子入学前的心理准备工作呢? 方法有很多,比如家长或幼儿园老师有意识地给孩子们讲述小学的学习生活故事,也可以领着孩子到小学参观,让他们提前熟悉一下环境,激发他们过学校生活的兴趣和愿望,也有的家长提前让孩子学习一些小学的课程,使他们对上小学不感到紧张或害怕。

现如今,许多家长重视早期教育,因此,有不少孩子在上小学前已经初步掌握了读、写、算的能力,对于简单的文字阅读也基本不成问题,这样的孩子认为自己学过了、会了,就不认真学习了,该怎么办呢? 对于这样的孩子,家长、老师应鼓励他们加大阅读量,多学点课外知识来补充自己。

心理上的准备,还包括培养孩子的生活自理能力,使其逐步减少对父母的依赖性,走向自立。

4. 物质上的准备。给孩子准备好学习用品和在校生活用具也是非常必要的,比如书包、铅笔、油笔、橡皮、尺子、铅笔刀、水杯、手绢等用具。第一次上学,父亲或母亲应陪伴,一者因孩子小,二者需办理入学手续,三者家长要了解学校有何要求,并熟悉老师们,以备今后联系。

总之,从幼儿园到进入小学是一个重要的转化过程。在这一时期,老师和家长还要教给孩子正确的写字姿势,即握笔时手离笔尖一寸;胸离课桌一拳;双眼离课桌一尺。让孩子从小养成良好的书写习惯。

小学阶段是人生中又一个高峰发展期,因此父母要紧密配合学校抓好孩子的教育工作。教育家徐特立同志说:"一分耕耘,一分收获,要收获得好,必须耕耘得好。"家长和孩子都要谨记。

第四节　学龄初期儿童的特点及教育

学龄初期是指孩子的童年期——从六七岁到十一二岁,家长和小学老师应该明白儿童各个时期的特点及变化,发展情况,然后根据其身心发展情况,不失时机地对其进行培养教育,以期取得良好效果。

我们说小学阶段是一个人一生中最关键的发展时期,也是儿童在德智体美劳等方面打基础的时期,为什么这样说呢? 孩子在儿童时期接受的教育对其后天培养具有重要的影响,孩子接受了良好的基础教育,后期才能更好地发展。

一、学龄初期儿童身心的特点

(一)学龄初期儿童的身心状况

学龄初期的儿童身心有何特点呢? 首先,从儿童生理的特点看,儿童的身体很软,这说明骨骼还没有骨化,正在发育成长期,因此身体柔软灵活,所以学艺要从小开始。另外儿童的五脏六腑等各个器官都还未发育成熟,细嫩柔弱,因此也很容易受伤害,但同时也容易治疗。

从学龄初期儿童的神经系统看,都还正在发育,没有完全成熟。比如神经系统的鞘华过程,还没有完成,因此这个时期的儿童特别喜欢跑、跳、攀、爬、投掷等活动和游戏,这是生理心理发育成长的需要,在男孩身上表现得最为明显。

又比如小学生的大脑重量约为 1280 克,大约是成年人的 80%,大脑的前脑、中脑、后脑、左脑、右脑等各个神经系统都还在发育,大约在 20 岁方能发育成熟。但大脑皮层已接近成人,因此在这一时期,人的大脑是功能最复杂的人体器官。据美国某网站介绍,人的前脑控制所有思想感觉、运动欲望和情绪等;中脑控制视觉和听觉反射,保持觉醒状态;后脑控制运动协调性,对感觉进行分析整合。

大脑的左半球擅长逻辑思维,右半球适宜创意思维,而男性倾向于使用左脑思维,女性倾向同时使用两侧半球。因此,男性较理性,女性较感性。男性的空间思维能力更强些。

根据专家研究,孩子的模仿性最强,记忆最好。所以孩子在五岁之前学习第二种语言对开发大脑有好处。家庭条件允许时,尽早教孩子学第二种语言。

再如小学生的心脏等器官十分脆弱,要注意保养,不宜做过分激烈的活动……

由于学龄儿童的身心有如上几种状况,所以儿童就有如下特点。

1. 小学生的心理特点是随意性、变化性较大。其原因是学龄儿童大脑神经活动转化快,对新事物敏感好奇,因此家长、老师对待儿童要有耐心。随着年龄逐渐增大,知识逐渐增多,对事物逐渐了解,随意性也会逐渐改变。

2. 小学低年级学生的注意力极不稳定,而且注意持续时间较短,因此上课时容易东张西望或搞小动作等,这是孩子的大脑神经发育变化快造成的,随着年龄的增长,这种情况会逐步改变。

3. 小学生的注意力极易改变,不易长时间集中在一个对象上,这是因为小孩对新鲜事物极感兴趣,但又不愿更深入地理解它们,在感知上比较肤浅笼统,对教材知识理解不精确,容易把相似的事物、数字混淆,等等。

4. 小学生的记忆以机械记忆为主,因为年龄小,知识少,不善于分析记忆,宁愿死记硬背公式定义,也不愿或不会去理解它。

5. 小学生的思维形式以具体的形象思维为主,抽象思维的能力很弱,到了小学中高年级,注意力会逐步提高,思维能力也会逐步加强。儿童的思维能力是随着其身心逐步发育,知识逐步丰富而提升的。

儿童各个年龄阶段的特点大致相似,但是由于遗传、家庭教育、环境等因素的影响,每个儿童之间也有差别。比如,有的性格活泼外向,有的内向,有的顽皮,有的文静;兴趣爱好也不同,有的爱文,有的爱理,有的爱唱,有的爱画,等等。因此,父母、学校在培养教育孩子方面,既要重视对孩子的德育教育,又要重视对孩子智力的开发,既要统一教学,又要注意孩子们的兴趣爱好,尽力因材施教,发挥他们的特长。

(二)根据小学生的年龄特点进行教育

美国心理学家教育家布鲁纳曾说,"凡是成功人士的身上都有独特的个人能力,就家庭教育来说,不管什么样的教育方法,关键也是能力的培养,看父母教育使孩子具备了什么样的能力"。

根据刚入小学孩子的特点,无论家庭教育还是学校教育,都要掌握一个基本原则,那就是培养孩子的能力。怎样培养孩子提高学习兴趣和能力,把"让你学"变成"我要学",让孩子由被动转化为自觉、主动、积极地学习,并逐步掌握学习规律,提升学习能力和创新能力,是现代教育和教学的关键所在。

1. 怎样培养小学生的学习兴趣并提高其能力呢? 概括地说,教育内容应生动具体;语言要形象有吸引力,少讲抽象的道理;教学方法应得当,重视直观教学,广泛运用教具;师生多互动,要充分发挥学生的主观能动性,同时利用其记忆力较强的特点,让孩子牢记某些对他们今后有用的材料。

要培养孩子的注意力、观察力、思考力、分析力和创造力等。教会他们科学记忆的方法。比如,老师教孩子们记每个同学的名字时,可以引导孩子观察其长相、性格特点,进行对比记忆。抓住事物的特别之处,更容易记忆。其次,是在理解的基础上记忆。需要练习,需要一定的技巧方法。

2. 师生在教育教学过程中主客体地位的转换。在教育教学过程中,教师把学生摆在什么位置,是个十分重要的问题。它是关系到教学效果和教学质量的大问题,是教育工作应该明确并必须掌握的问题。

在教学过程中,教师根据教学大纲教学目的,按照预定计划把知识传授给学生,在这个教学过程中,教师起着主导作用。从某种意义上讲,教师是主体,学生是在教师的指导下学习知识的,学生是教育的对象,是客体。可是客体和主体是可以转换的,而不是一成不变的,为什么呢? 这是因为教师所教育的对象是活生生的、千差万别的儿童,不是物体,他们的素质个性等都不相同,他们有主观能动作用。教师所传授的知识,必须经过学生思考、分析、记忆等自身活动才能被接受,因此说教书育人要比生产产品困难得多,复杂得多。民谚说"十年树木,百年树人",就是这个道理。在我看来,要想成为一名合格的人民教师,至少要具备下列几个条件:①思想进步,热爱教学工作,热爱学生,有爱心;②有丰富的科学文化知识,懂得教育学心理学,了解儿童的身心特点;③采取现代的科学教育方法;④不断总结学习先进的教育教学方法,提高教学水平。

毛泽东同志曾在《矛盾论》一文中说过,"事物发展的根本原因不是在事物的外部而是在事物的内部,在于事物内部的矛盾性"。又说,"唯物辩证法,认为外因是变化的条件,内因是变化的根据,外因通过内因而起作用"。他还举例说,鸡蛋被给予适当的温度能孵出小鸡,而石头却不能,这生动形象地说明了"内因是变化的根据"这个道理。教师的作用只能是外因,儿童才是变化的内因,是主体。因此说,师生之间的一切教育教学活动,必须遵循最重要的一条原则,那就是调动学生的学习积极性,让学生主动开动脑筋,认真地思考问题,分析记忆,钻研学习文化知识。只有这样,才有可能收到良好的效果。

伟大的文学家韩愈在《师说》中说:"师者,所以传道授业解惑也。"意思是,教师的职责是培养学生形成高尚道德品质和道德修养,向学生传授科学文化知识,解答学生学习中的疑难问题,这三大任务是教师必须完成的。至于怎样做好这三项工作则因人而异,但无论如何,教师都要充分调动学生的积极主动性,学生的主观能动性越高,教育效果会越好,教育质量也就越高。在教学活动中,学生既是教育的客体,更是教育的主体,其主客体地位在这一过程中可以相互转换。

3. 教师怎样做才能发挥好主导作用,充分调动学生的主观能动性呢? 这就要求教师必须对学生做耐心细致的工作。

（1）每个学生的思想性格兴趣爱好不同,教师必须通过家访等多种形式,全面了解各个学生的特点,做到心中有数,成竹在胸,之后方能因材施教,取得更好的教学效果。假如教师不了解他们,千篇一律地对待学生或误解了他们,或采取了错误的教学方法,就会挫伤孩子的积极性,使孩子产生消极情绪,甚至厌学心理。应该指出,小学生对老师是极其尊重敬佩的,对老师说的话往往坚信不疑,所以老师一定要以爱心教导他们,特别是对那些反应稍慢的同学,更要多鼓励,多辅导。总之,教师只有全面了解学生,才能够因势利导、有的放矢地搞好教学工作。

（2）儿童虽小,但也有自尊心,因此教师一定要尊重学生,切不可用粗暴的态度随意讽刺或呵斥学生,要多沟通,多了解他们的思想情绪,让他们体会到老师对他们的关心和爱护,建立起深厚的师生情谊,这有利于教学活动的开展和学生的长足发展。

教师一定要平等地对待学生,多听取他们的意见,帮助他们解决学习中遇到的问题,使他们明白自己是教育活动中的主人,是祖国未来的接班人,以增强他们的上进心。

莉莉是三年级的学生,以前性格开朗活泼,学习努力,成绩也不错,本学期却少言寡语,好像变了一个人似的,作业也不按时完成,成绩迅速下降。老师发现以后及时找莉莉了解情况,原来莉莉的父母感情不和,经常吵架,最后离婚了,父亲在外打工谋生,莉莉和爷爷奶奶生活,因终日思念母亲,所以愁眉苦脸,一蹶不振。

老师知道原因后,多次做莉莉的思想工作,开导她说:"事情既然已经这样了,愁苦是没有用的,而且会愁出病来,应该下定决心,自立自强!"老师鼓励她说:"你是个聪明的孩子,今后一定要放下包袱,努力上进,相信你一定会成为一个有出息的人!"老师还多次给她补课,给她买学习用品,并且安排她和几个女同学一起学习、活动。

在老师和同学的共同帮助下,莉莉很快走出了心理阴影,她特别感激老师,还请老师做她的母亲,老师愉快地接受了。从此以后,莉莉更加努力了,很快成为成绩优异的学生,她高兴地告诉大家:"我绝不辜负老师妈妈对我的殷切期望。"

（3）课堂教学是搞好教学的关键

老师利用课堂教学,把科学文化知识传授给学生,所以说课堂教学是教师搞好教学,提高教学质量的关键所在。因此,教师要讲好每一节课,使学生听得懂,感兴趣,愿意学。

课堂教学是一门高深的学问,它不但需要教师有丰富的科学文化知识,在科技日益进步、社会不断发展的今天,更需要教师采用现代化的科学教育教学方法,利用现代教学工具,在精确把握教学内容的基础上进行。针对不同的科目,有不同的教学方法和教学重点。如针对小学语文教学,要抓好字、词、句、篇的教学内容,突出重点、难点,并启发学生开动脑筋,积极思考,提升其形象思维能力。再针对数学,要培养孩子的逻辑思维能力、空间思维能力、机械操作能力及分析解决问题的能力等,引导孩子用数学方法思考问题。在自然常识课上,要做好实验工作;在地理课上要利用好各种图画,形象具体地展示地球的各种风貌;在历史课上也应该用各个历史阶段或年代的地图,直观地展示历史风貌,给学生形象直观的感受要比老师长谈效果好得多⋯⋯各科的教学内容虽有不同,但是教学的目的是相同的,都是让学生在教师的引导下获得更好的发展。

有人把学生比作"太阳",把老师比作"月亮",认为老师应围着学生转;也有人认为教师是知识的传授者,应该有绝对的权利。这两种认识都有一定的道理,但也都存在片面性。马克思主义唯物辩证法要求我们用发展的眼光,一分为二地看问题。

在课堂教学中,教师一定要摆对和学生的位置关系,明确教师的主导地位和学生的主体地位。所谓主导是指,学生的德智体美劳等方面是在教师的教育培养指导下得到发展的。所谓主体是指,教师传授的知识必须经过学生的思考分析、记忆或实践,方能转化为自己的知识。所以说,在课堂教学中,师生必须形成良好的互动关系,教师在教学中应避免满堂灌和填鸭式教育,采取启发式授课或课堂讨论等方式,充分调动学生主观能动性。要做好以上这些,对教师来讲除了课堂上的发挥以外,还要做好充分的课前准备。

二、备好课是讲好课的先决条件

作为人民教师,要想把科学文化知识精准地传授给学生,关键在课堂教学,而课堂教学的好坏,又在很大程度上取决于备课情况,所以说备好课是讲好课的先决条件,要想讲好课必须备好课,教师必须做到成竹在胸,有备而来。

根据我的多年从教经验,课堂教学的好坏与备课是否充分深入有直接关系。备课的重要性表现在两个方面:一方面,备好课是教师在课堂上胸有成竹,有计划、有目的地上好每一节课的基础;另一方面,教师备课中收集资料、钻研教材、考虑授课方法的过程,也是不断提高科学文化知识、积累教学经验、改进教学工作的过程。因此说每个教师必须认真地备好每一节课,保证教学任务的圆满完成和教学能力的有效提高。

那么怎样备好课? 在备课过程中应注意哪些呢?

教师要备好课首先要熟悉教学大纲的内容和要求,做好本学期的全面规划,然后根据总体规划安排上课进度,按时备好每节课。下面从五个方面详细说明。

①明确"教学大纲"的要求。教学大纲是国家对本门学科教学的统一要求,因此教师熟悉教学大纲是非常重要和必要的。掌握教学大纲是教师备好课的基本条件之一,也是教好学生的前提。教师学习教学大纲的目的是为了了解所教学科的教学目的、内容,明确学科特点,以及教学中应注意的事情。教师在教学大纲基本精神指导下,深入领会教材的编辑意图,熟练掌握教材内容和特点,以及各科中的重难点等,为备好每节课奠定良好的基础。

②钻研教材。教师钻研教材是备好课、讲好课的先决条件,所谓钻研教材是指教师要广泛阅读相关参考资料,全面掌握教材内容,深钻细研教材的重点难点,并在教案或教学笔记中写明。这样教学中才能深入浅出、主次分明地完成教学任务。

教师对教学参考资料的运用要在理解、总结的基础上,不可照本宣科,死搬硬套。实践证明,教师只有对教科书的每一个问题彻底弄懂弄通,才有可能指导学生学会。总之,钻研教材是备好课的前提之一,备好课又是讲好课的前提,所以说教师要讲好课必须备好课,要备好课,必须钻研教材。

③备学生。教师在教学工作中面对的是不同的学生,要想使课堂教学收到良好的成效,还需要结合不同学生的特点因材施教。因此需要备学生,备学生可从两方面入手。首先,教师必须全面了解学生的思想、学习及家庭状况,然后有针对性地对学生进行教育。其次,在备课时要设想学生在每一课时会遇到哪些问题、困难,并斟酌解决方案。

教师对学生了解了,特别是对学生的知识水平和智力了解清楚了,备课就能符合实际,讲课也能有针对性,课程教学效果也会更好。

假如教师不钻研教材,不备学生,在讲课中就会出现主次不分、轻重不明、无的放矢等情况,有时甚至会出现喧宾夺主或丢三落四、讲解错误等现象。长此以往,会让学生无所适从,对本门课失去兴趣,同时对教师的教学工作也会产生不良影响,这无论如何是不可取的。所以说,备学生是十分重要的。

④备教法。教师在钻研教材、备学生的基础上还要备教法,这也是备课中的一项重要环节,不可遗漏。教材中包括的内容很丰富,而且,各科有各科的特点。以语文教学为例,它包括思想教育,写作方法、特点以及字词句、篇章结构等,同时不同的文章体裁有不同特点,比如小说和散文各有特点,论文和诗词又各有不同,记叙文与说明文又有区别,等等。把教科书的内容准确地传授给学生,需要老师组织教材,进行教法上的加工。

在设计教法时,首先要确定教学任务,然后再根据具体的教学任务及教材特点、学生的条件,选择教学方法和必要的教学用具,最后写出具体的教案。完成课堂教学后,根据教学实践,教师还应总结本课教学的优点和欠缺,记在教案后面的小结上,以备继续总结提高。

⑤写教案。俗话说"好记性不如烂笔头",通过写教案,教师可以进一步理清教学思路,加深对教学内容的理解。

教案的详略可由教师的教学经验而定。为了提高备课效果和教学水平,教师除自己深钻细研教材外,还可以和同科教师集体备课。集体备课的优点是可以集思广益,因为各人的思路眼界必定有限,格言说"众人就是圣人",集体的智慧是无限的。集体备课可以起到彼此启发、取长补短的作用,同时也是老教师对年轻教师传帮带,年轻教师向老教师传递教课新理念、新方法的好形式。集体备课应注意以下几个方面的问题。一是必须在个人充分钻研教材的基础上进行,认真思考问题是集体备课的基础。二是教学水平的提高,最终还必须靠教师自己的刻苦钻研,内因起决定作用。三是集体备课要和教学研究有计划地结合起来,一定要起到应有效果,克服摆过场,走形式。四是摒弃固步自封的思想。

写教案是备课中最具体、最深入落实教学工作的一步,特别重要。写教案一般包括班级、科目、课题授课时间、教学目的以及第几课时、授课类型、教学步骤和方法、教具等。对教学内容的时间分配,比如,提问学生总结上节内容,新授课时总结,都应注明所用时间,怎样启发学生,与学生互动等也应写明。课后还应小结,记录本课教学效果,简要分析成功或不足的原因,提出改进意见。

第五节 教师在教学中的几个重要环节

教师在备好课写好教案后,要继续熟悉教材和教案,做到心中有数,这样在授课时才会得心应手。假如讲课时经常看教案,会影响课堂教学效果,教师和学生的思想感情交流也会受到影响,教学效果也会随之降低。教师在教学过程中有几个重要环节需要注意:

一、巩固教学成果

什么是教学?教学是教师把知识技能传授给学生的整个过程,是教与学的互动经过,所谓教学相长,就是这个意思。

上面提到教师备好课、教好课是搞好教学,提高教学质量的关键,但它并不是提高教学质量的全部,要想保证教学质量,还有许多重要的环节,需要教师们付出

艰辛的努力,比如以下两点:

1. 布置作业。教师在授完每一节课后,可以根据具体情况,适当地留一些课后作业,但一定不能过量,以免给孩子过重的负担,影响健康成长,全面发展。

2. 批改作业。教师给学生批改作业是提高教学质量的又一项重要措施。

教师对当天授课后留下的作业,要认真批改,及时检查作业完成情况。批改学生作业有以下几个方面的好处。一是了解学生掌握所学知识的程度,以及不同学生间的差距;二是掌握各个学生在作业中出现的错误,以便教师在讲评作业时,对症下药;三是通过批改作业,教师不但能够掌握学生的学习状况,而且能够了解自己所教课程的成功与不足,及时反思总结,进一步提高教学水平。

教师批改作业有多种形式,比如全批、对批、由组长批等,后面两种不能常用,即使使用,也应将批改情况向老师汇报。面批谈话效果最好,能当面向学生指明错误的原因,纠正的方法,也可以全面了解学生的思想、学习等情况,对学生有很好的激励作用。对批改作业的情况教师应心中有数,必要时要留笔记。

教师对学生的作业要求要明确,让学生养成认真细致的好习惯。在讲评作业时,教师要采用多鼓励少批评的原则。

二、单元复习

1. 单元复习课,以语文课为例,是指学生学完一个单元的课程后,教师对本单元各课进行综合小结,从思想内容、写作特点、语言风格以及字词句修饰等方面进行分析总结。目的是让学生逐步了解各单元各文章异同特点,同时能起到对本单元内容复习巩固的作用。再比如数学英语等其他课程,通过单元小结都能起到查漏补缺,复习巩固知识的作用。单元复习的方法可以灵活多样,在教师的主导下,可采用讲解式、提问式、分组讨论式等。总之,要实现师生互动,让学生开动脑筋积极思考,营造自由、开放的课堂气氛。最后教师可以进行总结发言,对一些重点问题进一步解释说明,对积极发言的学生提出表扬,以激励更多的学生参与进来。

2. 复习考查。复习考查指为了检查教师的教学质量,学生掌握知识的程度,学校在期中和期末时,对各科课程进行的比较重要的全面考试检查。九年义务教育普及后,教育局不再组织统一的升学考试,期中、期末考试在检测学生学习情况促使学生梳理所学知识、查漏补缺方面显得尤为重要。同时,也能为教学效果的进一步提高提供指导。

"千里之行,始于足下",教学效果的提高在于师生平时的互相配合,共同努力。比如,上面提到的教师要备好每节课,抓好每节课的课堂教学,适当布置作业,进行单元小结,查漏补缺,从各方面培养学生的思考力、想象力、记忆力、逻辑思维能力、分析力和解决问题的能力等,全面提升学生的综合素质。在这一过程中教师若能调动主观能动性,使学生充分参与其中,定能收到较好的效果。

三、学习英语

随着科学的进步,社会的发展,国人和外国朋友交往的机会越来越多。因此从小就培养孩子学习外语,对孩子将来的发展大有裨益。

小学生刚开始接触英语大多会感到新鲜有趣,也愿意努力学,但是由于读音不准或字母难记,以及环境等因素的影响,慢慢就会松懈下来。针对这种情况,教师要做好以下几点。

一是在对待学生的态度上要以鼓励为主。对英语学得好的学生,教师应该表扬,比如,可以在学习专栏内,贴小红旗(也适于其他科目)。这样,既可以激励优秀的学生继续努力,也可以鞭策其他学生努力上进。对学习比较吃力的学生,要及时了解原因,有针对性地帮助学生进步。小学英语是启蒙课,也是基础课,教师必须重视。

二是在英语的写法上,一定要严格要求,教会学生正确的书写方法,它和汉字的写法既有相同处,也有不同点。汉字的写法是由左到右、由上到下、由外到内,有点横竖撇捺等名称,同时还有偏旁名称,比较复杂,而英语则相对简单。

三是要让学生多读、多说、多记,教师可以在课堂上指导学生进行分角色读记,形成读英语、说英语的环境。

四是英语教师可以制作一些英语卡片,并讲明它们的区别,以帮助学生识记。

五是教师要利用现代教学工具帮助学生们学好英语。

总之,小学英语是学生的启蒙课程和基础课程,英语教师要采取措施,帮助学生打好基础,为学生升入初中后继续学好英语奠定坚实的基础。

四、关于阅读、记日记和写作文

为了提高小学高年级学生的写作能力和写作兴趣,可以提倡学生多看课外书籍,养成记日记的习惯,为什么呢?

1. 因为小学的课程相对来说科目较少,而且内容较简单,大部分学生有点"吃不饱"。这正是学生开阔眼界,提高知识水平和阅读能力的好时机,把书籍当作伙伴是非常好的一件事,许多名人伟人和有志青少年给学生们做出了榜样。比如苏联文豪高尔基对读书的态度是,"我扑在书籍上,像饥饿的人扑在面包上一样",莎士比亚说,"书籍是世界的营养品",文学家鲁迅也曾说,"伟大的成绩和辛勤的劳动是成正比例的,一分劳动就有一分收获,日积月累,从少到多,奇迹就可以创造出来"。前人还用自己的亲身经历说明读书的重大意义和读书的方法,比如科学家爱因斯坦说:"学习知识要善于思考,思考再思考,我就是靠这个学习方法成为科学家的。"

2. 为了锻炼小学高年级学生的写作能力,提高其写作水平,教师应提倡学生长期坚持记日记。记日记有很多益处。一是可以练笔,提高写作能力和水平;二是会积累各种有趣的知识;三是可以留作纪念;四是培养学生从小养成持之以恒的好习惯,对今后的学习工作都有好处;五是日记所记内容,或许会对你起到启发或警示作用。一些名人都有记日记的习惯,如周恩来、蒋介石等,并把日记留于后人学习研究。小学生要写好日记需注意以下几点。

一是要学会观察新事物,新事物到处都是,看你会不会识别欣赏,每天把你见到的或参与的新鲜事记下来,加点评论可以感想是很有意义的事。

二是写日记的形式多样,可以记叙可以说明可以议论,也可以描写、抒情,总之把自己的所见所闻所感所做的人或事记下来,供以后参考,既锻炼了自己的能力,也可以影响或教育别人。

三是日记的内容非常广泛,可以记事,可以写人,也可以写景,灵活多样,根据需要而定。

四是写日记时,开头要注明写作日期、天气情况等,以便今后查阅。学生开始写日记时,老师要向学生讲明写日记的目的和意义,以及写作的格式、内容、要求等。

下面再谈作文。写作文是培养学生对事物观察认识、思考分析能力,提高学生的综合素质和写作能力水平的重要措施。作文既然很重要,那么教师应该怎样培养学生,才能让学生练好作文呢?

其一,重要的一点是让学生多读课外书籍,因为读的书多了,知识丰富了,写作文时自然会有好的思想观点和素材可用。高尔基曾说:"没有任何力量比知识更强大,用知识武装起来的人是不可战胜的。"印度作家泰戈尔也曾说:"知识是珍贵宝石的结晶,文化是宝石放出的光彩。"同学们要牢记名人的教导。

其二,要培养学生养成多观察、多思考、多分析的好习惯,这也是重要的一环。观察见真知,多想出智慧。学生通过细心观察事物,才能发现真谛,通过思考才能产生新的联想,通过分析才能有新的发现。这些都能为写作提供灵感和素材。

其三,要了解各种体裁文章的特点,掌握其不同的写作要求和方法要领,比如记叙文、说明文、议论文、散文、韵文、小说等文章各有特点,其写作要求也不同,要防止张冠李戴。当然小学生刚写作文,以练习记叙文为主,以后再逐步发展到议论文、说明文等。

其四,教师要教学生学会审题。小学阶段一般是命题作文居多,也有看图作文,当作文题目或图片出现后,学生首先要用15到20分钟审题,确定主题思想,然后再确定写作方法,并列出写作提纲,最后根据提纲开始写作文。在写作中注意字词句的合理运用和搭配,力求语言简练,叙事清楚,字迹工整,少写错别字。

第五,教师批改并讲评作文也是很重要的一步,对学生提高写作能力以及综合素质有很大的帮助。教师批改作文一定要认真细心,从学生文章的字词句及篇章结构,到文章的中心思想写作方法等,都要关注到。对发现的问题,教师要向学生点明并纠正。

第六节　各科教学的相互配合

一、学习教学大纲,掌握教学原则

让学生学好各科教材的内容十分重要,这就需要各科教师熟练掌握教学大纲,明确每节课的教学目标和教学内容,掌握教学原则,这是教师在教学工作中必须达到的基本要求。

教学原则有:科学性和创造性原则、理论联系实际原则、因材施教和循序渐进的原则、系统性和巩固性原则、启发性和开创性原则,等等。

教学原则反映了教学过程中的客观规律,不同的社会,教学目的不同,教学原则和教学内容也不一样,而我国的教学目的、原则、内容是根据我国现阶段的社会性质提出的。所以说学校要全面贯彻教育方针,各科教师要全面抓好教学工作,这是教师伟大光荣而又极其艰巨的任务,因为它是关系到接班人培养的大问题,是关系到我国繁荣昌盛,实现现代化,走在世界前列的大问题。

二、各科教学的相互配合

如果把学校比作一座大厦,那么各科教师就是各个建筑环节的建筑师,教师的重任,就是精心配好各科的料,也就是提高各自的教学水平。同时还要相互联系配合,比如思想品德课和语文、历史等学科联系配合,更能促进学生思想的进步和心理品质的提高,自然和地理课联系配合,能促进学生由感性认识层面提升到理性认识层面,等等。

总之,只有各科教学紧密配合,方能更好地提高教学质量,才能更加有效地提高学生的综合素质。由于各科有各科的特点,同时又有共同性,因此,各科教师要根据所任课的特点和其他学科相互配合,共同抓好教学工作,全面提升学生素质。

三、怎样提高教学质量?

首先教师们应该明白,现代科学技术的不断发展也向教学提出了新的要求,教材在不断更新,教学方法也在不断改进,比如传统教学中偏重于传授知识,而忽视发展学生能力的教学方法,已不适应新时代的要求了。有外国专家评论,中国学生适合考试,在大学的各种考试或竞赛中,中国学生的答卷头头是道,可以得高分,但是实践能力和发明创造能力却很差。这在某种程度上反映出中国传统教学的弊端。同时也提醒我们在以后的教学中要做到理论与实践并重,并有意识地培养学生的创新能力。

现代科学技术发展的特点和趋势,是向各领域的尖端科学迈进!这要求学校培养的人才不仅要有丰富的文化科学知识,更要有探索新知识,适应科学技术不断发展的能力,也就是创新能力。

现代生物心理学的研究指出,人的大脑潜力很大,一个人一生使用的大脑细胞只占了大脑细胞总量的 20%～30%,即使是大发明家爱迪生也一样。儿童期是智力发展的最佳期,在这个时期对孩子进行智力开发,对他们今后的发展有极重要的作用。所以要把培养和发展学生的智力和能力的问题提到重要的地位上来。

那么,怎样培养学生的才智和能力呢?

什么是才智与能力?才智是指一个人的才能和智慧,能力是指能胜任某项任务的主观条件。

从小培养训练儿童的才智与能力对开发儿童的大脑,启发思维,提高能力和素质是极其重要和必要的。比如宋代的方仲永,本来人称神童,五岁时便会写字作诗,但缺乏培养训练,最终还是泯然众人矣!而清代的曾国藩,小时本来才智平庸,但靠自己顽强的毅力,锲而不舍的苦读精神,百折不挠的奋斗精神,最终取得成功,并干了一番惊人的事业,两者形成了鲜明的对比,而且这样的事例也不在少数。

培养训练儿童提高才智和能力的方法有很多,下面总结几点,供教师和家长参考。

1. 首先要教育儿童,让他们明白读书、学习知识的好处。高尔基对知识作了很高的评价,他说:"没有任何力量比知识更强大,用知识武装起来的人是不可战胜的。"他还说:"我扑在书籍上,像饥饿的人扑在面包上一样。"再比如,毛泽东最爱读书,一生书不离手,即使在革命战争最艰苦的年代,也不例外。据记载,毛泽东少年时代就酷爱读书,白天和父亲下地劳动,晚上就在小油灯下读书,困乏了时就和衣而睡,醒来后继续读书。毛泽东后来的伟大成就与他的爱读书是分不开的。

让儿童了解毛泽东青少年时期热爱读书,艰苦奋斗的故事,对他们养成爱读书的习惯,提高学习能力有很大帮助。

2. 各科教师要始终注意对学生思想品德修养的教育。培养德才兼备的社会主义接班人,既是教师光荣而艰巨的任务,也是关系到祖国繁荣昌盛长治久安的大问题。

3. 观察能力。培养和提高学生的观察能力很重要,只有观察事物才能更好地了解事物。通过观察,我们首先能获得丰富的感性材料,再经过进一步思考分析,便可对事物的现象和本质有更深的认知。观察是历史上许多名人和科学家具有的品质之一,如巴甫洛夫就把"观察,观察,再观察"作为自己的信条,英国科学家牛顿通过观察苹果落地而发现了"万有引力"定律,可见,观察的意义重大。

观察是儿童了解事物、增长知识、认识世界的重要途径之一,为儿童的思维发展开辟了广阔的空间。因此教师在教学和日常活动中,要注意培养学生认真观察事物的习惯和能力,引导学生在观察的过程中分析事物,增强其求知欲。

4. 思维能力。思维与思考是近义词,指对事物进行比较深刻、周到的分析,综合判断推理等认识活动的过程。思维是人类特有的一种精神活动,是从社会实践中产生的,人们通过思维才能更好地完成学习或工作任务,通过思维才能有新的发明创造。思维的重要性可见一斑。

教师除了培养学生的观察能力外,还要注意培养学生的思维能力,让学生在学知识的同时,掌握一些思维方法,由形象思维逐步向逻辑思维发展。

科学家爱因斯坦说:"学习知识要善于思考,思考再思考,我就是靠这个方法成为科学家的。"那么教师应该怎样培养小学生的思维能力呢? 首先要培养学生的思维习惯,教育学生遇事多思考,多问为什么,找出原因和结果。二是要求学生按照事物的表象展开思维活动,再逐步由形象思维上升到逻辑思维层面,由现象到本质,全面地了解事物。三是多种角度思维,全面了解事物的本质所在,及其原因和结果。

5. 想象力和创造力。发展学生的想象力和创造力也是特别重要的,社会的进步发展就是劳动人民不断创造的结果,劳动创造未来。社会的高速发展要求人们不但要掌握现有知识,更要探索新的知识,这就需要人们具有丰富的想象力和创造力。

第七节　关于少先队工作

　　"我们是共产主义接班人,继承革命前辈的光荣传统,爱祖国,爱人民,鲜艳的红领巾飘扬在前胸……"在小学校园里,经常可以听到这样清脆嘹亮的歌声,这是少先队大队部在举行少先队活动。

　　一、什么是少先队,它是怎样的一个组织,由谁创立领导的?

　　少先队的全称是"中国少年先锋队",是我国少年儿童的群众性组织,它的创立者和领导者是中国共产党,创立于们 1949 年 10 月 13 日,距今已有七十多年的历史。中国少年先锋队,由中国共产党委托中国共产主义青年团直接领导。

　　二、少先队的性质是什么? 有何特点?

　　中国少年先锋队是中国少年儿童先锋组织,也是少年儿童的群众组织,是教育少年儿童继承先辈的事业。做革命接班人的地方,也是学习共产主义,做共产主义接班人的学校。

　　少先队的性质是,它的创立者和领导者是中国共产党,党委托中国共产主义青年团直接领导少先队工作。

　　少先队的特点主要表现在以下几个方面。

　　1. 群众性。中国共产党创立少先队的目的是团结教育少年儿童努力学习、积极向上、团结一心,以先锋为榜样,继承先锋的精神,时刻准备着为共产主义的远大理想而奋斗。

　　少年儿童的可塑性很大,邓小平说教育必须从娃娃抓起,就是这个道理,把少年儿童组织起来进行革命教育是非常重要,也非常必要的。

　　2. 革命性。少先队员是建设社会主义和共产主义的预备军。毛泽东同志在 1934 年指出,这种儿童团同样是儿童们学习共产主义的大学校(《毛泽东同志论教育工作》)。党在革命战争的各个时期,都建立了少年儿童的革命组织。比如第一次国内革命战争时期,党就创立了"劳动儿童团",第二次国内革命时期又创立了"儿童团"和"少先队",抗日战争时期,又建立了"抗日儿童团",在解放战争时期又在各解放区建立了"儿童团"等组织,而且在各个历史时期,少先队员们,为党和人民做出了卓越的贡献,建立了不朽的功勋。这些少先队组织,带领少年儿童,做了许多革命工作,他们站岗、放哨、防谍、锄奸,拥军优属支援前线,发传单送情报等。特别是在抗日战争时期，儿童团员们用智慧，表达了对侵略者的仇恨，采用各种方法同敌人斗争。比如他们坚守不给敌人带路、不给敌人送信、不吃敌人的糖果、不告诉敌人藏粮的地方、不念敌人的书等"五不公约"，这些表现了中国儿童团员和少先队员的革命精神。为了和敌人斗争，保护革命利益，许多少先队员牺牲了自己的生命。如儿童团团长王朴，宁可牺牲，也坚持遵守"五不公约"。

3. 少先队的先锋性。少先队的先锋性表现在为共产主义事业而奋斗的正确政治方向，崇高的革命理想，以及实现理想的坚定决心！新中国成立初期少先队对围绕国家的政策做了大量的工作，比如宣传党的政策、土地改革、镇压反革命、斗地主、捉特务、慰问烈军属、支援抗美援朝等工作，并提出"勤俭节约，反对铺张浪费"的号召，还开展了小五年计划等多种活动。1963年以来，少先队广泛开展了"学习雷锋好榜样"的活动和"五讲四美""五爱""小红星"等活动。总之，光荣的少年先锋队在各个历史时期，都起到了少年先锋的作用。

4. 少先队的重要性。少先队员是少先队的主人，少先队是为了从小培养少先队员的集体主义思想、高尚情操和主人翁精神，队员们在少先队内组织的各项有意义的活动中当家做小主人，锻炼自己，提高自己，可以充分发挥少年儿童的积极性、主动性和创造性。

少先队是由共青团领导的独立组织，少先队以丰富多彩的活动为主要形式，不同于学校以上课为主要形式；少先队以社会为活动的主要舞台，不同于学校以课堂为主要舞台。少先队活动灵活多样，但不是天天有，大队辅导员应做好和学校的联系工作，做好本学期少先队的活动计划安排。少先队的这些特性，说明了少先队在学校中的重要作用。

5. 少先队的组织培养。根据少先队章规定，凡七周岁到十四周岁的少年儿童，愿意加入少先队组织，愿意遵守队章的，可向队委提出申请，经队委会批准或由队委会根据学生各方面的优秀表现，批准加入少先队。为了激励小学生积极上进，少先队员可以分批加入。

少先队组织的人数可根据班级学生来定，一般小队伍由5-13人组成。有两个以上的小队、班组成中队；有两个以上的中队可以组成大队。大中小队长的标志为白底红字袖章，大队长为三字，中队长为二字，小队长为一字，编在左袖上作为身份标志，大队和中队委员会，可设置学习、宣传、劳动、文娱的委员，互相配合，抓好工作。

为了培养儿童的先锋作用，把入队的过程变成教育儿童的过程，大队部应做好以下几项工作。

①教育儿童，向少先队员看齐，努力上进，以实际行动准备加入少先队组织。

要明白红领巾的象征意义,钝角代表共产党,佩在胸前,长角代表共青团,短角代表少先队。

②鼓励儿童加入少先队,要求他们入队前做一两件好事,作为入队纪念。

③让儿童认识队旗,热爱队旗和红领巾,学会系红领巾,敬队礼,唱队歌和宣誓口号,并要求他们明白其意义。

④入队时间要选择有教育意义的日期,比如有传统教育意义的时间,国庆、五四、建军节、建党节等。选择有传统意义的地点,如纪念碑、烈士陵园等。安排有教育意义的内容,如讲革命先烈的英雄故事,少先队员的英雄事迹,举行隆重的入队仪式,宣誓授红领巾等。

⑤少先队活动一定要有教育意义,形式多样,让少先队员有兴趣。辅导老师和队委会要研究安排,作出计划,让队员们做好准备。

⑥队员满 14 岁时,可举行退队活动,并鼓励队员离队前为少先队和学校做点好事,留作纪念,以表明对少先队和母校的感念之情。

6. 少先队的使命。少先队的光荣使命是学习做共产主义事业的接班人,立志为建设中国特色社会主义的现代化强国贡献力量。为达此目的,必须团结教育少年儿童爱祖国、爱人民、爱科学、爱劳动、爱社会主义,听党的话永远跟党走,好好学习,天天向上,时刻准备着为共产主义事业而奋斗。

少先队和学校担负着共同的使命,二者的区别在于少先队是儿童的先进组织,队员们当家作主,通过丰富多彩的集体活动培养儿童讲道德,讲文明,诚信友善,团结和谐,助人为乐等优良品德,鼓励儿童勤奋学习,钻研科学,做品学兼优、德才兼备的社会主义接班人。

少先队要积极配合学校及教师,贯彻党的教育方针,教育队员努力提高社会主义觉悟,明确学习的目的,自觉遵守纪律,积极参加校内外的集体活动,在各方面起先锋作用,养成符合共产主义要求的道德品质。

少先队工作是学校工作的一部分,二者相辅相成,方能相得益彰。

7. 少先队的活动内容与形成。少先队通过丰富多彩、形式多样的活动,来启发、教育儿童。

①活动的意义。根据少先队员活泼天真、聪明好学、喜欢集体活动、感情丰富、思维单纯的特点,少先队大队应适时地举行各种有意义的活动,寓教育于活动之中,让他们提高思想认识,增长知识,锤炼意志,增长才干。

②活动的内容。少先队活动的内容围绕不同的教育目的进行,根据实际需要可分以下几类。

A. 思想政治教育方面,通过活动培养少先队员树立革命理想,继承革命传统。可以请革命老人讲革命斗争史,讲抗日战争史,带领少先队员学习先烈的崇高品质和革命精神。带领少先队员参观革命圣地和博物馆纪念碑,明白革命胜利的不易。可举行向先烈学习的誓师会,向李大钊、方志敏、赵一曼、秋瑾、刘胡兰等革命先烈学习,接过革命的红旗,学习延安精神,做革命少年,学习儿童团少先队员们的英雄模范事迹等。

为了让学生热爱自己的祖国,热爱共产党、解放军和社会主义,可让队员们了解我们伟大的祖国及历史变迁,了解中国共产党的艰苦斗争史,解放军的战斗史和特色社会主义的优越性。

为了培养少先队员们的革命理想,教育他们努力学习,关心国家大事,可以让学生当小记者自己办报,也可举行演讲会、读报会,让其树立革命理想,做新时代的小主人!总之,要教育儿童树立远大理想,学习先烈的事迹,提高道德修养。要结合当时形势,经常开展有意义的教育活动,培养学生的社会主义核心价值观。

B. 学习科学文化知识方面,少先队培养儿童爱科学、学用科学的活动同样十分重要!学好科学文化知识,为从事建设和新技术革命做准备,少先队要通过有教育意义的、形式多样的活动,培养少年儿童努力学习,增长知识和能力。为达此目的,可以组织他们到文化宫、科技博物馆、历史博物馆、军事博物馆等具有教育意义的管所参观学习,启发他们的兴趣和思维,开阔他们的视野,增强他们爱科学、用科学的信心和意志,并落实到实处,提高他们学习的主动性。比如举行一些"知识就是力量""书籍是我们的好朋友""祖国的繁荣昌盛需要科学知识""小小创新家"等主题队会,并开展科技小组活动,进行广播办报、办专栏等配合学校工作抓好少先队的活动很重要。

C. 其他活动,上面提到少先队工作区别于学校的教学工作,少先队工作是通过形式多样的活动来启发教育儿童的,除上述活动以外,还有体育、游戏、艺术教育活动等。体育活动可以锻炼儿童的身体,举行游戏比赛,可以增强儿童思维判断能力,是儿童喜欢的一种活动;游戏活动、可以锻炼儿童的观察力、判断力和毅力,帮助孩子树立起团结友善、勇于克服困难的精神;兴趣小组可以培养儿童的创新意识和能力;艺术小组可以提高儿童的艺术修养。

③少先队活动的形式和规则。少先队活动的形式是多种多样的,有大队集会、中队集会和小队聚会,可集中可分散,以中小队活动为主。有原地活动,有参观访问,有夏令营活动、兴趣小组、红领巾广播、队报阅览室,等等。总之,以培养儿童的品德和知识技能为目的。

活动的规则主要体现在以下几方面,教育性:以提高少先队员的社会主义觉悟为主,兼顾德智体美劳诸多方面的全面发展;趣味性:活动内容形式要新鲜有趣、生动具体、形象鲜明、短小精干,使儿童感兴趣,具有教育意义,又要防止庸俗化;主动性:要充分调动少年儿童积极性,使他们主动参加活动,并提出合理建议;实践性:通过小朋友们的各种实践活动,把个人的行动与祖国的需要联系起来,使他们在活动中受到启发教育,提高创新意识。

8. 关于少先队辅导员的工作。少先队辅导员是少先队员的指导者和老师,由党员或共青团选派的优秀团员担任,也可以由思想进步、热爱少年儿童的教师或校外先进人物担任。

①辅导员的职责。辅导员的职责是把党和共青团交给他的重任——培养少年先锋队的任务承担起来。这是个艰巨而光荣的任务,因此辅导员要充分发挥自己的才智,对共青团、党和人民负责。

②辅导员的具体工作是

A. 帮助少先队产生大队委、中队委等各个领导干部及各干部的分工。

B. 帮助大队委和中队委制定活动计划及活动内容,安排活动场地等。

C. 检查大队委、中队委对计划落实的情况,并开会表扬优秀者,对不足者提出合理建议,并督促其按时圆满地完成任务。

D. 帮助他们很好地开展工作,比如争取社会各方面协助和支持,约请革命前辈、科学家、艺术家讲述学习科学文化知识的意义,让战斗英雄、劳动模范、先进工作者讲述他们的战斗和工作经历,参加少先队的活动,等等。

E. 协助少先队干部,联系参观的项目,并做好组织安排工作。

F. 每次较大型的活动完成后,要及时开干部会议,总结本次活动的成功与不足,并安排好下次活动的内容,等等。

G. 较大型活动,辅导员要亲自参加指导,儿童年龄小,活泼爱动,一定要组织好,说明注意事项,防止发生意外。

第八节　相互交流,借鉴国外小学的教学方法

随着科技的发展,世界各国特别是发达国家,对教育越来越重视,虽然各国的国情不同,但是科学无国界,教育也无国界,所以在教育教学方面,国与国之间相互交流、取长补短,对改进教学、提高教学质量很有好处。

下面简要谈谈一些发达国家小学教育的教学方法,或许能对我国小学的教育教学起到一些借鉴作用。

一、俄罗斯对小学教育十分重视

（一）俄罗斯对小学教育概况

1. 据有关资料，俄罗斯对小学教育十分重视，每年的 9 月 1 日被称为"知识节"，各学校都举行隆重的开学典礼，据说这一传统从沙俄传承至今。

2. 俄罗斯地广人稀，学校规模一般不大，一个班级最多十几人，但学校里大多有室内活动场所，即使在寒冷的冬季，学生们也能进行体育锻炼，而且多数学校都有食堂，学生可以在学校吃早饭或午饭。

3. 俄罗斯的小学只有四年，小学主要课程的教学，由班主任老师一人承担。所以一般来说，班主任是全能型教师，不但传道授业解惑，而且对孩子们的举止礼仪、性格等方面进行培养。老师就像学生们的爸爸妈妈，不会给学生太大的学习压力。

4. 老师对学生的态度和蔼可亲，和学生共同学习、游戏和玩耍，通过唱歌跳舞和学生拉近关系，通过猜谜语或讲故事，教育学生讲礼貌、守纪律，同时培养孩子的兴趣爱好，并采取问答等方式，了解学生掌握知识的水平。

（二）重视实践。每年进行十次参观学习，俄罗斯办学也采取两条腿走路的方针——公办和民办学校，公立学校的教学目标是保证所有的学生都能受到应有的教育。俄罗斯小学教育注重实践，近几年来，也加强了爱国主义教育。比如，在圣彼得堡，几乎所有的学校都有自己的小型博物馆，供学生参观学习。博物馆各有特色，有的是纪念二战历史博物馆，有的是推翻沙俄纪念馆，有的是莫斯科保卫战纪念馆等。

另外，国家规定每年必须组织小学生参加 10－15 次不同主题的外出参观学习活动。在俄罗斯城市街头，常常看见几十名不同年龄的中小学生由几名老师带队前往博物馆、影剧院等场所参观学习。学校也经常邀请各界英雄、模范人物进校、讲解革命事迹，加强爱国主义教育。

（三）教学内容广泛、实用性强。一般来说，俄罗斯小学的一到三年级课程不多，每天四节课，老师会让学生在玩耍中学习一些实用的知识。比如学俄语单词、记数字等。四年级每周有两天上五节课，科目内容有俄语、数学、"文学阅读""周围的世界"和史地、音乐体育等课。小学的课内容很广泛，特别是最基础最有特色的文学阅读和周围的世界两节课，老师会讲解一些名人故事或名著，鼓励学生多读一些文学著作，提高自己的认知能力、写作能力。

"认识世界"课根据儿童不同年龄的认知水平，讲解世界的概况、陆地、海洋、大洲、山河等，把自然、社会、地理、历史等知识分小题目讲给学生。比如在学习

"人"这个小题目中,结合学生实际,教孩子们讲文明有礼貌,学习知识,交朋友,遵守交通规则,礼貌待人,等等。要求孩子们明白什么是违法的;在地图上能找到自己的祖国;懂得尊重别人的劳动果实,等等。

(四)重视培养生活技能。俄罗斯小学除了知识型课程外,还有重视培养学生生活技能的课程。在技能课上,根据学生的兴趣和爱好,老师教学生剪纸、做泥塑或制作模型等手工制品。还开设学木工、缝纫、设计、烹饪等生活技能的课程。为此还采取了如下几种措施。

1. 一年级小学生每天有一节活动课,老师在室外组织学生玩游戏,锻炼身体呼吸新鲜空气。二年级每周增加两节外语课,"周围的世界"课可以增加到四节,近年来政府还规定学生从三年级开始学习宗教文化课。

2. 俄罗斯小学教育的目标可分为认知、培养和发展三个步骤,发展是最主要的,尽量让学生接触感兴趣的领域,鼓励学生自主相商、深入探索、创造发明。

按照规定,小学一年级不留家庭作业,二年级的家庭作业控制在 1.5 小时内,让孩子们有充分的时间做自己感兴趣的事。

3. 在莫斯科,几乎每个社区都有公益性的少年宫图书馆和小型博物馆,学生可以凭证进入。比如,记者了解到一家少年宫为中学开设了 39 门培训课程,有音乐、舞蹈、手工、乐器演奏、体育、文化、影视,等等,可供学生根据自己的兴趣爱好自由选择。一年上三门课程,收费 600 卢布,约合人民币 130 元。

4. 俄罗斯小学很重视学生的体育锻炼和培训,学校大多有室内球场和滑冰场,让学生在寒冬也能锻炼身体。

有一些望子成龙的家长会根据意愿和经济状况,选择一些私立学校、外语学校、音乐舞蹈学校等。目的是培养学生的多种兴趣和爱好,为子女以后的深造奠定基础。

圣彼得堡市的一位历史老师库尔维金娜告诉记者,她认为俄罗斯小学教育课程设置非常合理,她所在的学校与许多其他国家学校的中小学、举行交流活动时,在同龄人相比,俄罗斯小学生具有更丰富的人文知识,其他国家小学生知之甚少的话题,他们却能侃侃而谈。这种教育方式,能帮助孩子掌握科学文化知识的同时学会必要的生活技能。

二、瑞士小学,尽力挖掘学生的天性

据说瑞士是当今世界上最富有的国家之一,同时也是最适宜居住的国家,为什么呢? 许多专家指出,瑞士的成功秘诀就是教育。那么瑞士的教育是怎样的呢? 下面根据有关资料简要摘录下来,供读者借鉴。

(一)讲课限制在15分钟。上面已经谈过,瑞士人几乎都会说多种语言,所以被称为"多舌鸟"。这是件了不起的事,在与各国的交流、贸易中起到了极大的促进作用,这与他们从小开始学习多门外语有关。据有关资料,瑞士的小学每天上六节课,每节课45分钟,上午8点到12点,下午13点到15点,每天在校时间6个小时,每班人数10~20人。瑞士小学教学的内容简单,一年级只学20以内加减法和字母,循序渐进让学生掌握新知识。老师积极培养学生的学习主动性。比如,老师讲课时间限制在15分钟左右,其余时间留给孩子琢磨新知识,相互讨论,如有问题随时可以打断老师讲解提问。

从一年级开始分A、B、C三个班,三个班的教学进度和方法完全不同,每天布置的作业也不一样,老师根据学生的学习能力,制定不同的教学目标,比如接受新知识较快的学生可以省出来时间投入其他学习。

(二)重视培养实践能力。瑞士小学很注重培养学生的实践能力,许多课程在校外进行,比如开学时老师领着学生到学校周围街道认识路牌,并拍照冲洗出来贴在课本上,既能教学生认字,又能熟悉环境。还有上科学课时去天文馆、科技馆、博物馆参观学习;上历史课时老师又组织到历史博物馆参观学习;上宗教课则去教堂;还参观警察局,让警察叔叔讲解安全知识,等等。通过参观实践课,学生的知识更加丰富了,同时也激发了他们的求知欲,等等。

上自然课时,老师会领着学生们上山或到森林里欣赏大自然,"玩"是瑞士小学的重要教学内容。同时,学校对孩子们的体育锻炼也非常重视,在市内一般设有体育馆和室外篮球场地以及草坪、沙坑、滑梯等设施,供孩子们玩耍游戏,学校还定期给学生们上游泳和滑雪课。

瑞士是个多山、多水、风景秀丽的国家,为了让学生们多掌握些技能,学校还经常组织学生进行游泳、划船、爬山等活动。星期三这天,父母可自行安排孩子学习其他活动,培养学生的多种兴趣和爱好。

(三)培养多种技能。瑞士手表举世闻名,瑞士孩子们从小学开始就锻炼动手能力,许多小学都设有多间小作坊,供学生们,学习烹饪、缝纫、雕刻、电脑编程、制作手表等技能。有时学校还邀请有专长的家长担任辅导员,通过考核的孩子还可获得技能证书。

据了解,瑞士目前有600多种职业课程供学生选择,每周在校学习两天,在厂里当学徒三天,四年后经考试合格后成为钟表师或其他技能师,若中途想念大学且条件合格,也可以。

三、美国小学,培养孩子的自立自强能力

(一)美国小学除了培养孩子热爱自己的祖国外,在教学中还注重培养学生自立自强的能力。在美国,父母即使是百万富翁,子女也不能坐享其成,必须经过自己的努力获得自己想要的东西。在美国,无论家长和学校都十分注重培养孩子自立自强的能力。

在家庭教育方面,父母会严格要求孩子。当孩子跌倒后大哭时,父母总是鼓励说:"不哭,哪里跌倒再哪里站起来。"孩子看到哭也无用,只好自己站起来,在这些日常小事中逐渐养成自立自强的好习惯。

在学校里老师也是这样。比如,有的小学生不爱动脑筋,一有问题就问,老师往往不直接告诉他,而是引导他先自己思考,分析或和同学讨论,培养孩子养成动脑筋、自立自强的好习惯。

(二)美国小学教孩子懂规矩。在美国,老师教孩子要懂规矩。比如,爱祖国、爱国旗、爱学校,有礼貌,遵守交通规则,等等。就拿坐校车来说,需要遵守的规矩就有 30 条之多。每学期开学前,学校会对要坐校车的学生进行统计,并发给家长和孩子乘坐校车的规章制度,要求家长协助孩子遵守,防止发生事故。

第十章

家长配合学校教育好子女

小学是孩子长知识、长身体的重要阶段，也是为孩子今后继续深造奠定基础的关键期，因此父母应配合学校共同培养好、教育好子女。

教育孩子也是一门学问，相信只要持之以恒地关注孩子，并辅之以科学的教育理念、正确的方法，在教育孩子方面定会有意想不到的收获。

第一节　做合格的父母亲

父母和子女有血缘关系，又整天和孩子生活在一起，形影不离。因此说，父母是孩子最亲近的人也是最重要的启蒙老师。父母的言行举止对孩子都有影响，做合格的父母极其重要。父母要对孩子言传身教，做孩子的榜样。下面从六个方面详细分析。

1. 首先，父母要严格要求自己。教育孩子是一场持久战，因为内容很多，所以父母一定要有耐心，有恒心，有信心。父母在日常生活中，在言谈行动中要给子女做榜样，例如，不背后说他人坏话，不说脏话，当孩子哭闹或犯错时，教育要细心，耐心问明原因，说明理由，以理服人，切忌态度粗暴，说话要算数，不能欺骗孩子，造成坏的影响。要做品德高尚的人，在孩子心中留下好的印象。

2. 父母要以身作则。所谓的以身作则是指用自己的行动做榜样。

上面简单谈了父母的言语，下面再说说父母在教育子女方面，要以身作则的问题，这一点极重要。俗语说"上梁不正下梁歪"，孩子的特点之一就是模仿性强，父母在言语行动、处事为人等方面要以身作则，处处做子女的表率，并严格要求子女。古有孟母、窦燕山等，现今有爱国华侨陈嘉庚等，都是当今父母教子女学习的楷模。

3. 努力学习，认真工作。父母要努力学习，认真工作，一方面可以提高科学文化素养，提升工作能力；另一方面也能感染孩子，激发孩子的学习积极性，起到传帮带的作用。

4. 父母要勤劳,节俭和睦。"勤为本,俭养德。"中华民族有勤俭节约的光荣传统,作为父母在这方面应为孩子树立榜样。既勤劳又节俭,成为勤俭持家的模范,让孩子从小懂得一粒米来之不易。从小养成勤俭节约的好习惯,对孩子将来成家立业有很大帮助。

另外,只有父母和睦相处,互敬互爱,共同奋斗,家庭才能兴旺发达。"家和万事兴",家庭是组成社会的最小单位,只有家庭和睦,幸福,事业才会兴旺发达,社会才有和谐安定的可能,国家才会繁荣昌盛。和睦的家庭自然也能够给子女创造好的成长环境,树立好的学习榜样。

5. 做宽厚、仁慈、正直的人。父母要给孩子做榜样,就要做宽厚、仁慈、正直的人,这是每个人为人处世应具备的品德之一。所谓宽厚是指待人宽容而厚道,所谓仁慈是要对人仁爱慈善,所谓正直是指为人处事公正坦率,襟怀坦白。这样的人才是受人尊敬的人、品德高尚的人。为官,要做一个清正廉明、任人唯贤、胸怀祖国、任劳任怨、勤俭奉献的人。古有包公、海瑞,今有焦裕禄,都是清廉的楷模。

6. 做孝顺诚信的人。前面已经讲过关于尽孝和诚信做人的重要性,父母要做好子女的榜样,百事孝为先,孝顺父母是做人的根本。

我国是文明古国,而且是具有孝道的国家。古往今来一直倡导忠孝节义、礼仪廉耻等理念,许多英雄忠于祖国,甚至为此献出了自己的生命。电视纪录片《乡愁》中记载了许多教育有方的家庭,他们各有特色,但在读书、廉洁、孝顺、诚信等方面是相仿的! 比如范蠡、文天祥等家族一直以忠孝节义、仁智理性教育后代,形成了好的家风。在家刻苦学习、勤俭奋斗、多做善事、孝顺父母;外出忠心报国、清政廉明、富贵不淫、贫贱不移。历代出了许多这样的贤人名士,他们永远是人们学习的榜样!

所谓诚信是指为人做事要诚实守信用,这是为人的立身之本。所谓慈善,是指对人关怀,富有同情心。有这样一件真实的、让人感动的事情:在广西柳州市洛维路的一个居住着一百多人的宿舍区里,有一个已经存在了30年的自动售菜摊点,卖菜的人只需要将新鲜的蔬菜摆放在那里,旁边用小纸条写清价格就可以了! 而买菜的人选好了想买的蔬菜,按照纸条上的价格,自觉地把钱放到装钱的纸箱里。尽管每天人来人往,可小纸箱里的钱从来就没有缺过。"敬人者,人恒敬之,爱人者,人恒爱之。"培育子女是长期而艰巨的任务。相信家长只要有信心,有恒心,加之采用科学的教育方法,一定会培育出有出息的年轻人。

总之,称职的父母应当以身作则,做孩子的榜样,为祖国培养德才兼备的接班人。

第二节　父母应怎样培养孩子?

随着高科技日新月异的发展,培养子女怎样做人成才越来越重要了。怎样培养孩子是一门学问,称职的父母,懂得孩子各个时期的特点,尊重孩子的个性,尽力挖掘孩子的潜能,全面提高其素质。

一、做孩子的指导老师,但由孩子决定

在小学阶段,尤其是在一年级至三年级时期,孩子虽有了独立思考的能力,但还处在年幼无知的阶段,对事物还理解不深,只凭一时的兴趣或爱好很难对事物做正确判断,因此遇到较重大选择时,父母要做好孩子的指导老师,向孩子解释可能出现的各种结果,分析利弊关系,然后再让孩子自己做出决定,父母不要强迫。比如在报考音乐或舞蹈班问题上,如果孩子不感兴趣,父母强行决定,反而会得不偿失,影响其他功课的学习!

二、回答孩子的问题要客观

当孩子犯了错误后,父母不能不分青红皂白地批评,这样会使孩子产生抵触情绪,甚至说谎。要问明原因,让孩子把话说完,搞清楚事情的来龙去脉再做下一步打算。再者,孩子的思维以形象思维为主,说话顺序有时不分先后,所以父母要态度和蔼,给孩子留有说话空间,等孩子把话讲完,然后客观地分析原因经过和结果,指明错误原因、应注意的问题、今后的努力方向,这样孩子才容易接受并改正错误。

每个孩子都喜欢问为什么,因为他感到这个世界很新奇,渴望了解。当他提问时,大人知道的就加以客观的解释,不清楚的就说这个问题我也不太清楚,咱们一起学一学查一查吧。千万不要不懂装懂,给孩子造成错觉,这是对孩子不负责任的表现。

三、鼓励孩子勇敢,不怕挫折

从儿童的生理特点看,男孩比较爱动,胆大勇敢,女孩比较文静胆小,父母要尊重孩子成长的步调,比如在学习上要鼓励孩子大胆勇敢,敢闯敢干,敢于探索新事物。俄国作家陀思妥耶夫斯基曾说,"事在人为,胆小往往错失了时机,这是一条无可置疑的真理"。但是在前进中遇到困难或挫折时,要帮助孩子分析解决,允许他偶尔退缩,不要硬拼! 如果在学习上遇到困难,父母要帮助孩子寻求解决的办法,但不能硬逼,以免孩子产生厌恶情绪或心理阴影。

要教育孩子不要怕受挫折,要树立坚强信念,学习前人成功的经验,每个成功的人在前进道路上总会遇到多次,甚至是上百次失败或挫折,总结经验和教训,继续勇敢前行,才可能成功。比如孙中山领导的革命,经过多次起义失败,最后终于在武昌起义推翻了清朝统治。毛泽东、朱德领导的工农革命,经过20多年才取得胜利。再看看科学界居里夫人,发现"镭"是经过上千次的实验失败后才取得的成就。中国的医学家屠呦呦领导的团队也经过几十年的研究实验,最后才发现"青蒿素",为人类做出了重大的贡献。还有物理学家程开甲、运载火箭和卫星技术专家孙家栋、化学家徐光宪、数学家吴文俊,等等。父母应从小培养孩子,使其拥有坚强意志和毅力,以及勇敢正确对待挫折的思想。

四、多鼓励奖励,少讽刺惩罚

人人都爱被鼓励夸奖或奖励,不爱被讽刺批评或惩罚,这是人的本性或本能。父母在培养子女的过程中,要根据年龄性格等不同特点,适时合理科学的对孩子进行培育。在学习生活上,特别是在学习方面,父母对孩子一定要严格要求,不能溺爱孩子,防止其养成坏习惯。

对孩子要奖罚分明,这样能让孩子明辨是非,明白什么是对的,什么是错的,懂得道理,但要多鼓励,适当奖励,增强其努力上进的信心,少批评惩罚,更不要嘲讽,防止损伤其自尊心使其产生逆反心理,父母应经常和孩子沟通,了解孩子的思想、学习要求、感想,等等,对孩子的优点要及时进行鼓励表扬,对其缺点或错误,应就事论事,讨论改正的方法,指明努力方向。父母意见要一致,避免让孩子无所适从。

第三节　根据不同年龄特点采取不同的教育

孩子在成长时期,各个年龄段的性格兴趣爱好等特点都有差别。因此父母应根据孩子各个年龄段的不同特点,采取相应的培育措施。

下面是对小学各年级孩子的不同培育方法,希望对家长有所帮助。

一、一年级学生的生理特点及培育方法

1. 心理特点。一年级的小学生,有的上过幼儿园,对学校生活有了初步感知,

有的刚入学,一无所知。这一时期孩子的生理特点是身心正在发育成长,但还不成熟,对新事物既感到新奇,渴望了解,又爱动,模仿,心理变化快,很难做到专心致志。这时的孩子对学习的概念还很模糊,家长要做好引导工作。

2. 采取措施。根据孩子这一时期的特点,父母要和孩子沟通,了解孩子在校表现及心理状况,有何诉求或愿望等。这时的孩子心理单纯,遇到困难易哭,会和父母说真话,多和孩子沟通交流,既能增进感情,又能了解孩子在校的实际情况,进而有针对性地进行教育,有的放失,对及时帮助孩子成长很有必要。

3. 培育方法。通过沟通,随时帮助孩子解决一些学校学习生活上的问题,这一时期的主要培育目标应该是,告诉孩子什么是学习,为什么要学习,让孩子逐步明白学习的重要,明确学习目的,并教会孩子如何安排时间,如何和小朋友相处,逐步使其养成独立、自主、热爱学习的良好习惯。

对一年级小学生父母的任务主要是帮助孩子适应学校学习生活,激发其学习兴趣和积极主动性。

二、二年级学生的特点及培育方法

1. 心理特点。二年级的小学生对学校的学习生活基本熟悉了,可是个性差别大,各自的性格特点和喜好会显现出来,仍会贪玩、淘气、不听话,特别是男孩,他们的情绪不够稳定,变化多端,容易冲动,其原因是自控能力较差。

二年级是学生自信心逐步形成的关键期,因此要多肯定、鼓励、表扬孩子,这样会激发孩子的进取心。同时要随时注意孩子心态的变化,由于情绪不稳定,碰到困难容易冲动、退缩或有破坏行为,在学习上也会忽冷忽热,老师、父母仍应继续注重学习习惯的培养,让孩子多读书,加强基础训练。

2. 采取措施。父母要了解二年级孩子的生理和心理特点,时时地进行培养教育,发现孩子的不足之处要帮助改正!这时的孩子对学习有了一定的认识,学习习惯基本形成,但有时仍会有怕吃苦、贪玩儿、作业不认真、蒙混过关之类的表现。学习态度还欠稳定,父母要表扬其优点,纠正其不良行为,继续用多种方法培养学习兴趣和自主学习能力。

3. 培育方法。二年级是培养孩子的关键期,在学习态度上,要孩子从被动学习变为主动学习,怎样培育呢?比如给孩子讲述名人小时候刻苦学习的故事,这是很重要的一环。因为孩子一般都爱听故事,可以讲古代孟母三迁、断机杼的故事,三娘教子的故事,车胤囊萤的故事,孙康映雪的故事,孙中山热爱读书的故事,邓稼先小时候就能博览群书的故事,还有许多科学家从小热爱读书的故事等都能对孩子起到启发教育作用。

父母要观察孩子的动向,征求孩子的意见,在条件允许的情况下,让孩子参加课外兴趣班进行学习训练,这对培养孩子的兴趣和今后的发展是有好处的。

小学二年级是培育孩子的关键时期,父母要抓住这一关键期,从多方面培育孩子,当然,要遵循循序渐进的原则。在学习方面,要教会孩子查字典、词典,培养孩子的自主学习能力,使孩子养成多读书读好书的习惯,但不要拔苗助长,过分加重孩子学习负担。

三、三年级学生的特点及培育方法

1. 心理特点。三年级是孩子心理情感、性格等方面发生变化的转折时期。从心理特点考虑,孩子有了独立思考、分析判断的能力,很相信自己,有时不听家长的话,很淘气。从性格特点看,男孩性格直爽,活泼勇敢,情感外露,但自控能力较差,容易做错事;女孩子较文静,上进心较强,学习较认真,考试成绩普遍高于男孩。

另外三年级开始学英语,写作文或写日记,课程多了,困难也随之增多,因而出现了差别。这个时期的孩子需要家长和老师悉心呵护和耐心指导,家长要和老师相互沟通,及时帮助孩子解决有关问题,增强其克服困难的毅力。

2. 采取措施。当前,不少家长认为孩子还小,因此事事包办代替,其实这种认识和做法是错误的。孩子会产生依赖性,到头来什么也不会做,遇到了困难或问题,不知如何是好,难以决断,成为懦弱的人。因此父母要从小培养孩子的自主能力,让孩子养成自己动手动脑的好习惯,这对孩子将来做人成才很有好处。

三年级的孩子仍然会贪玩,孩子普遍的毛病是粗心大意,做作业磨蹭等,家长要注意并督促孩子及时纠正这种不良习惯,但不能事事包办代替。

3. 培育方法。上面提到从三年级开始,学习的难度似乎提高了,许多事情需要靠自己的努力去完成,学习更需要多动脑、多动手。父母可以陪读,教孩子一些学习方法,为进入高年级学习奠定基础。

四、四年级学生的特点及培育方法

1. 心理特点。四年级是初小的最后一年,也是升入高小的最后冲刺阶段,9到11岁是孩子成长的又一个关键期。这一时期,孩子的大脑正处在结构和功能完善成熟的关键期,其他方面也在发生较大改变,比如生理变化明显,身体迅速成长,形象思维加强,记忆判断能力提高等,是培育各种能力的最佳期。所以老师父母要抓住这一时机,启发孩子要善于抓机遇参与公平竞争的能力,如参加一些语数英的竞赛,主动表现自己,锻炼和提高自己。

　　这一时期,孩子遇事有了自己的认识,但交往经验不足,辨别是非能力仍较差,经常会被一些问题干扰,父母要适时引导。

　　2. 采取措施。四年级学生要学习的知识增加,作业也增多,特别是英语的学习难度更大,因此开始出现分化现象。家长要和老师了解孩子的在校表现,好者表扬,激励他继续保持;对不足者要及时指引,帮助孩子找出原因,发现问题,并及时解决,重新帮助孩子树立信心。

　　3. 培育方法。四年级是小学低年级向高年级的过渡期,也是向高年级大门迈进的竞争期。这个时期,家长往往出现两种错误,一是用违反客观规律的"拔苗助长"的方法培养孩子;另一种是采用消极的顺其自然的"守株待兔"的思想和方法。这两种方法都不利于孩子的成长! 正确的做法应该是采取循序渐进的方法,遵循客观规律,创造条件,锻炼孩子,让孩子积极进取。

　　这时的孩子由被动学习向主动学习转变,心理和能力发展各有不同,会出现分化现象,有的孩子可能会出现偏科现象,因此父母要及时指引孩子学好各门功课,特别是对外语的学习,更要多练多记、打好基础,后为升入高年级学习做好准备。

　　五、五年级学生的特点及培育方法

　　1. 心理特点。学生升入五年级成为高年级小学生后,环境改变了,又要接触新的老师和许多新朋友,因而感到很新鲜、很舒心、很快乐;从生理上看,男孩声音变粗变低,女孩儿声音变细变高,而且身高也增加了许多。总之,这一阶段是男孩儿由儿童期向少年期的转变、过渡阶段,因而从性格、心理、生理等方面的特点看,都有所改变,比如孩子的判断能力、独立自主能力增强,家长应给孩子权利,让他自己去选择。

　　2. 采取措施。在让孩子自主选择上,不少家长害怕孩子选择错误,往往包办代替。这样做会产生两种不良后果:一是这样会使孩子以后难以适应竞争激烈的社会生活;二是会使孩子没有兴趣而徒劳无功。正确的做法应该是给孩子权利,让他自己去选择,并告诉他要对自己的选择负责。

　　3. 培育方法。10 岁左右的孩子自主意识有所增强、提升,常因为得不到父母的理解、允诺或尊重而与父母发生矛盾,这是孩子第二个叛逆期。处理不当会造成麻烦。其实这不是单纯的不听话行为,其背后隐藏着家长对孩子的问题处理不当的现实原因。家长一定要重视多和孩子沟通,多了解孩子的思想,开导帮助孩子,对孩子提出的合理意见、正当要求应该应允,这是家长和孩子在权利和义务上面相互尊重的体现。

孩子到了五年级,许多事情有自己的打算和看法,家长不要过多干涉孩子的事情,要给孩子活动的时间,让他自己往前走。

六、六年级学生的特点及培育方法

1. 心理特点。六年级是孩子又一个心理、生理发展变化的重要期。从生理上看,孩子迈向青春期,独立自主意识已经形成,而且逐步加强,对各种事物有了自己的判断和看法,有时对父母或师长的正当意见有抵触情绪,情绪仍不稳定;从心理特点看,这一时期的孩子认识到学习的重要性,而且能自觉学习,要求进步,在学习上由形象思维向抽象思维、逻辑思维转变,自我评价和教育能力也得到充分发展,性格、人生观逐步形成,但意志力仍较薄弱,分析判断能力还在发展,有时产生误差,所以遇到困难挫折就容易灰心,有随时改变的可能,所以仍需家长老师的正确培养,使其发挥正能量。

2. 采取措施。六年级的孩子即将升入中学,在学习上竞争较激烈,复习考试频繁,学习压力较大。这时的孩子忙于学习,和父母的交往谈话明显减少,此时的父母应少讲,多用无声的行动对孩子进行教育,要对孩子有更多的耐心和鼓励。比如,为了让孩子提高适应学校的竞争能力,要让孩子学会竞争和合作,鼓励孩子寻找一个友好的竞争对手,共同进步。

在学习生活中让孩子吃点儿苦,消除他们的惰性娇气是非常必要的。告诉他们无论做什么事情,没有吃苦耐劳、艰苦奋斗的精神是很难成功的,从小培养孩子养成勤俭朴素的风尚和敢于和困难作斗争的精神。

3. 培育方法。六年级的学生已形成了一定的学习习惯,自我意识、自我主张、自控能力也有所提高,要为进入初中做准备,学习比较紧张。这时的父母对孩子的教育应坚持不懈,而且要坚持一致性、连贯性原则,教育目的、方式要一致,不能在孩子面前发生矛盾。

七、小学的两次叛逆期

孩子都有叛逆期,小学六年间孩子会出现两次比较明显的叛逆期,第一次是7到9岁的儿童期,第二次是10到12岁的少年期。这对许多家长而言是件很苦恼的事情,那么父母该怎样处理呢? 下文将详细分析。

1. 第一次叛逆期:儿童期。

孩子进入小学读书后,叛逆行为会有所表现,父母应当细心观察,重视起来,比如孩子会产生凡事和家长对着干的行为,但同时又非常依赖大人。

产生原因。一是有了自主意识,要求自己做主,二是还不明事理,三是大人过于娇惯,四是父母的主张可能有错误,五是在外受到挫折不高兴等。

管教办法。一是如果孩子的要求是对的,家长要放弃"一言堂"的方式,表示同意,并努力达到孩子的要求;如果孩子的要求是错的,应果断拒绝,但要向孩子讲明道理,以防孩子今后仍无理取闹。二是涉及孩子自身的事,不妨和孩子沟通,把主动权交给孩子。三是当孩子遇到困难或挫折时,父母亲要在了解情况后,帮助孩子向正确的方向前进。四是对孩子兴趣爱好的培养,可以和孩子商量,孩子爱什么,家长可以沿着孩子的兴趣爱好去培育,这样孩子高兴,大人也轻松,两全其美。

2. 第二次叛逆期:少年期。

孩子的行为表现。少年期的孩子生理变化快,但还未成熟,抵御各种困难挫折的能力不强,意识还不够坚定,遇到困难或挫折就会产生抵触情绪——叛逆。比如,有的学生因学习压力大而放弃努力,导致成绩下滑,受到老师或家长批评后,反而产生厌学心理,对学校的学习生活感到不满,进而产生叛逆行为;也有的学生痴迷追星而走上叛逆的道路。对男孩而言,容易暴躁愤怒;而对女孩来说则是容易变得内向孤僻。

产生原因。孩子少年期叛逆的原因较多,因为进入少年期后,孩子的思想情绪变化快、不稳定,易受外界感染。此时的孩子调皮捣蛋,易惹是生非,或因外界的影响而贪玩,或因玩手机而影响学习,或因玩电脑或对网吧感兴趣而逃学等;还有的学生为了交朋友,经常聚会吃饭,没钱时,捣鬼和家里要,甚至有了偷窃的坏毛病,叛逆行为的出现给学校家长和社会带来麻烦。

管教方法。这一时期,家长要特别注意对孩子的培育,多和孩子沟通,多了解孩子的思想、学习情况,并从正面启发教育孩子,引导孩子走上正道。父母要信任孩子、鼓励孩子,做孩子的坚强后盾。孩子取得成绩时,要给予肯定表扬;有困难时要加以安慰鼓励,必要时帮助解决;发现孩子情绪低落时,要问清原因,进行合理指导。

第四节　培养孩子的阅读习惯

一、读书的重大意义

每年的 4 月 23 日为世界读书日,可见全世界人民对读书的重视和读书的重大意义。

古往今来,许多人谈了读书的好处,如"书籍是人类进步的阶梯""读书破万卷,下笔如有神""读万卷书,行万里路""三更灯火五更鸡,正是男儿立志时""黑发不知勤学早,白首方悔读书迟""书山有路勤为径,学海无涯苦作舟""没有任何力量比知识更强大,用知识武装起来的人是不可战胜的""没有求知欲的学生就像没有翅膀的鸟儿",等等,这些名言警句,有力地说明读书,也就是广泛阅读的重大意义。

诚然,旧社会时期,因为广大劳动人民贫困交加,无钱无力读书,读书成了统治者和有钱人的专利。但是也有许多志士仁人认识到读书的重要性,从小就热爱读书,为了读书克服各种困难。这种精神值得儿童和青少年学习。

读书能修德,益志,使人聪慧。

二、书香溢满人生

中国是文明古国,也是文化大国,历史上有许多仁人志士为祖国贡献了毕生精力。可是我国由文化大国变为文化强国,还要走很长的路程。青少年作为祖国未来的接班人,要从小博览群书为建设祖国做准备。

现在社会,越来越多的人爱上了阅读,一个大众创业、万众创新,学科学、用科学的氛围正在形成。因此父母不但要自己热爱阅读,而且要从小培养孩子的阅读兴趣,让孩子养成热爱读书、多读书、读好书的习惯。

习近平总书记提倡的"中国梦"需要全国人民共同奋斗。青少年是祖国未来建设的主力军,祖国的繁荣富强和昌盛,需要一代一代人的不断努力。毛泽东曾对青少年说,"世界是你们的,也是我们的,但是归根结底是你们的"。邓小平也曾说,"教育必须从娃娃抓起",这都说明培养青少年的重要性。

书是儿童、青少年最好的营养品,它能陶冶情操,让他们感悟人生。如今,随着科学的进步发展,家庭也进入数字化时代,但是飘着书香翰墨的家才更有文化韵味。一个家庭把热爱读书作为一种家风,把买书作为一种快乐消费,把培养子女热爱读书作为一种责任,必然是受人敬佩的。

三、怎样读书

儿童和青少年时期是大量阅读的黄金时代,为什么呢? 因为儿童和青少年时期正是大脑迅速发育成长时期,也是最愿接受新事物、记忆力最旺盛的时期。作家郁达夫曾说,"在中学时代读的书卷,是一生到死也不会遗忘的基本知识"。实践也证明,小时读的书,做的事到老仍记忆犹新。另一方面,小学和初中的课程不多,学生的负担也不重,正是阅读的大好时机。我们相信,多读书,读好书,读你需要的书,对孩子未来的发展一定是大有裨益的。

那么应怎样读书呢?首先,父母应教给孩子读书的方法。读书有五法:读、想、背、记、写。读有两种:一是朗读,二是默读,各有其妙处。朗读的妙处是锻炼朗诵能力,纠正嗓音,读准字音等,能锻炼说话、演讲能力。默读的妙处是不影响别人,又便于思考,这是大多数人阅读时采用的方法。"想"是指在阅读的过程中还必须要思考联想,不能蜻蜓点水走马观花,要通过思考联想、分析深入了解文章的内涵,作者的意图等。"背"指的是若书中有精辟的词语或精彩的段落,可以有选择的背诵。这样不仅能陶冶情操,而且能锻炼自己的朗诵能力,提高记忆能力,是一种不可多得的读书方法。"记"是阅读中一种重要的学习方法,只有记住了科学文化知识,才能灵活运用。最后一项读书方法就是"写"了,写在阅读中也很重要,比如读完一本书后可写读后感,这样既读了书又练了笔,同时谈了自己的认识观点,是三全其美的事。这五种读书方法很重要,对青少年朋友更适宜,希望所有儿童和青少年朋友在黄金时代热爱读书,养成读书的好习惯。

四、读什么书

汉代学者刘向曾说,"书犹药也,善读之可以医愚"。意思是说,书就像药一样,善于读书的人可以治病。书,每个人都要读,可是读什么书,应有选择,特别是对刚读书的儿童和青少年,父母、老师应引导他们读适合自己的书。因为市场上的书质量良莠不齐,儿童和青少年在选择时很难判断好坏。再者,读书也要由浅入深,循序渐进,如刚开始阅读的儿童,可以读一些漫画寓言、童话故事、科普类作品和谜语、科幻类书籍、小说等,主要目的是开阔眼界,培养孩子的阅读兴趣。

在孩子知识不断丰富的情况下,读书的范围也应扩大,不过因人而异,可根据个人的兴趣爱好选择自己的读物。比如读古文、古诗词等,如《新旧三字经》《名贤集》之类;近代文可读鲁迅的作品、读抗日的作品,如《野草集》《铁道游击队》《红日》等;现代作品,也可读《平凡的世界》《活着》《追风筝的人》《秘密花园》《岛上书店》,等等。作为学生,读书是义务和责任,希望学生们有选择地读书,读好书,用科学文化知识武装丰富自己的头脑,与时俱进,不断开阔,将来成为对祖国有用的人才!

第五节　兴趣爱好是成功的钥匙

一、兴趣爱好的作用

人们常说兴趣是最好的老师,科学家爱因斯坦也曾说:"对一切人来说,只有热爱才是最好的老师。"为什么这样说呢? 纵观历史,许多科学名人、文坛巨匠,事业骄子和在各行各业获得成功的志士仁人,都是从兴趣爱好起步的。

实践证明,兴趣爱好是成功的钥匙。因为人们对某一事物有兴趣才会产生爱好,有了爱好才会有最初的探索求知,才有钻研的精神,才会一直坚持下去,直到成功。此其一也。兴趣爱好是一个人成功的动力。一个学生无论时间多么紧,有了爱好都会挤时间去学习、去研究,而且还会聚精会神、专心致志,不为别的事情分心,此其二也。兴趣爱好,还能增强人的意志和耐挫力。在感兴趣的问题上,无论遇到多少次挫折都不会灰心,而是总结经验教训,更加努力地学习钻研。同时兴趣爱好还能激发人的潜能,让人迸发奇思妙想。这样的事例很多,据说文学家郭沫若灵感来时,激动得连拿笔的手也在颤抖,写作会一气呵成,这就是灵感的妙处。此其三也。

兴趣爱好的作用还能激发儿童的动手能力和创新能力,因此父母要从小培养孩子的兴趣爱好。对孩子来说,有了兴趣爱好才能有极高的热情,才会钻研探求知识,而不觉得枯燥无味,所以父母要学会培养并支持孩子的兴趣,让其在兴趣爱好的鼓励下不断探索科学知识,以获得更好的发展。

二、怎样培养孩子的兴趣爱好

孩子起初的兴趣爱好是一时的、短暂的,有时是无意识的,父母应根据孩子这一特点,把孩子的兴趣转化为对学习知识的爱好这方面上来。

1. 把孩子的"兴趣"转化为学习"爱好"。

什么是"兴趣"? "兴趣"是指人们对某一事物喜好的情绪,对某一事物有兴趣才会去学习,钻研探索。那么什么是"爱好"呢? "爱好"是指对某种事物具有浓厚的兴趣,并积极参加活动,比如爱好体育和音乐、科学等。所以说把孩子兴趣转化为学习爱好很重要,只有把孩子的兴趣转化为爱好,才能更进一步提高孩子热爱文化科学知识,并愿意去探求其奥秘的决心。

2. 选择竞争对手,激励孩子的学习兴趣。

父母要采取多种方式,向孩子说明学习科学文化知识的重要性,培养孩子的上进心。

孩子和大人一样,也有上进、好胜心和要强心理,父母在孩子的学习生活中适当地给他选择一个竞争对手,会使孩子感受到压力,同时也能产生动力。

但是必须注意,竞争目标不能太高,目标太高,孩子不仅达不到,甚至会失去自信,产生悲观情绪,失去学习的兴趣和信心;当然目标也不应过低,目标太低,就失去了竞争的意义。要恰到好处,孩子通过努力能够达到,才会有信心。

3. 充分发挥孩子的兴趣爱好。

每个人由于家庭不同,生活环境不同,接受的教育不同等,性格爱好也不同。不用说男生女生有很大区别,即使是男生之间、女生之间也各不相同。以男生为例,各有各的性格、兴趣和爱好,比如有的孩子爱好文学,有的爱好数学,有的爱好音乐,有的对美术、书法感兴趣,还有的爱好体育、武术,等等,针对孩子的不同爱好,父母应该怎样对待呢? 上面谈到兴趣爱好是成功的钥匙,只要这是正当的,父母千万不能打击孩子的积极性,抹杀孩子的愿望。在生活中,有的家长强制孩子放弃某些兴趣爱好,并强迫孩子去做他们极不愿意的事情,这是很不明智的。为什么呢? 因为时代不同,父子之间会产生代沟,家长一定要尊重孩子的兴趣爱好。因为这是引导孩子获得知识、开发智力、提高能力的有利条件,而且是孩子获取成功的钥匙,这样的事例很多。例如,乒乓球冠军邓亚萍、张继科等,都是从小对乒乓球产生兴趣,在家长的鼓励支持下,经过刻苦训练才取得成功的。所以说家长对孩子的正当兴趣要积极支持,让孩子的兴趣转化为爱好。

4. 学习伟人名人的成功经验,激发其学习兴趣。

兴趣爱好是学生学习进步的推进器,这不容置疑。但是孩子由于年龄小、见识浅,兴趣爱好不稳定,有的孩子兴趣爱好多,可是遇到困难就打退堂鼓,还有的孩子盲目地崇拜明星或偶像,甚至影响学习。家长应和孩子沟通,了解其思想,帮助孩子分析利弊得失,错误的帮助纠正,正确的大力支持引导。

可以说,家长引导得法,能让孩子开阔眼界、增强意志,提高学习兴趣和能力,反之,则会适得其反,甚至会使孩子产生逆反心理,厌学情绪。

怎样培养孩子的学习兴趣呢? 根据孩子的实际情况,方法很多,这里谈谈向伟人、名人、科学家学习的方法。家长应该给孩子多买一些这方面的书籍资料,订一些报刊杂志,扩大孩子的知识面,提升学习兴趣。

纵观古今,没有深谋远虑的头脑,没有锲而不舍的精神,没有顽强拼搏的毅力,是很难获得成功的。这样的事例数不胜数:如儒家创始人孔子,热爱读书,曾有"韦编三绝"的故事,知识渊博,著书立说,成为儒家大圣人。又如革命先行者孙中山,从小"手不释卷",青年时期投身革命,最终推翻了清王朝的腐朽统治。

这些伟人成功的原因,简而言之,主要有三点:一是从小热爱读书,有渊博的科学文化知识。二是爱动脑筋,爱钻研,爱思考,对新事物充满兴趣。三是有顽强的毅力,不怕挫折,有坚韧不拔的精神,对未来充满必胜的信念。这种思想和精神是极其可贵的,是青少年应该,也必须学习的。让孩子学习伟人名人艰苦拼搏的精神,大有益处。

第六节　教给孩子科学的学习方法

一、科学的学习方法的重要性

父母要根据孩子的实际,教给孩子适宜的学习方法,这是非常必要的。因为有的孩子学习成绩欠佳的其中一个原因就是学习方法不对。再者,每个人无论学习、工作、做事,都需要有适合自己的科学的方法,学习更是这样。对小学生来说,科学的学习方法能节约时间,提高学习效率,起到事半功倍的效果,而且还能增加学习兴趣,由"要我学"转化为"我要学"。学生有了适合自己的学习方法,能够养成良好的学习习惯,为今后继续深造打下结实的基础,可终身受益。

要想使孩子乐学、勤学、学得好,父母首先应让孩子懂得学习的重要意义,让孩子由被动学习转化为主动学习,然后再根据实际情况,教给孩子适合的学习方法。

二、教育家解析

科学的学习方法是提高学习效率的良好工具,是获得知识的有效武器,也是孩子将来成才的条件之一。可是由于各个孩子性格的区别,培养教育的方法也应有别。比如对男孩儿与女孩儿,父母应有区别地进行培育。再比如,有的孩子聪明好学,力求上进,有的孩子爱说爱动,顽皮捣蛋,有的孩子惹是生非,不爱学习,还有的性格内向、文静孤僻等,针对不同的孩子,老师和家长应采取不同的培养方法,这样才会取得更好的效果。

师玫瑰12岁,是六年级的学生。他们班里有42名同学,都很用功,唯独师玫瑰贪玩,父母就提醒女儿用功学习。师玫瑰明白父母的心意,笑着说:"请二位大人放心,我把你们教的学习方法用上了,我在玩耍中记着呢,其实我都掌握了,你们不用担心。"

原来小师是个要强的孩子,她牢记父母教的学习方法:帮她制定学习目标和计划,教她怎样预习,怎样找重点难点,怎样复习总结,怎样记忆、做笔记等,小玫瑰在这些学习方法的帮助下,学习很不错,受到同学的敬佩,老师的夸奖。

科学的学习方法,能够节省时间,让孩子取得好成绩,而且能激发兴趣,提升孩子必胜的信心,有利于孩子今后的成才。

三、应采取的措施

学生的重要任务是学习,学习的方法有很多,比如激发孩子的求知欲,让孩子体会成功的滋味,明白学习的重要性,教育孩子上课认真听讲,勤动脑动手,等等。但这些方法并不是对每个人都适用的,只有适合孩子的学习方法才是有效的、科学的,父母应采取如下几方面的措施。

1. 明确目标产生动力。父母要帮助孩子对各科教材确立明确的学习目标并制定各单元的学习计划。因为目标明确,计划恰当,孩子在学习中才会有动力,才会专心勤奋,不拖拉、不懒散,才会有责任心,有积极性,不达目标决不罢休。

路路是三年级的学生,学习一直很努力,成绩也不错,这与父母平时对他的教育分不开。路路刚上学时,父母就对他要求比较严格,给他定下了明确的目标和任务。当天要把所学知识全部掌握,否则不能玩耍,路路很听话,而且做得很好。以后,妈妈给他买了字典和儿童读物,让他学会查字典,在掌握各科知识后阅读课外书籍,路路也照样做了,而且越学越想学,和书籍交上了朋友。在学校里还经常给同学们讲故事,大家很佩服他,从此以后,路路的学习目标更加明确了。

父母要根据实际给孩子定下难易适中的目标。让孩子按计划学习,克服盲目性,增强自信心,能提高兴趣和能力。

2. 课前预习,找出重点。课前预习找重点、难点很重要。因为,通过预习才能做到心中有数。找出重点是为了重点理解记忆,找出难点是为了在老师讲解的时候注意听讲,把不懂的问题弄清楚。另外,每个学生听完课后不可能全部弄懂新知识,没弄明白的重点,要及时向老师请教,或和同学讨论,争取做到当天的知识,当天消化。

如意是个好孩子,有礼貌且学习好,在班级考试中成绩优异。原来如意的父母经常教育女儿,当天的知识,当天消化。开始,父母都会检查女儿对当天所学知识的掌握情况,有疑难的就重新再教一遍,直到完全弄懂为止。慢慢地,如意养成了一种习惯,先预习课前内容,找出重点难点,再注意听老师的讲授,然后再看一遍教材内容,彻底弄会重点、难点、疑点,再做作业,课后检查、复习总结也十分重要。她按部就班、有条不紊的学习方法得到老师的表扬。

父母要教育孩子勤动脑、勤动手,不会的请教老师,然后再做作业,当天的知识,当天消化,不留死角,这样才能提高学习效果。

3. 教会孩子合理利用时间。作为学生,合理利用时间十分重要。马克思说:"任何节约归根到底是时间的节约。"莎士比亚也曾说:"放弃时间的人,时间也放弃他。"培根说得好:"合理安排时间就等于节约时间。"鲁迅说得很贴切:"生命是以时间为单位的,浪费别人的时间等于谋财害命,浪费自己的时间等于慢性自杀。"他们从各个角度阐明珍惜时间的重要性。

因为学生时期既是长身体时期,更是长知识时期,珍惜时间,合理利用时间,不但能提高学业成绩,更能掌握科学文化知识,提高自身修养。家长应从小培养教育孩子,珍惜时间,合理利用时间。

4. 开动脑筋,锻炼记忆,多做思考。什么是"脑筋"?所谓"脑筋"是指思考记忆的能力。

人类为什么越来越聪明?根本原因就是爱动脑筋、爱记忆、爱思考、爱发明创新。据科学家考证:人的大脑内有上百亿细胞,一个人的一生经过学习工作劳动等,活动也只能动用细胞的一部分,所以说开动脑筋锻炼记忆,多做思考,会使人变得更聪明、智慧!数学家华罗庚曾说:"勤能补拙是良训,一分辛苦一分才。"

上面谈了许多关于开动脑筋的问题,是想说明,所谓科学的学习方法重要的一点就是开动脑筋,锻炼记忆,多多思考,这是很重要的一环。父母要多鼓励孩子在学习中开动脑筋,摒弃死读书的毛病。

适合孩子的科学学习方法是提高学习效果,增强自信心,将来成才的助力,但也要防止孩子用脑疲劳,不能过度用脑。

5. 打好基础,循序渐进。人们往往把学习比作盖高楼大厦,从根基做起,而且必须打好基础,有了坚实牢固的基础,高楼大厦才会坚固,根基不牢是会坍塌的。这样的比喻有一定的道理,说明基础的重要性,小学阶段正是打基础的阶段,父母一定要帮孩子打好基础。

任明月是个普通的孩子,没有超人的天赋,智力也一般。可任明月在父母的培育下,对学习的重要性有了明确的认识,学习态度端正,学习认真、努力,方法得当,因此成绩一直很好,并且接受新鲜事物也很快,为什么呢?原来,任明月无论学什么课都非常认真,直到弄懂记住为止。他还经常动脑筋思考新旧知识的联系,既温习了旧知识,也记住了新知识。更有意思的是,他从不偏科,对哪门功课都感兴趣。他说,哪门知识都有用,必须都学好才行,所以各门功课都优秀。

打好基础很重要,循序渐进也重要。"学如逆水行舟,不进则退。"家长要教育孩子从刚上学起就努力打好基础,这是成功的起点。

第七节　爱是孩子的灵魂——培养五爱思想

做人难,做个德才兼备的人更难,古人说:"十年树木,百年树人。"可见树人的不易。

父母要从小培养孩子具有良好的品德,这比什么都重要。"养不教,父子过"就是说培养教育孩子是父母的重大责任。只有把孩子培养好,让孩子做个品学兼优的人,才能成为国家的栋梁之才。下面讲如何培养孩子的五爱思想。

一、培养孩子的五爱思想

所谓"五爱"即爱祖国、爱人民、爱科学、爱劳动、爱社会主义,这是社会主义道德的基本要求。因此,父母要从小培养孩子,使孩子形成这种高尚的品质,这对孩子的未来发展意义重大。

1. 爱祖国,把祖国当作母亲。人们往往把伟大的祖国比作伟大的母亲,这个比喻十分贴切,形象生动。因为祖国和母亲一样,用她丰富甘醇的乳汁哺育着她的儿女茁壮成长,教育他们怎样做人,这是何等伟大的爱啊。因此,作为母亲的儿女们,一定要像热爱自己的生命一样热爱自己的母亲,让她永远快乐健康长寿。

中华民族历来具有热爱祖国的优良传统,中华民族在历史上经历了无数改革变迁或被侵扰的屈辱,但是中华儿女绝不屈服于外来侵扰,为了保卫祖国抛头颅、洒热血,甘愿献出宝贵的生命,最终换来了祖国的繁荣富强。今天的幸福生活是先烈们用热血换来的,我们一定要珍惜,同时要用实际行动热爱祖国。

2. 怎样热爱祖国。怎样培养孩子树立热爱祖国的思想呢? 首先,父母应该给孩子做好表率,努力工作,以实际行动给孩子做榜样,因为家庭是孩子最直接的培育基地,父母是最重要的爱国播种者,所以父母要采取多种方法教育孩子,使孩子从小树立热爱祖国的思想。

华国胜十分重视培养儿子华新的爱国思想,为此夫妇俩动了许多脑筋,想了许多办法。比如经常带孩子参观烈士纪念馆、博物馆、军事博物馆等,教育儿子学习先烈的爱国精神,让儿子明白今天的幸福生活来之不易。还经常给儿子讲伟人、名人、科学家爱国的事迹,讲英雄模范爱国的故事,如董存瑞舍身炸碉堡、黄继光用身体堵枪眼的故事,儿子听了以后无比感动地说:"真了不起呀,我要向他们学习。"爸爸高兴地告诉华新:"俗话说'国家有难,匹夫有责',热爱祖国是中华民族的优良传统,也是一个人的高尚品质。"妈妈接着鼓励儿子说:"儿子,现在是和平年代,你好好学习也是热爱祖国的具体表现,你现在好好学习,长大后用自己的科学知识去发明创新,用优异的成绩报答祖国的养育之恩,把祖国建设得更加繁荣富强,多有意义啊!"儿子听了父母的话后深受感动和启发,表态说一定会努力学习,长大后用实际行动报效祖国。从此华新学习更加努力,学业成绩一直优秀。华新每次见了国旗和纪念碑都要行礼,表示对祖国的热爱,对先烈的敬仰。

孩子的爱国之心是通过父母的长期培养、学校的教育而逐步形成的,有一个量变到质变的过程,父母应采取由浅入深、循序渐进的方法,逐步培养孩子的爱国主义精神。

3. 采取措施。一是家长要做爱国的榜样,言传身教并举。二是要让孩子懂得爱国的重大意义,学习先烈的爱国精神。三是以实际行动表达爱国思想和精神。四是表扬或奖励孩子的爱国行为,并阐明不热爱祖国的危害,等等。

二、爱人民,向人民学习

为什么要爱人民?因为人民是创造历史的主人,是推动历史前进的车轮,没有人民就没有今天的文明幸福生活,然而旧社会广大劳动人民饱受统治者的压迫剥削,生活艰难,朝不保夕,生活在水深火热之中。

新中国成立后,人民当家作主,社会地位空前提高,特别是改革开放以来,人民生活无限美好,这是史无前例的。这真是民富国强,国家爱人民,人民拥护国家。

1. 人民值得我们爱!人民值得我们热爱,因此父母应从小培养子女要有爱心,特别是要树立热爱劳动人民的思想。我国是以工人阶级领导的,以工农联盟为基础的人民民主专政的社会主义国家,广大劳动人民是国家的主人。工人为工业发展做贡献,农民为农业发展做贡献,知识分子发明创新促进社会的发展,提高人民的生活水平等。广大劳动人民是最勤劳、最无私、最艰苦朴素、吃苦耐劳的群体,是品质高尚的人民群众,可以说没有广大劳动人民的辛勤劳动和发明创造,就没有社会的发展进步。这难道还不值得我们去热爱、敬仰、赞美吗?只有人民才是创造世界历史的动力!

2. 怎样热爱人民?当前,全国人民在中国共产党的正确领导下,正向四个现代化迈进,全面奔小康,实现中国梦!伟大勤劳的中国人民当然是主力军,因此父母一定要教育孩子热爱人民,向劳动人民学习。

爱人民,能让孩子由幼稚走向成熟,能让孩子的冷心变成爱行,而且儿童时期是孩子各种心理品质形成的关键时期,父母应从小培养孩子的爱民之心,引导孩子树立高尚情操,为未来成功立业奠定良好基础。

3. 采取措施。一是父母要教育子女,不要忘本,要有爱心,要爱人民,要有同情心;二是要向劳动人民学习,学习他们勤劳俭朴、勇于奉献的精神,学习他们艰苦奋斗、任劳任怨的品德,学习他们艰辛创业、改革创新的精神和热爱家乡,热爱祖国,保卫、建设祖国的崇高品德;三是要向人民学习,长大后热爱他们,想人民所想,急人民所急,努力为人民做贡献,全心全意为人民服务!

三、爱科学,用科学文化知识武装头脑

什么是科学? 现代汉语词典解释说:"反映自然、社会、思维等的客观规律的分科的知识体系。"可见科学的神秘性和重要性。所谓神秘是指摸不透的,高深莫测的,但只要努力钻研也可以掌握的;所谓重要性是指随着科学的进步和发展,人类越来越离不开科学。

1. 爱科学的重大意义。人们明白:科技改变生活,改变世界,科技能推动历史前进,能点亮人类文明之光,科技能使人聪慧,你看,天上飞的各种飞机、人造卫星,地上跑的汽车、火车、电车,及手机、网络、计算机、机器人等,还有海里的潜艇、深海探测器等,不都是科学技术的功劳吗?

随着科学技术的进步与发展,社会竞争也愈来愈激烈。世界各国的竞争其实是人才的竞争,说明了科学和人才的重要作用及关系,因此父母要重视并从小培养孩子爱科学、学科学、用科学的思想,让孩子明白爱科学的重大意义,从而认真努力钻研科学,用科学文化知识武装自己的头脑,长大成才后,用自己的知识更好地为祖国为人民服务,这是多么愉悦幸福的事情啊。雷锋同志曾说:"我觉得人生在世,只有勤劳、奋发图强,用自己的双手创造财富,为人类的解放事业、共产主义贡献自己的一切,这才是幸福的。"

2. 怎样爱科学。要将我国建成创新型强国,科技必须走在前列。习近平总书记说:"科技兴则民族兴,科技强则国家强。"党中央对建成创新型强国也作了安排部署,我国到 2020 年初步建成创新国家;到 2030 年建成中等创新型国家;到 2040 年成为先进的创新国家,也就是走在世界的前列。国家需要大量品学兼优的科技创新人才。而现在的儿童、青少年正是将来将我国建成创新型国家的主力军,所以必须从现在起培养孩子爱科学、学科学、用科学,用科学知识武装自己的头脑,为实现中国梦和自己的梦想打基础。那么应怎样培养孩子爱科学呢? 有位教育家对家长提出忠告说,6 到 12 岁是孩子智力发展的又一个高峰期,也是综合素质开发和教育的黄金期,若家长忽视这段时期对孩子的教育培养,或方法不当,就可能影响孩子后期的发展。

姜雅芳是四年级的学生。由于父母十分重视对她的教育,她也很努力,因此基础好,学业成绩一直很优秀。父母根据其具体情况,引导她多读一些课外书籍。给她买了许多有关科学方面的儿童读物,不想雅芳很感兴趣,越读越爱读,根据情况父母又给她订了《少年报》,并经常带她到书店买一些科学书籍,不断满足其求知欲,扩大知识面。雅芳在父母的启发指导下,读了大量书籍,开阔了眼界,丰富了头脑,并经常做点小发明小创造,拿到学校展示,受到了老师和学生的赞扬。她制作的飞机小模型还受到了学校的奖励。从此以后,雅芳爱科学、学科学、用科学的信心更足了,因为她知识面广,同学们都愿意找她解答问题,并称她"小女博士"。

父母一定要重视并从小培养孩子爱科学的思想,因为孩童时期是各种新理念、好品质形成的关键期,世界五彩缤纷,人间丰富多彩,"种瓜得瓜,种豆得豆!"培养孩子爱科学的关键时期在童年。

3. 采取措施。"科学是民族进步之魂,国家繁荣昌盛之宝"!那么父母应该采取哪些措施培养孩子爱科学呢?方法很多,父母可根据孩子的实际,采取科学的方法进行培育,现总结几点如下。

一是采取多种方法,让孩子懂得什么是科学,为什么要爱科学。当孩子明白了爱科学的好处后,就会对科学产生兴趣。同时给孩子讲一些科学家爱科学的故事。因为孩子最爱听故事,从故事中可以得到启发和教育,走上爱读书、爱科学的道路,这样的事例举不胜举,外国的如哥白尼、爱因斯坦、伽利略、牛顿等,中国的如张衡、钱学森、李政道、屠呦呦等。他们从小热爱科学,一颗强大的心所向披靡,向着远大目标奋斗前进,终于获得成功,成为世界闻名的科学家。二是要培养孩子顽强的毅力和坚定的信念,这一点特别重要。比如爱迪生寻找电灯丝,居里夫人发现"镭"的实验次数都以千计算,每失败一次,就离成功近了一步,切忌朝三暮四。三是教育孩子做任何事情要认真细致,无论学习工作都要养成好习惯。人们的失败往往是因为粗心大意而造成,这是很可惜的事情。如我国科学家研究制造原子弹时,每位科学家都十分严谨,对工作认真细致,因为一时疏忽或一点小毛病,会导致满盘皆输。他们对每部机器、每个环节都不放过,反复检查,精益求精,防止意外。四是培养孩子开动脑筋,多学、多思、多动手,教育家孔子就曾说:"学而不思则罔,思而不学则殆。"

四、爱劳动

"劳动"是人类创造物质财富和精神财富的活动。劳动分体力劳动和脑力劳动两种。

1. 劳动的伟大意义。人们大都明白劳动的伟大意义,但小孩不太懂,因此父母就应该让孩子从小养成热爱劳动的好习惯、好思想。家长要告诉孩子,劳动是光荣的,伟大的劳动使人聪慧,劳动不但能创造物质财富,而且能创造精神财富。让孩子明白这些道理能促进他们逐步树立热爱劳动的思想,养成热爱劳动的习惯。

溺爱孩子,反而会影响孩子的健康成长和发展。比如,有些家长不让孩子分担一点家务,使孩子养成衣来伸手、饭来张口的坏习惯,长此以往则会形成不劳而获的坏思想。这种思想一旦形成,一方面会影响孩子的学习,另一方面也会给孩子今后的生活带来困难。

2. 问题产生的原因。如上所述,造成孩子出现各种问题的原因和父母不恰当的教育方式有关。

当今我国许多家庭普遍存在的问题是独生子女居多,父母对子女往往极为娇宠,舍不得让他们分担任何家务,不少应该孩子做的事,父母都包办代办了,这样在不知不觉中孩子就养成了坐享其成的思想。父母过分的爱和善意,会给孩子造成诸多不利的影响。如依赖父母、逃避责任、遇事偷懒等,最终影响他们独立性、责任感的形成,以及克服困难的能力的提高。

父母让孩子适当地干点家务,无疑是正确的,为什么呢?让孩子干点家务,做点力所能及的事是为了让孩子热爱劳动,体验劳动的甘苦,懂得"没有劳动,就没有收获"的道理,从而养成热爱劳动的习惯,确立热爱劳动的思想,增强克服困难的决心。这也是培养孩子自立自强观念的有效方法。

3. 怎样培养孩子爱劳动的观念?

也有不少家长认为,孩子需要参与一些家务,可真正让孩子参与到家务劳动中,却也不是一件容易的事情。

丑丑今年9岁,她在妈妈的鼓励下,主动帮妈妈洗碗和扫地。妈妈很高兴,恰好有别的事情做,就将洗碗扫地的任务交给了女儿去完成。妈妈干完事回来后发现,碗倒是洗了,但不干净,地也扫了,但还有没扫到的地方。第二天吃完午饭后,妈妈对丑丑说:"丑丑,帮妈妈洗碗扫地这种爱劳动的精神很好,但是万事开头难,今天妈妈教教你怎么洗碗怎么扫地。"接着在厨房教丑丑怎样一步一步地把碗洗干净,同时再让女儿重新做一遍,直到完全洗干净为止,然后又亲自教女儿怎样扫地,一面教一面教育女儿说:"无论做什么事情,都要认真细心,切忌半途而废或劳而无功。"妈妈停一下又说,"昨天你洗的碗扫的地都属于劳而无功,不干净,还需要别人再做一遍,这样不好,一定要认真纠正,你说是吗?"丑丑红着脸说:"妈妈说得对,我今后一定改正。"于是女儿和妈妈商量,每星期二帮妈妈洗一次碗,星期六扫一次地,其他劳动自愿,自己的卧室自己负责,妈妈还教育女儿在学校也要表现好,爱劳动,多参加集体活动,比如打扫卫生、浇花等。

父母的重要责任是教育孩子怎样做人,培养孩子热爱劳动、热爱劳动人民的思想感情,将孩子培养成有真正生存和生活能力的人。让孩子适当做点家务,既有利于培养孩子的劳动观念、家庭观念和社会观念,也对孩子养成良好习惯、处理好个人事务,甚至是锻炼思维、提高统筹计划能力有很大的帮助。

劳动能改善生活,劳动能创造世界。勤劳俭朴是中华民族的优良传统和美德,愿一代一代青少年将其发扬光大!

五、爱社会主义

1. 共产党的恩情说不完。正如"唱支山歌给党听,我把党来比母亲,母亲只生我的身,党的光辉照我心",共产党领导人民推翻了三座大山,1949 年 10 月 1 日建立了新中国,从此以后人民翻身当家成为新中国的主人,再也不受压迫和剥削,中国人民站起来了。是共产党领导人民走上了社会主义道路,正如《社会主义好》歌词中唱的那样"社会主义好,社会主义好,社会主义国家人民地位高,反动派被打倒,帝国主义夹着尾巴逃跑了""共产党好共产党好,共产党是人民的好领导,说得到做得到,全心全意为了人民立功劳,全国人民大团结,要把伟大祖国建设好,建设好。"

确实是这样,中国人民在伟大的中国共产党的正确领导下,大搞社会主义建设,祖国的面貌有了翻天覆地的变化,特别是改革开放以来,人民生活提高了,社会繁荣了,科学进步了,国家富强了。国家的威望和声誉空前提高,受到全世界人民的敬仰和尊重,这是何等伟大的功绩啊!

当前,全国人民在中国共产党的正确领导下,正在为实现四个现代化而前进,为全面奔小康而奋斗,为实现中华民族的伟大复兴,为把我国建成社会主义强国,为实现中国梦而奋勇前进,这真是党的恩情比海深。

2. 怎样爱党,爱社会主义?培养孩子热爱共产党和社会主义,是父母和老师的重要责任。从学校而言,通过思想政治的学习进行培养教育;从家庭教育而言,父母是最重要的老师,要处处以身作则,做热爱共产党和社会主义的表率,孩子定会受到感染。父母首先要告诉孩子,今天的幸福生活是来之不易的,是革命志士和无数先烈在共产党的英明领导下,经过和外国侵略者的斗争,经过与反动派的斗争,经过多少年的反侵略、反压迫、反剥削的斗争,牺牲了无数的生命,才换来的。据有关资料的不完全统计,我国从1840 年的鸦片战争开始,到1949 年新中国成立,牺牲了 3000 多万革命志士,单日本人在南京大屠杀事件中就惨绝人寰地屠杀了30 多万中国人! 这种血的教训一定会激发孩子爱党爱国爱社会主义的感情。

　　新生是五年级的学生。父亲是共产党员，母亲对新生的思想教育工作很重视，经常教育孩子礼貌待人、助人为乐、爱党爱国、诚信敬业、文明友善、崇尚科学。他们经常给儿子讲忆苦思甜的故事，讲爷爷奶奶讨饭挨饿受冻、饥寒交迫的悲惨经历；讲地主压迫剥削贫农的故事以及兵荒马乱中土匪把爷爷打成残疾的真实惨状，还有自己小时候无钱念书，经常挨饿受冻的事实。父亲提醒儿子说，你们现在是生活在蜜罐子里，不愁吃，不愁穿，念书不用花钱，一定要好好学习，不能忘本。

　　每当假期，新生的父母就带他到外地旅游参观，到北京参观了"英雄纪念碑""毛主席纪念堂""故宫博物馆"，到南京参观了"雨花台""南京大屠杀纪念馆"等。他们还组织同事们的孩子一起参观了"农家乐"，看到"十个全覆盖"后农村的新变化，这让新生和其他同学深受教育，对党和新社会产生了无比热爱的情感，并表示要以实际行动报答党和祖国。

　　父母要教育孩子适应时代发展的要求，教育孩子增强爱党、爱社会主义的情感和振兴祖国的责任感，确立民族自尊心和自信心，弘扬伟大的中华民族精神，锐意进取，自强不息。要让孩子把爱党、爱社会主义之心转化为爱国之行。

　　3. 应采取的措施。先辈经过几代奋斗，抛头颅洒热血，才找到了希望的种子。实现中国梦的重担，则落在青少年一代的肩上！为了使其在未来能承担重任，父母必须对孩子进行爱党、爱社会主义的教育，但有个别父母认为孩子还小，先抓好学习，爱党、爱社会主义的道理等孩子大了自然就会明白。这种观点是错误的，为什么呢？因为一个人的品德修养，是从小开始形成的，如果小时候不接受良好的教育，一旦坏品德形成就很难挽回，有一个"夜老鼠"的故事就是这样。

　　从前宿州有一户姓石的人家，一家三口以务农为生，有一个五岁的儿子，生活还算过得去。可是妻子姜氏有个缺点，就是爱贪小便宜！每当领着孩子到邻居家串门时，就爱说自己穷！有一次，儿子看到邻家一团红色绣花丝线很好玩，就拿回家，他母亲看见后说："好孩子能给家添财了！"儿子听了很高兴。从此以后到哪家玩，看见喜爱的东西就往家中拿……又有一次，家中没有做饭的油了，恰巧邻居家正杀羊，小孩就看了多时，抽空拿了一点羊油回家，母亲又夸奖了儿子几句。就这样，儿子长大了，因为父母从小溺爱孩子，养成好吃懒做、游手好闲的坏毛病，一到夜晚东偷西摸，人称"夜老鼠"……后来，因总偷牛等东西，被人告到官府锒铛入狱了。这时候他才明白是母亲的教育害了他。

　　这个故事从反面说明，母亲从小教育孩子的重要性。

　　中国共产党的早期领袖李大钊，宁可牺牲在绞刑架下，也不向反动派屈服，他说，"试看将来的环球，必是赤旗的世界"。还有"恨不抗日死，留作今日羞，国破尚如此,我何惜此头"的吉鸿昌烈士,"砍头不要紧,只要主义真,杀了夏明翰,还有后来人"的夏明翰烈士,以及方志敏、彭湃、赵尚志、杨靖宇、刘志丹、赵一曼、江竹筠等,还有千千万万的先烈没有留下姓名。他们用宝贵的生命有力地证明了自己对党和国家的无比热爱和忠诚,这些故事都能激发孩子爱党、爱社会主义的感情。热爱党和社会主义祖国并不是空洞的口号,怎样落实到行动上呢? 父母要教育孩子,首先应从热爱家乡、亲人、朋友做起。还可以通过向灾区小朋友、残疾小朋友献爱心的行动,进一步激发孩子的爱心。另外,要把爱党、爱社会主义、爱祖国落实到行动上,当前最重要的就是要好好学习,天天向上,爱科学、学科学、用科学,用文化知识武装自己的头脑,成为德才兼备的人,将来才能以卓越的成绩报答党和社会主义祖国!

第十一章

小学是打好基础的重要时期

《新三字经》开头就说:"人之初,如玉璞,性与情,俱可塑。"小学阶段,正是孩子学习的重要时期,这时的孩子模仿性强,逐步向成熟期迈进,正是父母精心培养孩子的好时机! 培养的重点应从德、智、体诸方面着手,使其成为一个品德高尚、学业优良、身体健康的全面发展的好学生。

第一节　剔除孩子成长中的各种隐患

好习惯能让孩子终生受益,而坏毛病却会影响其健康成长,给孩子造成终生隐患。比如孩子在生活中出现各种毛病,家长千万不能迁就、容忍,应立即进行纠正,不然,孩子的好习惯就很难形成。

一、孩子容易出现的各种毛病

孩子容易出现的毛病有很多。比如爱说脏话,不文明;爱打架、行为恶劣;任性,不服管教;爱发脾气,像小野马一样;磨蹭、拖延时间,随意浪费,不珍惜成果;偷窃,学三只手,迷恋电子游戏,不务正业。另外还有虚荣、骄傲、嫉妒、孤独、懦弱、偷懒,等等。

出现这些坏毛病,若家长不及时进行教育纠正,一旦养成习惯,会影响孩子的身心健康发展。所以家长必须严肃对待,及早预防,不然习惯养成自然就很难扭转了。

源源是五年级的学生,今年12岁,因为身体长得既胖又壮,且不上进,很多人都讨厌他。因为源源爱说脏话,同学之间略有意见分歧,他就出口骂人,甚至举手打人。一天中午回家,源源得意地对妈妈说:"今天又跟同学打架了,小轩被我打得鼻子流血了,也不敢还手。"话音刚落,被打孩子的父亲找上门来,让源源的妈妈与他们一起上医院。经检查,那孩子鼻子有点骨折,花了几百元的医药费,归家后,不想源源却说:"鼻子这么不耐打,下次打屁股。"此时妈妈懊悔莫及,恨儿子最初跟人打架时没有及时教育。

孩子说脏话、爱打架是性格粗暴、缺乏爱人之心的表现,如果不加教育,今后会霸道、无事生非,造成恶果,而且也不利于家庭和谐,走向社会后更是无立足之地,危害无穷!

又如任性、爱发脾气、不服管教,是当今独生子女的通病,他们稍有不如意就撒泼大闹,直到要求得到满足为止。长此下去孩子会得寸进尺,这样既影响与同伴的交往,也对自己的学习生活不利,家长发现后必须及早引导教育。

白白今年10岁,是四年级的学生。因为任性、爱发脾气,常常和同学发生矛盾,在学校里很孤独,几乎没有朋友。

白白家三辈单传,她既是父母的掌上明珠,又是爷爷奶奶的心肝宝贝。在这样的环境下,白白没受过任何委屈,要什么大人给什么,养成了任性、爱发脾气、唯我独尊的性格。

在家里,大人们可以迁就她,可是在学校,这种性格使同学们十分反感,于是同学之间经常发生矛盾甚至打架,三天两头就有家长找到白白家里来,这使家长十分头疼。此时白白家长才明白,从小娇惯、溺爱孩子是个错误。

孩子的任性、爱发脾气,与大人的溺爱娇惯有直接关系。家长不妨学学外国家长的冷处理,如孩子跌倒后让他自己站起来,父母应从孩子懂事起,就要让其明白什么是对的,什么是错的,克服各种坏毛病。

还有的迷恋电子游戏,此时的孩子自我控制能力差,一旦投入就深陷其中,难以自拔,严重影响学业和身心健康,家长必须耐心教育,纠正其错误。

小海成绩一直不错,可是近日妈妈发现儿子不按时回家了,因为工作忙也没有在意。直到有一天,班主任打来电话,说小海经常缺课,课上也萎靡不振,成绩下降了,家长这才大吃一惊,为了查明根源,小海上学时父亲悄悄地跟在后面,发现小海走到了电子游戏室。

爸爸把他叫出来,质问道:"你为什么不去上学在这里玩?"小海红着脸不承认。可是他撒了谎,几天后班主任又打来电话说,小海缺课严重,成绩下降得厉害,父母认真严肃地教育了小海,但此时已很难克服这个毛病了。

电子游戏的娱乐性、趣味性、刺激性很大,青少年迷恋上以后无法自拔,电子游戏有哪些危害性呢?

1. 玩电子游戏的孩子犯罪的很多,因为里面的内容具有暴力倾向,孩子会模仿,另外,因玩游戏造成成绩下降者更多。

2. 经常看电子游戏,道德观念会减弱,责任意识会降低,还有可能逐步走上犯错、犯罪的地步!

3. 玩电子游戏机浪费时间,又需花费金钱,而且更会影响学业成绩,长此以往更会影响视力和身体健康,实在是得不偿失,是极不明智的做法。所以家长一定要尽早防范,说明危害,让孩子远离电子游戏,积极进取!

至于孩子的其他毛病,如虚荣、骄傲、懒惰或懦弱、孤独、浪费等,一是家长应尽早防范,一旦发现后,随时教育改正;二是家长要以身作则。

二、孩子产生坏毛病的原因

孩子产生各种坏毛病的原因有多种,主要有以下几点。

一是内因。孩子不懂事,是非意识薄弱。孩子的虚荣心、嫉妒心等,是产生各种毛病的温床。

二是外因。家长的为人处事及教育方式是孩子出现毛病的直接原因。如有的父母娇惯孩子,使其养成坏毛病。有的父母教育方法不当,如不分青红皂白打孩子,使孩子产生逆反心理! 有的父母不能以身作则,有的孩子受外界影响,比如交了坏朋友等。

三、应采取的措施

家长们应该明白,孩子的发育成长过程是家长和老师发现矛盾、解决矛盾的过程,好比一棵小树,必须经过园艺师的培养,如浇水、施肥、剪枝、打药等养护,方能成为栋梁之材,孩子也一样,不经过精心培养,很难成才!

那么如何防止孩子养成坏毛病呢? 应以预防为主,此外还要采取如下措施。

1. 家长要引导孩子,向伟人、名人学习,树立高尚的情操。

2. 让孩子参观一些纪念堂、博物馆。增长知识,开阔眼界,同时可向英模们学习,激励自己克服一些坏毛病。

3. 引导孩子多读书学习,从书中吸取营养,改正自己的毛病。

4. 教育孩子在任何时候、与人交往都要文明礼貌,改掉说脏话的坏毛病,更不能态度蛮横,以暴力解决问题,要以理服人,宽容,这样才能受到别人的尊重。

5. 当孩子出现某种毛病时,家长要找准原因,然后对症下药进行教育,向孩子阐明毛病的危害及改正方法,效果会更好。

6. 父母处处以身作则,家庭应和谐温馨,孩子有点滴进步,家长要给予鼓励!

7. 帮助孩子树立远大理想,心中要有追求目标。

8. 教育孩子要养成勤俭节约、艰苦朴素的好品质。

9. 教育孩子树立节能减排、环保的意识。

10. 做到遵纪守法,安全第一。

《礼记·学记》中讲:"玉不琢,不成器,人不学,不知义。"孩子以后的做人与成才,离不开父母老师的培养和教育。

第二节 培养孩子自立的思想和能力

"自立"是不依赖别人,靠自己的能力而进行独立的学习、生活和工作。自立是很重要的一种品格。

一、自立的重要作用

父母让孩子从小学会自立很重要。因为孩子最终是要独立学习、工作和生活的,所以父母应从小就培养孩子的自立自强能力,教育孩子学会自己的事自己做。这样一是能锻炼孩子养成勤奋的好习惯,能学会很多知识。二是可以改掉懒惰等坏毛病。三是能懂得许多道理。四是"自己动手,丰衣足食"。还能培养孩子的创业精神。所以,培养孩子的自立自强是十分重要的。

自立是人生成功的重要因素,成功只青睐自立、自信、自强者,与懦弱者无缘,父母应尽早让子女树立自立的观念,养成自立的好习惯,这对孩子今后成长、成才大有好处。

二、怎样培养教育孩子的自立观念

下面先说说小孩儿不自立的害处,及怎样培养教育孩子自立。

有一次,我到同事老许家办点事。同事有个儿子叫开心,四岁,上幼儿园。我坐了一会儿,看到开心的母亲为儿子忙得不可开交。孩子一会儿要喝水,一会儿要糖果,一会儿要撒尿,一会儿又要书包。等到要上幼儿园了,又让妈妈取帽子,稍有怠慢,就大哭大闹,以不上学来要挟。后来母亲总算把儿子安顿好,送他上学了。我看了以后问开心的父亲:"天天这样吗?""嗯,有时比这还烦琐,一有不如意就闹着不上学了。"听了以后,我百感交集,只好说:"真是可怜天下父母心啊!"这种百依百顺的"送来主义"恐怕不太好吧。

事有凑巧,大约又过了两个多月,是个星期日,我又到老许家闲聊,一进门就感到气氛压抑,一看老许态度很严肃,妻子掉眼泪,开心低头坐着,一个女子说:"今后家长要教育开心纠正这些毛病,不然对他今后的发展不利啊。"原来是老师来家访的。

老师说:"许开心在幼儿园表现不够好,有许多坏毛病,不守规矩,而最大的毛病是随便拿别人的东西,如画笔、铅笔、橡皮、小玩具等,凡是自己喜欢的就拿。小同学告他的状,我叫他谈话,他就大哭大闹要回家。"临走时,老师请求家长配合幼儿园老师教育好孩子。

原来许开心由"送来主义"又转化为"拿来主义"了。当时老许很生气,问儿子为什么随便拿别人的东西,儿子又大哭大闹地说不上学了。老许这时才意识到问题并非那么简单。于是,老许批评了妻子以往对儿子有求必应的"送来主义"的错误。最后我和老许及他妻子商量如何纠正开心的拿来主义行为。我提了提自己的建议就走了。

针对儿子的"拿来主义"行为,老许和妻子采取了如下几种办法:一是妈妈改变了以前的送来主义,教育儿子自己的事情自己去完成;二是第二天爸爸亲自领着儿子,带着儿子拿回家的物品,如数交给老师,老师让同学去认领,并让开心承认错误;三是教育儿子,让孩子明白什么是"偷","偷"是一种不道德的行为,要坚决改正;四是帮助儿子去掉依赖、懒惰的坏毛病,努力上进,自己的事自己动手完成;五是有事或需要什么,必须向父母说明;六是满足儿子的基本需求,但要限制他的物质愿望。

经过以上引导教育,开心再没拿过别人的东西回家,改掉了"送"和"拿"的坏毛病。家长应明白,孩子犯错误并不可怕,只要我们用关爱去纠正,孩子一定会变好的!

三、应采取的措施

父母要从小培养孩子自立的观念,因为自立是孩子成就伟业的先导,也是提高孩子素质的主要措施之一,那么应该怎样培养孩子的自立观念呢?

1. 父母首先要告诉孩子什么是"自立",为什么要学会"自立"。"自立"是指不依赖别人,靠自己的劳动而生活。对于孩子来说,从小学会自立,对自己的学习和生活,以至今后的前途都很重要。因为自立就是学会自己动手,丰衣足食,就会勤奋努力,同时也就去掉了懒惰、依靠别人的思想。

实践是检验真理的标准。只有经过自己的亲身实践,才能了解、掌握事物的性质、规律等特点,才能完成它、改造它或创新它。

从小养成自己的事自己做,自己负责,培养锻炼自己的责任心,对修养孩子的品德、提高孩子的素质、培养孩子的能力都有好处。

2. 向榜样看齐。榜样的力量是无穷的,教育孩子要向榜样看齐——学习他们从小自立自信、自强不息的品德和精神,学习他们从小树立远大志向、顽强拼搏的毅力、克服困难的决心……凡是成名或成才者,尽管他们的所学专业经历有别,但是他们成才的道路是相近的,那就是从小自立奋斗。

例如邓亚萍开始学乒乓球时,父亲看她很感兴趣,于是就培养指点她。她在父亲的指点培养下勤学苦练,克服了个子矮的缺陷,进步很快,十岁就获得郑州少年乒乓球冠军,并加入郑州市乒乓球队。加入郑州乒乓球队后她训练更加刻苦了,又获得全国乒乓球比赛的冠军,并进入国家队。她在教练的悉心培育下不断向榜样学习,既艰苦训练,又开动脑筋,掌握其中的奥妙、技巧和特点,终于取得成功。她曾四次获奥运会女单冠军,18 次获世界女单冠军,连续八年女子乒乓球世界排名第一,为祖国为人民做出了卓越的贡献。个子大小不是成功的决定因素,成功的决定因素是动脑筋 + 刻苦训练。她说:"成功是没有捷径的,只要有不服输的精神,并在勤奋刻苦中树立信心,就一定能成功!"

数学家华罗庚曾说:"勤能补拙是良训,一分辛苦一分才。"确实是这样。父母培养孩子自立,可以让孩子向榜样学习看齐,心中有榜样就有了前进的目标,就能产生奋斗的动力,就有成功的希望。

3. 培养孩子勤劳智慧的观念。自立就是自主独立,就是要培养孩子具有自尊自爱自立、自信自强、勤劳智慧的人生观价值观。就是要培育孩子具有社会主义核心价值观。

明珠今年读四年级了,学习还可以,但明珠有一个缺点就是不自立,有依赖思想。比如起床后不叠被子,学习用品乱放,做事脏、乱、差,事事想依赖妈妈,更别说帮妈妈做事了。妈妈看在眼里愁在心上,心想:长期这样下去,孩子依赖父母惯了,什么也不会做,长大了依赖谁呀? 这样下去可不行,不是害了女儿吗? 于是,妈妈和爸爸商量决定好好教育明珠,纠正她依赖、懒惰、不自立的思想观念,逐步培养女儿自立、自信等好品质、好行为。

星期日爸爸妈妈领着明珠到少年宫玩了一会儿,又到新华书店买了明珠喜欢的、父母亲需要的几本书,在外面吃了饭,然后回家了。回家后三人很高兴,母亲问:"明珠今天的活动怎么样?"明珠说:"很好啊,大开眼界。"妈妈又问:"那些活动器具是谁造的呢? 你吃的饭是谁生产的呢?"明珠说:"是工人和农民吧。""你只说对了一半儿。"妈妈说,"活动器具是由科学家动脑筋创新发明,设计出来后,再由工人生产出来的,要经过上千人的脑筋和双手才能生产出来,可见,开动脑筋和勤劳是多么重要,没有它们就不能生存。"明珠认真地听着,妈妈又问:"你说对吗?""是这样吧?""那么妈妈给你指个缺点,你就是有点懒惰,有点依赖思想,自立心不强。"爸爸插话说:"你从今天起就要确立自立的观念,养成自立的好习惯,自己的事情自己做,不依赖别人,自己对自己负责,要有责任心,这样才好,这对今后很有好处。"妈妈接着说:"自立包括很多内容,比如穿衣吃饭、个人卫生、环境好坏、交通安全以及主动学习、礼貌待人、诚信友善、文明和谐都是自立的范畴。"停了一会儿,妈妈又说:"俗话说:'人生两件宝,双手和大脑。'只有从小养成自立的好习惯,既动脑筋又勤劳,以后才能干大事成大业。自立也是一种生存能力,因为父母只能帮你一时,不能帮你一生,今后的路要靠你自己走了。孩子你懂吗?""原来是这样,我一定能改,请爸爸妈妈看我的行动吧。"明珠说。

果然,明珠在父母的耐心培养教育下各方面表现都不错,向自立自强迈进了一大步,父母很高兴,表扬并奖励了明珠。

第三节 自信是孩子成长的奠基石

什么是"自信"? 自信就是相信自己,有自信心,能完成任务。

自信不同于骄傲,骄傲是自以为了不起,看不起别人,如骄傲自满,谦虚使人进步,骄傲使人落后等。而自信是在认识自己的基础上,充分相信自己的能力,胸有成竹。

一、自信心的重要作用

自信是了解自己、理解自己,对自己的素质能力有充分的认识和估量。自信是对自我能力的准确判断和认可,自信能使自己产生勇气和动力。有了自信就有了希望,有了成功的一半;有了自信,孩子就没有克服不了的困难,没有跨不过去的难关。

自信更不同于自卑——自卑是轻视自己,认为自己无法赶上别人,灰心丧气,停止不前。自卑也是懦弱的表现,而自信则不然,自信是相信自己经过努力定会成功。所以,从某种意义上说,自信是孩子成功的奠基石,是将来成就伟业的先导。

陈红霞是六年级的学生,在校表现良好,有上进心,但有一个缺点是胆小怕事,勇气不足,自信心不强。比如学校举行的各种比赛她都不敢参加,原因很简单:一是怕落榜丢脸,二是怕同学瞧不起自己,有自卑心理。

有一天中午,红霞对父母说:"星期六下午学校举行数学竞赛,星期日举行英语竞赛和语文竞赛。"父亲问:"你报名了吗?"红霞说:"班主任让我报数学或英语,我不敢,怕去了丢脸。""这就是你的不对了。"父亲说,"今天是星期三,下午去报数学或英语。"然后又语重心长地开导女儿:"这正是锻炼你的好机会,你从小胆小怕事自信心不强,这是你的缺点,必须改正,有位法国科学家伯格森说:'最成功的人往往就是敢冒大险的人。'事在人为。胆小怕事,前怕虎后怕狼,往往会错失良机,干不了大事!无论干什么事,首先必须要有信心才行。"父亲又举了我国科学家团队齐心协作成功研制"两弹一星"的事例教育女儿,父亲说:"'两弹一星'的研制成功,首先说明科学家们有信心,相信以自己的智慧和能力是能研制成功的,所以他们吃苦耐劳,夜以继日地工作着,克服一切困难甚至挨饿受冻。终于1964年原子弹试验成功了,1967年氢弹试验成功,1971年卫星上了天,这些成就震惊了世界。所以说成功属于自信钻研者,属于勇于奋斗创新者,成功与自卑懦弱者无缘。"父亲停了一下反问红霞:"你说对吗?"红霞红着脸说:"爸爸说得对,我今后一定要改掉这种不自信的毛病。"正在做饭的母亲插话说:"自信的人还有主见,遇到困难或挫折能克服,不灰心,不气馁。自信的人在团队工作中能发挥自我价值。""好了,"父亲说,"红霞明天去报了名,要认真准备,要自信,重在参与锻炼。爸爸妈妈相信你。"

　　一场关于自信的讨论结束了,相信红霞会有收获的!

　　既然自信对孩子的发展起着重要的作用,那么应怎样培养孩子的自信呢?

二、怎样培养孩子的自信心

　　由于孩子年龄小,知识少,对世界观、人生观,对自信心等的认识还处在朦胧模糊的状态,有许多小学生还不明白自信的重要性,所以,需要家长尽早培养教育孩子确立自己的人生观价值观及自信观念,为未来的成功准备条件。

　　1. 自信的根本是自立。

　　上面谈到自信的作用和好处,家长应告诉孩子,自信就是要充分相信自己,发挥自己的潜能、兴趣和能力。自信的根本就是自立,为什么这样说呢?因为孩子只有从小立志,也就是树立远大的理想,才能产生为理想而奋斗的毅力和决心,才能努力学习掌握科学文化知识,才能提高自己的素质和能力。自信是建立在坚实的基础上的,没有能力而盲目的自信就等于"盲人骑瞎马,瞎走瞎跌打",是不会成功的。上面提到的我国科学家研制"两弹一星"的成功,也是以他们拥有丰富的科学知识和超强的能力为基础的。

　　扬扬今年上六年级,是个贪玩活泼的孩子,很乐观,很自信,只是对学习欠认真。

　　星期三的晚上,扬扬请求爸爸给自己买一双足球鞋,爸爸问:"为什么?"扬扬说:"下星期二学校举行足球比赛,我们班先和二班比。"爸爸同意了,到下个星期二晚上,爸爸问:"比赛怎么样?"扬扬低声说:"输了。"爸爸说:"要总结教训。"又有一次学校举行数学竞赛,扬扬也参加了,过了几天,爸爸又问:"怎么样?"扬扬红着脸低头说:"我又输了。"爸爸说:"经常输,总结过教训吗!"扬扬说:"足球是因为技术差;数学比赛是知识欠缺。"爸爸说:"你只说对了一半儿,失败的原因尽管各有不同,但最主要的原因是功底不硬,能力欠佳,素质不高。"爸爸补充说:"足球比赛是集体活动,有个配合协作的问题,而数学、语文、英语等科目的竞赛,全在自己的学识能力。怎样才能有学识有能力呢?那就是要立志。立志是事业的大门,科学是完成事业的钥匙,信心是事业的立脚点,没有远大的志向,没有刻苦钻研的科学精神,没有坚强的自信,是干不出大事业的。孩子,你懂吗?"父亲问扬扬,扬扬不答,父亲接着说:"像你过去和现在,对学习不重视,不认真,不努力,整天贪玩,对学习只求过得去是不行的,这就是你多次失败的原因,你说对吗?"扬扬内疚地说:"爸爸说得对,我以前确实没有理想,也没有自信,对学习也不认真,欠钻研精神,因此屡次失败!今后我要向名人科学家学习,从小树立远大理想,像陈景润伯伯那样,长大后做个有用的人。""好,爸爸相信你,不过要坚持,要有恒心才行。""爸爸,不相信拉钩。"扬扬说,于是二人拉勾,扬扬嘴里念着:"拉勾,拉勾说了不算,在实践中看。"父子都笑了。"这才是爸爸的好儿子。"爸爸说,"教育家徐特立说:'一个人有了远大的理想,就是在最艰苦困难的时候,也会感到幸福。'"

家长应经常和孩子沟通,启发、指点孩子改正自己的缺点,向名人看齐,努力发挥自己的潜能,在学习中享受快乐,在快乐中品味自信,在自信中体验成功。

2. 培养孩子的交际合作和团队精神。

随着科学的进步和社会的发展,人与人的交往越来越密切。人的能力有很多种,而交往能力对每个人来说都是必须具备的能力之一。美国人际关系学家卡耐基有一个观点认为:一个人的成功,15%取决于专业本领,85%取决于人际关系与处事技巧,这个观点得到了人们的重视和认可。

另据科学家研究调查,诺贝尔科学奖金自1901年设立以来,到1972年为止的286名获奖者中,有2/3的人是因与别人合作进行研究而获奖的,而且这一比例还在逐步上升,可见团队协作十分重要。

培养孩子的团队精神,就是要从小培养其交际合作精神,也就是集体主义精神。孩子有这种精神,对他今后的事业会有极大的帮助,为什么呢?因为事实证明,专业本领往往只能给人带来一种机会,而合作本领可以给人带来多种机会,专业本领只能利用自身的能量,而合作本领则可让人利用外界的很多能量。

昌明是个好孩子,五年级的学生。他在父母的培育下,性格开朗,礼貌,诚实热情,肯帮助人。比如,在班内他是少先队中队长,工作很热情,经常组织队员办报,搞卫生,搞各种小活动,同学们十分喜欢他。有的同学病了,他帮忙打水端饭,给同学买水果;有的同学学习较吃力,他帮忙补课;同学间发生纠纷,他帮助解决,等等。他的人缘儿很好,受到同学们的一致好评。有一次,昌明患肺炎住院,同学们得知后,自愿买了水果去看他,这让昌明和家长无比感动。

孟子说:"爱人者,人恒爱之;敬人者,人恒敬之。"事情就是这样,你敬人、爱人,肯帮助人,对别人友好,必然会得到别人的回报!又如条件相当的科学家,为什么有的人能出类拔萃,有的人却业绩平平? 原因也在于此,善于交际合作的人能得到别人的帮助,随时能获得信息,而后者却不能。

总之,一个善于交际合作的人,到处都会充满阳光欢笑,因此父母在孩子小的时候就要培养他们的交际合作和团队精神。

3. 用鼓励和赞美帮助孩子树立自信。

上面提到,自信的根本是励志,励志的动力是学习,学习的目的是为了探索创新,攀登科学高峰,怎样培育孩子达到这个目标呢? 方法有很多,其中沟通、鼓励、赞美孩子,能帮助孩子增强自信心。因为你关爱他,他就会高兴,和他沟通,他就会明白父母是为自己好,鼓励他,就能增强他的自信心。这时候再帮助他,他就会更加努力。只有这样,孩子才有可能获得健康的人格。另外,家庭的和谐温暖对孩子的成长也至关重要。

花花是四年级的学生。由于小时头部受过伤,因此学习较吃力。母亲给她请过家教,但成绩一直不理想,她很苦恼,失去了对学习的信心。母亲见她如此,更加关爱她,鼓励她。一方面给她治病,另一方面给她讲张海迪身残志不残,刻苦学习,终于成才的故事。花花很受启发,增强了克服困难的决心。别人学一次会了,她就学五六次,别人写一两次会了,她就写七八次,直到学会为止。她还采用对比联想的记忆法,每晚学到 11 点才睡觉。真是辛苦不负有心人! 在花花的艰苦努力下,学习成绩大有进步,在期中考试中得了第六名,她也因此受到老师的表扬。老师在班内说,花花虽然头部受过伤,但她勤奋学习,由原来的后进生奋斗到优秀生,这需要多大的辛苦和毅力呀! 全班同学都应该向花花学习。从此以后,花花勤奋刻苦的精神在全校出了名,花花的父母很高兴,并奖励了女儿。花花愉快地告诉父母:"经过艰苦的训练,我现在的脑子比以前好使了,我一定要向张海迪、海伦·凯勒学习,做个有用的人。"

用沟通、鼓励、赞美孩子的方法培育孩子,能增强孩子的自信心,当孩子在某一方面有进步时,父母要抓住时机赞美孩子,并给孩子指出下次的奋斗目标及方法,这样才会事半功倍!

三、应采取的措施

1. 教孩子藐视困难,保持自信心。

告诉孩子,人生路布满荆棘,不可能一帆风顺,凡成功者都要经过风霜雨雪。懦弱者品尝不到成功的喜悦;半途而废者失去成功的希望;怨天尤人者徒增烦恼;自作聪明者只有独自悲伤。因此说在前进中,要敢于藐视困难,在困难中保持自信心,只要你敢于面对它,就会发现它远不如想象的那样可怕。

有格言说:"困难是弹簧,看你强不强,你强它就弱,你弱它就强。"确实是这样,有无数青少年凭借自己的信心和毅力取得了成功,他们就是我们学习的榜样。

2. 鼓励孩子:努力吧,你能行。

父母要经常鼓励孩子:努力吧,你能行!父母的一句话往往能增强孩子的自信心和自强心,使孩子终身难忘!

珍珍今年读五年级了,成绩还可以。有一天放学回家,珍珍和妈妈说:"学校要在六一前一天举行数学比赛,老师让我参加,一个班选五名,我不愿意。""为什么呀?""我怕比赛得不了奖丢人。"妈妈鼓励珍珍说:"珍珍一定能行,妈妈相信你。""真的吗?"珍珍问。"真的,要有自信心。"妈妈说。于是珍珍参加了比赛,结果还得了个三等奖。她高兴地说:"我牢记妈妈的话,要有自信心。"妈妈还给珍珍讲苏联女英雄卓娅和弟弟舒拉小时候学习的故事,讲科学家成才的故事,等等,珍珍很受启发。

父母应经常鼓励孩子,让孩子树立起"我能行"的心理,给孩子讲一些名人成功的故事,让孩子学习一些经验。

3. 自信是孩子走向成功的希望。

自信如光,能指引孩子前进的方向;自信如火,能点燃孩子的希望之光!作为父母,要从小培养孩子的自信心,还要根据孩子的个性特点进行教育。除上面介绍的外,其实还有很多,比如培养孩了的勇敢精神,创新理念,勇于探索、谦虚谨慎、不骄不躁、哪里跌倒再从哪里站起来的美德和品质,以及持之以恒的不屈精神。

第四节　培养孩子的勤奋精神

唐代文学家韩愈说"业精于勤而荒于嬉",勤奋就是不懈地努力,"奋"即为奋斗。

一、勤奋的重大意义

对工人来说,勤奋能改革创新,懒惰只能生产次品。对农民来说,"人勤地生宝,人懒地生草"。

勤奋对青少年来说更重要,孩子有了勤奋这种品质就会顽强奋斗,自强不息,就有成功的希望。因此,父母一定要预防孩子产生懒惰的恶习,努力培养孩子勤奋的美德。

家教事例。如愿是个聪明的孩子,但就是贪玩、懒惰,对自己的手脸也懒得洗,还得妈妈督促或帮着洗。学习上也懒,经常不按时完成作业或丢三落四。老师告诉家长说,他的学业成绩应该在前十名,可是现在只在中游徘徊,老师让家长帮助教育如愿努力学习,争取好成绩。妈妈把老师的话告诉了如意,如意变得努力了,后来果然考上了重点中学。妈妈觉得如意很争气,就告诉如意:"今后你就学习,别的不用你操心。"果然,从此后晚上铺床、早晨叠被,洗衣服做家务等,从不用他动手。这样时间长了,如意又养成了衣来伸手、饭来张口的恶习,学业成绩也严重下降,家长大吃一惊,面对这样的儿子,妈妈愁得真不知该怎么办。

爱因斯坦说:"在天才与勤奋之间,我毫不迟疑地选择勤奋,它几乎是世界上一切成就的催产婆。"事实证明:凡是成功的人,都与他们从小胸怀大志、勤奋努力是分不开的,勤奋的人取得的成就必然比别人多,因此,父母对子女在品德学习上要严加培养教育,让孩子养成勤奋的好品质、好习惯,告诉孩子,勤奋是学习必备的优良品质,而且是成就任何事业所必备的条件之一。

二、怎样培养孩子的勤奋思想和精神

1. 告诉孩子成功的秘诀——勤奋。

父母要先让孩子懂得,勤奋是成功的钥匙,是成才的第一推动力,如果孩子具备了这种优秀品质,就有了成功的希望;而懒惰是前进路上的绊脚石,要教育孩子坚决改正这种恶习。

梁超是个很懒惰的孩子,学习也差。父母看在眼里,愁在心上,怎么办呢? 夫妻俩商量用讲故事的方法教育。他们讲"守株待兔"、"头悬梁锥刺股"的故事,梁超很爱听,每天逼着父母讲,父亲说:"今天再给你讲一个因懒惰而饿死的故事吧!""还有这样的人呢?"儿子问。"嗯。"父亲说。

从前,有个叫江伢子的人,因为特别懒,人称江赖子。由于他从小是独生子,因此父母视他为掌上明珠、心肝宝贝,对他溺爱有加,事事由他,一切事务都由父母包办。长此以往,他养成了衣来伸手、饭来张口的坏习惯,什么也不会做,也不学。

父母因年迈又操劳过度,身体素质逐年下降,于是相互商量,决定及早给儿子娶个媳妇儿。因此,儿子 14 岁就给他娶了媳妇。不幸的是,父母相继去世,家庭一贫如洗,妻子也知其懒惰。一天,妻子娘家捎话让她回趟娘家,于是妻子对江伢子说:"我去妈家走几天。"江伢子哭着说:"你走了我怎么活呀?"妻子说:"给你烙个玉米饼,饿了吃吧!"临走时,妻子把玉米饼套在他脖子上走了……等妻子走了五六天,从娘家回来以后一看,江伢子已经死了。原来江伢子只用嘴把饼子咬了一口,后来饿死了。

听完这个故事,停了一会儿,梁超说:"懒惰的害处真大啊!"母亲接着说,"儿子,这几天我们给你讲了许多关于勤奋的好处和懒惰的危害,你懂了吗?你就比较懒惰,学习也下降了,今后可要勤奋啊。"爸爸又说,"超超是个好孩子,相信你今后一定会改正缺点,勤奋上进的。"梁超回答说,"我一定改正,请爸爸妈妈放心,看我的行动吧!"

在父母的教育感召下,梁超果然勤奋起来了。他早晨 6 点起床,阅读半小时,晚上在学校上自习,回家后再学到 11 点半才上床,而且自己的事也能自己负责了。

功夫不负有心人,梁超后来成功地考上了北京大学,被人羡慕。他说:"成功在于勤奋,谁的毅力更强些,坚持更久些,谁就能成功!"

2. 让孩子明白"荒于嬉"的危害。

学业或事业的成功在于勤奋,而学业的荒疏则在于贪玩。当然,作为孩子,适当地玩耍是无可非议的,但不务正业、过分地玩耍,甚至是有害地玩耍而荒废了学业,影响了前途,这个危害可大了。

父母是孩子的首任老师,孩子的成功与否,父母有重要的责任,没有教不好的孩子,只有不会教的父母。

孙明是个五年级的学生。孙明的父亲在外打工,他和妈妈、妹妹在家生活。可妈妈有个"爱好",爱打麻将,玩扑克,有时放学回家,妈妈也不在,孙明连饭也吃不上,有时吃点冷饭什么的,孙明感觉很不是滋味儿,他也和同学玩起了扑克,而且越玩越上心,经常旷课,玩赢了就大吃大喝,抽烟喝酒,玩输了就向人要钱或借钱,后来居然发展到偷!最终他和几个哥们儿走进了少管所。他母亲哭着说:"这该怎么办呀?"有人批评说:"他是跟你学的。"其母听后哑口无言。

这就是"荒于嬉"的危害。

三、应采取的措施

措施一:循序渐进培养孩子勤奋。

孩子的懒惰不是天生的,是后天逐渐养成的,其原因有多方面,因此,要为孩子将来的健康发展考虑。另外,孩子年龄小,各方面还欠成熟,意志和毅力也不及成人,因此,父母在培养教育过程中,要循循善诱,循序渐进,引导孩子逐步勤奋起来。

东亮是个懒惰的孩子,早晨不起床,起来不洗脸不刷牙,晚上不洗手脚就睡觉,在家从不帮大人做家务,而且懒得连作业也不爱写,不爱学习,因此,成绩越来越差,受到了老师的批评。妈妈知道后给他讲名人勤奋努力的故事,并教育他按时起床,洗脸洗手,自己的事自己做,还帮助他制定学习计划;东亮开始勤快了,学习也努力了,班内月考试得了第十二名,他高兴地说:"我再也不做懒惰的孩子了。"妈妈鼓励他说:"你要坚持不懈,争取做得更好。"

父母教育孩子勤奋,要耐心,要循循善诱、循序渐进,不要苛求孩子做超过自己能力的事,也不可急于求成。

措施二:通过立志激励孩子勤奋。

父母从小要培养孩子立志,这很重要。俗话说"有志者事竟成",如果教育孩子向名人学习,从小树立远大志向,他就会用自己的志向激励自己勤奋,去努力实现自己的志向。

明星是六年级的学生,一天爸爸问明星:"孩子,你的志向是什么?"明星想了想说:"我想当个医生,长大后给人治病。""很好。"爸爸说,"可当个好医生不容易,必须从现在起就要勤奋学习,努力奋斗才能达到目的。"明星说:"我一定努力。""那你就向当个好医生奋斗吧。"爸爸说。

在现实生活中,父母要及时发现孩子的兴趣爱好,帮助孩子树立远大志向,当志向确立后,鼓励并帮助孩子不断向志向奋斗,前进,孩子自然会勤奋起来。

培养孩子勤奋的方法还有许多,比如鼓励孩子多参加劳动、放手锻炼、勇敢坚韧等。总之,应根据孩子的实际情况对症下药。

第五节　意志坚强是孩子前进的动力

意志坚强是指为了达到既定的目标而自觉、不断地努力的心理状态、如不屈不挠的意志等。

一、意志坚强的重大意义

什么是意志力？简而言之，就是为完成自己的目标所产生的动力。

一个人意志的强弱是事业成败的关键之一，而意志力是一个人为实现自己人生价值而努力奋斗的高贵品质，也是克服障碍、争取胜利的睿智和力量。

一个孩子，如果树立了坚强的意志，就会有决心，有毅力，克服困难，奋勇前进，哪里跌倒再从哪里站起来，总结教训，继续前进。而意志薄弱的孩子往往耐力差、听课注意力不够集中，或不能持久做事，忽冷忽热，不能持之以恒，碰到困难就会打退堂鼓。特别是一些成绩较差的学生，大多数对学习欠钻研，有懦弱或自卑等心理，缺乏坚强的意志。意志薄弱者前怕狼后怕虎，成功的几率少，所以要让孩子取得成功，培养和磨炼他们的意志很重要。

向前是个聪明的孩子，上三年级，老师说向前理解力强，反应也快，可就是耐性差，一节课只能安静十多分钟就坐不稳了，写作业也一样，先认真后马虎，有错误。母亲发现向前在其他事情上也一样，先紧后松，起初热情高，很快就没兴趣了，学习成绩也下降了，母亲担心向前这样下去，虎头蛇尾，会什么事也做不好，该怎么办呢？

心理学家分析：小孩大多有耐力差、先紧后松、虎头蛇尾的缺点，特别是现在的孩子，一是因父母的溺爱，事事包办代替；二是孩子入学年龄小，因此自我解决问题的能力差，坚持不懈的毅力弱，抵抗挫折的耐力低，所以父母从小就要培养孩子的意志力。

高飞的字写得不好，爸爸让他练书法，高飞很高兴。于是爸爸领着他到书店买了钢笔字帖让他练，可练了几天就不感兴趣不练了。爸爸说："像你这样三天打鱼两天晒网的什么也干不成，人家庞中华夜以继日地练书法，后来成为名家。你必须每天坚持练半小时，练一年再说，我要检查。"不到一年，学校举行钢笔书法比赛，高飞得了奖，受到老师和同学的赞扬。爸爸说："开始练毛笔书法吧。"于是又为高飞买了书法用具，一个月后，高飞有点骄傲了，说："我学会了。"爸爸一看："差得远呢，人家王羲之经常在水池边练书法，把池水都染黑了，才终于成名。你要向人家学习，做到潇洒自如，下笔如有神才行。"相信经过父亲的培育，高飞定会成功的。

意志坚强的人遇到困难不退缩，能想办法克服，直至成功。意志薄弱者往往知难而退，达不到目标。所以，父母从小就要培养她们良好的意志力。

二、怎样培养孩子的意志力

明霞从小身体弱，经常有病，妈妈也特别照顾她。渐渐地，明霞变得害怕困难，三心二意，意志越来越薄弱了。妈妈看到女儿这样很是担心，就留心培养她的意志力。

星期日，一家人去爬山，爬了一会儿明霞就不想爬了。"那就歇一歇吧。"妈妈说。"要坚持，坚持就是胜利。"爸爸说，"要锻炼，要坚强。"并许诺只要爬上山顶就奖励女儿。明霞满口答应，但爬了不远又开始耍赖，妈妈鼓励她坚持一下，并给她讲红军爬雪山过草地的英雄故事，这样边走边讲，不知不觉爬上了山顶。

站在山顶，远处的景色一览无遗。妈妈对明霞说："山外有山，天外有天，今天你爬不上山顶，能看到这样美丽的景象吗？"又说，"孩子，无论做什么，都一样需要有坚强的意志、克服困难的决心才行，没有坚强的意志，什么也干不成，比如今天，你不坚持能登上山顶吗？"爸爸也插话说："你看登上顶峰的人多高兴，还有许多半途而废不敢登峰的。好比竞赛一样，意志坚强者就能成功，意志薄弱者永远成功不了！"明霞听了以后说："爸爸妈妈说得很对，这是一次难忘的教育，今后我一定要坚强起来。"

当然，培育孩子的坚强意志不是一蹴而就的事，需要家长经常培育指点，防止反复，因为不少孩子开始信心足，一旦遇到困难就退缩，应告诉孩子，成功在于坚持和意志力。

三、应采取的措施

培养教育孩子确立坚强的意志，应采取以下几方面的措施。

一是让孩子满腔热诚地投入学习。因为学生的主要任务就是学习，努力学习，掌握科学知识，成为有知识、有品德的优秀人才，将来才能更好地为祖国、为人民服务，要向成功者学习，这是成功者的共同经验。对学科学有热诚，因为成功只有在热诚的行动中才能产生。二是要有战胜困难的思想准备，意志要坚强。因为在前进中充满荆棘，必须用智慧和意志去战胜它。三是要有持之以恒的精神。急于求成，只能把事情弄糟。四是要有勇于探索、发明创新的理念和精神。

一个人是否坚强，与父母从小对孩子的培养有很大关系。

兰兰是个三年级的学生，有上进心，但是性格软弱，意志力不坚强，其特点是爱哭。比如作业完不成急得哭，有不会的问题会哭，老师纠正其错误也会哭，同学说她几句就会悄悄流泪。有一次，妈妈看见兰兰又伏在写字台上流泪，一问原因，原来有两道数学题不会做。妈妈看了看,然后教会了她。兰兰问:"妈妈,我是不是很笨?"妈妈说:"兰兰很要强,很聪明,就是有一个缺点,妈妈今天给你指出来,希望你今后改正。""什么缺点?"兰兰问。"就是爱哭,这是性格软弱、意志力不坚强的表现。你想,靠哭能解决问题吗?不能。一切全靠自己动脑筋想办法解决才行。"妈妈停了一会儿,又补充说:"妈妈教给你几种树立坚强意志的方法,希望你牢记并锻炼试行。"于是妈妈耐心地教育了兰兰。妈妈说:"比如制订学习计划、坚持顽强拼搏、为理想而奋斗等,都是帮你学好文化科学知识的钥匙。"兰兰高兴地说:"以后我一定要按妈妈说的办。"

父母要帮助孩子克服性格中意志薄弱、懦弱、消极的一面,教育孩子意志坚强,自我完善、自我提高,使孩子在自我教育学习中,逐步形成自己的优良品质和毅力。

第六节　文明礼貌等美德是做人之本

美德,是指一个人的美好品德。俗话说:"美德就像一朵花,美德少年人人夸,文明礼貌好品德,文明少年前途大。"父母要从小培养孩子勤奋自强、友善助人的美德,具有文明礼貌的优良品质。

一、具有美德文明的重大意义

"少年强则国强,少年独立则国独立。"继承前辈的光荣传统,必须具备品学兼优、自强不息的品德,具备爱国爱民、文明礼貌的人格,具备敬老孝亲、助人为乐的精神。他们如同春天的秧苗,只有园丁精心浇灌培育,方能成为栋梁之材,成为共产主义的接班人。

美德是每个青少年应具备的优良品德!青少年的美德,能弘扬社会正气,传播社会文明、友善、和谐,向社会传递正能量!美德包括许多内容,除文明礼貌外,有自尊自强,还有无私奉献、富有爱心、热心公益、关心集体等,遵纪守法也是一种美德。

2014年10月1日,中国最美乡村少年颁奖会上,公布了全国各地农村的最美少年,他们家庭贫穷,是留守儿童,但他们都有一颗孝心,有一种美德。年龄虽小,却做出了惊人的事迹,受到了人们的尊敬和赞美。他们特别值得青少年们学习看齐。如黑龙江人王金琪,8岁。1岁时父母离异,跟爷爷奶奶一起生活。爷爷有病,奶奶聋哑,生活十分艰难。他养鸡鸭,种果树,卖钱给爷爷治病,维持生活。学习一直保持前三名。他每天上学,学完主课就请假和聋哑奶奶一起卖鸡蛋、果子维持生活,还给爷爷按摩、煎药。邻居都夸他是个好孩子。他说:"我要努力学习,将来要让爷爷奶奶安享晚年。"俗话说:"家贫出孝子,国乱显忠臣。"确实是这样。

党中央十分关心青少年的成长。2015 年 8 月 25 日,在纪念关心下一代工作委员会成立 25 周年,暨全国关心下一代工作表彰大会上,习近平同志作出重要指示,代表党中央,向受表彰的先进集体和个人致以衷心的祝贺,希望同志们坚持服务青少年的正确方向,着力加强青少年思想道德建设,引导青少年树立和践行社会主义核心价值观,支持和帮助青少年成长成才,团结教育广大青少年听党的话,跟党走。

二、应采取的措施

如果说青少年是一块闪耀的宝石,那么文明礼貌等美德就是宝石所散发的光芒。如果没有美德,作为青少年就等于没有灵魂,而有高尚品德的青少年,即使外表平凡,也能散发出迷人的光芒,这就是心灵美的意义,那么,作为父母,就应该从小重视孩子的品德教育。

第一,家长本身要特别注意自己的言行,父母的言行不佳,教育孩子就没有说服力,也很难教育好,家长要以身示范,潜移默化,要求孩子做到的,首先自己要做到。

第二,父母要教育孩子明白:良好的品德修养是孩子成长的重要基础。中华民族是礼仪之邦,文明古国,信仰仁、义、礼、智、信、忠、孝等。现在虽然不能完全信从那一套,但是应取其精华,去其糟粕,比如仁爱、孝道、正义、文明、礼貌、诚信等美德,还是应该大力提倡学习的。特别是在新的社会文化环境下,道德修养的教育对孩子的成长更为重要。如果孩子明白真善美和假恶丑的区别,就会逐步养成良好的道德品质。

第三,教育孩子要学习前人的美德。父母要培养教育孩子学习前人的美德,以前人为榜样,用以陶冶孩子的情操。家长可以多买一些关于品德修养、名人故事这方面的书籍让孩子学习。比如古代有"孔融让梨""神童陆绩孝母""黄香温席""木兰代父从军"等故事;现代有雷锋、焦裕禄、王进喜、乡村美少年等人物,这些都需要孩子们学习。

第四,美德的养成还体现在为孩子创造一个好的外部环境上。古代有"孟母三迁"的故事,俗语说"近朱者赤,近墨者黑",如果某个同学或朋友学风不好,品行不正,长此以往,孩子肯定也会被带坏的。所以,让孩子多结交一些品德好、爱学习的朋友,孩子才能健康成长。

第五,父母教育孩子有文明礼貌等美德,应从小事做起。比如同学之间要团结友爱,关心体谅他人,学会待人接物,礼貌用餐,尊长爱幼,公共场所要遵守公共秩序、爱护公物等,还可以让孩子参观一些英雄模范纪念馆,学习他们的美德和精神。总之,孩子的美德要从小抓起,坚持不懈。

第七节　预防孩子染上坏毛病

坏毛病包括很多,比如爱骂人、打架、偷窃、不文明、不礼貌、爱占便宜发脾气、浪费、迷恋电子游戏、上进心不强等。这些都是不良行为的表现,如果家长发现以后不及早制止和纠正,长此以往,孩子就会走上邪道,再纠正可就难了。因此,家长应尽早采取预防措施。

一、坏毛病对孩子的危害

俗话说:"正路犹如向阳花,香气扑鼻人人夸。邪道是条大深沟,掉进必定要受苦。"

在世界的每个地方,人与人之间的交往都需要文明礼貌,任何人说脏话、骂人、打架,都会让人反感、厌恶,进而丧失成功的机会。对于青少年而言,养成坏毛病必然会影响自己的未来。至于不道德和犯罪的行为,更是既害人又害己,所以家长要尽早防范,严加教育,举例阐明其危害,以防万一。还有的孩子性情粗鲁,暴躁或生活奢侈等,这些都是坏毛病,必然影响孩子今后的发展。

孩子若有了坏毛病,养成了坏习惯,必然要影响学习,不求上进;比如当今有些孩子手机不离手,迷恋于电视、电子游戏和网络,这是比较危险的,为什么呢?这是因为做什么都要有尺度,过分就会带来相反的效果,经常玩手机必然要影响正当的学习。偶尔听听歌或看看少儿节目是可以的,至于电子游戏和网络则对孩子的影响更大。因为电子游戏的娱乐性、趣味性、刺激性很大,青少年自控能力差,一旦玩儿起来就不能自拔,甚至走上犯罪的道路,因此父母要尽早预防,避免孩子沉溺于网络和游戏。

二、分析产生的原因

据心理学家解析,造成青少年染上坏毛病的原因有许多。但主要原因有下面几种:一是青少年自身的原因,二是家庭的影响与教育,三是学校原因,四是社会原因。

1. 青少年自身的原因。有的青少年对学习目的不够明确,因此学习欠努力认真,也有的学生因学习方法不当,记忆力不强,还有的学生感到在校生活枯燥无味,寻求外界刺激。这些学生的共同点就是学业成绩不理想,而且对学习认识不足,认为无所谓,甚至对学习失去信心,因此寻找伙伴玩耍。也有的学生因家长或老师的批评教育而产生抵触情绪或逆反心理,从而染上坏毛病。

2. 家庭对子女的影响。比如有的父母常年在外打工,孩子缺乏母爱、父爱。放任自流,使孩子染上坏毛病。也有的家长自己好吃懒做,使孩子的学习生活受到影响,同时也给孩子做了坏的榜样,让孩子也学坏了。还有的是家庭不和,经常吵架打架,给孩子造成阴影和思想负担,影响了孩子的学习和未来的健康成长。更有甚者,家中有吸毒者,弄得家庭不和,一贫如洗,甚至造成妻离子散的悲剧,严重影响子女的学习和身心健康。这些都是家庭给子女带来的负面影响。

3. 有时个别学校管理不善也可能给孩子造成负面影响。因为青少年时期正是长知识、长身体的时期,而且每个孩子都各有特点。一个班内有几十个学生学习、生活在一起,水平参差不齐,而且很容易发生矛盾纠纷,老师又不可能全都照顾到,所以在处理学习或矛盾纠纷等问题上,有的学生认为老师处理不公平而产生抵触情绪或逆反心理,因而故意不学习。当然,也有因为老师对顽皮学生进行过分批评甚至体罚造成的,还有由于外班顽皮学生的勾引影响而引起的。

4. 社会影响。社会影响是指社会上一些不正当的社会活动对青少年的影响,比如玩牌、赌博、酒吧、网络犯罪、电子游戏等。

三、采取措施

当家长发现孩子的某种毛病和错误后,要及早教育,以防问题更加严重。要和孩子沟通,找出产生的原因,采取适当的办法,对症下药地进行解决。

1. 解决孩子自身的欠缺。如果是孩子自己的认识有误,那么父母就应该帮助孩子明确学习的目的,树立远大理想,向孩子阐明学习文化知识的重要性,鼓励孩子向名人学习,向好学生看齐,努力上进。如果是方法问题,则教给孩子多动脑动手、多思多记等学习方法。教育孩子要正确对待家长、老师的批评教育,要结交好朋友,远离坏风气。

2. 做合格的父母。家长也明白,父母对孩子来说是最重要的,老师对子女的影响最大。因此,父母必须时时事事处处都做好孩子的榜样,做合格的父母,这样教育孩子才有说服力。每一个优秀的人才的成长,都凝聚着父母的智慧和心血。

所以,每个父母必须严格要求自己,坚决抵制上面所提到的各种不良行为和作风,和孩子一起成长,用科学的家教观念和家教方法,教育和指导孩子树立正确的世界观、人生观和社会主义核心价值观,为祖国和人民培养高素质的人才,这是每个父母的伟大而光荣的任务。

3. 配合学校共同教育。有的家长认为把孩子送入学校就万事大吉了。有时只问问孩子的成绩,完全依赖学校的培养教育,这种认识和做法是片面的。为什么呢? 一是因为学校教育也不是万能的;二是学校教育带有普遍性,它面对的是全体学生,不一定适合每个孩子;三是孩子犯错误,老师的批评教育只限于在学校,这就需要家长和学校紧密配合,查漏补缺,共同培养教育好孩子。

第八节　互相交流,向先进者学习

教育是一项崇高的事业,对促进社会进步,实现国家发展、人民幸福具有基础性作用,教育要重视关爱青少年的健康成长,对教育的投入是对人类未来最重要的战略。

邓小平同志提出的"教育要面向世界,面向未来,面向现代化"的战略,深刻地阐明了教育发展的方向。

家庭作为最重要的培养教育子女的阵地,家长的任务是十分光荣而艰巨的,因此,在教育子女方面,家长之间还需要互相交流,取长补短,共同提高,还需经常学习国内外其他优秀家长教育子女的一些先进事迹和方法,为我所用。

诗曰:少年

中国少年当志强,从小树立大理想。

艰苦奋斗不停步,科技奥妙勇敢闯。

思想品德多修养,文化科学脑中装。

长大建设新中国,大国变为世界强。

第四篇

04

| 初 中 篇 |

第十二章

初中生的心理特点及教育

　　学生进入初中,表示即将进入青春期,青春期意味着男女生殖器官慢慢发育变化。一般来说,男子的成熟期在十五六岁,女子的成熟期在十三四岁。青春期是孩子生理、心理、社会行为等各方面急剧变化的时期,也是孩子发育成长的第三个高峰期,其特点是思想欠稳妥,性格变化大。因此初中期既是教育的困难期,也是佳境期。如何帮助孩子度过美好的青春期,是老师和家长应特别重视的问题。

第一节　初中生的生理特点

　　学生进入初中后是生长发育的第三个高峰期。这一时期的学生,从生理而言,各方面都有明显的变化和特点,比如从生理期形态上看,因内分泌的变化,行为智力等都有所改变,男女生也有明显的区别。

　　在此阶段,初中生的身心机能有哪些特点变化呢?根据科学家的长期研究总结,主要表现在身体外形的变化、内脏机能的逐步成熟,以及性格思想和性成熟等几个方面。

　　据有关资料表明,青春期的孩子身高每年要长高8厘米左右,有的或更多些,到15岁以后生长速度又逐渐慢下来。当然,每个学生因遗传、营养等因素不同也有差别。女孩的生长速度和男孩略有不同,一般女孩儿大多从9岁左右进入生长加速期,到13岁左右达到高峰,因此说女孩的发育成长要比男孩早一些。孩子的身高增长是由孩子身体内部的生长素决定的。

　　据有关部门统计,城市生活的男孩从13岁开始,体重迅速增加,平均每年增长6千克左右,到15岁以后又逐步慢下来。而女生发育较早,约从11岁开始,体重增长加快,平均每年约增加5千克左右,十二三岁是增长高峰期,到14岁以后增长速度又逐渐慢下来。应当指出,由于每个孩子的身体素质和营养不同,发展也不一样。

第二节 男女生的区别

处于青春期的男女,另一个重要表现就是身体机能的健全。比如血压趋于正常,肺活量增强,身体各器官正在成长,逐步趋于成熟,大脑发育也基本成熟。但处于年轻阶段,记忆力较强,思考分析力较弱。

青春期的男女因为身体各器官的发育成熟,所以男生女生的区别也逐渐明显起来,表现在许多方面。比如男生的喉结变大,明显突出,声音变粗变低。从身体的表象看,男生的身体健壮结实,体格强健,肌肉增多,身高明显高于同龄女生。而另一个重要的特点是开始长胡须、长体毛,标志着性功能开始成熟,男生开始遗精。而女生的特点是说话唱歌声音变高变细,皮肤变细变白,乳房突出,臀部变大,脂肪增多。而更明显的特点是女生也开始长体毛,出现月经。

初中生一般14到16岁就进入青春期,这时候各方面的变化都是很快很大的。对于男女青年而言,这些变化既有相近处也有不同点,这是因为人的生理发育与心理发展特别密切。

初中生随着青春期的到来,生理的变化对心理思维的冲击是较大的,他们往往处于矛盾心理状态,表现在他们的反抗和依赖、勇敢和懦弱性,以及自满和自卑等心理。这些都是青春期孩子的共性,比如有的孩子动不动向大人发脾气,家长不放心,想过问他们一些事,得到的回答往往是:"我的事用不着你们管。"这表明孩子有了要求独立的思想,这时的父母要多观察孩子,如果没有大的毛病不可多啰唆,不然会适得其反,如果发现问题,可在孩子心情舒畅时进行沟通,进行正面引导教育。

心理学家认为,造成青春期学生思想不稳定的原因主要是生理的变化对心理活动的冲击造成的,这是人生的发展规律。但家长应重视对青春期孩子的培育,发扬正气,纠正邪气,从实际出发,仔细了解子女的情况,及时沟通,耐心引导,合理要求,帮助孩子处理好各种矛盾,同时对孩子进行性心理教育,让孩子身心健康地成长。

青春期的男女性格特点的差异是多方面的。比如男子性格豪爽,女子文静。男子爱探险女子爱红妆。男子易怒,女子爱哭。男子力大,女子较弱,所以在古代科技不发达的情况下,男子主外女子主内。根据《易经》的理论,男子为天普照大地,女子为地厚德载物。男为阳女为阴。男为乾,女为坤。

第三节　初中生易出现的精神偏差

初中生进入青春期后,也进入了一个充满梦幻与幻想、矛盾与困惑的时期,一方面他们有丰富的幻想,长大后想做这想做那,想出人头地等,但另一方面又感到学习压力重、缺乏自由等,再加上情窦初开,又缺乏知识和明智的思考,所以,往往处于矛盾和困惑的心理状态,如果教育不及时或不恰当,容易出现心理偏差。

1. 心理精神偏差的表现及预防。

这时的初中生心里有许多秘密。比如有的因对异性的爱慕而整天胡思乱想,有的因受到挫折而灰心丧气,有的因和同学交往受到冷遇而郁闷,也有的学生因学习问题受到老师的批评和同学的嘲笑,还有的学生因做了错事而担心受怕。如果不能正确处理他们的心理矛盾和困惑,则有可能使他们的青春期变成危险期。

这个时期的难处就在于孩子有事或隐私,不愿和家长沟通,闷在肚里长时间得不到解决,就容易出现心理偏差,尤其是性格内向的女生更多见。

对于上面所提出的问题,如果家长没有及时发现和妥善处理,学生就有可能出现精神疾病,比如抑郁症、神经官能症、生理性紊乱症、精神衰弱或分裂症等,给孩子的健康成长和学习带来影响。所以学校老师要向学生讲青春期保健的好处及容易发生的心理精神偏差等问题。作为学生家长要更多观察孩子的表现,多沟通,正面指导,有的放矢地解决问题,让孩子愉快、健康地度过青春期。

2. 易出现的其他症状及预防。

有的学生要强,因学习太刻苦而造成神经衰弱,也有的因事不能如愿而胡思乱想,夜不能寐,进而产生头痛、失眠等现象,心情长期郁闷,严重者会出现神经分裂症状及癔病等。因此家长在进行教育的过程中要对症下药,提前打好预防针,对他们的心理情绪及行为等问题及早发现,及早协调,让他们的心情经常处于乐观愉快的状态。

第四节　预防初中生的行为偏差

初中阶段既是一个充满活力、精力充沛的时期,也是一个充满矛盾困惑的阶段,除去上面一些心理行为上的偏差外,还会出现一些其他行为偏差,比如狂躁症、叛逆行为等。其表现形式为易怒,发脾气后打架,或者不听话,不守规矩,不学习,追求无原则的自由。因此学校和家长要特别注意及早预防这种行为偏差的出现。

一、产生行为偏差的表现及危害

初中生产生行为偏差的表现比较突出。有的抽烟喝酒,有的上网逃学,有的聚众斗殴,有的甚至当扒手,既影响自己的健康成长和未来前途,又给学校带来不安定因素,给家长带来麻烦,给社会带来坏影响。初中生出现这种行为偏差的原因,可分为内因和外因。首先,从内因角度分析,初中时期是每个人的生命发展中的一个比较特殊的阶段。他们既充满梦幻,又存在许多困惑,幼稚与成熟并存,是心理活动激烈而又不稳定的特殊时期,为什么呢?据专家研究指出,这是因为这个时期生理发育迅速,两三年内身体各方面就发育成熟,进入青春期,但心理发育的速度跟不上,这就会出现身心不平衡状态,从而导致产生各种矛盾和困惑。其次是外因的影响。比如有的父母长年在外打工,把孩子送入城镇中学读书,把培养教育的任务全部交给学校老师,由于孩子缺乏家庭的温暖和培育管教,加上在农村人相对比较少、自由,来到城市有些不适应,也会出现心理偏差。因此说孩子进城读书一定要有自强不息的精神,要尽快适应新环境。因此,父母要了解孩子青春期容易出现心理偏差的原因,及早预防,采用科学的教育方法和孩子共同成长。

二、怎样帮助孩子顺利度过青春期

对孩子的心理行为表现,家长要多观察、多了解情况,要尊重孩子的权利和人格,承认他们是一个独立成员。在处理问题时,要温和客观,平等相待,让孩子心服口服,这样才会取得事半功倍的效果。

家长应该明白,孩子已经长大,和孩子要平等相处,家长应去掉专制作风,要关心尊重、信任他们,尊重他们的自主权及隐私权,要让他们感受到父母对他们的爱和希望,只有这样他们才会自觉地努力上进。

造成孩子和家长顶撞的原因之一,往往是家长的教育方法有误。俗话说"一句话把人说恼了,一句话把人说笑了",这说明说话要有艺术。培养教育子女更是一门艺术。对孩子的逆反心理,父母应根据其心理特点,从行为危害方面进行指导,掌握时机,在孩子心情舒畅时进行交谈,采取引入法、先扬后抑法或协商讨论等各种方法,既要多样化,也要创新,要因势利导,切忌粗暴干涉。

总之,培育孩子的方法有许多,只要科学得法,相信会培育出栋梁之材的。

第五节　预防孩子过度玩手机和上网

随着科学的进步和社会的发展,科技已进入千万家,世界已进入网络时代和信息化时代。

快速的科技变革带来生活方式、交往方式及观念的变革,青少年无疑是这场变革的生力军。但是作为中学生,不应过度地玩手机和上网,为什么呢?

一、不易过度玩手机、进网吧

当前不少初中生爱玩手机,他们走着玩儿,坐着玩儿,玩儿得十分开心,还有不少初中生喜欢到网吧玩游戏,有的甚至玩到凌晨以后。

为什么不宜过度玩手机、进网吧呢? 凡事都有个度。做任何事情都是一样,超过了度就会出现问题,就会得不偿失。

初中生过度玩手机进网吧有如下几种危害。

1. 学生过度玩手机或上网,会严重影响正常的学习和生活,因为时间是个常数,这方面占用的时间多了,必然要挤掉另一方面的学习的时间。再者,手机互联网对初中生有很强的吸引力,意志薄弱者和控制能力差者会越玩儿越上瘾,难以自拔。因此必然会影响学生的正常学习和生活,这样的事例有很多,有许多初中生因过度玩手机或上网而荒废了学业,影响了前途。

2. 初中生过度玩手机或上网,对身体会产生影响,因为长期过度玩手机、上网,亮着的屏幕和无线电波等电磁波的辐射,对人的眼睛和耳朵是有影响的。

二、应采取的措施

1. 家长应该根据孩子的心理特点,从心理和行为上进行引导,言明其危害。例如,过度玩手机或上网不但影响正常学习生活,而且还会养成不良习惯,特别是一些不适宜初中生看的内容看了后会腐蚀青少年的心灵等。也可以让孩子先说出心里话及今后打算,然后平等讨论、协商,家长说出自己的观点意见,让孩子自己思考比较。这样因势利异,必然能起到好的效果。

2. 家长教育孩子的方法要多样化,不同问题可采取不同方式,如启发式、讨论式、比较式、故事式、榜样式、约定式等,这样既可以和孩子拉近关系,让孩子觉得有趣新鲜,又能在欢愉的气氛中解决问题。除此而外,家长应定期督促检查,要严格要求,定下的制度或约定,要求子女严格执行,不能流行于形式,虎头蛇尾。

3. 让孩子多参加集体活动。家长应鼓励孩子多参加有益于身心健康的集体活动,增长见识,进行锻炼。如参加一些读书会、展览会。根据孩子的兴趣爱好参加各种活动,广交朋友,在集体活动中充实自己的精神生活,提高交际能力,同时还要培养孩子勇敢顽强、吃苦耐劳、奋发向上的精神和"胜不骄,败不馁"的品格,客观地认识、评价自己。家长还要培养教育孩子养成活泼开朗的性格、积极进取的精神和以诚待人的品德。

4. 培养孩子的读书兴趣是扭转孩子过度玩手机、进网吧的好方法。家长要告诉孩子读书的好处和重大意义,要多举一些古往今来名人热爱读书的事例。特别是当今社会科学飞速发展,日新月异,作为青少年要适应时代的发展变化,就必须努力学习科学文化知识,以赶上时代的要求。

总之,家长要以亲和平等的对话方式,多采取鼓励指导的方式,要因势利导地教育孩子,孩子的进步和健康成长离不开父母精心、科学的言传身教。

第十三章

初中阶段的学校教育

　　教育决定着人类的今天和明天,初中教育是基础教育,也是教育的关键期和黄金期。教育要全面贯彻落实教育方针,特别是学校和教师要从多方面采取措施,努力把我国的基础教育越办越好,让我国由教育大国走向教育强国。

第一节　对教师的要求

　　"教师是人类灵魂的工程师",这是人民给予教师的崇高地位和评价。教育是教育者对受教育者进行传道、授业、解惑等施加影响的过程,搞好教育工作,关键是教师。

一、教师应有高尚的道德品质

　　"打铁必须本身硬",教师的职责是教书育人,所以要求教师必须为人师表,要有高尚的思想道德品质,时时做学生的表率,要热爱教育事业,要认清自己肩负的使命和重任,要有无私奉献的精神,要引导和教育学生热爱祖国,热爱人民,从小树立远大理想,勤奋学习,立志成才,长大后全心全意为祖国、为人民服务,做祖国和人民需要的栋梁之材。

　　祖国的繁荣昌盛,靠的是科技人才,中华民族历来就有尊师重教、崇智尚学的优良传统。当今祖国的建设,更需要大批师德高尚、业务精湛、精明强干、充满活力的高素质教师队伍奉献他们的才智。

二、教师的重要职责

　　教师的主要职责是向受教育者传播思想、传播科学文化知识、传播真理,同时也要塑造人的灵魂,教人怎样做人成才,因此教师要对学生负责,要对家长负责,对社会负责,要和学校、家长、社会密切配合,共同搞好教育教学工作。

教师在培养教育学生过程中起着主导作用。一方面，教师通过课堂教学和课下辅导作业等多种方式，对学生施加有意识的影响。另一方面，教师是教育方针和教学大纲的具体执行者，在教学过程中是学生的直接组织者、领导者。在任何学校里，最重要的是课堂的政治方向。这个方向由什么来决定呢？完全只能由教学人员来决定。

教师的主要职责是在教育教学工作中起着组织、引导、启迪的作用，学生是主体。在教学中，教师不能代替学生，牵着学生的鼻子走，而是要启发学生的积极性和主动性，发挥学生的智能和潜能，以提高学生的素质为主，尽量开拓学生的创新思维能力，但不能放任自流，要牢牢把握教师是主导、学生是主体这个原则统一体。

小学初中阶段都是基础教育，基础教育是立德树人的事业。这一时期的学生模仿性最强，也最崇敬老师，又因为这一时期是学生思想品德的形成、智力的开发、学习习惯的养成等打基础的重要时期，因此需要中小学教师付出更加辛苦的劳动。

总之，教师的重要职责是教好书、育好人，为培养好接班人奉献自己的毕生才智，所以教师的工作理应受到尊重，应在全社会弘扬尊师重教的良好风尚。

第二节　教师工作的特殊性

一、长期性

教师工作的长期性有以下几种原因。

1. 教师工作的长期性是由人类成长的周期决定的。教师工作的特殊性在于他们培养的是人，是聪明伶俐、生龙活虎准备接受培养教育的儿童和青少年。俗话说"十年树木，百年树人"，培养人才需要相当长的时期才能看到成效，而且有不同的阶段和规律，这就是教师工作的特殊性之一。根据这一特点，教师应用战略的眼光培育学生，要教育学生富有理想，热爱学习，奋发向上，并锤炼高尚的情操和丰富的精神生活，要全面地看待学生的成长，不应单看分数，因为成才之路是多方面的。

2. 人才培养的长期性在于科学文化知识是纷繁复杂、奥妙神奇的，而且随着科学文化知识的进步和发展，人类对科技的探索越来越深入，因此掌握并创新各种科技知识不是一朝一夕的事，需要长时间的艰苦努力方能有所成效。这就要求教师在教育工作岗位上勤勤恳恳地工作,坚持不懈地长期努力,这样才能使新一代接班人茁壮成长,成为祖国的栋梁之材。为此,教师要处理好长远性和阶段性的关系,千里之行始于足下,一步一步地扎实培养,各年级各科目互相配合,共同把好质量关,让学生打好基础以后才能结出丰硕的果实。

3. 教育工作既有长期性,又有阶段性。随着学子们年龄的增长,他们的知识也在逐步丰富,思考分析能力也在逐步加强。因而要求各级教师必须有比较渊博的知识,广泛的爱好和才能,这样方能教好学生,受到学生的敬佩。因此各年级各科目教师要互相交流协作,共同搞好教学。

学生是花朵,教师是园丁,只有园丁辛勤地浇灌花朵,并且给予丰富的营养知识,花朵才能花繁叶茂,茁壮成长! 俗话说:"教师要给学生一桶水,自己必须是长流水。"因为学生会提出各种问题,需要教师做出正确圆满的解答,这就要求教师必须知识宽厚,深入理解教材,提取精华传授给学生,从而提高教学水平和质量。

教学的阶段性是指不同年级不同阶段,教材内容也不同。所以教师要根据教材的性质,结合实际进行教学,从多方面提高学生素质。

二、复杂性

教师的工作是复杂的脑力劳动。科学知识本身是复杂的,再加上教育任务的多面性、学生因素的多样性、以及教育过程中各种矛盾的复杂性,共同造成了教师工作的复杂性。

科学本身是一门奥妙的学问,再加上分门别类等,教师要把这些科学知识教给学生,是一个比较复杂的工作和过程。另外学生每天循环往复,要学语文、数学、外语、政治、历史、物理等好几门课程,要学习、思考、记忆、掌握、探索,这也是一个复杂的过程,这就需要师生的互动教学协作以取得良好的效果。

三、多面性

教师既要教书,又要育人,要让学生德、智、体、美全面发展,这也是教师工作中的一个复杂过程,而且智育也包括诸多方面,不但要掌握基础知识,还要提高学生能力、素质,挖掘其潜能、智慧等,许多小、初教师要担任几门课程,因此需要多方面的知识和才能才成。

四、表率性

教师的工作还有一个很重要的特点,就是表率作用。这是因为教育的过程不仅是师生双方互动的过程,而且是教师对学生全面施加影响的过程,教师的言行直接影响着学生,因此教师要事事处处做学生的表率,言传身教作用才能更大,更好。

教师的表率性是多方面的,比如教师的示范性就特别重要,教师和学生朝夕相处,教师的言行都是学生学习的表率,所以优秀的教师总是时时刻刻严格要求自己,做学生的好榜样。

教师的表率性,还表现为在课上讲课、课下学生提出问题,教师要做出示范,让学生有样子可效仿。教师认真地工作,严格要求自己和学生,学生也会养成一丝不苟的学习作风和习惯。

教师对学生的情感也对学生有着特殊的感染影响作用。比如,教师对学生的某些毛病或欠缺,应当满含爱心地去指出,鼓励改正,要比批评讽刺的效果好许多,特别是对高年级初中生更是这样。

教师的表率性还表现在对工作的认真负责,努力学习文化、科学知识,锐意进取,与时俱进,改革创新等一系列职业道德方面,热爱教育事业,对学生满怀热情。教师这样辛勤的耕耘,必定会在教育事业上取得辉煌的成绩,受到学生的尊敬。教师工作的表率作用也说明了教师任务的艰巨和光荣。

五、创造性

教师工作的对象是有头脑、有思想、有情感的鲜活的儿童或青少年,他们有人类的共同特征,但又千差万别。教师的任务是要把他们培养成为新社会建设所需要的各种人才。他们不能像物质产品那样,用同一个模子铸造,因而需要教师遵循教育教学规律进行教学,而且要以人为本,与时俱进,进行创造性的工作。

教师工作的创造性表现在教学过程中,要把创新贯彻于教学的始终,教师要努力培养学生的创新观念和创新能力,培养学生多动脑,多动手,多探索,养成良好的创新意识和习惯,为以后更好的发明创造奠定坚实的基础。

教师工作的创造性也表现在对不同学生采取不同的教育方式,因为每个学生都是一个特殊的人,教师既要按照教育方针和教学大纲教学计划的要求培育学生,又要重视学生的差异,对不同的学生采取不同的办法进行教学,尽力发挥学生的兴趣爱好和个性特长。同时,教师不但要创造性地搞好工作,而且要创造性地做好人的工作,应做到一把钥匙开一把锁,这样才有良好的效果。

教师工作的创造性还表现在教学中,课要讲得生动活泼、用词精炼、语言流利、内容深刻等,对学生有强烈的吸引力,让学生加深印象,不易忘掉。并且教师可根据教材内容的不同,不断变换、创造新的教学方法,还要以学生为主题,经常征求学生好的建议和意见,改进自己的教学工作。同时教师应当互相观摩交流,取长补短,共同提高教学水平。

教师工作的创造性更表现在不断地解决矛盾,教师要善于不断地解决各种矛盾。教师在从事教育工作中所教的学生不知要变换多少次,他们各具个性,不是固定的物体,这就要求教师不断地研究新情况,不断地解决新问题。

总之教师的工作是一种艰辛的创造性的劳动。科学家爱因斯坦曾说:"成功 = 艰苦的劳动 + 正确的方法 + 少说空话。"教师的工作就是这样。

第三节　教师应具备的素养

当今世界,由于科技的日新月异和社会突飞猛进的发展,各国之间的竞争也越来越激烈,党和国家的事业发展需要大批师德高尚,知识渊博,业务精湛,充满活力,热爱教育事业的高素质、专业化教师队伍,需要大批好老师,这是我国实现四个现代化、实现中华民族伟大复兴的中国梦的奋斗目标所必须和必要的。而且教师职业是人类社会中永恒的职业,这是因为教师对人类的社会生活、对科学文化的发展及人才的培养起着极重要的作用,而且随着科学的进步和社会的发展,教师的工作会更重要。伟大的捷克教育家夸美纽斯曾说:"我们对国家的贡献,哪里还有比教导青年和教育青年更好更伟大的呢?"(《大教学论》第四页)他认为教师的职业是太阳底下最高尚的职业。

教师应具备的素养:

1. 在思想品德方面,教师要有较高的马克思主义理论水平和高尚的道德情操,要有科学的世界观、人生观和社会主义核心价值观。教师要为人师表,时时、事事、处处做学生和他人的表率,要担当得起"人类灵魂工程师"的光荣称号。

教师高尚的品格对学生的一生会产生深远的影响。比如毛泽东同志高度赞扬他的老师徐特立同志"革命第一、工作第一、他人第一"的崇高品德,称徐老"你现在仍然是我的先生,你将来必定还是我的先生",表现了对老师的无限崇敬之情。

学生是老师最严格的评论家,学生密切注视着教师的言行和一举一动,有的学生甚至还会模仿老师的言行,所以说作为教师,他比任何其他职业人员更需要严格要求自己,让自己的品德行为更加美好,成为学生的表率。

2. 教师应有较渊博的知识和素养。为培养教育好学生,教师首先要有比较渊博的科学文化知识,还要学习教育理论,学习心理学、教育学等知识,用于更好地培养教育学生。必须有扎实广泛的基础知识和专业知识,了解教学大纲的要求和本学科的内容等。为此教师要终生不断地学习，不断地开拓、更新自己的知识，不断地提高自己的工作水平和能力。因为教师知识越丰富渊深，对教材的理解分析能力就越深入，也就能从中提取精华教给学生，提高教育质量。

总之，教师要明白自己所担负的重大责任，所以要求教师"打铁必须自身硬"。

3. 热爱教育事业。热爱教育事业是教师的职业道德。什么是职业道德呢？所谓职业道德是指从事某种职业的人，对他所从事的事业非常热爱，对他服务的对象非常认真负责，以及能和同事们正确地处理好关系等。教师只有具有高尚的职业道德，方能搞好教育教学工作。

教师的职业道德包括许多方面，首先是热爱教育事业，热爱学生，这是教师最重要的品质。没有真诚的爱就不会搞好教育，就会敷衍了事，不愿做琐碎的工作，就会见异思迁。

爱是一种情感，只有植根于爱，爱生如子，才会有自我牺牲的精神，才会毫无保留地把自己的精力、智慧、知识才能等奉献给学生。教师对教育事业和学生的热爱是基于对革命事业的责任感，因为学生是未来的希望，关心学生，就是关心祖国的伟大前程，当老师有这样的觉悟，爱的情感就会提升。

教师对学生的热爱和严格要求是统一体。教师对学生的爱是以爱的心情教育学生怎样做人怎样成才。而爱绝不是溺爱，绝不是无原则的迁就和放任自流，而是体现在对学生的严格要求上。教师对学生的热爱是对学生进步的巨大鼓舞，也是一种巨大的教育力量。一名优秀教师必然是热爱学生的模范，也必然是受学生敬佩爱戴的老师。

教师与学生通过教与学建立起情感的纽带。老师通过"动之以情"以达到"晓之以理"的教育方式，去开启学生的心扉，使学生乐于接受老师的教诲，形成"学而不厌，诲人不倦"的良性循环。

教师热爱教育，热爱学生，还表现在对学生没有偏见，因为偏见会给学生留下长久的伤痕，使其丧失前进的信心。

4. 掌握教育规律，学会教育艺术。教育是一门科学，也是一门艺术。教育工作是一项复杂的社会实践活动，教师只有掌握教育的客观规律，了解学生不同阶段的各个心理特点，采取科学的教育方法，方能取得良好的教育效果。

教师要互相交流学习，共同提高教学能力和教学质量。对学生的要求要统一。要求不一，一是学生无所适从，二是教育效果就会抵消。教师要有集体观念。这是因为学生所学知识是多方面的，需要各科教师的紧密配合，人才的成长要经过许多教师长期的共同的努力才能完成。教师还应有良好的语言素养和流利的口才，还应有良好的组织能力等，要不断学习，不断提高。

总之,热爱教育事业,热爱学生,是搞好教育教学工作的必要条件和有效措施,更是教师的职业道德。

诗曰:教师

艰辛教书几十年,晚年荣誉方显现。

栋梁之材满神州,桃李芬芳遍世界。

第四节　教师教学的基本原则

什么是教学原则? 教学原则是指在教学工作中,教师必须遵循的基本原则和要求。无论干什么工作,都必须遵循原则才能干好,相反,不按原则任意胡来,是得不偿失,做不好的,教育教学工作更是如此。

一、教学基本原则的产生

教学原则的产生是教育工作者在长期教学实践中的经验总结,而且根据需要和实际,也在不断地改革创新。应该指出,随着社会的发展,科学教育无国界,但是教育是有阶级性的,教育是为本阶级的利益服务的。

我国的教育原则是根据社会主义的教育目标、教学任务等客观规律,吸收了古今中外的教育精华,结合我国特色社会主义实践经验提出来的,是适合我国的教育原则的。

教学的基本原则是理论联系实际的原则,因材施教原则,科学与实践原则,创新创业原则以及启发性、系统性、巩固性原则等等。

教学原则应当贯彻于教学中的各个方面和环节中。教师只有在教学中正确掌握使用教学原则,才能有效地完成教学任务。

二、理论联系实际原则的重要性

理论联系实际是辩证唯物主义认识论对教学的要求。这一原则要求教师在教学中要紧密联系实际,讲清理论和实践的关系。因为实践是检验真理的标准。要重视培养学生利用所学知识分析问题和解决问题的能力。

1. 防止理论与实践脱节。教学以传授书本知识为主,书本知识大多数是前人创造发明总结的经验,对学生而言大多为间接经验和知识,客观上容易产生脱节现象。因此教师要认真贯彻理论联系实际的教学原则,让学生由感性认识上升到理性认识,学用结合,学以致用,取得较完全的知识。只空谈理论,不去实践,是空心菜,是外强中干,毫无用处。

2. 抓好基础知识教学。理论联系实际,首先要抓好基础知识教学,要让学生先学好理论,在理论的指导下进行实践。教师要根据教学大纲的要求,吃透教科书的内容,抓住教学重点和难点进行教学。同时学以致用,在抓基础的教学中注意加强基本技能的训练。应当指出,没有科学理论的指导而盲目地实践,就等于"盲人骑瞎马,瞎走瞎跌打",是难以成功的。比如"文革"时期在教育界过分强调实践,而放松了科学理论的学习,严重阻碍了科学的向前发展,违背了理论联系实际的原则,使基础教育和整个教育系统受到影响,应当引以为戒。

3. 采取多种形式进行实践活动。为了培养学生运用知识的能力,教师在教学实践中,要根据各科教学的特点和需要,采取多种形式的活动,来提高学生运用知识的能力和学习兴趣。比如在教学活动中,理科要加强实验实习等活动,文科要加强阅读写作等训练和练习,提高学生理论联系实际的能力。

总之,理论联系实际的原则在教学中很重要,每个教师应正确、合理地应用它。

三、因材施教原则的重要性

因材施教,是指教师根据学生的能力、性格、志趣等具体情况,实行不同的培养教育。

作为教学,既要面向全班学生传授统一的知识,提出统一要求,但又要考虑个别差异,把整体教学和个别辅导结合起来。采用传、帮、带等多种措施,让每个学生乐于学习,互帮互学,共同进步,使每个学生的智力才能或特长都能充分地发挥出来,这即是因材施教的重要作用。

怎样因材施教呢?

1. 深入了解每个学生。因为每个学生的兴趣爱好、才能都不相同,他们各有特点。因此教师在教学中不能一刀切,必须通过观察、谈话、考试、家访等措施,进行调查研究,深入了解班内每个学生的知识基础、智力状况、学习态度、兴趣爱好、性格、特点、思想纪律、家庭状况、健康状况等。特别要注意学生学习上的变化发展,并分析原因,及时帮助学生解决问题,要做到成竹在胸,有的放矢。

2. 集体教学与个别辅导结合。所谓集体教学,就是教师要把教学重点放在全班的位置上,统一讲授,统一要求。但在掌握每个学生的基础上,对后进生进行个别辅导,鼓励,教给他们学习方法,也可让组长、学习委员帮助。"一帮一、一对红",让其逐步提高,跟上进度。

3. 抓两头带中间。教师的另一个因材施教的方法,就是抓两头带中间的方法。教师在教学中要尽力发挥每个学生的学习积极性,在普遍提高的基础上,对智力发展较好的学生或有某种爱好特长的学生,教师应创造条件予以精心培育,补充高于课本内的课外知识,重点培养其自学能力,特殊者可以跳级或提前毕业升学。

对于班内智力发展较弱的学生,绝不能歧视,更要热心帮助,耐心辅导,多加鼓励,消除其畏难情绪,树立其信心和决心。

对大多数处于中游的学生,要鼓励他们学先进、赶先进、超先进,激发他们的进取心,这样班内会形成一个你追我赶、互帮互学、共同提高的良好学风。总之,学生在不断变化成长,教师应以人为本,与时俱进地搞好教育教学工作。

四、不断探索,不断创新原则

"科学无止境,探索能创新。"只有不断地探索,不断地向科学进军,才会有发明创新,才会促进社会发展前进。

不断探索,不断创新,更是教学中的重要原则。教师应有正确的政治思想方向、较高的科学文化素养、精益求精的治学精神、循序渐进的教学方法,培养学生"从小树立鸿鹄志,锐意进取为人民"的思想。

1. 教师要鼓励引导学生向科学家学习,学习他们的远大志向、奋斗思想、不屈不挠的探索精神和创新毅力等,科学家们不断探索科学奥妙,不断发明创新的精神,永远是后代学习的榜样。

2. 向学生传授系统的科学知识。探索科学创新需要提高思维能力,更离不开基础知识。所以告诉学生要抓好基础,切忌好高骛远。

3. 启发学生积极思维,善于动脑,善于学习,善于联想。

4. 组织学生经常到科技馆、工厂、展览馆参观学习。

第五节　班主任的工作职责

班级是学校里的级和班的总称,是学校进行教育教学工作的基层单位。每个班都有一个班主任负责本班的全盘工作,因此说班主任是校长、教导主任、少先队、共青团等工作的得力助手。

一、班主任工作的意义和职责

班主任是全班学生教育教学活动的组织者、领导者和教育者,是学校各项工作的主要执行者,是学生思想品德教育等工作的负责人,是学生健康成长的引路人,是联系科任教师工作的纽带和家长、学校、社会的桥梁,所以说班主任的工作是复杂的、辛苦的。班主任的工作繁忙而琐碎,从学生的思想到学习,从生活到纪律,从礼貌到安全,从课内到课外等,内容丰富,任务繁重。这就要求班主任必须具有优秀道德品质、高度的思想觉悟、吃苦耐劳的工作作风和丰富的文化知识修养等。

一个班级工作搞得好,全在班主任的辛勤工作,因此说班主任的工作是特别重要的。

班主任的职责有许多,但概括起来就是对全班学生的德智体美劳等诸多方面的发展全面负责。怎样全面负责呢? 一是要求班主任不仅要关心学生在校的思想学习、身体健康表现等,而且还要关心学生在家庭中和社会上的行为表现。要经常和家长联系,利用有利因素,排除不利因素,共同培养教育好学生。二是要求班主任对全班学生负责。要关心爱护每个学生,这种真挚的情谊是对党的教育事业的忠诚和责任心,而且只有教师热爱学生,关心学生,才会得到学生的回报,学生才会尊敬、信任、热爱教师,"学而不厌,诲人不倦",才会教学相长。三是要想带好班,班主任还需以身作则,做学生的楷模。同时还要帮助解决学生的实际困难,如学习、生活困难、辍学问题等。总之,班主任要像关心爱护自己的子女一样关心爱护学生。

二、班主任工作的任务

1. 对学生进行思想道德品质教育。这是班主任工作的重要任务。学校的思想教育工作是通过教师、共青团,特别是班主任进行的,班主任要结合学校的共青团的工作,结合学生实际,采取多种措施,深入细致地抓好学生的思想品德工作,让学生从小树立热爱祖国、热爱人民的思想,志向高远,品德纯洁,树立正确的人生观、世界观和社会主义核心价值观。班主任要培养教育学生热爱科学,热爱读书,热爱探索,勤奋努力,锐意进取,团结友爱,共同前进。总之,思想教育包括诸多方面,班主任要系统、深入、细致地做好学生的思想品德教育工作,让他们成为德才兼备的可靠接班人。

2. 学习贯彻《中学生守则》。《中学生守则》是中学生的一种行为规范,学习贯彻《中学生守则》(以下简《守则》)对培养教育初中生的道德行为、文明礼貌、纪律安全等习惯的养成都有重大的意义。

班主任要有计划地通过班会或其他形式组织学生学习《守则》,让学生明白《守则》的要求和内容,明白学习《守则》的重大意义,教育学生养成自觉遵守《守则》的习惯。

3. 配合各科教师抓好教学工作。学生的主要任务是学习,如何提高全班学生的学习成绩是班主任的重要责任。

所谓学业成绩,不单指考试的分数高低,还包括学生在学习过程中所掌握的知识技能的实践水平,也就是指学生的能力和发展。班主任既要做学生的工作,又要和科任老师联系配合,共同提高学生各科的学业成绩和能力,并配合学校抓好班级所有工作。

在学生方面,一是对学生进行学习目的培养和教育,这是学生产生学习动力的钥匙,学习目的明确了,学生就会刻苦学习,克服困难,勇于攀登科学高峰。二是要培养学生的学习兴趣。因为兴趣爱好是成功的内动力,也是成功的希望。比如爱迪生,从小就对物理感兴趣,向老师问这问那,并整天摆弄一些机械电气,刻苦钻研,终于成为世界著名的发明家。因此,班主任和每个教师都要培养学生的兴趣和求知欲望,绝不能打击学生的求知积极性,而是要积极引导,点燃学生求知的火苗,让它燃烧得更旺。三是要培养学生的坚强意志和毅力,这也是学习和以后事业成功的保障。这是因为无论干什么事情,都必须有坚强的意志和克服困难的毅力才行,那些朝三暮四、见异思迁、怕吃苦的人,必定一事无成。学习是一项艰苦的脑力劳动,没有顽强的意志和毅力,是不能取得好成绩的,所以班主任一定要培养学生的意志和毅力,克服学习中的困难,去掉依赖懒惰思想,培养学生独立思考、解决问题的能力和创新意识等。当学生经过自己的努力完成任务,会有一种无比喜悦的心情,并能促使他继续努力。养成这种能克服困难的坚强意志和毅力,对学生们今后的学习和工作是大有益处的。四是教育学生科学地安排学习时间,科学地掌握学习方法,提高学习效率等。

为搞好班级工作,班主任还应做好班级工作计划和教学工作计划,并要定期(一月)总结一次优缺点,安排下阶段工作,期末做好总结上报工作;做好学生的操行评语工作;通过班会、壁报、展览、倡议、参观等活动和学生交流,征求学生的意见和建议;配合学校和各科老师共同抓好班级工作和共青团工作等。

总之班主任工作是复杂、细致的工作,应该让有经验的中青年教师担任,而且不易频繁变动,还要讲工作方法。班主任既是全班学生的统帅,又是学校工作的得力助手,也是联系任课老师的纽带,还是沟通家长社会的桥梁。班主任工作是极其光荣而重要的。

第六节　共青团工作

共青团是共产主义青年团的简称,它是在共产党领导下的先进青年的群众性组织。共青团是党的有力助手,它团结教育青年一代为共产主义而奋斗。

一、共青团的性质、特点

共青团是由共产党创立的,是在共产党领导下的先进青年的群组织,是学习共产主义的大学校,共青团是党的得力助手,是共产党的后备军。

1. 共青团的特点是先进性。党创立共青团的目的是通过它团结教育整个青年,它是先进青年的群众组织。党把先进青年组织起来是革命的需要、教育的需要。党委托共青团对广大青年进行社会主义、共产主义的理想教育,进行人生观、世界观、社会主义核心价值观的教育,吸收先进青年加入共青团组织,扩大队伍和影响。

2. 群众性和革命性。共青团的另一个特点是群众性。它是广大先进青年的群众组织,共青团通过对广大青年的宣传、培养、教育,逐步把先进青年加入到自己的组织,让他们成为祖国未来的可靠接班人或者火车头。

共青团的革命性是因为它是培养先进青年的革命组织,是学习马列主义、毛泽东思想的大学校,是建设社会主义和共产主义的预备队和生力军。

毛泽东同志曾赞扬青年说:"世界是你们的,也是我们的,但是归根结底是你们的。"作为共青团员,应有正确的政治方向、崇高的革命理想,以及实现理想的意志,永远听党的话,跟党走,在革命的道路上不断前进。

共青团的革命性还体现在胸怀祖国,放眼世界,把自己的学习生活工作等与人民的利益、祖国的前途联系起来,树立全心全意为人民服务的思想,不断革新自己,努力学习科学文化知识,发明创新,为祖国和人民做出较大的贡献。

3. 共青团的组织性。共青团是先进青年的组织,团员是共青团的主人,因此共青团员要有集体主义思想和主人翁精神,团员们在共青团的有组织、有纪律的领导下,充分发挥共青团员的积极性、主动性和创造性,处处为青年们做榜样。

二、共青团的任务

共青团的任务是团结教育广大青年树立正确的世界观、人生观和社会主义核心价值观。听党的话,努力学习,锻炼身体,关心集体,爱祖国,爱人民,爱科学,爱劳动,立志为建设社会主义现代化强国而努力奋斗。

共青团和学校担负着共同的重要任务,那就是配合学校和老师贯彻党的教育方针,并通过各种有意义的宣传和活动,教育广大青年提高思想觉悟,努力学习科学文化知识,团结同学,助人为乐,遵守纪律等。一句话,共青团要配合学校开展好各项工作,并执行上级的指示精神。

三、共青团的组织原则和建设

按照团章规定,共青团是在共产党的直接领导下开展工作,领导单位是共青团中央委员会,下设各省、区、市、县团委,以下为团支部,团支部以下再设团小组。以学校为例,学校为团支部,以年级或以班级为单位,下设若干团小组。支部以上都由书记负总责,下设各委员会,各负其责。比如有组织委员、宣传委员等。

共青团组织的原则是根据团章规定,凡年满15岁的青年,要求进步,学习努力,工作认真负责,团结友爱,助人为乐,在校或社会上表现不错,积极靠近团组织,都可以加入团组织进行学习和工作。

共青团组织一般建立在学校,也可以建立在工厂、农村等地,凡是青年集中的地方都可以建立团的组织开展各项活动,帮助和教育青年。团组织对青年入团,要选择有教育意义的时间和有革命传统意义的地点,安排有纪念意义的内容,举行较隆重的仪式,让青年们铭记心间,永志不忘。

入团后,团员要认真学习团章内容和规则,遵守团员制度,并积极向广大青年宣传共青团的章程,帮助青年做些有意义的事,把要求进步的青年介绍加入到组织中来。

共青团除执行上级指示精神外,还要采取多种形式和有意义的活动,吸引教育青年,从"团找青年"变为"青年找团"。赢得广大青年的信赖,让广大青年加入到共青团组织中来,把团的工作与促进青年创新、创优等全国重点工作结合起来,进一步扩大共青团的效果和声誉。

第十四章

初中教育是基础教育

初中教育是基础教育,基础教育的核心是素质教育。如何全面提高学生的素质是初中教育的关键。因此要求各科教师在教育教学过程中,要始终把提高学生的素质放在首位,注重以人为本,因材施教,注重学用结合,知行统一,努力培养学生的实践能力和创新精神,采用多种措施,着力把我国的基础教育越办越好。

第一节　教师在教学中的重要作用

教育是教师对学生传授知识、施加影响的过程。搞好教育工作关键在教师,当一名好教师,关键又表现在教学中,可见教师在教学中的重要作用。

一、教师应有的素养

什么是素养?素养是指平时的修养,比如品德修养、文学修养、艺术修养等,这是作为一名人民教师应有的素养。我国伟大的教育家孔子曾说:"学而不厌,诲人不倦。"作为教师,应该把这句名言作为自己的座右铭。

自古以来,中华民族就是一个尊师重教、崇尚科学的文明古国,五千年来,在尊师重教、教学相长的实践中,涌现出无数德才兼备的爱国、爱民的教育家、科学家、思想家和革命家,他们为祖国的进步和繁荣贡献了自己毕生的精力,是值得后辈人永远纪念和学习的。

今天,随着国家事业的发展,更需要一支宏大的师德崇高、知识渊博、业务精湛、热爱教育、充满活力的高素质专业化教师队伍,需要大批好教师投入到教师队伍中来。

二、课堂教学的重要性

什么是教学?教学是指教师把知识技能传授给学生的过程,主要是指课堂教学。

　　教师把科学知识和技能有目的、有计划、循序渐进地传授给学生,全凭在课上45分钟内要质量、要效果,这说明了课堂教学的重要作用。那么教师应怎样做才能搞好课堂教学呢? 应做好以下几个方面的工作。

　　1. 教师应深入细致地了解学生。这是因为学生是有脑筋、有思维的人,他们随时都在发展变化,他们不但能学习吸收知识,而且还能发明创新知识。每个学生的个性和素质都不同,兴趣爱好也有差别,而且学生学习知识,不完全是被动的,有主观能动作用。这就要求教师必须了解每个学生的特点和长处,在教学中因人而异,因材施教,发挥其长处,纠正其短处,各得其所。

　　2. 教师应明白内外因的关系。教师在教学活动中起着外因的作用,学生是内因。一切知识要经过学习思考、记忆、实践等活动才能转化为自己的知识。教师只有明白这个道理后,才能在教学活动中掌握教学活动的规律,主次分明地搞好课堂教学工作。

　　3. 事物是可以转化的,不是一成不变的。教学工作也是一样,在教学中,学生是教育的对象,教师是教育者,教师应当在课堂上采用有目的、有计划、主次分明的方法,恰当地教学生,同时从德、智、体诸方面影响、教育学生。在这些教学中,教师又起着主导作用,教师在课上按照计划,组织学生圆满完成教学任务(没有让学生放任自流)。从这个意义上讲,学生又转化为受教育的客体。因此说,在教学中,学生的主体和客体是可以转化相互的。

　　一句话,如果没有教师的教,学生就学不到知识和技能,反之,没有学生的勤学苦练,深入理解掌握科学知识和技能的精神,就不会有新的发明创造和创新。

　　4. 根据教材内容体裁的不同,可以采用不同的教学方法。因为教材内容、体裁、题材的不同,写法也有区别,因此要求也不同。所以教师应根据教材的特点和要求,采取不同的教学方式。比如散文有散文的特点,诗歌有诗歌的特点,论文有论文的特点,古文有古文的特点等,教师既要向学生交待清楚,又要让学生在实践中掌握运用,又如理科要教会学生如何记住定义、定理、公式,并能在实践中应用。

三、课堂教学的有效方法

　　什么是方法和有效方法? 方法是指关于解决思想、说话、行动等问题的门路、程序等,如学习方法、工作方法等。有效方法是指能实现预期的目的,有效果,能圆满完成任务的措施。

　　课堂教学的方法有很多种,如讲读式、启发式、讨论式、提问式、填鸭式、灌输式等。怎样的课堂教学才是有效的方法呢?

1. 课堂教学是教师的教和学生的学共同活动的过程。在课堂上,通过师生的共同活动,学生掌握了应有的知识,教师也在实践中提高了教学水平。因此要求教师在课堂教学中,要尊重学生,要启发学生开动脑筋,自觉积极地思考、分析,提高学习兴趣和能力。要想让学生学得好,首先教师要教导学生有学习的愿望和要求,积极主动地学习。假如学生被动学习,那就是死学,就不会有成效,更不会发展智力,发明创新素质也难以提高。要启发学生学习的积极性和主动性,教师要去掉"满堂灌""填鸭式"的教学法,采用"启发式""少而精"的教学法。教师讲课少而精、生动活泼,学生才能感兴趣,愿意学。教师要鼓励学生的创新精神,切忌挫伤他们的积极性。总之,"启发式"是课堂教学的纲,纲举目张。

2. 掌握教学规律。教师在教学实践中要掌握教学规律。比如,上面提到的学生,既是教学的客体,又是主体,是教学中特别重要的规律,它涉及教学工作中的各个方面。教育的目的就是让学生在教育者的培育下,掌握更多的知识和技能去发明创新,以促进科学进步和社会发展。所以说,遵循这条规律教育就会有进步,教学就有成绩,反之就可能失败。

我们所强调的学生的主体作用,是要和充分发挥教师的主导作用有机地结合起来,相互配合好,以发挥更大的作用。

第二节 上好课的几项措施

上好课是提高教学质量的关键,因此上好每节课是教师的职责。

1. 在课堂上,要充分发挥学生的积极性。一堂好课必然是在教师的指导启发下,充分发挥学生的主观能动作用,相互配合,彼此促进,一环扣一环地进行教学。另外,一堂课的成败,最终要看教学效果,要看学生对知识技能掌握的情况,从学生的表现、作业的质量和检查的成绩都可以表现出来。

上好一堂课不容易,上好每堂课更不容易,要在 45 分钟内要质量要成绩,教师确实要付出辛勤的创造性的劳动。当然,完成教学任务还需要教师在课下辅导、批改作业等一系列的工作。

2. 每节课有明确的教学目的。教学目的是上好课的关键,一切教学过程都是为教学目的服务的,可见教学目的的重要性。那么怎样确定每节课的教学目的呢? 一是根据任务确定,二是根据教材的内容确定,三是根据班级的情况确定。总之教学目的要明确具体,适用可行。它包括思想教育、知识技能的掌握、改革创新、提高素质等方面的提升,是教学的统一。只有学生明确了每节课的教学目的以后,师生共同活动解决主要矛盾,才能取得良好效果。

3. 抓好"双基"教学。初中阶段教师要抓好"双基"教学十分重要。所谓"双基"是指基础知识和基本技能的学习和掌握,这对打基础的初中生来说非常必要。在教学中,教师要保证教学内容的思想性、科学性、系统性和完整性,努力抓双基,重点解决教材的重点难点和关键,并着力培养学生的观察力、思维力及实践能力等,同时还要新旧教材联系、理论实践结合。选材要适当,内容应充实生动,要充分发挥学生的智力及才能。

实践证明,只有教得引人入胜,学生才能学得津津有味,学生才会爱学,才会取得好成绩。

4. 掌握教学原则,灵活运用方法。课堂教学是老师向学生传授各种知识技能的过程,它包括品德修养、科学文化、生存技能、创造技能等。要让学生在课上学得快、活、多、好一些,教师既要遵循教学原则,又要灵活运用教学方法。所谓教学原则,就是理论与实际结合的原则,思想教育与知识教育结合的原则,感性与理性结合、直观与抽象结合、统一要求与因人而异结合原则等。为此,教师要根据教材内容和学生实际,巧妙地运用科学有效的教学方法,使学生兴趣浓厚,思维活跃,心情舒畅地学习。

5. 精心设计教学过程。讲好课,教师还必须精心设计好教学过程,做到起承转合得当,重点突出,突破难点使各环节自然过渡,有条不紊地按计划进行。同时要把讲课的步骤和内容记在心中,不宜常看教案。

此外,教师慈祥有神的目光、严肃温和的态度、从容庄重的举止都对学生有一定的影响。教师还要科学地掌握分配时间,环环相扣,发挥每分钟的效用,向45分钟要效果。

第三节　教育的改革和发展

随着科学的进步和社会的发展,教育也在更新,不断地向前发展,以提高教学水平和质量,适应现代社会发展的需要。

一、电视电化教学的应用和发展

随着我国社会主义现代化建设的需求,电化教学在不断发展。比如解放初的无声电影、幻灯片运用于教学,以后又出现了收音机、电影、录音机、电视,20 世纪60 年代又出现了闭路电视,70 年代出现了电子计算机,直到手机、有线电视网络等在教学上的广泛运用,教育事业发生了一系列深刻变化。当前,电化教学正在不断地向前发展,广播教学、电视教学的运用是实现我国教育现代化的一个重要措施,电视电化教学的发展前景十分广阔。

二、电视电话教学的意义

电视电话教学的优越性主要表现在以下几个方面。1. 能提高教学效率和效果。因为它具有直观形象的特点,演示教学能使书上的理论知识转化为学生的感性知识,更容易让学生掌握事物及原因本质特征,为学生理解科学知识提供了有利条件。2. 学生感兴趣。把看不见的东西转化为看得见的东西,如小到微观世界的原子,大到宏观世界的宇宙活动变化等,都能够重新展示出来,能激发学生的好奇心和求知欲。3. 对古代无法亲眼看见的能重现,如动物的进化、火山的形成过程等。对于现今难以亲临的,却能如临其境,如遨游太空等。4. 电化教学能让学习的现象和事物进行变换,比如变大、变小、变快、变慢等。把抽象的复杂的事物变得具体而条理化,生动逼真鲜明,便于学生记忆理解。通过看电视、电影录像等教学,学生能获得逼真、清晰的认识,提高了教学效率和效果,而且既适合学校教育,又适用于家庭社会教育。因此说电视电化教学是教育的一大进步。

三、教育的进步与发展

教育是人类社会永恒的范畴,也是人类社会所特有的社会活动。教育产生于人类的生产劳动,它是随着人类社会的不断进步和发展而进步发展的,它和社会的经济政治制度联系十分紧密。

中国从 1840 年鸦片战争开始,到 1949 年中华人民共和国成立,这 109 年的岁月中,中华民族经历了鸦片战争、外国列强的侵略、"太平天国"战争、"义和团"运动、"百日维新"以及推翻清朝统治,建立"中华民国"、驱逐日寇、国共争雄等重大事件。这是中华民族饱受战争之苦的百年,也是中华民族反抗侵略压迫、争取民族独立自由浴血奋战的百年。经过中国人民众志成城、艰苦卓绝的斗争,终于取得了革命的胜利,建立了中华人民共和国,中国人民从此站起来了。中国的教育事业也进入了前所未有的兴旺时期。

社会主义教育是人类历史上先进的教育。因为人民群众成为国家的主人,也才真正成为教育的主人。社会主义教育的优越性表现在如下几方面。

①要把我国建设成为社会主义现代化强国,这是中华民族肩负的伟大历史使命,而教育是根本。

实现四个现代化,关键是科学技术的现代化,为什么呢?因为如果没有现代科学技术做基础,建设现代工业、现代农业和现代国防就不可能成功。而科学技术现代化的成功又全在人才的培养,而小学、中学、大学又是人才培养的重要基地。所以发展教育事业是我国经济建设和实现四个现代化的重大战略。

②教育是为培养更多的科技建设人才。社会主义的学校教育是为国家培养更多更好的科技建设人才,也就是为实现四个现代化,把我国建设成高度文明民主的社会主义国家,而培养德才兼备的新型创新人才,使我国从社会主义大国走向强国,这是我国教育的重大奋斗目标之一。

③教育为广大人民谋利益。教育必须为建设社会主义的物质文明和精神文明服务,必须为社会主义的政治经济服务,也就是必须为广大人民的利益服务。

④教育同理论实践相结合。理论联系实际是培养创新人才的重要手段,是缩小脑体差别的重要措施,更是事业成功的有力保障。因为实践是检验真理的唯一标准。如果只谈理论,不会或不去实践,就是空谈家,一事无成。相反,不学理论知识而盲干的人,也等于盲人骑瞎马瞎走瞎跌打,一事无成。

⑤我国教育发展的前景。教育是物质文明建设和精神文明建设的基础,它是随着社会的发展而发展的。科学的发展引领着教育的进步,教育的不断进步又促进科学的发展。

当今在实现中国梦的感召下,学校之间的竞争也越来越激烈,一个学校办得如何,一要看校风,二要看教学质量,三要看教育创新。中学应该加强科学教育,对学生加强科学思维的熏陶和科学思维方法的传授。不但要把学生培养成热爱科学的观察家,更要培养成生活的探索家,而且还要逐步优化,等等。总之,教育发展的前景是光明而广阔的。比如现代教育,有电化教学、遥控教学、联网教学等,学生可以学到许多知识,这也是科学进步教育进步的具体表现。

近年来,在全国各级党委、政府的高度重视下,大力推进教育信息化的发展,信息化教学应用逐步普及。数字教育资源供给能力逐步提升,"课堂用、经常用、普遍用"的格局初步形成,信息技术创新应用取得新进展,为有效扩大优质教育创造了条件。我们坚信,随着科技的不断进步,教育的发展前景必定会更加灿烂辉煌。

第四节　相互学习交流，共同提高

一、教育教学交流的重要意义

学校是专门进行培养教育学生学习成长的机构。一个学校办得好坏，关键在教师，学校之间、教师之间、学生之间应相互交流学习，取长补短。这是因为：

1. 一个教师的教学能力水平毕竟是有限的，长期闭门造车，必然会碰到许多困难，而且会走向死板教条，"众人就是圣人"，只有经常谦逊地学习，和别人交流，才会不断地提高自己的教学能力和水平。

2. 科学在日新月异地进步，教育在不停地创新、改革，不学习、不交流就跟不上教改的步伐，就会落后，就会被淘汰。

3. 政治多极化、经济全球化是当今社会发展的主流，各国的经贸往来加强，文化交流也加快加深，我国需要大量杰出的外交、经贸人才，和国外交流也很重要。比如目前我国的"孔子学院"在全世界有530多家，这大大促进了我国文化在世界的传播，为世界的文明进步做出了重大的贡献。为此，作为人民教师，必须学先进、赶先进、超先进，才能为祖国和人民培养更多的杰出人才。

二、交流也是一种艺术

交流也是一种提高自己见识和能力的方法。对每个人来说，交流也是种艺术。交流有"取经"之意，取经态度就要谦虚诚恳。俗话说："不看不知道，一看吓一跳。"一要看，二要听，三要思，四要改，并且要把自己的意见或建议说出来，达到相互交流、共同提高之目的。

为达此目的，一是学校要采取有效措施和其他学校联谊，建立友好的兄弟学校关系，相互学习，定期交流；二是在校内要定期举行各年级各科的经验交流会或讨论会、介绍会、观摩会等，改进教师的教学，提高教学水平；三是学习国外特别是发达国家的一些教学经验和成果，为我所用。

第十五章

怎样培养教育学子们做人

怎样培养教育学子做人,这是初中生的关键问题,也是家长、学校、社会共同的光荣而艰巨的任务。而家长的责任更为重大,因为家长是子女的启蒙老师,对子女的影响极大。所以父母要与学校积极配合,培养教育好子女怎样做人,这对孩子今后的人生具有极为重要的价值。

第一节　初中生易出现的叛逆行为

初中生是生长发育的又一个高峰期,这一阶段孩子的身心会发生剧烈地变化,怎样帮孩子顺利地度过初中叛逆期是家长特别关注的事情。

一、叛逆行为产生的原因

1. 从生理角度分析,初中生在生理上各方面走向成熟,这些生理的变化,必然要影响到心理的变化。

2. 从心理角度分析,人的心理发展与生理发展的关系是相互紧密协调的,比如少年有少年的心理、生理特点,老年有老年的心理、生理特点等。初中阶段,学生已逐步进入青春期,他们生命力旺盛,朝气蓬勃,充满活力和幻想,然而思想情绪又不稳定,容易发生变化。这个时期是幼稚与成熟并存的时期,是心理活动激烈动荡的时期,也是对人生、世界认识处于朦胧的时期。

3. 学生由小学进入初中,通常心情特别愉快,因为既要接触许多新同学、新朋友、新老师、新环境,同时又要学习新知识等,十分向往。但是进入初中后,经过一个阶段的实践,发现并不像想的那样好,课程多、作业多、考试多、要求多、负担重、压力大,一些学习比较吃力的学生就会产生厌学情绪。学生产生厌学情绪以后,有时会暗中寻找"志同道合"的朋友,于是就积少成多,形成小团体,给家庭学校和社会造成不安定因素。

二、怎样应对孩子的叛逆行为

家长应怎样应对孩子的叛逆行为呢？一句话,防治结合。那么怎样预防呢？家长和子女朝夕相处是最亲近的人,对孩子的教育影响也最大。一要父母以身作则,事事处处做孩子的榜样,这非常重要,因为榜样的力量是无穷的;二要多观察孩子的语言、表情、行为、表现是否有异常,从中了解孩子的思想动态,做到心中有数;三要经常适时地和孩子沟通谈心,进一步了解孩子的思想感情、学习情况,在校表现以及有何看法打算、要求等,如果发现孩子在某些方面有欠缺,就应帮助纠正;四是有的孩子做错事往往不愿告诉父母,这就需要家长联系学校班主任了解情况,或向别的同学从侧面了解。总之,防患于未然,不打无准备之仗,好处多多。

青春期初中生的生理变化,对心理活动的冲击是巨大的,心理往往处于矛盾中,有时因为内外因的结合,经不住外界的诱惑,而做出一些错误的事情,如果不及时纠正,就会越陷越深,走向叛逆。假如对孩子的错误处理方法不当,就容易激化矛盾,引起变故。正确的方法有:一是和孩子心平气和地谈心,问明产生的原因,指出错误的原因,然后征求孩子的意见,商量改正的办法,让孩子心服口服,问题就容易解决;二是具体问题具体处理,比如是厌学引起的问题,就共同商讨学习问题,就事论事,效果好;三是教育孩子一定要做正直的人、品德高尚的人、宽宏大量的人,不做品质低劣的人、自私自利的人,思想教育很重要,要常抓不懈,因为思想支配一切,而思想教育的首要问题是品德教育,思想问题解决了,其他问题就可以迎刃而解了;四是和班主任合力解决。

事实证明,初中生心理发展的特殊性是由生理的发展因素决定的,家长如果把握得好,他们的身心发展就可能特别顺利,如果发现问题后处理得当,坏事反而能变成好事。所以了解初中生,特别是初二学生容易叛逆的原因是十分重要的,这样能及早帮助学生度过"危险期",这也是初中期家庭教育的重要任务,家长要和学校配合,做好孩子小学到初中的过渡期工作。

第二节　理想是事业成功的前奏

一、理想存高远,读书须立志

法国科学家罗曼罗兰曾说:"有理想的人能在逆境中看到希望,在黑暗中看到光明。"教育家徐特立也曾说:"一个人有了远大的理想,就是在最艰苦困难的时期也会感到幸福。"俄国思想家、文学评论家别林斯基又说:"没有理想的青春,就是没有太阳的早晨。"三位名人从不同角度说明了树立远大理想的重要意义,特别是对于青少年而言更为重要。

理想为立志,为什么要立志呢? 这是因为做事总要先有目的,有了目的做事就不会偏离方向,读书学习也是如此,此其一。其二是志向越高产生的动力就会越大,这样的事例很多。比如汉高祖刘邦年轻时见到秦始皇几百辆华贵的巡游车浩浩荡荡地经过时,感叹道:"大丈夫当如是也!"而项羽看到后愤慨地骂:"彼可取而代也。"若不是其叔项良拉住,就要上去闹事。这个故事表现了两人的性格特点,也说明了两人从小都有远大志向,因此后来两人都干了一番惊天动地的事业。又如思想家林则徐七岁随父读书,而且特别勤奋,六岁便能对诗。有一次,有文人来拜访林则徐父亲林宾日,出了一副对联,试探林则徐,文人说:"上联是,鸭母无鞋空洗脚。下联呢?"不想林则徐大声喊道:"鸡公有髻不梳头。"文人听了很为吃惊,赞叹林则徐日后必有出息。

再如,苏轼因曾经的骄傲感到羞愧而改对联,将"识遍天下字,读尽人间书"改为"发奋识遍天下字,立志读尽人间书"。这样的例子真是不胜枚举。

古代是这样,现代更是层出不穷。比如伟人毛泽东从小就树立了远大理想,为此而发奋读书。在他写的《沁园春·长沙》一词中说:"恰同学少年,风华正茂……激扬文字,挥斥方遒……粪土当年万户侯。"视万户侯为粪土,可见理想之远大。他还说:"世上无难事,只要肯登攀。"在远大理想的驱使下,他艰苦奋斗几十年,几经挫折,但从不气馁,终于最后取得了胜利。还有许多有志青少年,从小立下凌云壮志,决心报效祖国,有的国外求学,学成之后又回国报效祖国,如钱学森、钱伟长、钱三强、邓稼先、于敏、王勇志、刘兴胜等。他们为祖国的繁荣富强做出了卓越的贡献,永远值得我们学习。

无数事实证明:凡是成就伟大业绩者,无不是从小立下凌云志,而艰苦奋斗才成功的。所以说理想存高远,读书须立志是十分重要而必要的,特别是对青少年而言更为重要。

二、目标确立后,需艰苦奋斗

理想目标确立之后,是不是就万事大吉了? 不是的,梦想只是实现理想的开始,中间还有很长的一段距离。我们应当学习喜鹊的勤劳、勇敢、智慧、吃苦等,而不要学习寒号鸟"得过且过,阳坡弯弯暖和"。常立志而口是心非,最终会被历史的车轮淘汰。

物化学家居里夫人说:"弱者坐待时机,强者制造时机。"她就是成功者的典范。在极其恶劣的环境下,在极其简陋的实验室里坚持实验,不怕艰苦,克服困难,坚持不懈地努力,经过多年的奋斗,终于发明了举世闻名的"镭"元素,受到世界人民的敬仰。这就是创造时机的范例。

数学家华罗庚曾说:"聪明在于学习,天才在于积累。""勤能补拙是良训,一分辛苦一分才。"他是这样说的,更是这样做的。华罗庚因家穷中学还未毕业就失学,给人当学徒,但是他酷爱数学,一有时间就钻研数学,每晚还挑灯夜战,人称"夜游神"。在他勤奋刻苦的攻读下,他积累了大量的数学知识,并且小有名气,因此在 1936 年被中华文化教育基金委员会保送到英国剑桥大学学习。华罗庚来到剑桥大学后学习更加勤奋了,赫赫有名的美国数学家哈代赞扬说"华罗庚两年内可以拿到博士学位",而一般人至少需要三年。对于求学者而言,博士是梦寐以求的头衔,而华罗庚渴望多攻读七八门课程,经过深思熟虑后,最终决定以旁听生的身份在剑桥学习。当有人问他这样做的原因时,他说:"我来剑桥是为了求学问,不是为了得学位的。"在剑桥大学的两年学习中,华罗庚参加了一个数论专家小组,向塔内问题、华林问题、奇数的哥德巴赫猜想问题发起进攻,并发表了十几篇论文,还发明了一个重要定理"华氏定理"。在剑桥的最后一年,他还发表了《论高斯不完整的三角和估计问题》,这是 19 世纪欧洲数学家高斯提出的问题,被年轻的华罗庚解决了。华罗庚取得的成就赢得了各国数学家的赞扬,也充分证明了他的诺言"聪明在于学习,天才在于积累"的正确性。

第三节　培养孩子自尊、自爱、自强的好品德

自尊、自爱、自立、自信、自强,这五种美德是做人的根本,父母从小要重视培养教育孩子养成这种好品德,为将来的生活工作奠定基础(自立、自信前已谈过)。俗话说,"有德走遍天下,无德寸步难行",可见品德的重要作用。学习先学做人,这是比什么都重要。

一、自尊是做人的基础

什么是自尊?自尊就是尊重自己,不向别人卑躬屈膝,但也不允许别人歧视侮辱自己,也就是有自尊心。自尊是一种品格、人格,是我们对人对事对物的态度,对自己要自尊,对别人也要尊重,才能受到别人的敬重。自尊是对自己,对别人的一种自觉的、正当的、积极的情感,有了自尊之心,孩子才有可能获得成功。

飞燕是初二的学生,父母都是老师。飞燕从小在父母的培养教育下,自尊心

很强,养成了自尊要强的品格,做什么事情都不愿意落在别人后面,很受老师和同学们的好评,并被选为班长。成为班长后,她深知责任重大,所以在各方面都更加努力了,学习成绩也很好。不仅如此,根据班内同学的爱好、兴趣,她还分别组织了学习、书法、绘画、板报、创新等兴趣小组,在规定时间内进行活动。同学们很感兴趣,还经常进行比赛。飞燕经常向父母请教,向老师征求意见,向同学请教,不断总结经验,改进工作方法。她和其他班干部协同工作,把班级工作搞得有声有色。在学校举办的语文、数学、英语竞赛中,他们班都取得了优异成绩,因此被评为省级优秀班集体,韩飞燕也成为共青团员。

每位父母都望子成龙,望女成凤,希望子女成为佼佼者,但是要想使孩子有所成就,父母就必须先培养孩子的自尊,因为自尊是成长进步的基础,孩子有了自尊心就会激发潜在的能量,就会产生竞争意识。相反,没有了自尊,什么事情也做不好。

耿新是初二的学生,从农村来,学习还可以,可不久学会了上网,于是对网络游戏着了迷,成绩直线下降。耿新的爸爸妈妈是农民,在城里打工。他们希望耿新好好学习,将来不再像他们一样辛苦劳累一生。可自从迷上网络后,耿新经常逃课,学习成绩很差。消息传到父母耳里,父母的希望彻底破灭了,不知如何是好。于是气急败坏的父亲来到学校找到耿新,当着师生的面狠狠地揍了他一顿,耿新觉得自己在老师和同学面前抬不起头来,失去了自尊,于是离家出走了。

这样的事例很多。面对孩子的不良行为,父母切忌对孩子动粗,更不能当着众人的面打孩子。因为这样容易伤害孩子的自尊心,使孩子破罐子破摔,而让父母后悔莫及。正确的教育方法有以下几种。

1. 要告诉孩子,作为一个人,首先要有自尊心,才会受人尊重,自尊是一种美德,凡有成就的人,从小必定是自尊心很强的人。

2. 多征求孩子的意见。当孩子懂事时,父母要尊重孩子,遇事要征求孩子的意见,特别是有关孩子的事情更是应该这样。这样一方面能满足孩子的意愿,另一方面让孩子感到自己在父母心中的重要性,如此孩子做事才会积极认真,才会敢说敢想,甚至有创新。当然,当孩子的意见有错误或不妥时,父母要讲明原因并加以纠正,要严格要求,更不能放任孩子。

3. 树立自尊心还要求青少年讲文明,有礼貌,遵纪守法,积极向上,努力进取,严以律己,宽以待人。"海纳百川,能容乃大。"你尊重别人,别人才会尊重你,如果人人都有爱心,那么必定人人友好,家庭和睦,社会和谐,人民幸福。

4. 给孩子做事锻炼的机会。孩子愿意做的事,只要不是坏事,就要鼓励去做,并鼓励创新,若有错误及时纠正。另外还要鼓励孩子多参加一些竞技活动,孩子在胜利后自我评价就会提高,也能增强孩子的自尊。总之,孩子需要父母的呵护,更需要在父母的激励下成长,自尊代表了一个人的人格、品德和尊严。

二、自爱是健康成长的阶梯

自爱是指一个人要爱惜自己的身体、名誉和名声。这是因为没有健康的身体就没有美好的未来,所以说爱惜自己的身体特别重要,而名誉和名声关系到一个人的品德问题。俗话说,"人活脸面树活皮,墙头活的圪渣泥",因此说一个人的声誉也特别重要。有的人永垂不朽,有的人却遗臭万年。因此说,自爱是青少年健康成长的阶梯。

1. 自爱的重要性。作为一名青少年,必须具有自爱的优良品质,不受歪门邪气的侵蚀干扰,不受危言耸听的欺骗利诱等,做到不卑不亢、一身正气、谦虚谨慎、勤奋努力、自尊自爱。

鲁迅先生从小就自尊自爱。有一次因给父亲抓药迟到而受到私塾先生的批评。于是他牢记这次教训,在书桌的一角刻了一个"早"字,以示警惕。果然,以后再没有迟到过,这种自尊自爱的品德和精神是很值得青少年学习的。正因为如此,鲁迅先生读书一向认真。他小时候在江南水师学堂读书时,由于学业成绩优异,学校奖励他一枚金质奖章。鲁迅很高兴,同学很敬佩,但他却没有把这枚奖章作为自己的荣耀永久保存下来,而是将其拿到南京鼓楼街头卖掉,用换来的钱买了几本书和一串红辣椒。买书当然是为了学,那么红辣椒呢,原来也是为读书准备的。因为冬天晚上寒冷,鲁迅摘下红辣椒放在嘴里嚼,辣得满头大汗,寒冷的感觉就减弱了,可以继续读书。鲁迅用红辣椒驱寒而坚持读书,正是因为这种刻苦精神,所以成绩优秀,为鲁迅未来成为著名作家奠定了坚实的基础! 由此可知,从小养成自爱的好品德,是健康成长的阶梯。

2. 怎样培养孩子的自爱心理,使孩子健康成长呢? 这是每一位父母所关心的。我们应从如下几方面着手:

一是教育孩子,要像鲁迅那样的志士仁人学习,要多读他们的传记作品。

二是要谦虚向大众学习。孔子说,"三人行,必有我师焉。择其善者而从之,其不善者而改之",用来增长自己的见识和阅历。

三是要教育孩子,学了就要做,要学以自用,学了不用等于白学,而且随着时代的进步发展,更要探索、创新才会有新的发展。

四是随着社会的进步,人与人的交流也越来越密切、频繁,这就要求青少年努力学好外语,而且要有礼有节,不卑不亢,表现出中华民族的人格骨气。

总之,自爱也是一个人应具备的品德。青少年必须努力学习,使自己具备这种品德,才能逐步攀登上高峰。

三、自强是学业事业成功的希望

自强是要强、不甘落后、努力向上的意思。自强不息是自己努力向上、永不懈怠的意思。凡自强者都是有雄心壮志、刻苦拼搏、绝不懈怠、使人生道路越走越宽的智者。它与懦弱者不同,懦弱者胸无大志,无进取心,害怕困难,必然学无长进,碌碌无为。自强不息者,前途必然光明。

1. 自强不息的作用。自强不息者,能使一个生命变得伟大,更能使头脑聪明智慧,朝气蓬勃,充满活力,为自己的目标奋斗,战胜各种困难或挫折,从而达到成功。

美国总统罗斯福自幼长相丑陋,有一副暴露在外、参差不齐的牙齿,而且畏首畏尾,谁见了都觉得好笑,老师叫他起来背书时,他会显得更局促不安,呼吸急促得好像要断气了,两腿筛糠似的发抖,嘴唇和牙齿也颤动得像要脱落下来一样。他背出的词语含糊不清,几乎没有人能听懂,背完后颓然坐下,就像疲惫不堪的战士突然获得休息。

你以为他必定神经过敏,不喜交际,自怨自艾,但是你错了,他绝不因有了种种缺陷而气馁,反而更激发了他的斗志。经他长期艰苦的学习和训练,才把被人歧视的气喘改掉,并咬紧牙关,制止了唇齿的颤动和内心的畏缩。

缺陷造就了罗斯福一生的奋斗精神,他绝不把自己看作一个懦弱无能的人。他以那些坚定勇敢的孩子为榜样,游泳、骑马、赛球等,常常体验冒险的精神,勇敢地对付各种恶劣的环境,而且总是亲密和善地对待同伴。但是更糟糕的是他大学毕业工作以后,1921年夏天因扑灭林火跳进冰冷的海水后又患上了脊髓灰质炎症,下半身全身麻痹了,然而他并未向病魔屈服。不知经过多少次艰苦的磨练,胸怀宽广的罗斯福又拄着双拐重返政坛,并在1928年成为纽约州长,1933年在美国经济大萧条的风暴中,凭他的智慧和自强不息的精神,成为美国第26届总统,也是美国唯一的一位残疾总统。"身体的残疾并不可怕,可怕的是思想的残疾。"罗斯福用自己的行动印证了自己的这一名言。

这样的事例还有很多。例如瑞士化学家诺贝尔一生中只上过几个月的小学,其他知识都是在家庭教师指导下,经过超常的刻苦学习得到的。他的最大特点是自强不息,把自己的一生全部献给了科研事业,为人类的进步做出了伟大的贡献,而且还设立了诺贝尔奖。另外还有无数成功的科学家,他们都是自强不息的典范。

2. 怎样自强不息?

一是家长应明白孩子迟早要独立的,因此要及早培养孩子自立、自强的思想观念,靠自己去努力奋斗、拼搏、进取,去掉依赖思想。

二是帮助孩子确立自强不息的思想和精神。这是第一要务。父母要让孩子明白,如果把成功比作大厦,那么顽强的意志和坚韧的毅力才是撑起成功的柱石,只有自强不息的人才能取得成功。所以父母要教育孩子向成功人士学习,走好自己的人生路。

三是帮助孩子掌握应对困难和挫折的方法。初中生由于知识阅历各方面还欠缺,尤其是处于顺境的孩子,在学习生活中,一旦遇到困难或挫折时,就会灰心丧气,意志消沉,失去前进的信心,这样的事例很多。在这关键时刻,父母要积极面对,教育孩子要明白,在前进的道路上不可能一帆风顺,必定会碰到困难和挫折,这是无法避免的,关键是要看对待困难和挫折的态度。俗话说"困难是弹簧,看你强不强,你强他就弱,你弱它就强",因此,父母要培养教育子女形成吃苦耐劳,坚韧不拔,敢于战胜困难、挫折的良好品质,以及乐观学习生活的态度。

四是要帮助孩子树立奋斗目标。目标是奋斗的动力,有了目标就有了前进的方向,父母应根据孩子的特点、爱好或长处,和孩子商量,帮助孩子树立奋斗目标。目标要有总目标和分目标,有纲有目,逐步实现。这样既能增加孩子的自信,也增强了其自强不息的精神。

第四节　父母要允许子女跟自己争辩

争辩就是争论辩论的意思,中国的传统教育是"父母之命不可违"。其实,这对孩子是不公平的,因为孩子进入初中阶段,阅历、知识、认识、分析等各方面的能力都有所提高,遇事有自己的见解,而且许多认识是对的。另外,孩子和父母毕竟是两代人,思想认识有差别,所以说有时孩子和父母争辩是正常现象,有时候甚至还有好多益处。

一、孩子和父母争辩的益处

1. 俗话说,"事不说不知,理不辩不明"。现实生活、学习、工作中总是存在分歧和矛盾的,初中生的学习生活也一样。在争辩的过程中,一是能明辨是非,二是明白对错以后要学会怎样正确处理分歧和矛盾。让孩子学会如何对待这些分歧和矛盾,如何正确地和别人交流相处、处理不同意见等,这是初中生成长中特别重要的一步。

2. 争辩可以锻炼多种能力,比如能提高看、听、说的能力,更能促进智力的发展。学校可以经常举行讨论会辩论会,因为要表达清楚自己的观点,必须说明理由,理由就是运用自己学过的知识,有条理地表达自己的观点,这将促进他们语言能力的发展和智力提高。通过争辩,初中生可以提高表达能力,学到争论、辩论的逻辑思维和技巧,这对他们今后思维表达的发展是有大益处的。比如有许多说话、表达能力很差的孩子,经过锻炼成为口齿伶俐、思维敏捷的辩论能手。

3. 争辩的胜利能使孩子更自信。心理学家认为,争辩能使孩子变得勇敢独立,会争辩的孩子能敢于表达自己的观点、认识,而非人云亦云。特别是在争辩中获胜后,孩子会感到更加自信,感到自己的认识正确,且被人关注和重视,会更加努力上进。这无疑会使孩子获得一种快乐和成就感,既表现了自己的能力,也锻炼了他们的毅力。

星明和庆丰同是初二年级的同班同学。星明学习不错,庆丰来自农村,家庭较贫困,学习中等。星明由于学习较好,认为自己聪明,有点骄傲瞧不起庆峰同学。事有凑巧,一天下午课外活动时间,同学们因学习好坏的原因争辩起来。星明认为,学习好的原因是聪明,是"生而知之"的缘故。而庆丰却认为学习好的原因是后天努力,是"学而知之者"。二人各说各有理,互不相让。星明急了,说:"你说学而知之者,咱俩一起学习,你的成绩为何比不上我呢?"庆丰也火了,他大声说:"咱俩走着瞧。以后我一定超过你!"二人正辩论得不可开交时,上课铃响了,同学们说:"各有各的理,看今后的结果吧。"从此后庆丰上课注意听讲,认真做作业,不懂就问,特别勤奋地努力学习,学业成绩大有进步,期末考试成绩果然超过了星明。庆丰用实际行动证明了自己的观点,他无比高兴并变得十分自信,同学们也十分敬佩他。

这就是争辩产生自信,自信产生动力,动力产生成绩。

4. 有利于形成平等、和谐、良好的家庭氛围。在家庭中开展一些民主协商讨论研究会是很好的,也是必要的。可以半月或1月左右举行一次,特殊情况随时举行,但也要有计划。可以商讨研究孩子的思想、学习生活等情况,也可以商讨大人的工作打算等,子女也可以平等地发表意见,这是现代家庭应有的平等和谐良好的氛围,会上也可以心平气和地争辩,因为争辩能明辨是非,增进思想情感交流,特别是对孩子来说,他会感到被重视,因而必定会更加上进,而且争辩还有利于形成和谐的家庭气氛。

二、争辩应注意的事项

上面谈了一些争辩的好处,特别是家庭中家长要去掉"父道尊严"的思想,这对子女的健康成长是有益处的,但是争辩也应讲究尺度和分寸。

1. 争辩要针对一些有意义的事情、问题、意见或今后打算等事项,经过大家认真协商研究后统一意见,得出正确结论和处理办法,这是争辩的最终目的。比如要解决子女的学习问题首先要在民主会上让孩子充分发表自己的意见,说说事情的原因、经过、结果或欠缺及今后打算等,然后各自发表意见或建议,最后统一认识,明确解决办法,达成目标一致,共同努力解决,这才是争辩的重大意义。

2. 争辩要有内容,有意义,防止庸俗化。无论事大事小,都要争辩一番,这是不可取的,不但于事无补,反而会起反作用,比如有的孩子不讲道理,说谎、强词夺理或提不合理要求等,这是千万不可取的,家长应及时教育制止。

3. 争辩也要讲文明礼貌。孩子和父母争辩时不讲文明礼貌,这是应坚决制止的,若养成坏毛病,开口脏话,闭口秽语,必然被人厌恶。因此必须教育孩子讲文明、讲礼貌、讲道理,有理不在言高,让人一步海阔天空。遇事不仅要想到自己,而且要想到别人,甚至照顾大局。

4. 为了使辩论取得较大的成果,不妨预先告知大家,让大家提前做好思想准备,并要学习一些辩论的方法和技巧,以提高辩论的质量和效率。

第五节　梦想能成就卓越的人生

一、梦想的重要作用

作为青少年,从小就应该树立远大理想,有明确的奋斗目标,正确认识人生价值和人生的意义,确立正确的世界观和人生观,对自己人生的战略要从总体上考虑把握,不管是顺境或逆境的条件下,都要有取胜的决心。比如法国军事家、政治家拿破仑曾说:"不想当将军的士兵不是好士兵。"他一针见血地说明青年人从小就应该有远大理想和奋斗目标,因为梦想越大,成就越高。俗话说"期望值越高,达成愿望的可能性越大"。

一个梦想远大的人即使为理想奋斗最终没有完全达到目标,但也会比梦想小的人所达到的目标还大。从前有兄弟俩商量着要出去旅行,老大勤快,想去西欧和北美看看,老二却只想在国内转转,两人同一天从南京出发了。一年后,两人分别回家了,老大说只去了西欧,看了许多国家的风貌,老二说只走到天津就回来了。两个年轻人都没有达到自己的目标,但老大写了《国外旅行记》一书,很受人欢迎。可见目标越高,责任心越强,成就越大。

应该清楚,一个具有崇高理想和奋斗目标的人,总比一个根本没有目标的人更有作为！

二、怎样实现自己的梦想

青年人必须明白，"梦想的实现在于自己的奋斗"，"一万年太久,只争朝夕"！俗话说，"愚蠢者等待时机,聪明者创造时机",不必怨天尤人,其实命运就掌握在自己手中！

1. 青年人勿做平庸之辈！青年人应该从小就树立远大志向,并且志向确立之后,就要始终不渝、百折不挠地为之奋斗。比如朱德总司令从小就树立了雄心壮志。早在青年时期,他就表达了"祖国安危人有责,冲天壮志付飞鹏"的远大志向。1909 年,他离乡远赴云南昆明陆军讲武堂求学前又立下"志士恨无穷,孤身走西东,投笔从戎去,刷新旧国风"的誓言。他为了追求真理,拒绝高官厚禄诱惑,到上海寻找共产党,后辗转到德国加入中国共产党,并且不怕千难万险,坚定不移地始终为自己的目标奋斗,直到成功,受到中国人民的敬重和赞扬。

当今社会瞬息万变,科技日新月异,作为青年人要不断前进,否则就要后退——不学习就要落后,不奋斗就会平庸。

2. 有了梦想,就要为梦想奋斗。梦想是产生动力之源泉,有了梦想就有了奋斗目标,但是梦想要恰合自己的实际,要根据自己的兴趣爱好或特长而定,切忌好高骛远。有了梦想还必须为实现梦想而努力奋斗。要敢于吃苦,不怕困难和挫折,有顽强的毅力和坚韧不拔的精神,不然,梦想就会变成梦幻、妄想。周总理曾说："有恒心、有毅力,方能成。"文学家郭沫若也曾说："爱好出勤奋,勤奋出天才。"比如数学家陈景润是位终生为梦想奋斗的、中国杰出的数学家,小时候家庭比较贫困,但他从小酷爱数学,人称数学迷。在中学时,有一次数学老师讲"哥德巴赫猜想时"说："哥德巴赫猜想是皇后王冠上的珍珠。"这句话对他启发很大,他决心要努力实现这个梦想——摘下这颗珍珠。于是不怕艰苦,克服种种困难,演算的草稿纸能装十多麻袋,最后终于成功。

3. 实现梦想,要脚踏实地地学、干。绝不能走马观花,蜻蜓点水,否则是不可能成功的。

有这样一个故事:古时在一个阳光明媚、风和日丽、百花盛开的春天,凤凰召集百鸟开会,在会上举行了各种比赛和有意义的活动,百鸟特别快乐。在临散会的时候,凤凰表扬了喜鹊的勤劳精神,并号召百鸟学习喜鹊的垒窝技巧,希望百鸟根据自家的特点,都能有个好家,生活舒服,不受寒冬的侵扰。于是百鸟带着凤凰的号召散会了。

单说喜鹊回来以后,决定再垒个新窝。于是选择了一棵结实高大的树,开始造起窝来。在树上选好位置以后,先用树枝编织好基础,然后忙活起来。乌鸦听了凤凰的话来向喜鹊学习垒窝。来后喜鹊不在,乌鸦看了以后笑着说:"原来如此,一个圆片上面有点毛草,这个好垒。"于是飞回去在树上用树枝编了个圆片儿,弄了点毛草做窝。后来乌鸦的子女从树上掉下来,摔死了不少。还有野鸽、鹧鸪、鹁鸪等鸟儿都来向喜鹊学习垒窝,就连呼哆哆、伯劳也来学习了。但是,他们都是蜻蜓点水,跑马观花,看了一下就走了,认为好学,却不知喜鹊的窝是半成品,还没有完全建好。因此他们回去垒的窝也都是半成品,不实用。所以有的鸟儿垒的窝不好,经不起风雨,有的鸟垒的窝不能抵御严寒。杜鹃不愿垒窝,把蛋下在别的鸟窝里,让别的鸟儿抚养。寒号鸟懒得出奇,不垒窝,被冻死了。唯有喜鹊经过整个春天的忙碌,终于把窝建成了。喜鹊建得认真细心,从外面望像一个大圆球,为了避寒,出口设在避风处,窝内用泥土抹着且下方垫着茅草。既能避风雨又能防寒冷,因此常年住在里面十分舒适,生儿育女也很保险。

这个故事告诉人们,无论学习做事都要认真细心,脚踏实地地干方能做好,一知半解,走马观花,反而得不偿失。

4. 志向高远,但要立足本职。俗话说,"有志者事竟成"。初中生应志向高远,从小立下凌云志,"敢叫日月换新天"。初中生好像八九点钟的太阳,正在兴旺时期。"三更灯火五更鸡,正是男儿读书时",这说明了励志和艰苦奋斗的紧密关系,有了志向就要为实现志向而拼搏,怎样拼搏奋斗呢?学生的主要任务是学习,努力学习科学文化知识就是立足本职。其一,在学习中积累的知识和掌握的本领是将来成功的基石,是人生最宝贵的财富。而初中是最有活力和生气的时期,记忆力也强,因此必须抓住这一大好时机,刻苦学习,掌握丰富的科技知识,为今后的创业创新准备条件。其二,科技能促进社会进步,读书是影响前途的第一推动力,只有多读书才能掌握大量丰富的科学知识和科技技能,才会有发明创新的能力。凡事业有成就的人,都是青少年时期的有志之人、饱学之士。其三,要学以致用,重点是改革创新,学了不用等于浪费,学习的意思就是既要学又要习,学了还要温习、实习、运用,也就是要改革创新,这才叫把知识真正学到手。比如北京市八一学校的学生学科学、用科学,他们学以致用,成立了科普小组,研制的"卫星"于 2016 年 12 月 28 日发射升空,成为中学生学科学、用科学的典范。

第六节 谦虚是一种好品德

一、谦虚使人进步,骄傲使人落后

谦虚是一种好品德,谦虚的人待人和蔼、有礼貌,而且虚心、不自满,肯接受别人的建议或批评,上进心强,因而受人尊敬,容易受人支持和帮助,所以办事成功率高,骄傲的人与谦虚的人恰恰相反。因此青年人要学做一个谦虚的人、上进的人、受人敬仰的人。

李自成是明末农民起义军的领袖。他年轻时性格大度谦和,能听取大众的意见,因此受人赞扬和拥护。他提出"均田免粮"的政治主张,受到广大人民的拥护,人们提出"盼闯王、迎闯王,闯王来了不纳粮"的口号。由于人民拥护,他的队伍很快发展到百万人。公元 1644 年在西安建立"大顺"政权,不久攻克北京,推翻了明王朝的统治。但进京后,李自成及部下骄傲自大,忘乎所以,贪污腐化。如李自成月月过大年,不理政,部下胡作非为,大将刘宗敏抢夺吴三桂妃子陈圆圆,导致明将吴三桂引狼入室,清军入关。李自成彻底失败,而死于九宫山。

这样的事例很多。对同志骄傲会失去同志,对朋友骄傲会失去朋友。得不到别人的帮助,就会成为孤家寡人,一事无成。

二、努力做个谦虚、有作为的人

青年人要想做个谦虚有作为的人,首先应尊重他人,为什么呢? 因为"敬人者人恒敬之,助人者人恒助之"。你怎样对待别人,别人也会怎样对待你,你怎样对待生活,生活也会怎样对待你。比如中国共产党的革命所以成功,原因之一就是当官的爱护士兵,没有官架子,和士兵同吃同住,上下一心,同仇敌忾。所以心能往一处想,劲儿往一处使,同甘共苦,共同打敌人。在战场上,士兵为了取得胜利,甚至不惜牺牲自己的生命,而共产党同情广大人民的疾苦,处处为百姓着想,谦虚谨慎,因此也受到了百姓的同情和支持,建立了鱼水情,所以革命才取得胜利。

谦和、谦让是一种善为,谦虚是一种美德,是事业成功的一把钥匙。

第七节　培养助人为乐的美德

一、助人为乐是一种美德

有少数人认为帮助别人,自己就要有所付出,别人得到自己就会失去。比如你帮助别人办事,别人成功了,你却要耗费自己的精力和时间。其实这种认识是错误的。你帮助了别人,别人一定会感恩回报你,当你有需要或有困难时,别人也一定会伸出友谊之手帮助你。动物还有感情,例如传说中有骏马救主、老虎报恩、狐狸救恩人、飞鸟感恩等,何况人呢?事实上,帮助别人并不意味着自己吃亏,你帮助的人越多,你得到的也就越多。比如雷锋同志一生助人为乐,帮人做好事,他这种美德受到了中国人民甚至世界人民的赞扬,至今全国人民仍在学习雷锋同志助人为乐的美德和精神。

二、助人为乐的精神是一种爱国主义的精神

生活需要真诚,需要美德,需要爱。助人为乐的精神也是一种爱国主义精神。一个家庭如果有助人为乐的美德和精神,这个家庭必定会生活得和谐美满幸福。一个班级,如果学生之间有助人为乐的美德和精神,大家互相学习,互相帮助,取长补短,共同进步,这个班级必定会团结一心,勇往直前,成为学校的优秀班级。推而广之,每个班都有助人为乐的学生,那么这个学校必定会成为朝气蓬勃、蒸蒸日上的学校,成为学校中的佼佼者。如果大家都有助人为乐的美德和精神,那么社会也必定会诚信、友善、平等、民主、文明、和谐,国家也会更加和谐、稳定、美好。所以说助人为乐的精神也是一种爱国主义精神,甚至是国际主义精神,比如那些为革命而牺牲和为支援国际和平而牺牲的先烈们,他们是最可爱的人,是值得我们特别是青少年学习的。

三、科学的发展更需要助人为乐的协作精神

随着科学的进步、社会的发展和教育的科学化,更需要人们具有助人为乐、相互配合的协作精神,不仅是搞科研建设的人们,学校工作也是一样,需要细致地分工协作,检验配合,靠过去的单打独斗是不行的。因为众人即圣人,群众的智慧和力量是无穷的。因此,年轻人从小就要树立助人为乐的思想,比如同学之间要友爱,互相帮助,对学习有困难的应帮助,对生活有困难的应支援,对有病者应问候。生活就像山谷的回声,呼唤什么就能得到什么,帮助别人其实是在强大自己。

第十六章

怎样培养教育学子们成才

读书是年轻学子们的头等大事,为什么呢? 因为读书能增长智慧,掌握丰富的科技知识,还能指明前进的道路,甚至改变人生。学子们读书学习首先要明确读书是为了什么,只有明白读书的目的和意义后才能产生动力,并找到学习方法,才能为实现理想而勤奋读书,从而使自己的未来充满阳光。

第一节 明确读书目的及重大意义

青少年时期是大脑发育成熟期,最容易接受新事物,记忆力也最强,因此是学习的最佳时期。颜真卿诗曰:"三更灯火五更鸡,正是男儿读书时。黑发不知勤学早,白首方悔读书迟。"

一、读书究竟为了什么? 为了谁?

读书究竟为了什么? 这个问题由历史的发展,人类的进化,科学的进步,社会的文明得到了证明。读书学习大而言之,能促进社会的发展与进步,因为科学能改变世界;小而言之,读书是改变人生命运的第一推动力。至于读书是为了谁,这个问题不同的人有不同的认识和看法,有的家庭让孩子读书是为了让孩子成才,有的家庭让孩子读书是为了升官发财。

我们应该知道"为中华之崛起而读书"这句话吧,它讲的是周恩来总理青少年时期的一则感人的故事。

1910 年夏天,周恩来随三伯来到东北,进入小学读书。周恩来学习很努力。在一次课堂上老师问学生:"你们为什么而读书呢?"有的学生说是为了升官发财;有的学生说是为了光宗耀祖;有的学生说是为了知礼而读书;还有的学生说是为了帮助父亲记账而读书,引得同学一阵哄笑。

当老师问到周恩来时,他从座位上站起来,庄重而响亮地说:"为中华之崛起而读书。"周恩来的回答令老师大为吃惊,老师称赞他有志气、有抱负,并对同学们说:"一个有志向的青年都应该向周恩来学习。"

一句"为中华之崛起而读书"流芳千古,充分表达了周恩来从小就有爱国爱民的思想,从小就确立了为祖国富强而奋发读书的宏伟志向。正是因为周恩来明确了自己为了什么而读书,才不远万里到日本、德国求学,到法国寻求真理而勤工俭学,并学会了多国语言,而且终身为祖国的富强繁荣而奋斗,成为受世界人民敬仰的一代伟人!

周恩来"为中华之崛起而读书"的志向,为青年学子们指明了努力读书的重大意义和目的。他告诉青年人,读书大而言之是为祖国崛起、昌盛,也就是希望学子们努力学习科学文化知识,努力掌握科技本领,将来全心全意为人民服务,为祖国多做贡献。小而言之,也是为了自己的前途,为了父母,为了家庭的幸福。没有国哪有家,没有国家的强大,哪有家庭的幸福,没有科技文化知识,怎能使祖国由大变强呢?人民又怎能幸福呢?

学子们是祖国的未来,民族的希望,中华民族上下五千年的文明,要靠青年一代去传承保卫和建设。假如我们不明白读书是为了什么,不努力读书,又怎能承担起这一光荣、伟大而又艰巨的使命呢?

二、读书是为了德才兼备

上面提到,凡有志青少年应该向周恩来学习,我们读书不仅是要学习科学文化知识、技能和本领,更要学会做人,通过读书来明理,提高自身素质和修养,做个德才兼备的人。

古往今来有许多正人君子靠自己的艰苦奋斗终于成才,可是他们成才以后不是为了升官发财,而是为了拯救人民的疾苦,为了声张正义,因此受到人民的拥护爱戴和传扬,比如唐代的狄仁杰、宋代的包拯、范仲淹,明代的海瑞,清代的林则徐等,他们都是"先天下之忧而忧,后天下之乐而乐"的杰出代表。以毛泽东同志为代表的老一辈无产阶级革命家,更是以身作则、克己奉公、清正廉洁、大公无私、全心全意为人民服务的典范,正因为如此,才得到人民的拥护和支持,革命才取得胜利。

读书是为了追求真理,比如马克思、恩格斯等伟大人物,为了追求真理,从小酷爱读书,一生清贫,著书立说不倦,终于成为影响世界的无产阶级革命家。中国民主革命的先行者孙中山先生,从小就嗜书如命。有人曾经问孙中山在革命之外还有没有别的嗜好。他说:"我一生的嗜好,除了革命之外,只有好读书,我一天不读书就不能够生活。"他是这样说的,也是这样做的,他无论走到哪里,总是带着心爱的书。他在伦敦的时候,生活十分困难。有一次钱用完了,一些在伦敦的留学生资助了他三四英镑。可是他留了一点,其余的又全部买了书。有的同学问他,他笑着说:"应该谢谢你们的赠送。"然后说,"不要紧,生活苦一点没什么,两个小面包可以当一顿饭,我这个人,的确有些奇怪,一顿饭吃不吃倒不在乎,可是不看书就受不了了。"正因如此,他读了许多政治、经济、文学、历史、地理等各类著作,成为一个知识渊博的人,也很受中国人民敬仰。

三、读书是为了创业创新

当今世界科技日新月异,发明创新层出不穷,正在向纵深发展,竞争也越来越激烈,国家更需要高尖端科技创新人才,因此,青少年学子们如果不努力掌握科技知识技能,将来就会被科技浪潮淹没。

生活可以平平淡淡,但人生不能庸庸碌碌。生命中最珍贵也最浪费不起的就是时间,读书在青春。人类未来的发展,需要学子们不断地去研究,去探索,去创新,去实现。科学是无止境的,而且各行各业也需要年轻人去改革创新,这正如毛泽东同志说的那样:"世界是你们的,也是我们的,但是归根结底是你们的!"

第二节　学习在于勤奋,知识在于积累

在明确了学习目标和学习的重大意义以后,接下来就要勤奋努力了,因为勤奋是成功之本。比如农民:"勤奋地生宝,懒惰地长草。"工人:"勤出好产品,懒惰错不少。""勤奋工作好,懒惰是祸苗。"学生:"勤奋能力高,懒惰寒号鸟。"学习在于勤奋,知识在于积累,聪明在于勤学,天才在于奋斗。

一、读书一定要勤奋,业精于勤

唐代文学家韩愈在《进学解》中有一句名言,那就是"业精于勤,荒于嬉",意思是说读书、学习只有勤奋努力,才能使学业精通进步,假如整天只知道嬉笑玩耍,学习必定会被荒废掉。所以说读书一定要勤奋用功,要想学有所成,必须狠下功夫才行。当然学有所成还有其他因素,但勤奋最重要。许多前辈给我们做了榜样,例如古代有"凿壁偷光""囊萤映雪"的故事。

二、学业"荒于嬉"的原因及坏处

学业"荒于嬉"的因素有许多,其危害却也不少。

1. 有的学子胸无大志，因此读书学习也谈不上用功，更无勤奋之决心，因而学习不努力，抱着"明日复明日，明日何其多，我生待明日，万事成蹉跎"的心态。当然学生根据学校的课程安排，适当地锻炼身体、玩耍休闲是无可非议的，但是不思进取，整天过分嬉笑玩乐，久而久之学业必然会被荒废掉。

2. 书呆子的学习法。所谓书呆子的学习法就是死记硬背，生搬硬套，不能活学活用，学以致用，悟性较差。这样的学生特点是孤独，虽有上进心，但力不从心，学习一般，这样下去，学生慢慢会感到压力大，会产生畏难、厌学情绪。因此家长老师要及时培养教育孩子，一是帮助孩子树立远大志向，坚定学习信心，二是要教给孩子学习方法，多鼓励必有提高。

3. 受外界的不良影响而"荒于嬉"。有的学生受手机或网吧的影响，整天手机不离手，甚至逃学到网吧玩，越玩越上瘾，直至夜不归宿等，不但严重影响学习，还给学校、社会带来麻烦和不安定因素，所以必须引起家长和老师的重视。解决的办法是以预防为主，家长要多和孩子沟通，了解孩子的思想学习情况、有何要求等，同时要观察孩子的动态表现，要告诉孩子经常玩手机的坏处，引导他们远离网吧，专心投入学习。假如孩子有不良表现，应和班主任联系了解情况，共同解决。至于班主任老师也要多观察每个学生的思想、学习、纪律等情况，如果发现问题及时和学生谈话，并和家长联系，共同教育效果会更好。

吴明威在小学时学习成绩还可以，在校表现也不错。但自从进入初中以来，学习成绩逐步下降，每次考试成绩都不理想。结果他把自己看得一无是处，认为自己学习能力差，动手能力不行，交际能力也弱，害怕同学瞧不起，产生了自卑心理，认为这个世界对自己太不公平了！从此后吴明威像变了个人似的，沉默寡言，孤独自卑，父母又不在身边，他感到很无助。有一天他走在上学路上，突然有两三个人拦住他的去路，让他和他们一起玩耍。原来，这几个人有的是逃学，有的是被学校劝退的。一开始他们强迫吴明威跟他们一起玩儿，后来吴明威觉得在外面玩更舒心快乐，比读书学习轻松多了。于是，经常向老师请个病假，整天和那几个朋友鬼混，直到进入少管所。

除了以上因素之外还有父母的不良影响，比如有的父母整天玩麻将、抽烟、喝酒、不务正业等，也是子女"荒于嬉"的原因。总之，初中生已进入青春期，随着生理的变化，心理也在不断变化，情感也极不稳定，因此需要家长和老师警觉，采取多种措施预防。

第三节 要正确对待友情和爱情

朋友是每个人一生的财富,初中生广结好朋友无可非议,同学朋友之间要互相学习,互相帮助,建立纯真的友情,友谊是难能可贵的。

美丽的校园是一片净土,广大青少年学习生活在这片净土中很少受纷繁复杂的外部世界的干扰、侵蚀和污染,同学之间没有利害冲突,大家为了一个共同的奋斗目标——学习走到了一起。

一、纯洁的友谊是进步的桥梁

纯洁的友谊是一个人进步的桥梁,也是一生的财富。一首歌中唱道:"老朋友,新朋友,朋友多了,路好走。"确实是这样。当你在学习工作或生活中遇到困难时,朋友会开导指引,帮助你走出困境,特别是青少年朋友,更应该珍惜纯真的友谊。不同的人生时期会有不同的友谊,青少年时期的友谊更为宝贵,为什么呢?一是因为青少年的心灵最纯真、最纯洁。敢说敢想,心里有什么说什么,心直口快,即使彼此争吵过,也很少计较。二是除了学习以外,没有其他压力和利益纠纷。大家一起生活,一起玩乐,朝夕相处共同学习,共同探索科学文化知识,取长补短,共同提高。三是朋友之间兴趣爱好相近,志向相仿,能够相辅相成,相得益彰。

青少年要学会交朋友,要学会关爱别人才能被关爱。也就是我为人人,人人为我。要学会理解和体谅他人,学会包容、感恩,纯洁的友谊是进步的桥梁。

二、要分清友情与爱情的界限

什么是友情? 友情是指朋友之间的感情、友谊和交情,它的特点是纯真纯洁,是建立在志同道合的基础之上的,因此能互相支持,共同前进。那么什么是爱情呢? 爱情是专指男女之间相爱的感情。

为什么说初中生要分清友情与爱情的界限呢?

1. 初中阶段是争取前途的大好时机。毛泽东同志说:"一万年太久,只争朝夕。"初中阶段正是争取前途的大好时机,中学生风华正茂,精力充沛,正是努力学习科学文化知识的时候,因此,学生应该把全部精力投入学习,努力掌握更多的科技知识,准备将来更好地为祖国为人民服务。许多名人、科学家都是这样做的,为了前途,为了学习,同学之间要建立深厚的友情,而不是爱情。

2. 友情和爱情对于刚刚进入青春期的初中生而言,确实难以区分。同学之间朝夕相处,有大量的异性接触机会,大家彼此关系好,经常在一起就是友情。但是在与异性交往过程中,假如我们不能很友好地控制自己的感情,那么异性相吸,友情就逐渐变质了。

15岁的小丽和班上的一个男生彼此有好感许久了,二人上学回家经常同行,而且男生对小丽十分友好照顾,还经常给她递小纸条。就在上个星期五下午,男生又给她递了小纸条,约她放学后一同去看电影。小丽脸红红的,激动无比。

从此以后,上课时,女生再无心听课,老觉得男生在背后看自己。二人朝思暮想,都爱打扮自己了。就这样整天胡思乱想,思念对方,两个人早把学习抛到了九霄云外。

期末考试时,女生有许多题看不懂、不会做,脑袋像浆糊一样粘连不清,结果各科成绩考得一塌糊涂,而男生的各科成绩同样一团糟。二人都伤透了脑筋。

同学之间的交往应该有个尺度,特别是与异性的交往更要注意分寸,应该明了友情与爱情的界限。把同学之间的交往控制在友情范围内,不要过早地任由其向恋爱的方向泛滥,使双方的学习或其他方面受到影响或伤害。怎样预防呢? 应该从下面几个方面入手。

3. 掌握友情和爱情分界的方法。正确区分友情与爱情,首先应该从自我做起,要理性对待同学之间的交往,把感情控制在友情范围内。

第一,同学之间的交往一般主要以讨论学习为主,大家共同探索、研究、讨论甚至辩论一些文化知识,开动脑筋、互教互学、挖掘潜力是一件很有意义的事情。这样,不但增强了思维能力和表达能力,而且能起到互补作用。比如有的同学对某个问题有疑难,那么通过讨论研究可以共同解决,同时也增进了同学之间的友情,好处多多。

第二,从自我开始做起,首先要端正交友的观念和态度,特别是和异性同学交往时,要注意分寸,多谈论学习方面的问题,而且应去掉私心杂念,不要什么都不顾忌。同性之间的秘事,切忌随便告诉异性同学,以防止发生误会。

假如同学之间兴趣爱好相近,可以互相鼓励,但思想要纯正真诚,避免二人经常在一起引起其他同学的猜疑。同学之间最好多和同性交往,比如在一起畅谈理想,畅谈兴趣爱好,等等,以弘扬青春活力、理想信念。

第三,从女同学的角度考虑,和异性交往应更加谨慎,因为男女毕竟有别,大家年龄毕竟还小,生活阅历很少,正处于学习知识的黄金时期,更应分清友情爱情,应将精力投入到学习中去!

诚然,每个人的性格爱好不同,以女子而言,有的开朗活泼,有的文静,都应该尽力发展自己的优点,努力学习科学知识,为自己的将来争一席之地。

在学校里和异性交往是难免的,但作为女生,在交往中一定要注意自己的言行,要做到态度大方,行为规范,多谈学习,少扯与学习无关的事。如果异性有某些特殊的言语应该格外注意。比如有个别异性对你格外热情友好,有事无事总向你献殷勤,或者特别关心你的学习生活,甚至穿衣打扮,嘘寒问暖,经常瞅你,这就是危险的信号了!还有的就是找各种借口和你相处,或者给你递纸条、写信等,这种种表现,你应该明白,已经超越了友情的范畴,但作为一个女孩该怎么办呢?请千万不要为这种行为感到欣慰,而应有原则,有底线,尽早脱离这种关系。正确的方法应该是明确告诉对方,我们现在年龄还小,应该抓紧时间学习,争取光明前途。这样既表明了自己的原则态度,也不会对对方造成伤害。

总之,初中阶段的同学应专心投入学习,对于个别异性的异常言行,要保持原则,同学之间要一视同仁,建立起正当的友谊,切记走入歧途,对自己造成伤害。

三、初中生不宜过早恋爱

随着生理的逐步成熟,初中生心理也在不断地发生变化,这是人生发展的必然。进入青春期后,男女产生感情是难以避免的。但是应该明白,大家年龄尚小,毕竟是学生,而且人生之路才刚开始,应该牢牢抓住这一大好时机,努力学习科学文化知识。

如果在初中时期就陷于爱情的漩涡,确实是太早了,太不合时宜了,为什么这样说呢?其原因如下。

1. 初中生年龄尚小,思想、心理、情感等还不够成熟。单纯,见识少,涉事不深,因此有时单凭感情冲动,对某异性会产生好感和爱慕之情,于是就轻易地展开追求。有的孩子遇到此事会不知所措,思来想去不知该怎样处理,便影响了学习;还有的孩子放纵自己任其发展,当然也会影响学习。这些都是消极或错误的应对方法,正确的方法是不妨和爸爸妈妈、知心朋友谈谈,以求得正确的解决办法。

2. 生活经济没有独立,成功率极小。初中生正是长身体长知识的时候,应该把精力集中投入学习中。根据我国《婚姻法》规定,男22岁,女20岁是正当的结婚年龄,过早恋爱结婚,不但对学业前途会造成影响,而且对自己的身体、对后代都会造成伤害。初中生正在学习时期,年龄还小,学习生活全靠父母供给,没有经济来源,根本没有资本经营这份感情,更不能保证这份感情不会破裂;更何况此时恋爱必然会受到父母亲人的反对。再者,由于恋爱而影响学习,成绩一落千丈,会受到老师和同学的歧视,毕业后又各奔东西,这样既浪费时间,浪费感情,又影响了双方的前途,何苦呢?实在是得不偿失啊!

据有关单位统计,初中生恋爱结婚者成功几率极少,约在万分之一左右,而且都是学业未成功者。所以说过早恋爱是不合适的!

第四节　要讲道德,青春的"酸果"不要尝

青春期青少年的身体逐步走向成熟,受身体激素影响,容易激动、冲动;特别是对异性有好奇心,极易产生情感的萌发,产生友情和爱情。这是年轻人的特点,也是人之常情。但是事情有主次先后之分,按规律办事方能成功。上面提到初中生的主要任务是学习,而这时若不控制自己的情绪,任由其发展,必然会一事无成,而且会发生一些意外情况,有些学生就尝到了"酸果子""苦果子"的滋味。

1. 不该发生的事情。有一年秋季,从乡下转来的和林第二中学的一名女学生名叫桂枝(化名),读初中三年级。该生胖胖的,穿一身较肥大的衣裳,能说会道,性格乖巧开朗。据班主任老师说,该生有时开心,有时沉静,好像有心事似的。学习忽冷忽热,不过学业成绩还可以。

大约又过了两个月左右,同学们有时在一起私下悄悄议论:"怎么桂枝越来越胖了?""衣服穿的像长袍、大褂,走路慢慢的。""有一次我还看见她掉眼泪呢,问她怎么啦,她说不舒服,可能感冒了。"

初三了,学生们都投入了紧张的学习。大约又过了一个月,在一个早晨,同学们上完操,有几个女同学上厕所,突然发现厕所内有个死婴儿。可把几个女生吓坏了,惊动了老师和学校领导,大家都来看。果然,厕所内有个男婴已无生命气息。人们都感到无比惊异,又觉得十分惋惜,一个小生命就这样被无辜地葬送了,大家为此议论纷纷。

经过学校了解调查,桂枝今天不在。一位女同学说,有人见桂枝半夜穿好衣服出去了,以为是上厕所也就没在意。原来是这样,大家心里初步明白了。那么桂芝哪里去了呢? 班主任和学校领导无比着急,赶紧给家长打电话询问有关情况。家长告诉学校:"桂枝来电话说她病了,在医院里,我们正准备去。不知道什么病,严重吗?"学校领导说:"赶紧去吧,去了问你女儿就明白了。"大家这才放心了,事情也暂时告一段落。

接着教委会研究这件事该怎么处理,用不用到医院看望一下,通知教育局。大家意见不一,有的认为这种不光彩的事去看望,等于助长歪风邪气;有的老师认为还是应去一下,虽然事情的起因不在我校,但发生在我校,还是应该妥善解决。于是学校最后决定派校团委书记和几名女生带些物品去医院探望,并把事情汇报

给了教育局。

第三天上午,校团委书记带了几名女生来到医院,见了桂枝和她的父母。她父亲愁眉苦脸唉声叹气,母亲流着泪感谢学校来看望桂枝。书记问:"病情怎样?"她父亲说:"没大问题。"看桂枝流着眼泪瘦了许多,一身病态。脸向侧面躺着,也不说话。书记又安慰说,"好好养病吧!病好后想来学习还可以。"临走时大家和她家人道别,父母送出来。书记语重心长地说,"你们女儿来二中时间虽然不长,表现还可以,不过要以此为戒,多加开导、教育,父母的责任重于泰山。"道别时一片凄凉。

2. 影响、伤害及教训。这件事情的发生影响很大,学生传学生、家长传家长,几乎传遍整个学校。

病人据说大病了一场,但因名声和家庭经济困难等原因,病情稍有好转就出院回家养病去了。当然在学校和社会舆论的压力下,这位女生辍学了。有人说连个好对象恐怕也找不下了,真是"一失脚成千古恨"。

中华民族历来注重贞洁、节操等美德,虽然时代不同了,但仍应传承下去。比如这位女孩过早品尝了青春的"酸果""苦果",这种滋味也只能由她自己承受。这种事情,受伤害最严重的往往是女孩,不但名誉受到损失,身体受到伤害,心灵留下创伤,而且学业受到影响,前途受到破坏,同时还给父母带来了麻烦和忧愁。这种酸苦真让人难过。

对于这种事情,大多家长为了子女的名声,只好哑巴吃黄连,有苦说不出!但也有例外,比如有的家长遇到这种事觉得无比委屈痛苦,认为受到了欺凌和侮辱,一怒之下要找男方讨个说法,于是男方也受到了伤害。

这类事情虽然不多,但也屡见不鲜,必须引起初中生重视,引起家长警觉,以便及早配合学校对子女进行指导教育,向美好前景发展。

3. 预防解决的办法。上面的例子说明初中生本不该尝禁果,如果尝了,无论男女身心都会受到创伤,甚至摧残。根据心理学研究,当一个人的身心受到伤害之后,会终身难忘,而且心理负担会加重,压力会加大,最终会导致思绪凌乱,精力不振,无论做什么事都会心不在焉,失去前进的信心和动力;严重者还可能造成精神错乱等。一旦身心受到刺激伤害,哪还有思想精力学习呢?因此,初中时期是人生的关键期之一,会遇到许多坎,那么应该怎样安然度过呢?

一是要有远大理想,要有明确的奋斗目标,专心学习,这样就不会被乱七八糟的琐事所干扰;二是要讲道德,讲良心,凡事要考虑利弊关系和结果,比如同学之间的交往,要分清友情和恋情,不仅要对自己负责,更要对别人负责,要控制自身感情,不要因一时冲动而造成损人又不利己的蠢事。

学生在这个时期要规范自己的道德素养,克服和制止某些不正确的观念影响,全面提高自身素质。这是特别重要和必要的,应该认识到这一时期正是青少年学习的黄金时期,机会难得,假如把这一美好时光浪费掉,是会后悔莫及的。通过学习,我们不但可以掌握大量的科技知识,为今后的发展奠定基础,而且还能从书本中学到正确的人生观和价值观,学会自重、自爱、自强和自制的道理。凡是成功者,他们的青少年时期都是这样度过的。

通过学校对政治思想课和心理学科的教授,多了解青少年时期身心健康变化发展的知识,可以缓解中学生内心的不安,从正面解除各种不必要的顾虑和好奇心理;或者是多参加一些有意义的活动,用以转移某个目标等。

对家长而言,应多和子女沟通,以预防为主。假如发现子女有异样,应及时配合学校或班主任共同协商解决。尤其作为母亲,应该给子女讲解一些青春期的健康知识或注意事项,并教育子女,现在年龄尚小,不宜过早地搞对象影响学习,应集中精力投入学习,争取美好的前途。

另外还要教育子女少玩手机,更要远离网吧。特别是男孩看电视,要多看中央新闻联播和有关科技、法制等方面的内容,少看连续剧和武打片;无论男生女生看书,要看正规出版社的青春期的书籍和有关资料,这样就会纯洁心灵,不被不雅内容污染。

总之,只要胸怀大志,努力上进,专心学习,每个人必定会有光明的前程。

第五节 读书学习要有毅力

所谓有毅力就是一个人无论学习工作做事,都必须坚强,有持久的意志和决心,特别对于一些长期艰难的学习或工作,更需要持之以恒才能有所收获。因此说毅力是一切事情成功的基础和保障。

一、毅力是学习成功的保障

1. 读书学习既是一项艰苦的工作,又是一种快乐的事情

为什么这样说呢? 这是因为读书学习需要时间,需要开动脑筋,需要思考分析记忆或动手抄写笔记做作业等,这些都需要精力和毅力,因此说"业精于勤"。当然这也是一项艰苦的事情,但是,学习能让人获得各种文化科学知识,吸收到各种营养丰富自己的头脑,能让自己成为一个德才兼备有作为的人,这又是一件多么令人高兴愉悦的事情啊!

相反,那些缺乏毅力"荒于嬉"的青少年就会成为现代文盲,成为一事无成、追悔莫及的人。生活在现代社会中无所作为、无所事事,不仅浪费了大好光阴,而且萎靡不振地度过自己的人生,是非常可悲的。

所以青少年正是大有作为的时期,正是学习科学、探索奥秘的大好时机。读书学习要有毅力,要励志,励志者方能不辜负父母对自己的养育之恩。

2. 有毅力才能探索科技的奥秘

读书学习是长期探索科技奥秘的过程,不是一朝一夕的事情。俗话说"十年树木,百年树人"。可见,培养人才的重要性和长期性。

这是因为首先要打好基础,从幼儿园开始,父母就教孩子识字数数和各种简单的知识。到了小学学习内容进一步加强,中学阶段学习内容更加全面深入。同时还要进行为人处世等各方面的训练,因此这是打基础的重要阶段,可以为以后的继续深造奠定牢靠的地基。

二、学习要循序渐进

1. 循序渐进是指学习、工作要按照一定的步骤,逐渐深入或提高

比如盖高楼大厦,打好基础后,还需要一层一层往上盖。学习也是一样,有了基础还必须一层一层往上高攀,攀得越高,收获越多,这就是循序渐进的原理。

2. 学习要循序渐进

这就是说越高攀越艰难,越需要毅力和吃苦耐劳、艰苦奋斗的精神。叶剑英曾写过一首《攻关》诗,诗曰:"攻城不怕坚,攻书莫畏难,科学有险阻,苦战能过关。"元帅这首诗阐明了攻关的真谛,读书学习也是这样。从小学、中学到大学,一关一关攻过,循序渐进地闯,直到走向胜利!这无疑需要学子们顽强的毅力,就好比当你攀登到高峰时,看到祖国的大好河山繁荣景象,就会胸怀开阔,心旷神怡,心驰神往,如入仙境一般;又看到山外青山楼外楼的富饶景象,禁不住会想到改革开放以来人才辈出,人人为富民强国实现伟大的中国梦而奋斗,再联想到世界的发展变化,人才竞争的激烈,就会意识到青少年学习之责任重大。

三、学习要勤思,学思结合效果好

在学习中除了要立志、有毅力之外,还要掌握一定的学习方法。学习方法有多种,其中之一就是学思结合。

孔子说"学而不思则罔,思而不学则殆",可见学思紧密结合的重要性。学是为了吸收各种更多的新知识,而通过思能帮助我们把所学知识理解得更深、更透彻,而且还可能会有新的启发或创新。比如学数学,明白了某一习题的运算原理

和过程后,通过思考还可能受到启发,创造出另一种新的算法,答案是相同的;同时经过思考还会加深记忆,对所学的内容更深入理解。再比如写作文等,无不经过思考构思安排妥当才能成功,所以说学思紧密结合,才会出成绩。

1. 读书学习是一个综合利用人体器官的过程

其实大家也清楚,只是不注意罢了,比如读书学习,首先用到的是眼睛,再用大脑思考和记忆,碰到名言警句时还要用手抄,听课时还要用耳朵听,朗诵时又要用嘴念等,很明显,读书学习是个需要各种器官互相配合的行为,需要什么用什么,不过一般情况下,用眼和大脑更多些,这再次说明了"读思"结合的重要性。

2. 读思结合的重要性

许多名家,他们之所以成功都是这样做的。把学知识当做一种快乐,一方面阅读大量的书籍,从书中吸收各种营养,另一方面又经过周密的思考,取其精华,为我所用。

比如马克思既是一位伟大的思想家,又是一位勤奋的学者。诚然他天资聪慧,但更重要的是他孜孜不倦的勤奋精神。据史料记载,马克思没有上小学,但他从小喜欢读书讲故事,并在父亲的指导下在家自学小学课程。12 岁时进入德国特里尔市立中学,在这里他以顽强的毅力,刻苦学习各种科学文化知识,并注重学思结合,取得了优异的成绩。他的数学、语文、历史、地理等学科成绩优秀,并学会了德语、法语和拉丁语。因为成绩优秀,在 1835 年,马克思未经考试就被柏林大学录取了。

在这所著名的大学里,他如鱼得水,尽情地在知识的海洋里遨游。他潜心于哲学、历史、法学、文学、外语和自然科学的学习与研究,成了一个知识渊博的著名学者。他读了大量书籍,每读一本书,都要进行周密思考,而且还做了许多笔记和卡片。

梅林曾在《马克思传》中写道:"他在两个学期中所获得的大量知识,如果按了学院式的喂养方式,是 20 个学期也完不成的。"

又如马克思写《资本论》的时候,据记载,他至少阅读了 1500 种以上的书籍。大英博物馆的图书馆开馆后,马克思经常带着面包和水壶一坐就是一整天,他有固定的座位,每当看到兴奋的地方就会不自觉地来回踱步,长年累月之后坚持,坚硬的水泥地竟被他磨去了一层,留下了他的"足迹"。

马克思写《资本论》时辛勤艰苦,奋斗了 40 年,阅读思考总结了 40 年,他衣服口袋里有个小本子,一看到或想到什么就记下来,《资本论》中许多翔实准确的资料,大都来自于他广泛阅读总结的书籍。

他每天不是看书,就是工作达到了忘我的程度。他曾对一位友人说,我们在为争取八小时工作制而斗争,可我们自己的工作时间却往往两倍于此。

青少年朋友,如果你们也有这样的精神和这种毅力,再加上学思结合,也必定会有所成就的。

用不着多举例,你已经明白"学思"结合的重大意义了,不必说文学家写文章、写书要阅读许多资料,并且要进行周全细致的思考、构思、联想、安排等,少则十几天,多则几年才能完成;也不必说科学家搞发明创新,更需要查阅科技资料,朝思暮想地总结实验,甚至失败上千次方能成功,单是他们这种顽强的精神毅力就是青少年学习的榜样!

几乎所有名人都特别注重学习,手不释卷、学思结合,从而打下坚实的知识基础,完成了辉煌的事业。

3. 读书应怎样学思结合

俗话说"会看书的看门道,不会看书的看红火热闹"。意思是读书,首先要读懂文章的中心内容,了解文章的体裁,还要扫清文中的字、词障碍,对优美的语句、诗文反复诵读,力求记住。另外还应明白作者的意图,思考对自己的启发等。

要读懂一本书、一篇文章,要一边读一边对书中的内容进行深一层的思考理解,为我所用。因此对学生而言,切忌走马观花、蜻蜓点水的学习。比如有的学生看书不深入、不思考、不细致、粗枝大叶,考试的时候往往吃亏,重点当然要重视,但细节也不能轻视。

读书学习能使人聪明,而善于思考更能使人聪慧睿智。比如当你在学习工作中遇到问题或困难时,就要暂停下来,进行充分的思考。思考必然能解决问题,或找到完美的解决问题的办法。可以说,无论干什么事,不经过思考是不成的,比如许多伟人往往因思考国家大事而夜不能寐,这就是思考的魅力!

爱因斯坦说:"只用你的眼睛看东西,那是不会发现什么的,还要用你的心思考才行,人们解决世界上的问题,靠的是大脑思维和智慧,而不是照搬书本,学习知识,要善于思考思考再思考,我就是靠这个学习方法成为科学家的。"爱因斯坦的这段话,阐明了思考的重要作用,对青少年朋友读书学习很有启迪作用。如果我们能像马克思、爱因斯坦那样,学与思紧密结合,就能做到活学活用,融会贯通,既能锻炼自己的思维能力,也可提高自己的素质,更能提高我们解决问题的能力。

读书要一字一句地读,边读边思考,或读完一段再思考,思考书中的内容对自己有何触动启发。对一些经典语段和诗文还应记录下来,以备今后引用,对不懂的疑难问题也应记下,以便问人或查找。

读书,切忌只求数量不求质量,切忌囫囵吞枣。有的青少年读书求快、求多,只图看热闹,结果前看后忘收效甚微。

另外,正像爱因斯坦所说,"解决世界上的问题,靠的是大脑思维和智慧,而不是照搬书本"。不能死记硬背太书呆子气,在理解的基础上记忆并有新的启示,重要的是要有创新和思维精神。

第六节　读书学习要持之以恒

青少年读书学习除了树立远大理想,有奋斗目标,勤奋有毅力外,还必须有持之以恒的精神。

大家想想,从小学到大学毕业要经过 16 年时间,如果继续深造,时间还会更长,如果没有坚强的毅力和持之以恒的精神,无论如何是不成的。

有的学生对学习的重要性也只"知之"但不能"行之",更不能"持之"。特别是对一些学习方法不当、成绩不稳定的学生更是这样。什么原因呢? 就是因为意志薄弱,没有坚强的决心和持之以恒的精神。

一、持之以恒是一个人成功与否的关键

持之以恒首先是一个人为达到某种目标而产生的意志力;而意志力又表现为一个人为实现自己的学习工作愿景,乃至人生目标而产生的坚韧不拔、持之以恒的宝贵素质。曾国藩说:"持之以恒是第一美德,无论年龄大小事情难易,只要每天坚持做一点,也许一两天看不到成效,但日积月累,自然于无形中大有长进!"

古往今来,无数成功人士都是这样成才的,那就举个女才子的事例吧。

李清照是南宋女词人,是婉约派代表人物。她幼时天资聪慧,伶俐无比,并且热爱读书学习,从小受到了良好教育和艺术熏陶,两三岁时父母教她说话,吟歌,四五岁时教她读书认字,六七岁时就让她和哥哥们在家塾中读书,让她接触诸子百家的文章,以及《楚辞》、唐诗等文学作品。她非常有恒心,十岁左右就已经懂得了诗词韵律,同时还学会了绘画和书法等,是个全面手。

李家是书香门第,家中常有饱学多才之人登门饮酒、赋诗、挥毫泼墨,少年时的李清照总是在一旁认真观察,聆听记忆,思考。

李清照在学习领会别人诗词的同时,自己也持之以恒地练习创作,每一首诗词总要反复琢磨修改,直到满意才拿出来让别人指教。

有一个春晚,李清照站在窗前,远望冥冥薄雾,蒙蒙细雨,远处山如黛,浓如墨,近看柳絮泉边,蝶花飘然,竹影多姿,不由心血来潮,挥笔填词,写了一首《浣溪沙》,并拿起瑶琴和着音律唱起来:"小院闲窗春色深,重帘未卷影沉沉,倚楼无语

理瑶琴。远岫出云催薄暮,细风吹雨弄轻阴,梨花欲谢恐难禁。"

音律柔美和谐动听,宾客听了无不赞美。

兴奋之余,李清照的父亲李格非把女儿平时写的诗词拿出来让大家点评。宾客们看了以后仔细推敲,认为许多诗词写得很好,众人赞不绝口。

杰出的成绩和创造力是在良好的教育环境中熏陶的,经过自己勤奋努力、持之以恒地学习锤炼而得来。李清照自幼熟读诗书,而且能勤学苦练,才最终成就了"才女"的美名。她无疑是青少年学习的榜样,更是女子们学习的楷模!

古今有许多名言阐述了持之以恒的道理。比如"滴水穿石,功在不舍""锲而不舍,金石可镂",名人名言是智慧的结晶,应该成为青少年朋友的座右铭。

二、持之以恒,还表现在学习中要"惜时"

青少年时期是集中学习、掌握科学文化知识的大好时机。因为此时年富力强,记忆力最好,正是年轻、有望之时。

契诃夫曾说:"我们的事业就是学习再学习,努力积累更多的知识,因为有了知识,社会就会有长足的进步,人类的未来幸福就在于此。"那么怎样学习呢? 其中的要素之一就是要惜时。

1. 珍惜时间的重大意义

所谓惜时,就是要珍惜时间。鲁迅先生告诉我们:"伟大的成绩和辛勤劳动是成正比例的,有一分劳动就有一份收获,日积月累,从少到多,奇迹就可以创造出来。"陶渊明也告诫年轻人:"盛年不重来,一日难再晨。及时当勉励,岁月不待人。"可见珍惜时间对每个人,特别是青少年的重要性,人们还常说"一寸光阴一寸金,寸金难买寸光阴",也说明了光阴的可贵。

但凡事业上有成就的人,无不是珍惜时间的典范。正因为他们把时间当作生命一样重要,所以才懂得惜时,才会成为学业上的佼佼者,在事业上有所作为,成为人们景仰的人。比如北宋文学家欧阳修有"三多三上",即多读优秀作品,多练习写作,多和别人商讨借鉴;所谓"三上",就是在马上、枕上、上厕所时写文章思考。毛泽东在少年时期常利用劳动休息时间看书,晚上为了多看书和衣而睡,在革命战争年代,也有"三上"的习惯。又如老一辈革命家周恩来、刘少奇、朱德等夜以继日地学习工作,由于他们无比珍惜时间,所以不但成了知识渊博的人,更为祖国为人民作出了卓越的贡献。

当今仍有不少青少年志向不明,怕吃苦、怕劳累,不敢同困难作斗争,遇到困难就退缩,把大好时光白白浪费掉,真是太可惜了。

2. 去掉懒散的毛病

懒散是一种坏毛病。古今懒得做事的人大有人在,懒得读书的人更是层出不穷。比如有的学生常常叫嚷很累,每天上课做作业,还不能早睡,第二天又得早起,整天忙,哪有时间读书呢? 于是就懒散开了,三日打鱼两日晒网,不做作业,还经常逃课。

这是怕苦怕累、不求上进的表现。每个人的时间都是平等的,为什么有的学生能读书,有的不能呢? 原因是自己懒散,不愿意读书罢了。事在人为,只要愿意读书,时间总是有的。

美国著名科学家富兰克林说:“你热爱生命吗? 那就别浪费时间。因为时间是组成生命的原料。”我国剧作家关汉卿也曾告诫青少年:“花有重开日,人无再少年。”这说明要想以后有建树,必须在青少年时期勤奋努力。

19 世纪的美国女作家海伦是一位集盲、聋、哑于一身的高度残疾者。她很小的时候,人们就开始为她的将来担忧。父母带着她到各个医院治疗,但都效果不佳。由于她的严重缺陷,使她很难接受教育,而一个人如果没有知识,是很难在社会上立足的。因此家里专门为她请了一名叫安妮的女老师来培训她。安妮老师了解了海伦的状况后,决定帮她学习。这是一件多么困难的事啊!

安妮老师发现海伦的发音器官并没有完全关闭,于是就一个字一个字的教海伦学习。经过海伦顽强不屈的努力,终于逐步学会了说话和阅读。但是,安妮并不满足于此,她要继续培养海伦,使她成为一个有用的人。海伦也不辜负老师的期望,开始不分昼夜顽强刻苦地读书学习。可想而知,对于一个聋、哑、盲的孩子而言,这谈何容易,要付出多大代价? 可是,海伦没有辜负父母老师的期望,终于获得了成功。

海伦在 19 个月时被猩红热夺去了视力和听力,不久又丧失了语言表达能力,这是不幸的;然而她并没有放弃,在导师安妮的帮助下,用顽强的毅力、持之以恒的精神,终于学会了说话和读书,并经过努力,还成了掌握英、法、德、拉丁、希腊五种文字的著名作家和教育家,并把毕生精力献给了社会残障事业,是影响世界的伟大女性之一。

读了这个事例,青少年们难道不受启发吗? 一个残疾姑娘能做到的,我们有什么理由做不到呢?

懒散和消沉的思想是瓦解一个人灵魂的毒瘤,而靠坚定的意志和锲而不舍的精神,才能为你开辟灿烂的明天。海伦永远是我们学习的楷模。

三、想读书时间总是有的

这里所说的读书有两层意思,一层是读好课内各科知识;二是阅读课外书籍。作为学生,应在学好课内各科知识的基础上,抽时间再阅读一些课外好书,以便帮助你开阔眼界,增强思路,可谓好处多多。许多名家都谈到了读书的好处,比如高尔基说:"人的天才只是火花,要想使它燃起熊熊火焰,那就只有学习,学习。"又如刘向说,"书犹药也,善读之可以医愚"等。

当今,千军万马过独木桥,高考竞争激烈,但正因如此,更要珍惜时间读书,因为想读书时间总还是有的。

鲁迅先生曾说:"时间就像海绵里的水,只要愿意挤总还是有的。"

1. 想读书,首先要学会挤时间

上面提到懒散是一种坏毛病,它像生锈的物品腐蚀你的心灵,又耗费你的身体,比不勤奋损害更大。治疗这种坏毛病,要有决心,要警告自己:年少正是读书时,不能再懒散了,要勤快才行。并且要下决心约束自己,要立刻行动起来。

一是要去掉以往拖拉的坏毛病,今天的事必须今天认真完成,明天还有明天的事。要把一天中那些闲散时间都利用起来,让自己由懒散转化为勤奋忙碌状态,并逐步形成新的好习惯。

二是要挤时间读书,也就是把零散的时间利用起来,比如在上下学路上,等人、坐车、排队等时间也可以读书,或背诗文、英语单词、定理公式等。这些零散时间虽然不长,但习惯养成自然,日积月累,收效也是可观的。诺贝尔奖获得者雷曼说:"每天不浪费剩余的那一点时间,即使只有五六分钟,如果利用起来也一样可以产生很大的价值。"他是这样说的,也是这样做的,靠自己几十年的勤奋努力,毫不浪费剩余时间,功夫不负有心人,终于获得了诺贝尔奖,为人类做出了卓越的贡献。

三是要列一个可行的读书学习计划,这是非常重要且必要的,既有了奋斗目标,又有了前进的方向。没有计划忙无头绪,乱抓一气也是不行的。

古代有"闻鸡起舞"的志士,我们为了多读书,不妨每天早起半小时读书,然后洗漱,早点上学。中午放学回家,饭前饭后也学半小时左右,然后休息。下午放学后时间较长,抓紧时间做完作业后仍可读书。晚间复习好功课后,坚持半小时左右还可读书。这样初步计算,一天之内约有两小时多的零散时间可以用来读书。如果能真正利用起来,也是一笔不小的财富。

另外还有周末、节日放假,这些时间都可以用来读书。因此说想读书时间总还是有的,全在自己愿不愿意读,会不会利用时间。这时也许学生会问,难道我们不应娱乐锻炼身体吗？是应该,因为没有健康的身体就没有未来,但重要的是控制自己的情绪,要制定合理可行的计划并实行。至于个别情况可灵活处理,重要的是要自觉控制,惜时多读书,读各种好书,这是无比重要的,像蜜蜂采蜜那样,采百花之粉才能酿成好蜜。

同学们,当你们在阳光明媚时找个柳荫下读书,或是夜深人静的晚上读书,就会把全身心投入到书中去而忘掉世界的一切!你会被书中的内容感动,微笑或流泪,那是多么幸福的时刻啊!书籍就像一盏神灯,能照亮每个人的心灵。

第七节　读书学习需要适宜的方法

学习方法很重要,有一段关于学习的顺口溜是这样说的:"学生学习好,需要起得早;课前要预习,课后复习好;上课专心听,重点要记牢;不懂问老师,同学可商讨;作业要认真,复习很重要;更要多思考,笔记不可少;经常做总结,才能有提高;勤奋多读书,知识不能少;意志坚如钢,恒心比天高;常怀报国志,创新又创造。"

这段歌谣也基本阐明了一些读书的方法。读书学习的方法有很多,但要根据自己的实际选择几种学习方法,对提高学业成绩是有很大帮助的。

一、学习其实也是个思想问题

为什么这样说呢?上面提到学习需要有理想、有目标、有毅力、有恒心才能产生学习动力,解决了这个问题其他的就好办了。

1. 由被动学习转化为主动学习

也就是由"让你学"转化为"我要学",这是质的转变。因为被动是在外部的压力推动下才去做的,有人统计过被动学习做事,其质量只能完成85%左右,而且没有创新;而主动学习是自愿的,是主动去完成任务。"我要学"是自觉刻苦地去学习科学知识,不但要学好课内的,而且要学好课外的,争取时间多读书,多掌握科技文化知识,其效果往往是被动学习的好几倍。比如有的学生转化为"我要学"后,四年完成了小学、初中九年的课程,提前考入了高中;有的在大学二年级就学完需要四年才能完成的各科知识而提前毕业;也有的学生在校期间阅读了大量书籍,成了知识渊博的人。这就是"我要学"的好处,它能使你增长知识和智慧,成为博学的人。

2. 学习方法得当,能起到事半功倍的效果

许多事情成功与否不全靠热情和兴趣,而是看你方法是否得当,学习也是一样,如果方法得当,就能起到事半功倍的效果;如果方法错了,就会得不偿失。所以说好的学习方法是提高学业成绩的重要因素之一。

对于中学生来说,一是要做好中短期计划,根据计划有条不紊地采用对自己有效的学习方法。比如上面提到的课前预习、课后复习法,它的好处在于预先了解课文内容,并把不懂或疑难问题划出,在听课时加以了解掌握;课后还必须复习或通过作业全面融会贯通地学习课中内容。

二是课上专注听讲,课下认真做作业,这对学生来说特别重要,一定要重视。因为现代教学手段多样且高明,除老师讲解外,还可采用电话、电视、网络等教学法,不但新鲜丰富,而且手段先进。假如上课不专心听胡思乱想,就会一知半解,只能知其一不知其二,就会给课下做作业造成很大麻烦,日积月累会造成严重后果。因此必须抓好课上 45 分钟。

三是抓好复习巩固这一环节,这也是巩固所学知识、锻炼记忆力的一种好办法。其方法是每当十天半月,就把所学知识小结一下,重温重点、难点,该记的记,该背的背,防止忘却,强化记忆力,当天的事情当天完成,不要推到明天,如果破了例养成坏毛病就难改了。

有一位学生在介绍学习经验时说,他每晚睡觉前在被窝里也要把当天所学的知识重温一遍才睡觉,大家认为这个方法很值得推广。

四是动脑分析思考,增强记忆力,记忆力好是一个人学业事业成功的条件之一,因此锻炼记忆力十分重要。

相传孔明有过目不忘的能力,茅盾能背下《红楼梦》,由此可见,增强记忆力确实重要。

五是中学生应读哪些书。国画大师李苦禅曾告诫青少年:"鸟欲高飞先振翅,人欲上进先读书。"可见读书之重要。因为书籍是人类智慧的结晶,特别是那些经典名著和名人传记,对青少年来说帮助更大一些。因为经典名著是传统的具有权威的著作,是历经考验经久不衰的万世之作。比如我国的四大名著,中学生应该精读,从中吸收"取之不尽,用之不竭"的精神营养,这是读经典名著的珍贵之处!

古希腊哲学家苏格拉底曾说:"真正高明的人就是能够借助别人的智慧,来使自己不受蒙蔽的人。"怎样借助别人的智慧呢? 那就需要多读经典名著,多读名人传记。多读名人传记又有什么益处呢? 一是通过读他们的书,可以接触到许多古今中外伟人、名人、科学家、文学家,可以了解他们的生平经历和奋斗史,从中学习他们克服困难、不怕挫折、坚强不屈、顽强拼搏的精神,学习他们热爱祖国的高尚

情操,为人处世的人生智慧。当我们自己遇到一些问题时,就可以借助他们的智慧加以解决,并获得成功。歌德说:"读一本好书就是和许许多多高尚的人谈话。"这就是多读经典名著和名人传记的优越性,它们对青少年有太多的启迪作用,不仅能使大家听取名人的教诲,分辨是非善恶,更能增长我们的智慧,提高我们的素养,丰富我们的精神世界。

那么我们应阅读哪些经典名著及名人传记呢? 古今中外的名著有很多,因为一个时代有一个时代的伟人名人,我们不可能读完他们的著作,只能有选择地看一部分。而且要由浅入深地读,比如中华传统经典有:四书五经、《三字经》《百家姓》《名贤集》《弟子规》《道德经》《黄帝内经》《朱子治家格言》、唐诗宋词;近现代的名著如《朝花夕拾》《红岩》《青春之歌》《林海雪原》,抗日战争解放战争时期的故事,如《烈火金刚》《红日》,有关抗美援朝的《东方》,还有路遥的《平凡的世界》等。

外国的经典名著有《安徒生童话》《伊索寓言》《一千零一夜》《童年》《钢铁是怎样炼成的》,以及莎士比亚的名剧等。

世界科学文化博大精深,一个人的一生只能学到"九牛一毛"的知识,所以要根据自己的目标兴趣爱好选学一些书籍,从中领悟书中蕴含的真理及人生智慧。我们可以把经典中的教诲运用到现实中,让自己真正受益,从而创造新的奇迹。

弥尔顿告诉我们:"好书是伟大心灵的宝贵血脉。"林肯说:"少年好学必成大器。"可见多读书、读好书的重大作用。

第八节　勤奋学习,掌握考高分的技巧!

思想家吴晗说:"在学习上做到眼勤、手勤、脑勤,就可以成为有学问的人。"勤奋是成功的钥匙,凡事勤则易,惰则难。

作为中学生,要想在学习上取得好成绩,就必须有勤奋学习的精神。

一、分数是学生学业成功的重要因素之一

同学们也清楚,尽管分数不是万能的,不能完全代表一个人的能耐,也不能准确体现每个学生对知识掌握的程度,然而古往今来,分数的重要性却没有降低,比如古代以科举取士选拔人才,当今国家利用统考选拔人才,几乎成为一种惯例了。从小学中学到大学都要通过考试,学校之间进行比赛,按分数高低选拔,而且初中高中大学都有重点和普通之分,也都是从高分往下录取。成绩的优劣,依然是评判孩子们是否优秀的一个条件。

既然分数如此重要,竞争又这么激烈,父母就应该根据子女的具体情况,协助其掌握一些方法和技巧,让孩子在考试中得到更高分数,特别是在大考中、中考中能考出满意的成绩,可能对孩子的一生都至关重要,父母一定要重视。

二、要分析考不好的原因

学生考试成绩不高或不理想,一般情况下会有如下几种原因。

1. 基础差

比如留守儿童在农村学习,一般条件环境都比较差,一旦转入城市学校,就会有些不适应;还有就是基础差,不用心学,这一情况只能是暂时现象,只要学生努力上进,适应了环境后,很快就会赶上来的。

2. 有的学生学习方法不佳

表面看有的学生很用功,但死记硬背,不求甚解,又不善于巩固复习,结果前学后忘,一遇考试,本来许多学过的知识想不起来或者理解不了,再加上心慌,当然考不出好成绩。强力是初中一年级的学生,学校从小学四年级就开设了英语课程,一开始他对英语也很感兴趣,可他很少说英语,英语单词也前学后忘,混淆不清,而且发音也不准确,常用汉语相似的读音替代,因此考试成绩差。老师发现后指出他这种学英语的方法不对,应该多读多记多写,并且要常练,死记易忘,要活学才能提高成绩。

当今世界经济全球化,学好外语十分重要。英语又是世界上重要的语言之一,青少年应该努力学习,找到技巧和方法。

3. 要培养孩子有敏捷思维和快速行动的思想

为了让子女在考试中发挥超常水平,家长应该从小就锻炼子女,在学习上要有敏捷思维、快速行动的思想,切忌拖拉、丢三落四和粗心大意。郭沫若曾告诫人们:"时间就是生命,时间就是速度,时间就是力量。"可以再加上一句,时间就是成功,要抓紧时间努力学习。

4. 要正确看待考试

作为学生,要正确看待考试,也就是既要重视,又要看得开,不怕考试。因为考试是为了检验学生掌握科学文化知识的程度,对老师和学生都有启示作用,特别是对每个学生都有提醒警戒作用。通过考试可以明白自己的缺陷,然后进行反思总结,加以补救。其实考试像航标、明灯,给你指明了努力的方向。然而有的学生却害怕考试,一遇上大型考试神经就紧张,其表现多种多样。比如有的学生因精神紧张而手脚抖动,全身哆嗦;有的眼花缭乱,一片茫然;还有的因紧张而眩晕;更有甚者还被吓得尿裤子等。由于紧张,本来会的知识也想不起来了,这就是精神紧张的坏处,长此以往有可能会造成心理疾病。

常明英 15 岁,是初三学生,平时学习很认真、主动,成绩也不错,是个要强的孩子。在初一初二年级时,明英是班内前十名的学生,可是进入初三后几次大考,明英的成绩都不理想。妈妈知道后觉得不可思议,女儿还像以前一样认真主动,成绩为何下滑这么严重?她想责备女儿,又怕伤了女儿的心。

一天晚上,妈妈和女儿到外面散心,母亲问女儿为什么考试下滑这么厉害?女儿哽咽着告诉母亲:"不是我不努力学习,只是我现在一考试就紧张,平时会的知识也忘了,因此我考不好,十分苦恼,请不要告诉父亲。"原来初三一次数学竞赛常明英没考好,从此对考试产生了畏惧心理。

真是无巧不成书,第二天初三年级召开家长会。会上班主任向常明英父亲介绍了其女儿的期中考试成绩,并说明成绩下滑严重,让家长和子女沟通,找出原因,抓紧补救。

明英父亲是个急性子,回家后不分青红皂白就责问她为何考得这样差,退步到了 26 名?明英无言以对哭了起来。父亲又数落了明英几句,母亲劝丈夫不住,不想明英竟昏了过去。这可吓坏了父母,急忙把她送到了医院。经医院检查,明英竟患了"神经敏感衰弱症",建议长期保养治疗。于是,常明英休学了,全家人为此忧愁不堪。

父母一定要重视孩子的心理表现,并及时疏导帮助,为了让孩子在大型考试中能超常发挥自己的水平,还应注重从多方面给孩子创造考高分的条件,培养其考高分的方法和技巧。

三、应该采取的措施

打铁还需本身硬,功夫不负有心人。作为学生,在学习上只要做到成竹在胸,就可以考出好成绩来。

1. 要养成好的学习习惯,掌握好的学习方法

平时要做到认真细心,日清月结,按时复习,查漏补缺,加强思考,做到胸有成竹,避免在考试前手忙脚乱,心里紧张。比如有的学生平时不善于总结复习,一到考试才临时抱佛脚。初中课程多,内容又复杂,哪能顾得过来?于是乎心慌意乱,抓了东丢了西,只能捡了芝麻丢西瓜,考试时心急火燎,哪能出高分?

也有人信奉"临阵磨枪,不快也光",不能说没有一点道理,总比不磨强吧。但是哪比得上平时就磨快,多砍柴多收获好呢?所以说学习主要在于平时努力,平时不扎实,考试时必然会焦虑紧张,考试成绩当然不会理想。

父母要教育子女,用平常心看待考试,要减轻其心理压力。考试如打仗,没有

常胜将军,重要的是要尽力,做到有备无患,这样孩子在考试中就能发挥好。

2. 教给子女一些考试的方法和技巧

学生掌握一些考试的方法和技巧十分重要,可以避免差错。比如有的学生在考试中时间不够用,没有答完题,有的张冠李戴,有的丢三落四等,对于这些差错,应教给子女如下方法。

一是由易到难法,也就是从第一题答起,一直往后答,这样的好处是不易漏题;二是一次成功法,也就是答一题成功一题,比如问答题,尽力达到准确;三是敏捷思维法,比如判断题一锤定音,节约时间,为后面的难题多空点时间;四是隔开跳答法,也就是在答题过程中遇到一时不能下决定的题,不要浪费时间,应暂时做记号留下,答下一题;五是查漏补缺法,也就是等把填空题、判断题、选择题、简易问答、计算题等答完时再补答上面留下的题,但要防止忘却,所以要留记号。

这几种应对大考的方法和技巧,可以争取时间,不易漏题,注意力集中,不易出错和紧张等,学生们不妨试试。

3. 教育子女学会应对考试中的重点题、难题

大型考试的试题内容丰富全面,难易结合,既考学生掌握知识程度,又检查学生思维、分析、记忆、判断、计算、综合能力,还考核学生的基本训练、智慧创新、技能等,是全面考查学生素质的考试。考试中的难题、重点题带有综合性,所占分数又比较大,假如因不会而不做,产生畏难心理,无疑成绩会大幅度降低,十分可惜。

因为考试有时间限制,学生面对难题重点题感到很头疼,不知该怎样应对时,父母要教给子女正确的处理方式,一是要抓紧时间答题;二是要把难题重点题放在最后做;三是不要放弃,要一步一步地做计算,只要有根据,条理清楚,也可部分得分,要会多少,做多少,总比放弃强;四是字迹工整,卷面整洁,有奖励分,切忌潦草,乱七八糟会丢分的,得不偿失。

4. 学会在考试中应对不良的情况

孩子在考试中可能会出现意外情况,要教育他们学会遇事沉着冷静,及时调整心态,顺利完成考试。比如有的学生考语文时,作文打草稿的时间太长,而造成时间不够用,而交草稿的现象;也有的因时间紧而字潦草,卷面脏乱被扣分的,正确的做法应该是列提纲用五分钟,然后照着提纲写作文即可,总共用20到25分钟时间完成。还有的考生为了在大体上不丢分而先答重点题和难题,结果耗费时间过多,所答题也答不完整,把其他会做的题也耽误了。这种方法也是不可取的,由易到难,几道难题确实不会,也不会后悔。当然,如问答题之类,也可创新。

总之,一些关键的考试会影响子女的一生。因此家长和老师在教育中掌握一些方法和技巧是必要的,能让学生们超常发挥自己的水平,达到满意的效果。

第五篇

05

| 高中篇 |

第十七章

高中是学生学习做人成才的关键期

学生进入高中,距离成才的道路越来越近了,但是学习的任务也更加艰巨繁重了,教师应该怎样提高教学质量? 怎样和家长更好地配合,使学生学会提高自己的学习能力和效率? 这些问题成了教学的关键。

第一节 学生学会做人和成才的四要素

学生学习做人成才必须具备四个极其重要的因素,就是学校老师的培养教育,家长的哺育教导,社会的交往与影响以及学生自己的思想与努力程度。

这四大因素从某种意义上说就是"四大金纲"。俗话说提纲挈领,纲举目张,提纲挈领是指提住网的总绳,比喻把问题扼要地提示出来供人理解、学习;纲举目张中的纲是网上的大绳子,目是纲上的眼,提起大绳子来,一个个网眼就都张开了。比喻学习写文章条理分明,或做事能抓住主要环节带动次要环节,把事情做好。

学生的学习也是一样,必须经过老师辛勤的培养教育、授业解惑,经过父母精心的哺育教养、言传身教,经过社会的磨练、训诫,再加上自己的勤奋努力、艰苦奋斗、顽强上进,并学会怎样做人等方能成才成功。

所以说这四种因素是学生学习做人与成才的法宝,凡成才成功者都离不开这四组"金纲"。

我们说学校是知识的宝库,家庭是成长的摇篮,社会是锤炼人的熔炉。作为学生在成长过程中,只有经过这三方面的长期锤炼和熏陶,方可成为栋梁之材。

那么学生升入高中后,教师、家长以及社会又怎样培养教育、熏陶引导学生呢? 学生又应怎样完成学业呢? 以下是笔者的一些思考,供大家参考。

第二节 高中教师要有广博的科学文化知识

自古以来,中华民族就有尊师重教、崇尚科学文化的优良传统,出现了许多德高望重、知识丰富、热爱教育的好教师和教育家。他们都为祖国的教育事业做出了贡献。

习近平指出:"一个人遇到好老师是人生的幸运,一个学校拥有好老师是学校的光荣,一个民族源源不断涌现出一批又一批好老师,则是民族的希望。"可见做一名好老师的光荣与不易。

希望广大教师不要辜负"教师是人类灵魂的工程师"这一神圣的荣誉。那么,什么是教育? 教育是教育者对受教育者传授知识施加影响的过程。搞好教育工作,教师是关键,因为教育不但决定着人类的今天,也决定着人类的未来。而教育肩负着传播科学知识、传播思想、传播真理的重任,是为受教育者塑造灵魂、塑造核心价值观、塑造人的工作、教师的职责这样重大,因此对教师的要求也越来越高。

怎样做好一名高中教师? 人们常说,"知识就是力量"。马克思也曾赞颂知识的伟大作用,他说:"一个人有了知识才能变得三头六臂。"什么意思呢? 比喻一个人有了知识,本领就会特别强大,特别了不起。

一、高中教师要有广博的科学文化知识

过去把一个人不识字称作文盲,现在单识字不懂科学技术也等于文盲。格言说"名师出高徒","要教给学生一杯水,老师必须有长流水",所以高中教师必须要有广博的知识,才能做到三头六臂。

因为高中三年是进入大学前最关键的三年,也是竞争最激烈的三年。因此必须选拔知识广博、品德优良、热爱教育、热爱学生、力求上进、有教学经验的中年教师来担任,起传帮带作用,当然也要培养年轻骨干教师承担重任,这样的好处是能在竞争中取得胜利,多出几个大学生,多考上几个名牌大学。

各科老师要相互交流、支持和配合,齐抓共管。所谓"独木不成林,独芽不成菜"就是这个道理,因为一个人的力量毕竟有限,人多力量大。再说高考要考七八门课程,是全面衡量学生的知识水平、教育和管理能力的考试,以总成绩为准,即使某一科成绩高,而其他科低也不行,要齐头并进才成。这就要求各科老师必须紧密协作,共同努力才好。做一名合格的人民教师确实不易,需要具有多方面的

素养、品德修养、业务知识、教育技术,等等。

二、教师的专业知识、教学技术和职业道德培育

高中教师必须有较渊博的专业知识,方能在教学中得心应手,在竞争中取得胜利,而且要不停地学习,不断地开拓更新自己的知识,并对未来有预见性或较准确的判断力。苏联教育家加里宁说:"教师一方面要贡献出自己的东西,另一方面又要像海绵一样,从人民中、生活中和科学中吸取一切优良的东西,然后再把这些优良的东西献给学生。"这就是教师的职责。

作为教师,除了学习科学知识外,还应学习教育理论知识,如教育学、教育史、心理学、教学法等知识,用以指导教学工作,提高教学质量和工作的能力,让自己尽快成为一名合格的高中教师。

教师还要掌握教育教学规律,要了解学生,研究学生。由于每个学生生长的条件环境等不同,因而性格、形象、素质、爱好等千差万别,假如千篇一律死搬教条地施教,必然会出现问题,对于高中学生更是这样。

教师了解学生的目的是为有的放矢,对症下药"治病",而更重要的是为挖掘学生内在的潜力,让每个高中生把最大的潜力发挥出来。此外,教师应采取抓两头带中间的方法,也就是以大多数学生为中心,但对爱学习成绩好的学生,要使其吃饱吃好,也就是要多给他们增加营养。而对一些学习较吃力的学生,要加强思想鼓励,教给他们学习方法,或是加强补课等,这样既一视同仁,又分别对待,各得其所。

教育也是一门艺术,为什么有的教师威信高,受学生欢迎,而有的教师就不行? 这除了学识品德外,就是教育教学艺术问题。首先教师要懂教学规律,要掌握教学艺术,方能取得良好的教学效果,简而言之,要从以下几方面着手。

一是教师要按照科学育人的规律教育学生,要学习教育理论方面的书籍,如上面提到的教育学、心理学等,用以解决教学问题。

二是要了解研究学生各个年龄段的生理特点,要采取不同的有效方法去解决处理问题,态度要和蔼,要有耐心,要以理服人,切忌粗暴,以势压人,造成不良后果。

三是普通问题和个别问题在处理上应该有区别,普遍问题应该在集体场合解决,个别问题个别处理。

四是教师备好课是讲好课的条件,讲好课是受学生尊敬的前提。

五是要了解每个学生的精神世界和爱好、欢乐和忧虑、道德面貌和健康情况等,不仅要观察学生的表情,更要探究其心灵奥妙,不只是为了"治病",更是为了

探宝,挖掘学生的智能。

六是教师要有良好的语言素养,讲课的语言要清晰明白,准确生动,有时要用手势、教具,要有感染力,避免语无伦次,逻辑混乱,交代不清,影响学生的情绪等。平时交谈应面带微笑,诚恳质朴,生动幽默,无疑对学生会产生良好的效果和作用。所以教师要加强语言修养,认真钻研教材,备好课,提高理论知识水平。这是教师讲好课的条件,也是受学生尊敬爱戴的基石。

教师的职业道德培育,应该从如下几个方面着手。

一是深爱教育事业。这是教师最主要和必不可少的品德,只有拥有真诚的爱才能搞好教育工作,才能成为一名好教师。

植根于爱就是关心我们祖国的伟大前程,无数教育家和优秀教师都是这样的。比如鲁迅先生从小给病父抓药,但最终无济于事,这对他的心灵刺激特大,因此他立志学医,为救天下像他父亲一样的病人,到日本留学学医。但在日本,他从电影中看到,中国人因支持俄国革命而被日本军阀主义者杀头,而其中有许多中国看客麻木围观,日本青年则喊着刺耳的反动口号,这对鲁迅的刺激更大,使他意识到弱国就要受气挨打,中国国民即使有健康的身体,但思想麻木也是于事无补的;因此他决定改学医为学文,决心大声"呐喊",以唤醒中国人民麻木的思想,于是回国投入教育事业,并呕心沥血写下了大量作品,为中国人民的革命事业作出了卓越贡献,是青少年学习的榜样。

二是严格要求学生。"名门出将才,严师出高徒。"教师的职业需要热情无私的奉献精神,而教师的爱与对学生的严格要求是统一的。爱绝不是溺爱,也不是偏袒迁就,那样做反而会害了学生,而是要体现在对学生的严格要求上。只有严要求,才能让学生养成勤奋谨慎、上进努力的良好习惯,才能让他们有理想、有目标、有毅力、有恒心直到成才。

三是要尊重学生。所谓尊重学生不是听任学生蛮干胡来,一味迁就,而是要客观、理性地对待学生。老师提出的要求,相信经过学生的努力能完成,并且要循序渐进。

四是要发挥每个学生的积极性,挖掘他们的智慧和力量。教师对学生要一视同仁,公平对待,对每个学生要用战略的眼光、辩证的观点看问题,因为事情是发展变化的,人也是发展的,不要给学生留下阴影。

五是教师的事业心要强,要有"学而不厌、诲人不倦"的精神,学生自然会效仿的,教师要谦虚谨慎,如孔子所说"三人行,必有我师"那样,学习众人的长处,改掉自己的短处,活到老学到老。

六是教师之间要相互支持和帮助,团结协作,发挥集体力量。学生所学的功课多,任务重,特别是高中学生。对学生发生影响的不只是单个教师,而是整个集体,人才的成长需要有许多教师长期的共同努力培养教育才能完成。虽然一个好老师有可能影响学生的一生,但学生的德、智、体、美等需要各年级各科老师的相互密切合作才成。所以说在发挥每个教师的主动性、创造性外,还必须发挥教师集体的力量,这是特别重要的。

七是要和家长联系交流,共同培养教好学生。

总之,教学事业是光荣、伟大的,教师的任务是艰巨的,愿广大教师与时俱进,与时代同行,为祖国为人民做出更大成绩。

第三节　高中生的身心发展状况及学习能力培养

一、高中生的身心发展状况

高中生身心的发展基本接近成熟,但还在继续完善。高中生的发展包括身体和心理两个方面。

从心理的生长看,人的身心发育生长是统一的,是一个复杂的过程,是内部矛盾相互作用的结果。神经系统的发展影响生理发展,而身体的发展也受到神经因素的制约,各时期有各时期的表现特点,而且在逐步变化。这是事物发展的客观规律,正如春夏秋冬一样。

高中学生正处于青年时期,年轻有为,好像八九点钟的太阳。从年龄上看,已进入十七八岁,年轻力壮,充满活力,各器官都趋于成熟,正是精力充沛之时;从心理发展看,包括感知、触觉及思维、记忆、情感、性格、意志等都在成熟和加强,思想活跃,接受能力好,又有一定基础知识的储备,是非观念分析能力较强,上进心较强;但他们的不足是思想不坚定,虽有干劲儿、闯劲儿,可遇到挫折时易退缩,易感情用事,分析问题、处理事情仍欠客观全面,对知识的掌握仍一知半解。

二、基础教育的重要作用

基础教育是提高中华民族素质的奠基性工程。基础教育顾名思义就是打基础的教育,比如盖一座宝塔,必须先想方设法打好基础,保证质量。如果基础打不好,宝塔必然会倒塌,这样的事例特多,大家也清楚。所以说只有打好基础,宝塔才会一层一层、循序渐进地达到顶峰。特别是高中,老师和学生尤其要重视基础教育的培养和专业学习,才能打好基础。

三、怎样搞好高中的基础教学工作

高中教育仍然要注重以人为本,因材施教,应以德育为首,德才兼备,注重学用相结合,培养学生的实践能力和创新精神,全面贯彻党的教育方针。

1. 着力挖掘学生的内在潜力

现代科学研究表明,人的大脑各个区域中还有很大的潜力没有开发。据科学家分析测试,一个人的一生大约用去全部大脑的30%左右,也就是说仍有70%左右的大脑还未得到发挥。这说明人的智慧潜力很大,即使是大科学家爱迪生、爱因斯坦、钱学森等也是一样。因此,研究学生首先应研究其身心在各个阶段发展规律的不同变化,教育的作用就是要促进学生的身心发展,让学生变得更聪慧,更健壮。高中生又区别于初中生和小学生,无论身体还是心理思考、知识能力等都大大前进了一步,同时又面临最激烈的竞争——高考,这就要求教师必须精心备课、讲课、辅导,并努力挖掘学生的智慧潜能。

总之,大脑的潜能是巨大的,潜力是需要挖掘的,脑子越用越灵是真理。

2. 配合家长提高学生的学习能力

能力和学识一样,有高低强弱之分。比如有的学识高,能力强;有的学识低,能力弱等。正因如此,学校要和家长密切配合,努力提高学生的能力,这是十分重要的一环。

能力包括很多方面,比如学习能力、工作能力、交往能力、应变能力、合作能力、竞争能力、创造能力等。这里只谈学习能力。

作为学生,提高学习能力很重要,尤其高中生马上面临高考,提高其学习能力就更为重要。大凡成功人士从小都勤奋好学,因为只有勤奋好学能力强的学生才有好的成绩。那么怎样培养学生的学习能力呢?

一是教育学生树立远大理想。并且要勤奋好学,奋发图强,持之以恒,有顽强的毅力,这是成功的秘诀和钥匙。如果学生有这种为理想而奋斗的精神,前途必然光明。

二是认真听讲,加强记忆,做好笔记。俗话说,"人有三件宝,两手和大脑"。锻炼记忆力特别重要,记忆力强是学习好、工作好、能力强的基础。提高学习能力的方法有很多,其中"磨刀不误砍柴工"就是一种好方法。就是要想多砍柴,就得先把刀磨快,就能提高效率,省时间。学习也是一样,先掌握好科学的学习方法,才能收到事半功倍的效果。

三是要制订学习计划和目标。目标可分短、中、长期三种,可根据自己的实际制订,一般以一个月为短期,两个月为中期,一学期为长期,这样根据目标可随时检查,定期总结,查漏补缺,以利再战。依据目标,平时就要预习,已明确重点难点,做到及时复习、温故知新。这样层层把关,步步为营,不但能提高成绩,学习能力也会逐步提高。

四是要提高思考能力。孔子说,"学而不思则罔,思而不学则殆",说明了学与思的关系,也阐明了思的重要作用。学习知识再加思考,经过深思熟虑,既能加深对知识的深刻理解,又能增强记忆,是一种学习的好方法,应当提倡和锻炼。

五是不管学习什么知识都要专心致志。比如眼睛要看,耳朵要听,手要写,大脑要思、记,还要触类旁通,这样才能获得较大的收获,加深印象。另外各科知识应交叉,学习防范用脑疲劳,因为长时间学习一门知识,特别是理科,会形成大脑疲劳,晕头转向,没有效率,这时应休息一会儿,或改学其他课程才会增进效果。

科学的学习方法是提高学习成绩的保证,也是提高学习能力的武器,它不但能提高学生的学习兴趣,还能使学生养成"我要学"的良好习惯。老师和家长要努力培养学生提高学习能力,以使他们在高考中取得优异的成绩。

第四节　培养学生的竞争能力

作为老师,不仅要向学生传授知识,而且还应培养他们的各种能力,其中竞争能力十分必要。

当今社会科技高速发展,世界上到处都存在着竞争。竞争能力的强弱标志着一个人素质的高低,学生也是一样。面对激烈竞争的社会,老师、家长应重视培养学生的竞争能力,使其今后在社会上能发挥自己的优势,走向成功。

对国家而言,有竞争才能有发展,才能繁荣昌盛;对社会而言,通过竞争才会更有活力;对一个团体来说,有竞争才能出更多更好的成绩;对个人来说,有竞争才会使人勤奋努力,发愤图强;对每个学生来说,只有竞争,才会让他们刻苦学习,积极向上。因此说竞争是一种不甘落后、要求上进的良好心态,小而言之,关系到一个人的前途,大而言之,关系到一个民族和国家的发展进步。

凡是在事业上有为的人士,无不从小就是顽强拼搏、有竞争精神的人。其实竞争也是人们热烈追求的信念,因此说,竞争虽然激烈,但它能激励人们顽强奋斗的精神。为此,老师、家长要培养教育学生、子女的竞争能力,以便将来成就非凡的事业。

具体来说应从以下几方面着手培养学生的竞争力。

一是如果在竞争中遇到强者,正确的方法是用理智和努力的方法去超越他,向人家学习,而不是嫉妒他,更不能伤害他而造成恶果;只有这样才会互利、双赢,才会更加进步,民族才能更加兴盛。二是如果遇到弱者,应该指导他帮助他,而不是瞧不起他。这样同学之间才会和谐,才会受人尊重,得人帮助,共同提高,对己对人都有益处。三是"胜败乃兵家常事",有竞争就有输赢,问题是要有坚定顽强的意志,输了能吸取经验教训,继续前进;赢了切记戒骄戒躁,不轻视对手,从而更加提高竞争能力,不断上进。四是竞争要坚持常态化。所谓坚持常态化就是要长期坚持,不但是在学习中坚持竞争,争取好成绩,而且在今后工作中仍要坚持竞争,才能在工作中出类拔萃,做出优异的成绩。切记忽松忽紧,那样会失去时机,甚至前功尽弃,得不偿失。

竞争的办法一要开动脑筋,也就是要活学活用,多动脑学习思考,不仅要想到什么做什么,还要想到怎样做,采取什么措施,进行周密的考虑。一旦想好了,就要马上行动,争取时间。因为时间就是力量,时间就是胜利,不要拖拉,更不能只想不做,延误时机。要学、思、做结合方能成功。二要勤快。俗话说,"勤快地生宝,懒惰饿断腰"。勤是成功的钥匙,懒是落魄的根源,因此说无论干什么,要有勤奋的精神才能成功、干好、受益,像寒号鸟那样永远是不成的。

老师要根据学生的特长,多鼓励学生,多参加竞赛活动,锻炼自己,也是一种竞争的好办法,能提升其心理素质和上进心,竞争力也会加强。因为人人都有上进心,鼓励他就会提高信心;压抑他,慢慢就失去了努力。鼓励其实是给他压力,促使他上进,增强其信心,锻炼他的竞争能力,有了实践经验,今后就好办了。

事实证明,学生的成功离不开老师的辛勤教育,也离不开家长的精心培育,更离不开学生自己顽强拼搏的竞争精神。

第五节　家庭和学校有效协作,培育一代新人

老师和家长是教育学子的天然协作者,因为他们有相同的教育目标,为此,就要有效协作,有效沟通,取长补短,方能更好地培育好下一代新人。

一、家校协作共同培育学子的必要性

1. 家校沟通协作,共同实现目标

为培育好下一代,家校沟通协作是一种最好办法,应该从孩子入学后就进行。家校相互沟通的好处很多,比如老师可以从中了解学生的性格、爱好、兴趣、思想等情况,以加深印象,便于培育;家长也可从与老师的交流中了解到孩子在校的表

现及学习情况,进行对症下药,加以教育,这样对学生十分有利。学生进入高中后,家校沟通协作更为紧迫、需要,因为马上到来的高考是决定孩子前途命运的关键时刻,所以说沟通协作更为重要。

2. 协作沟通应各有侧重

有人说"孩子是父母眼中的树,是老师眼中的林",意思是家长只关心自己的孩子,而老师却关心自己所教的全部学生。因此老师即便如何细致周密的工作,也做不到像每个孩子的父母那样下功夫,此其一也;除班主任以外,老师仅对所教课程负责,而家长对子女的各门功课都要过问,此其二也;老师仅负责学生在校时间和任课时间的表现和学习,而家长却要对子女一生负责,此其三也;学生进入中学,有些家长对某些课程从此无从下手了,所以从某种意义上说,家长比老师的责任更大,任务更艰巨,此其四也。但是一者因家长工作忙,没时间教育子女,二是因学生更听老师的教育,三是因家长教不了子女,必须送入学校进行正规训练,所谓科班出身,从而又说明学校教育的重要作用。因此说家校沟通应相互协调,起到互补作用。

比如学校教育除了培养学生的思想道德品质外,另一个重点就是向学生传授科学文化知识,解答疑难问题,这就是学校的侧重点。而家长必须多和老师沟通,多征求老师的意见和建议,然后在适当的时候采取适当的方法对子女进行指点引导,主要从思想上精神上或方法上加以教育鼓励,使其迅速改正,补上短板,这种对症下药的方法能起到事半功倍的效果,这就是互补的作用。

二、家校有效协作沟通的方法

有人说"家庭是孩子成长的摇篮",也有人说"家庭是子女成长中坚强的后盾",二者都有道理。摇篮也好,后盾也罢,都说明家庭在子女成长中的重要作用。学校是教书育人的圣地,是青少年成长学习的必经之地,是通向成功的殿堂。

既然二者都特重要,缺一不可,那么家校有效协作沟通,共同培养教育学子们就显得更为重要。沟通的方法有许多,如电话、家访、家长会等。通过家校有效沟通,取长补短,共同促进学生深度学习、创新学习的理念,也就是在教师的引领下,家长辅助协作可使学生围绕具有挑战性的学习主题,全身心积极参与,有意识地获得前进的过程。

第十八章

高中阶段家长应该怎样培养教育子女

家庭教育是一门学问也是一门艺术,家长要多学习、多探讨,更应该和学校多沟通、多配合,相辅相成,共同培养教育子女,让他们在学习攻关中取得胜利。当然子女的一些欠缺也需要及时纠正。

第一节 预防高中生的叛逆行为

学生进入高中,多数是愉快的和乐观的。因为经过九年拼搏努力又前进了一步,对于那些有理想的学子而言更是如此;另一方面又要接触许多新老师和新同学,要进入新的环境,学习新的知识,向大学前进,当然高兴了。但是也有少部分学生会产生厌学情绪或叛逆行为。

一、产生厌学叛逆行为的原因

读书、学习本来是件利国利民利己的好事,但是为什么会有个别高中生产生厌学情绪和叛逆行为呢? 答案应该有以下几种情况。

一是家庭教育不力。学生没有明确的学习目的和奋斗目标,学习是被动的,是让你学,没有转换为"我要学"的观念,这与家长对子女教育不力有很大关系,说明他们没有解决好孩子的人生观问题。

二是学生目光短浅。一叶遮目,不见泰山,胸无大志,没有理想,这样的学生往往性格内向孤僻,言语不多,难以沟通,心思重重,灰心丧气,朋友也不多,特别是那些学习比较吃力的学生。

三是意志薄弱,一遇困难就唉声叹气,垂头丧气,缺乏克服困难的勇气和精神,进取心不强。这样的学生对学习压力承受能力弱,有悲观情绪,易造成厌学叛逆行为。

四是受环境影响。比如有的学生受外界引诱而上网吧影响了学习,长此以往,学业成绩下降,产生厌学情绪,走上了不归路。还有的是身体原因或精神疾病所引起等。

二、高中生产生厌学叛逆情绪的高峰期

高中生产生厌学叛逆情绪一般在高二时较为普遍,因为高一是新生,处于新鲜的上进期,高三要毕业,是争取前途期,唯有高二较危险。一是高二学生对环境熟了,活动范围也广;二是课程多了、重了,承受不了了,因此易产生厌学情绪。有这种思想的学生大多学习比较吃力,成绩一般,他们也有多种表现,比如有的学生学习欠努力,或欺骗家长到外面结伴吃喝玩乐;也有的学生上网成瘾,影响学习;还有的学生甚至吸毒,打架斗殴,因为失恋影响学习等。

更有个别学生因种种原因对生活失去信心,而自寻短见的。据报道,2014 年 9 月 24 日,湖南临澧一中有两名高一学生(男生)游某、尤某,因不能承受学习压力,而密谋双双跳楼自杀。

以上事例是高中生厌学叛逆的典型,必须引起学校和家长的重视。

三、解决的办法

家长对子女的各种反常现象要格外重视,方法是以预防为主。一是家长应随时观察子女的言行,如发现异常要及时沟通谈心,对症下药进行解决;二是对子女进行人生观价值观的培育,要教育子女做一位有理想的青年,要学习奋斗,要有克服困难的决心和毅力,不会的要请教别人或暂且放下,不要有思想负担,要多和同学交流等。三是要向前辈、名人学习,学习人家顽强拼搏、克服困难的精神;四是畅所欲言,如子女有何困难和要求,家长应全力帮助解决,只要是正当的。

第二节　嫉妒是前进中的绊脚石

所谓嫉妒是指对学习、才能、名誉、地位或境遇比自己好的人心怀怨恨。

有嫉妒心的人一般有如下几个特点:一是目光比较短浅,心胸比较狭窄,不是胸怀开阔大度之人;二是心眼小,喜欢斤斤计较,易发脾气,别人不易于交往;三是口是心非,也就是俗语说的"口是蜜钵钵,心是辣荬荬"的人,耍小聪明不够诚信。当然有嫉妒心的人也因人而异,有的弱些,有的很强。比如历史上的奸臣害忠臣,也是由于因嫉生恨。奸臣秦桧害死岳飞,害人害己,留下了千古骂名。嫉妒心强的人往往心怀叵测,口蜜腹剑,但正气必然压倒邪气,嫉妒心严重的人最终不会有

好结果。

从另一方面看,嫉妒之人也有上进心,只是担心别人强于自己而产生了不轨心理和行为。家长要及时教育子女,帮他们及时纠正这种不良心理和行为。

有嫉妒心的人其实也很要强,害怕别人高于自己,强于自己,心里产生了一种不平衡状态。对于学生而言,从小学、中学到大学都会有人产生嫉妒心,在社会工作中也有,嫉妒也是不甘落后的表现,重要的是好好疏导。

产生嫉妒之心有如下几种原因:一是人先天固有的因素。比如几个小孩年龄相近,在一起玩耍,先是各玩各的,但玩着玩着,有的小孩就会抢别人的玩具,就产生了矛盾纠纷哭闹等现象。其实这就是嫉妒,小孩儿一定在心里想,"就你玩好的,我就不能吗?"所以就抢。二是教育因素,比如有的家长教育孩子不要受人欺负,不要吃亏,这种教育增强了孩子爱占便宜的坏毛病,一时不满意,就会产生嫉妒心理。三是环境影响,比如有的孩子看到别人家的孩子吃好穿好,生活好,就十分羡慕而产生嫉妒心理。还有的因为其他同学受到老师的表扬,而心中不平衡产生嫉妒心理。

总之,嫉妒是一种扭曲的心理,不好的行为会产生不好的结果,家长必须及早预防,帮助子女改正这种不良倾向。

嫉妒是前进中的一块绊脚石,轻则会把你绊倒,使你受痛,重者会把你伤害,甚至危及生命。有这样一个因嫉妒而投毒杀人的真实例子。林某某和黄某同是复旦大学的研究生。毕业后俩人被分配到上海某医院实习。按理说同学之间在一处工作机遇难得,应该互学互帮,共同提高,相得益彰。但林某某心胸狭窄,嫉妒心极强,觉得同学黄某工作热心负责能力很强,高于自己,领导也看好黄某,于是就产生了强烈的嫉妒心,在饮水机中投放了毒药。黄某不知情况喝了毒水得病,在医院治疗无效不幸死亡。

在证据确凿的事实面前,林某某不得不承认了自己投毒的经过!

天网恢恢疏而不漏,2014年2月林某某被判死刑。就这样,两位青年的生命提前结束了,人们都十分惋惜。这就是嫉妒造成的伤害,还不惊心动魄吗?因此家长一定要教育子女大度,有正当竞争心,教会他们团结融合,合作共赢,去掉嫉妒心。

作为学生,在充满竞争的学校生活中,如果遇到强者,应当首先向强者看齐,学习人家的优点、长处,为我所用,用智慧和努力超越他,或与之合作,共同提高!而不是怨恨他、嫉妒他,更不能伤害他,只有这样才会受到同学的敬重,才能有更多的朋友,才会取得更好的成绩。

竞争虽然激烈,但只要是合理公平的竞争反而会增加进取心,产生前进的动力。大家相互洽商交流,既能互通有无,共同提高成绩,又能增加相互之间的友谊。比如同学之间互帮互学,互相比赛,既能促进上进心,又能增强友谊情感。所以从某种意义上讲,竞争是催促人们前进、促进社会向前发展的动力。

第三节　教育子女要有顽强拼搏的精神

学习道路绝不是一帆风顺的,总会遇到波折,比如有不会的难题、不懂的知识或考试成绩不好的苦恼等,这些都会影响子女的情绪,甚至让他们丧失前进的信心。

遇到这种情况后,父母的责任应该是对子女"动之以情,晓之以理,导之以行,持之以恒"。教育子女要不怕困难,不怕挫折,"吃一堑,长一智",要有顽强拼搏的精神才行,要严防教育方法错误而产生不良后果。

一、失败对意志薄弱者最亲密

2014 年 12 月 26 日,安徽省合肥市的某中学进行考试,一名初一年级 12 岁的女生,考试成绩不理想。她害怕关心她学习的爸爸知道后责骂她,便偷偷地改掉了成绩。

可是 29 日晚上,爸爸检查她的试卷时发现了篡改的痕迹。成绩不好,再加上说谎,爸爸对女儿的表现很失望,便严厉批评了女儿。父女俩争执了几句,女儿又羞又气,赌气回了自己的房间。

第二天早上,父亲起床后发现女儿没在自己房间,就急忙外出寻找,可走下楼后才发现女儿已经跳楼身亡。

一次失利的考试就给家庭带来了毁灭性打击,真让人痛惜!究其原因有两点:一是家长教育子女的方法错误,不是动之以情,晓之以理,不是用科学的方法培育;二是女儿承受挫折的能力太差,意志薄弱,最终造成恶果。这样的事例不在少数,所以家长必须引以为戒,用科学的方法去培养教育子女,使其健康成长。

二、成功最欢迎顽强拼搏者

在学习中遇到挫折是极其平常的事,几乎所有的人都经历过,问题是看你对待挫折的态度,是害怕挫折而一败涂地,还是想办法去战胜它。只有顽强拼搏的人才能成功,这是客观真理。

美国发明家爱迪生曾说:"天才,那就是一分灵感,加上 99 分的汗水。"他是这样说的,也是这样做的。他一生不畏艰辛,拥有 1328 项专利,但遭受挫折失败过上万次。以寻找电灯钨丝为例,助手对爱迪生说,"我们浪费了太多时间,已经试了 20000 次了,仍然没有找到可以做灯丝的物质。""不。"这位天才回答说,"但我们已知有 20000 种不能当灯丝的东西。"这种锲而不舍的精神,终于让爱迪生找到了钨丝,发明了电灯,改变了历史。这就是挫折与成功的关系,学生学习也应有锲而不舍的精神。

再如波兰女科学家玛丽·居里,发现"钋"和"镭"两种元素,两度获得诺贝尔奖,成为女性的科学先驱!

居里夫人从小热爱读书,有顽强的毅力,不惧挫折,她通过高度专注的学习研究,最终成为著名的科学家,可见专心读书有多重要。居里夫人在发现"镭"元素以前,在自己简陋的实验室里进行实验,失败了上千次,但她绝不气馁,而是失败一次总结一次经验教训,记录在案,继续进行实验,最终发现了"镭"元素。假如她意志薄弱,害怕困难挫折和失败,中途退缩,事业能成功吗?是绝不可能的。

三、要教育子女全面客观地评价自己

诗人说,"天生我材必有用"。只要不是白痴,只要肯动脑筋,敢于奋斗,敢于克服困难,并持之以恒地努力,必定会有收获。这样的事例很多,比如许多残疾人,像爱尔兰作家克里斯蒂·布朗,1933 年出生不久,便患了严重的大脑瘫痪症,五岁还不会说话,头部身躯四肢都不能活动,只有左脚能动。就这样,他用左脚学会了写字打字,不知经历了多少个日日夜夜和挫折,终于在 21 岁时出版了第一部自传体小说《我的左脚》,告诉人们,他用左脚支撑着他的整个生命,创造了不屈不挠的生活。

以后,他仍旧靠顽强的毅力发表了《生不逢辰》《夏天的影子》《茂盛的百合花》《锦绣前程》以及三部诗集。他的作品震动了国内外文坛,被 15 个国家翻译出版。用不着多举例,一个残疾人能办到的,难道一个健康的青少年办不到吗?"世上无难事,只怕有心人",成功在于智慧、毅力和持之以恒。

要教育子女采用找原因的补偿法,树立自信心。在遇到困难或挫折时,要多角度分析,辩证地看问题。比如考试成绩差,要学会找原因查漏补缺,哪方面差就多花点儿精力补上。做到既不自满,又不自卑,立足自身实际,努力创造未来。

四、怎样应对前进中的挫折?

青年人在前进中必然会遇到这样那样的挫折,因此父母应培养教育子女在学习中正确应对挫折。其实挫折是教育提示我们目前的思路做法是错的,启发我们

要开动脑筋寻找差距,找出新的办法,逐步达到成功,它也是磨练人们意志的一道关。"困难是弹簧,看你强不强,你强它就弱,你弱它就强","只要功夫深,铁杵磨成针"就是这个道理。

可采取以下几种措施。

一是不要被挫折吓倒。对于坚强者而言,挫折是催化剂,能帮人纠正错误,弥补缺失,勇往直前,尽早地获得胜利。

二是在挫折面前切忌陷入苦闷而不能自拔,而是应把精力用在找出问题发生的原因,以及怎样改变方法战胜挫折上来,比如自己的学习是否方法不当,理解有误或粗心大意? 找到原因后再考虑采取什么办法去解决。只要方法正确,只要有决心,总会成功的!

三是要有协作精神,珍惜时间,因为高中生学习紧张,不要过分浪费时间,如确有困难可以采用协作精神,和同学讨论解决,或是向老师请教,然后弄懂记住,举一反三,以保证今后不再重犯。

总之挫折不可怕,它是检验促进人们前进的最好时机,怕的是一遇挫折就悲观失望,停止不前。学子们在父母和老师的培养教育下,应及早明白这个道理。另外,还要培养教育子女养成自觉、自律、自省的美德,长大后才能在社会上更好地生存发展。

第四节　向伟人名人看齐

在历史发展的长河中,各个不同的发展阶段都有许多伟人、名人涌现。他们在不同时期为祖国为人民作出了卓越的贡献,确实是青少年学习做人成才的楷模。因此父母应从小就培养教育子女向伟人、名人们学习,努力成为国家的栋梁之材。

一、伟人名人并非都是天才

人们往往把伟人名人称作天才,殊不知,天才其实是靠勤奋坚韧锲而不舍的精神塑造的! 美国的约翰·福斯特曾说,"天才最突出的特点之一就是具有自强不息的能力"。文学家郭沫若也曾告诫人们,"爱好出勤奋,勤奋出天才"。可见天才是勤奋努力的结果,没有勤奋的精神,什么也干不成。

有这样一个事例,含义颇深。

据传大名鼎鼎的曾国藩读书时资质并不是特别好,所以他特别用功,一篇文章背不下来就不肯睡觉。一天夜里,他在家背书,对一篇文章不知背了多少遍,就是背不下来。碰巧有一贼潜伏在房梁上,想等曾国藩睡觉后捞点油水,但是左等右等就是不见他睡觉,仍翻来覆去地背那篇文章。贼最终忍无可忍,跳下房梁骂道:"这种水平还读什么书!"说罢,把那篇文章背了一遍,然后夺门而去。

然而,功夫不负有心人! 背不下来文章的曾国藩靠勤奋青史留名,而聪明的小偷却成了蟊贼,连个名字也没留下!

这个事例告诉我们,天赋虽然有时候起一定作用,但是后天的努力才是最关键的。只有持之以恒,坚持不懈地顽强拼搏磨练,才会成功,正如门捷列夫所说:"天才就是这样,终身努力便成天才。"

那么青少年朋友们应向伟人名人学习些什么呢? 首先应学习他们高尚的情操,学习他们怎样做人,怎样成才;其次要学习他们高瞻远瞩的情怀,学习他们克服困难、不惧挫折、勇于探索的创新精神,学习他们谦虚谨慎、不骄不躁、坚守气节、忠孝双全的品格等。庄子曾说,"吾生也有涯,而知也无涯"。作为青年人,应抓住大好时机,向伟人名人学习,不但要学习他们的言,更要学习他们的行,方能有所成就。

二、伟人名人是成功的典范

向伟人名人学习,能够照亮和指明我们前进的方向和道路,能够激励我们不断前进,从而让我们的未来充满希望,这对青少年来说更为重要。

那么青少年应该怎样向伟人名人学习?

1. 学习他们从小立下凌云志、勤俭读书苦为乐的品质和精神。

范仲淹是北宋著名的政治家和军事家,他的文采也非常好,这与他从小勤奋读书是分不开的,下面谈谈范仲淹为学吃粥的故事。

范仲淹小时候家里非常贫困,父亲去世早,母亲只好带着他另嫁他人。范仲淹寄宿在一座庙里,刻苦读书,生活十分艰苦,他每天很早起来烧好一锅粥,然后从母亲带来的一罐咸菜中取点吃,就解决了一天的吃饭问题,天天如此。

一天,一位同学来看他,见范仲淹这样艰苦,十分同情,就从家里拿了一些好吃的送给范仲淹。可是过了一段时间,这位同学又来看他,发现自己送来的东西、食物原封未动地放着已经坏了。

这位同学很生气,认为不尊重他。范仲淹看出了同学的心思,就拉住他的手说:"我很感激你对我的关心,我不是嫌弃你送来的东西,你送的一定比我平时吃的粥和咸菜好吃百倍! 但如果我吃了这些美味的食物后,还能忍受粥和咸菜的味道吗? 哪能再过艰苦的日子学习呢?"同学听了后十分敬佩范仲淹,他俩从此结成了最好的朋友。

由于范仲淹从小就树立了远大理想,因此能在艰苦的环境中苦学不辍,以苦为乐,终成大器。他的名句"先天下之忧而忧,后天下之乐而乐"更成为他真实的写照,受到后人的传颂。

我们要学习范仲淹以天下为己任的高尚品德及刻苦学习、艰苦奋斗的伟大精神,从而学会怎样做人,怎样成才。

2. 凡成功者,虽然他们的处境遭遇有别,但成功的道路却是相同相近的,那就是理想、意志、坚韧、恒心等,再加上不怕挫折。

以中国革命为例,毛泽东带领一班伟人名人进行革命斗争,经过反围剿、长征、抗日、解放战争等,不知吃了多少苦受了多少罪,经过无数次的挫折牺牲,跌倒了再爬起来前进,经 28 年艰苦卓绝的斗争,才终于使革命取得胜利。假如没有这一伟大的群体和为理想而斗争的意志精神,无论如何是不可能成功的。他们的品德精神和事业永垂不朽!

他们在艰苦的环境下,夜以继日地学习思考,每天工作十五六个小时,而且在行军中思考,在马背上学习看报,采用集体的智慧协作精神,特别是毛泽东同志见缝插针,据说上厕所的时间还看报思考问题。

我们要学习刘少奇同志"身垂范,人敬仰"的精神,学习周恩来同志"甘尽瘁,誓为公"的精神,学习朱德同志"先士卒,名传颂"的精神,学习邓小平同志"倡改革,龙飞腾"的精神,学习所有革命家"立功勋,为人民"的精神。此外,还应学习无数的文学家科学家们,矢志不渝的创造创新精神。

我们要通过对伟人名人的学习,实现自己的梦想,使自己的未来更精彩。

3. 向伟人名人学习,就是要多看看他们的传记,多思考他们的奋斗经历,学习他们高瞻远瞩的理想,勤奋学习的精神,奋发图强的意志,克服困难的决心,不怕挫折的品格,勇于探索的品质。此外,还要看看他们的作品,熟读而精思,为我所用。

用不着再多举例,明白向伟人学习的重要性,并向他们看齐,必然会学有专长,学为所用,在未来不断创业创新。

第五节　要教会子女同缺点作斗争

所谓缺点是指欠缺或不完善的地方,跟优点相对。

人无完人,就是说每个人都有这样那样的缺点,这是不足为奇的,问题是每个人能否看见自己的缺点,看见了应该怎样认识和对待自己的缺点? 是下决心改正呢,还是任其发展下去? 这是个大问题。

一、各种缺点及其表现、危害

每个人因受性格环境等影响,各有不同的缺点。比如有的学生表现得懒惰依赖,不求上进,不文明礼貌,不团结别人,心胸狭窄,孤独焦虑暴躁,严重者搞小集团打架斗殴,甚至小偷小摸等。

俗话说"小时偷针,到大偷金",子女们如有某种缺点,父母应及时进行教育,帮助改正,使他们养成良好的习惯,不然一旦养成毛病,不仅难改,而且贻害无穷。例如有个别学生因家长教育不力,养成了许多缺点坏毛病而改不了,最终走进了少管所,既影响了自己的一生,又给家庭和社会造成了麻烦。

二、缺点产生的原因

印度文学家泰戈尔把自己和别人的缺点比作两个布袋,把自己的缺点放在脑后把别人的缺点放在胸前。因此人们老是看见别人的缺点,却看不见自己的缺点。

这虽然是个比喻,却也有较深的寓意和哲理,那么人们为什么老看见别人的缺点而看不到自己的呢? 原因有以下几种:一是也知道自己的缺点,但坏毛病已养成,习以为常了。俗话说"习惯成自然"就是这个道理。二是不愿意改、原谅自己,认为没什么,比如有的学生学业成绩差,也不找找是什么缘故努力补上,而是甘心落后,仍然是老牛、烂车、疙瘩套,不改缺点,哪能进步呢? 三是有的学生有几次挫折和失败以后就破罐破摔,认为自己能力差,失去了上进的决心。四是还有的学生是非不明,骄傲自大,虚荣心强,把缺点当做自己的能耐,因此任其发展到不可收拾的地步!

对于子女上述的各种表现,无论什么原因,父母都应及时制止,语重心长,以理服人,说明缺点错误对自己的危害。特别是对高年级学生更要注意方法,防止得不偿失。

例如有的家长平时很少教育子女,但当发现以后,一怒之下就打,造成孩子的逆反心理,反而弄巧成拙。有的家长因溺爱子女而放任自流,使他们成了任性、唯我独尊的性格,一旦坏习惯形成,后悔也晚了。正确的方法应该是既要关爱子女,又要以科学的方法严格要求他们。

三、要让子女学会自己同缺点斗争

父母要教育子女有缺点不可怕,知道后下决心改正就是了,怕的是明知故犯、屡教不改,这就难办了!

那么怎样让子女学会自己同缺点作斗争呢? 一是首先让其向先进人物学习,作为学生要向品德好、成绩优良的同学学习,学习人家的为人处事、学习方法等;二要经常检查自己,总结自己的不足和缺点,加以改正。要像曾子说的"吾日三省吾身"那样,认真审查自身的缺点和错误,然后下决心逐步纠正,长此以往,必定会大有成效,甚至会超越对手。

有这样一个事例值得大家学习。富兰克林是美国的科学家、思想家和外交家,他出身贫寒,十岁便辍学回家做工,但他刻苦好学,靠自学学会了数学和四门外语,还读了大量的文学、哲学、历史等著作,并发明了避雷针。富兰克林少年时期有一个习惯,那就是每天晚上都要把这一天的情况重新回想总结一下。他发现自己有13个缺点和错误,其中几项是很严重的,像是浪费时间、为小事烦恼、同别人争论冲突、学习欠深入思考等。

聪明的富兰克林发现,除非自己能去掉这一类错误,否则不可能有什么成就!所以,他一个星期选出一项缺点来搏斗,然后把每一天的输赢做成记录进行审查总结,并在下个礼拜另外再挑一个坏习惯,在准备齐全后接下去做另一场战斗。就这样,富兰克林每个礼拜改掉一个坏习惯,这一战斗一直坚持了两年多。

难怪他成了美国历史上最受人敬佩的、最具影响力的人物之一,我们可否也能像富兰克林那样,审视自己的缺点,并与之进行坚持不懈的搏斗,直到胜利为止呢?

困难与挫折需要极大的勇气和耐力去克服,每个人要战胜的不是别人,而是自己! 父母要教给子女这个道理。

第十九章

与时俱进,开创美好的未来

青少年必须明白,要想有所作为,"必先苦其心志,劳其筋骨,饿其体肤,空乏其生,行拂乱其所为",然后才能"动心忍性,增益其所不能"。说一千道一万,成功全靠自己干,因为天上不会掉馅饼给你。

高中是最艰苦的三年,为此希望广大青年朋友们与时俱进,努力开创美好的未来,争取光辉灿烂的人生!

第一节 提高学习能力,寻找薄弱环节

高中三年时间紧,任务重,竞争激烈。因此提高学习能力,寻找薄弱环节十分重要。因为学习并不是一件轻松的事情,一是掌握探索科学文化知识需要艰苦的劳动;二是高中生课程多,内容丰富,要了解掌握各科知识,确实不是件容易事!大多数学生总会出现薄弱环节或偏科现象,所以说提高学习能力是学生的首要任务。

一、什么是能力及能力的多样性

能力是指能胜任某项任务的主观条件,比如说他能力强,他学习好,有能力担任学习班长等。

能力包含许多项目,例如学习方面的有学习能力、阅读记忆能力、思考能力、想象能力、写作能力、总结能力、计算能力等;表现在工作方面的有工作能力、交往能力、管理能力、应变能力、创造创新能力等;表现生活方面的有生活能力、自理能力、劳动能力等。

这些能力的出现和表现往往不是单一的,而是相互交叉联系着的,比如学习能力弱,往往记忆思维能力也弱。

这里主要谈谈如何提高学习方面的能力,供同学们参考。

二、寻找薄弱环节,努力突破它

首先应寻找自己在学习上的薄弱环节,在这方面不同的人有着不同的心理,有人会产生畏惧情绪,也有人会迎难而上,努力突破自己学习中的薄弱环节。

请大家看看下面的事例。童第周是我国著名的生物学家,他从小热爱学习,可是由于家庭贫寒,没法走进学校学习,直到17岁时才进入浙江省立第四师范学校预科班。他年龄大个子高,如鹤立鸡群,在第一次考试时却倒数第一,但是他不灰心不丧气,一切从零开始寻找薄弱环节,力求突破。他利用所有能利用的时间进行学习,例如晚上在电线杆下读书,在厕所的灯光下读书,又常在被窝里背诵思考问题。有一次查夜,老师在厕所内发现了他,问明情况后把他送回寝室。就这样,经过自己的刻苦努力,顽强拼搏,期末考试时他成了正数第一名。

不仅如此,他还为自己确立了更高的奋斗目标,决心考进当时宁波的一流中学——效实中学。而效实中学十分重视数理化的学习,对英语也要求很高,可这些科目正是童第周的薄弱环节,特别是英语,他从未见过。面对诸多困难,他没有丝毫退缩,而是更加努力用功了,经常学习到深夜。他的这种精神感动了哥哥,他答应继续帮他上学。

从那以后童第周学习更加刻苦了,英语、数、理、化成为他最难啃的骨头,但他决心要啃下来。就凭这种不放弃的精神,他终于考取了效实中学三年级的插班生,而且一年后又由倒数变为正数第一名。就这样,童第周靠着自己的勤奋刻苦努力,后来以优异的成绩考取了复旦大学,毕业后又获得了出国留学的机会,32岁便取得博士学位。

同学们看了这个真实事例有何感想呢?童第周的学习经历在我们今天看来,有人认为是不可能的。英语、数、理、化,这样多的薄弱环节汇聚一身,确实难以战胜,但是他做到了,是靠自己顽强拼搏的精神成功的,他确实是青少年学习的榜样。然而有的同学一遇困难就灰心丧气,一遇挫折就丧失斗志,停步不前,甚至埋怨自己脑子不灵,素质不高等,作为借口,这是不可取的。我们承认童第周的素质是可以的,但是如果没有他坚韧顽强、持之以恒的拼搏精神,无论如何是不可能成功的。这说明"世上无难事,只怕有心人"!这正如《选择》这首诗说的:"出生不由你,成功靠自己。从小要努力,方能成大器。"

向童第周学习,在学习中寻找薄弱环节,执着努力突破才是正确的方法。

三、怎样提高学习能力

学习能力的高低直接影响着学习成绩的好坏。因此,提高学习能力是学生的首要任务,对于高中生而言更为迫切。那么,应怎样提高呢?方法很多,但因人而异;有的方法带有普遍性,比如课前预习,课后复习;有的方法具有特殊性,比如兴趣爱好的区别等。

一般来说,一个人对某一事物感兴趣,就容易学好做好,因为兴趣是最好的老师,所以应大力培养学生的兴趣爱好,这是提高能力的重要因素之一。

提高学习能力,除前面提到的以外,还应加强"五多""三珍""二创""一苦"的理念和训练。所谓五多,就是多学、多思、多记、多练、多写;三珍是指珍爱美好年华、珍惜学习时间、珍视同学友谊;二创就是创业、创新;一苦就是在学习上要敢于吃苦,同时要与时俱进开创未来。

1. 所谓多学就是多阅读各类书籍,多阅读科技书籍,文的、理的、中的、外的。因为它能提高人的智慧,也是关系到国民素质、更是关乎民族未来的大事。书籍就像一盏神灯,它照亮了人类前进的方向和道路。所以青少年要勤奋学习,刻苦钻研科学文化知识,不要辜负了青春年华。因为在科技信息化时代,不学习就要落伍。学习的方法是兼收并蓄,推陈出新,活学活用,学用结合,同时要经常寻找自己的薄弱环节,提升自己的学习能力。

林肯说"少年好学,将成大器"。名人李苦禅也说,"鸟欲高飞先振翅,人求上进先读书"。伟人名人的经历都告诉我们读书的重大意义,因此我们要向他们学习。不但要多学,还要精细阅读,要朗诵与默读结合,以默读为主。

2. 所谓多思,就是要多思考。多学与多思同等重要,孔子说:"学而不思则罔,思而不学则殆。"理学家朱熹也说,"读书之法在循序而渐进,熟读而精思"。可见思考分析的重要性。

读书假如不经思考分析,就那样生吞活剥地读下去,既不能加深印象,又不易记住,也不能去粗取精,更不知作者的意图,无法为我所用。

有些年轻人往往读书求多求快,走马观花,甚至是蜻蜓点水式地读书,这样一知半解,只知其一、不知其二,遇到考试当然会答非所问,得不到好成绩。而且会"书到用时方恨迟,粗心大意害死人"。特别是对于经典著作,更应该熟读精思,举一反三地思索,方能为我所用。阅读一些文学作品和科技书籍,更要精思。有些精彩文章或重要段落及好的诗、词、语、句等,不但要熟读精思,甚至要背诵下来。例如文学家沈雁冰精读《石头记》几十次,据说能背诵,并经过精思,写出了有价值的对《红楼梦》的评论。

总之思考能使人开窍,想出更好的办法。歌德说:"谁没有用脑子去思考,到头来他除了感觉之外,将一无所有!"可见思考的重大意义。

3. 所谓记忆,就是指记住或想起,也指保持在脑子里的过去事物的印象,如记忆犹新一说。记忆力是指记住事物的形象或事情发生经过的能力,如记忆力强或弱。每个人因受遗传、教育环境等影响,记忆力是有区别的,但事在人为,矛盾是可以相互转化的,也就是"福兮祸所倚,祸兮福所伏"。

下面谈谈记忆力强的好处。一个人如果记忆力强,那么对他来说是一个有利条件,对他的学习生活和今后的工作有很大的好处。一是对遇到的人或事物容易记住,而且不易忘掉,隔很长时间仍然能回忆起来;二是记忆力好的人思考分析能力也较高,发挥创新能力也较强,因为他们记性好、反应较快。

比如我国古代出现过多个神童,三国时吴国的陆绩、宋代的方仲永等,现代的如一些少年大学生,他们在同样的时间内能较快地掌握所学知识,因此能提高成绩;相反,记忆力较差的学生不容易记而容易忘,同时对所学的东西又难以理解……因此说记忆力强,特别是对学生来说有诸多好处。

上面提到矛盾是可以转化的,也就是说好的因素如果处理不当,反而会转化为坏的结果;相反,坏的因素如果处理得当会转化为好的结果。比如有的学生记忆力强,可是自以为是,不把优点用在刀刃上,反而会适得其反;记忆力较弱的学生,如果刻苦努力,采用科学的学习方法,也会赶上或超过前者。思想家荀况说:"骐骥一跃,不能十步,驽马十驾,功在不舍;锲而舍之,朽木不折;锲而不舍,金石可镂。"就是这个道理。再如上面所举神童,成名者很少,正是一些有理想、有决心并能持之以恒的人,则成了历史上的佼佼者。所以说,记忆力虽然很重要,也在于能否合理、科学地利用它。

4. 所谓多练,就是指多动脑,多动手,多动笔。作为学生,只有经常运用这四多,才能使所学知识得以巩固,不易忘掉。俗话说"好记性不如烂笔头""眼看十遍,不如手做一遍"就是这个道理。

特别是高中生,课程多、知识广、作业多,单靠眼看心记是不够的,必须再经过动脑动笔加以实践、验证,才能使所学知识得以更好地掌握、巩固。这对于爱好理科的学生更为重要,比如通过理化实验,可以达到"手熟为能,熟能生巧"的程度,不但能更好地巩固所学知识,而且能想出新办法,找到新窍门,达到发明创新的地步。科学家的创造发明不就是这样做的吗? 所以说,多练对于学生的学习也是极为重要的。

多练还要分轻重,一般来说,一是有代表性的题要做要练,二是较难的题要练、要学会,三是对一些文采好的文章或片段要熟读或抄写,四是对于字、词、诗文、定义、定理等要熟记……总之,多练笔是指开动脑筋、加深记忆、巩固所学知识、写好钢笔字等,以达到融会贯通的目的,是绝对不可缺少的。

5. 所谓多写是练笔、提高写作能力的有力措施。因为学习知识,不但要学会,更重要的是要应用所学知识进行创新。因此说写作也是学生提高学习能力的重要措施之一。

写作不仅要写,还要懂得并掌握各类文章的特点及不同的要求和写作方法,按照各类文章的写作规则写,方能写好。比如写记叙文要交待清事情的起因、经过、结果、时间、地点等;议论文要有论点、论据和论证等;为吸引读者,题目要醒目引人,要龙头凤尾、切忌猪头蛇尾等。要言之有物,切忌空谈,要努力做到层次清楚,语言精练。总之写好文章也不是件易事,必须下功夫学、练,方能成功。

例如,据作家贾平凹自己介绍,他也读了不少书籍,学了许多知识,年青时梦想成为作家,于是开始练习写作,给报社等各处投稿。起初投出去的稿件没有回音,可后来稿子像雪片一样飞回来。有的上面写着"不宜发表,继续努力"等字样,有的在稿件中指点欠缺和努力方向。就这样,有数百件稿子被退回。当时,他的心情十分郁闷、矛盾,是继续写呢,还是停下来?经过一番思想斗争后,决定继续干下去——失败是成功之母嘛。于是他认真思考,总结教训,分析编者指出的缺欠之处,发挥自己的联想等,继续写下去……最后终于成功了——他的文章被发表了,这更加激发了他的写作兴趣。

从此以后,他不忘初心,笔耕不辍,写了许多文章,越写越手底生花,出了许多有价值的作品,终于成为当代著名作家。也说明了"有志者,事竟成"的道理。

6. 上面提到的"三珍"应该怎么珍惜呢?青年人首先应珍惜美好年华。古人说"花有重开日,人无再少年"。陶渊明说:"盛年不重来,一日难再晨。及时当勉励,岁月不待人。"都说明了珍惜美好年华的重大意义。

要珍惜美好年华就是要珍惜时间,因为光阴似箭,日月如梭。富林克林曾说:"你热爱生命吗?那就别浪费时间,因为时间是组成生命的原料。"因此说时间是最宝贵的,"莫等闲,白了少年头,空悲切"。

青年人好像早晨八九点钟的太阳,又像春天的秧苗,正在兴旺时期,在阳光雨露的哺育下,惜时成长吧!那么应怎样惜时呢?首先是勤奋,因为没有勤奋的精神,就不能有才能,更不可能成为"天才"。要有顽强和锲而不舍的意志,才能开辟光辉的明天。再者要有梦想,只有有了远大的梦想,才能为实现梦想而奋斗。

至于谈到同学之间的友好、友情、友谊,也要特别珍惜。因为一是朋友多了路好走;二是有知心朋友可以互相交流、帮助、共同提高,如古贤刘、关、张等;三是在科技高速发展的时代,一个人的能力毕竟是有限的,需要集体的智慧和力量方能成功,比如造卫星、造航母、造火箭等,都是如此;四是要讲团结、讲合作,现在和将来都要提倡合作,也要和外国友人合作,只有合作才能成功,才能互利共赢。

7. 关于"双创"后面还要详谈,这里不展开。

8. 所谓"一苦",指在学习中要敢于吃苦,要有艰苦奋斗的精神。当然,现在条件好了,不用"凿壁借光",不用囊萤映雪了,但是古人的学习意志和精神仍然是我们学习的榜样。

今天,年青人为了祖国的繁荣昌盛,为了人民的安康幸福,为了实现中华民族伟大复兴的中国梦,也为了自己光明的前途而学习,吃点苦又算得了什么呢? 而且干任何事情,没有决心毅力和吃苦耐劳的精神是不行的——这就叫先苦后甜、有苦才有甜。

学子们,为学习科学知识而吃点苦是值得的。从某种意义上讲,敢于吃苦是提高学习能力的有效措施之一,要知道天才就是长期艰苦劳动的结果。

第二节　提高交际、合作能力

随着科技的进步和发展,大众创业、万众创新的提出,使得人与人之间的交际、合作愈来愈频繁。这就更加凸显了交际、合作能力的重要性。大凡成功人士,都是交际、合作的高手,因为只有相互交际才会成为朋友,才能了解信息;只有相互帮助、合作,事情才能成功。当今世界,靠自己单枪匹马地独斗是不可能成功的,必须是群策群力。特别是科研工作者更如此。

一、提高交际、合作能力的重要性

人是群居动物,离不开交际。比如在家与父母交往,在校和同学相处,在社会上与同事交流等,都离不开交际、合作共事,可见交际合作的重要性。可是人的交际能力又不同,一个交际能力高的人,往往到处充满阳光。

心理学家曾做过一项调查研究,研究对象为学术智商很好的科学家,他们之中有的出类拔萃,有的却成绩平平。原因何在呢? 结果表明,就在于那些获大成就的人善于交际,他们可以从各个方面获得自己所需要的信息或知识;而那些不善于交际、合作的人,得不到别人的帮助,以致于孤陋寡闻,成绩平平。

据科学家统计,从 1901 年至 1972 年的 286 名诺贝尔获奖者中,有 2/3 的人是与别人合作研究而获奖的,而且与别人合作研究成功的比例正逐步上升——如设立奖金的头 25 年为 41%,第二个 20 年为 65%,而现在为 79%,可见交际、合作的重要性。另据美国普林斯顿大学对 10000 人人事档案的分析结果发现,靠"专业技术、知识、经验"成功者只占 25%,而 75% 是靠良好的人际关系合作成功的。著名人际关系学大师卡耐基有个观点:"一个人的成功15%取决于专业知识,85%取决于人际关系与处世技巧。"这一观点受到了广泛重视。

事实证明,你的专业本领往往只能给你带来一种机会,而交际本领则可以给你带来百千种机会;专业本领只能利用自身能量,而交际本领则可使你利用外界的无限力量。因此,在学校里有个别学生学习平平,但在社会上能做出一定成绩,毫无疑问是拥有良好交际、合作能力的结果。说到这里有人会问:"照你说的学习不重要了,就搞交际吧!"笔者完全不是这个意思。学习无比重要,你若能既努力学习,掌握更多科技知识,又拥有良好的交际合作能力,不是更加如虎添翼吗?

二、怎样提高交际、合作能力

提高与人交际合作的能力是事业成功的重要因素之一。俗话说"新朋友旧朋友,朋友多了路好走",就是这个道理。

首先与人交际要诚信,应该"言必信,行必果",这样能受到人的尊重和信任。如果言而无信,必失信于人;失信于人,就会失人心,到头来亏的还是自己。这样的事例很多,不举大家也会清楚。

其次要谦虚、文明礼貌,切忌夜郎自大,失去人心。因为"爱人者,人恒爱之;敬人者,人恒敬之。""问路不施礼,多走二十里。"说明文明礼貌、礼下于人的重要性。例如刘备三请诸葛亮,假如没有刘备礼贤下士的邀请,就不会有三国鼎立,更不会有孔明鞠躬尽瘁死而后已的人臣忠义。可见礼贤下士的重大意义。

再者应关心他人,以真诚的言行待人,必然会有所回报。

东汉时期有位名叫荀巨伯的人,关心朋友,真诚待人。一日得急信说朋友病重,荀巨伯不远千里去看望朋友,走了好多天路,好不容易赶到朋友的郡地时,却发现这里被胡军包围了,只好潜入城里去看望朋友。

朋友见了荀巨伯非常高兴,但又担忧地说:"现在城已被敌人包围了,看样子是守不住了。我是一个快死的人了,城破不破对我来说无所谓了,可是你没必要留在家里,赶快想办法走吧!"荀巨伯听后说:"你这是什么话,朋友有福同享,有难同当。现在大难当头,我怎能离你去逃命呢?怎能做出这种不仁不义的事呢?"胡人攻破城后闯进朋友家大耍威风地喊:"我军所向披靡,你俩何人,竟敢独自停留这里?"荀巨伯说:"我来看望一个病重的朋友,他病得很严重,我不能因为你们来就丢下朋友不管。你们如果杀的话,就杀我吧!不要杀我这位痛苦不堪、无法自救的朋友!"胡人听了后非常惊奇,后来竟因他的义气而退兵,一郡得以保全。

荀巨伯的言行既感动了朋友,也震动了胡人,保全了一郡的百姓。像这样的朋友,天下还有谁不愿为他效劳呢?

其实各行各业都离不开交际合作,特别是科研人员。另外,与人交际合作也是一种艺术和技巧,也应加以锻炼。与人交际,语言很重要,同时也是一把"双刃剑",会说者,一句话把人说笑了;不会说则把人说恼了。它能够杀人,也能够救人,就看你怎么用它,正所谓"良言一句三冬暖,恶语伤人六月寒"。

总之,与人交际、合作、共事特别重要,每个人都应学习、锻炼,以提高这方面能力。

第三节 提高创业、创新能力

自从国务院总理李克强提出"大众创业,万众创新"的倡议以来,全国掀起了改革、创业、创新的热潮,真是形势大好,前途光明。

一、创业、创新的重大意义

从历史角度看,由于有创业创新的存在,人类社会才能不断地发展;同样,由于改革创新,人类才会有更美好的未来。从宏观角度看,创业创新能推动社会的进步和发展;从微观角度看,创业创新是关系到个人前途,为祖国为人民做贡献的大事。从现实角度看,创业创新能力是人类最宝贵的能力,它不但能促使社会的发展进步,更能使人类变得文明、民主、友善,使祖国更加富饶、繁荣、昌盛。

特别是当今中国,更需要大量的有创造能力的人去创业创新,去开辟新天地、新领域、新事物、新理论。只有这样社会才能更精彩,国家才会有更美好的未来。

例如钱学森团队"留取丹心照中华"的故事。

钱学森1911年生于上海,祖籍浙江省杭州市临安人,是世界著名的科学家。钱学森少年时代就胸怀大志、热爱祖国、热爱科学,青年时代就怀报国之志到美国留学,学习研究空气动力学。中华人民共和国成立后,他积极要求回国参加建设,但受到美国政府的无理阻拦和迫害,在中国的积极帮助要求下,五年后终于回到祖国。他回到祖国后勤奋工作,带领科学家团队顽强拼搏,将自己的知识、智慧无私地奉献给了祖国和人民。

回国后,他长期担任中国火箭、导弹和航天器的技术领导职务,参加近、中、远程导弹和人造卫星的研制领导工作,并做出了杰出的贡献,曾获"国家杰出贡献科学家"称号和"两弹一星功勋奖章",被誉为人民科学家。

钱学森的创业创新精神和能力享誉国内外,成为世界著名的科学家。他说:"正确的结果,是从大量错误中得出来的。没有大量的错误作台阶,也就登不了最后正确的高座。"他是这样说的,也是这样做的,最后终于登上了科学的高座。

钱学森也是热爱祖国和人民的典范,他把自己一生所得的几笔较大的收入作为党费交给了党,或捐献给了祖国建设最需要的地方。后来,美国政府要求他访美他都不去。他说:"如果中国人民说我钱学森为国家为民族做了点事,那就是最高的奖赏,我不稀罕那些外国的荣誉头衔。"表现了他对伟大祖国的忠诚。

钱学森还十分关心下一代青少年的成长,2014年7月7日,他提出疑问说:"为什么我们的学校总是培养不出大师级人才?"反映了他对国家未来的关心。

我们要向以钱学森为代表的科学家们学习。学习他们热爱祖国、忠于人民的高尚情操和无私奉献的伟大精神以及胸怀祖国、立志成才之决心,克服困难、不怕挫折的勇气和顽强拼搏、勇于创造创新的可贵品德与精神……

二、怎样提高创业、创新能力

作为高中生,一是要立足当前、攻艰克难,二是要放眼未来,选准目标,为今后创业创新奠定基础。更细致地说,有如下几点。

1. 提高观察能力。学会观察,才会发现问题;仔细察看,才能了解事物的实质,因此说提高观察能力也是提高创业创新能力的重要条件之一。但观察一是要认真细心,二是要动脑筋思索,才能找到问题的原因。只有通过思考分析,才会找到问题的答案,然后去动手实践,在实践的过程中,再经过学习、思考、分析,按照自己的意图、设想完成,达成创造、创新。

2. 要充分发挥想象力。想是开动脑筋思索、想办法,想象力是指在知觉材料的基础上,经过新的配合而创造出新形象的能力。因此说,想象力是创造、创新能力的翅膀,只有充分发挥想象力,才会想出新的办法,创造出新的东西来。

想象往往和联想联系在一起,比如由此人联想到他人,由此物联想到他物,由此概念联想到他概念等。所谓"联想丰富,不易失误"。联想和想象要有机地结合,进行合理的、丰富的想象,才能提高想象力。也就是说,充分发挥想象力是提高想象创造、创新能力的重要因素之一。许多发明家都是这样成功的,当然,想象要和科学的逻辑思维相结合。

3. 实践是成功的试金石。名言说"实践是检验真理的唯一标准",可见实践的重要作用。没有实践,什么也干不成。

学生通过动手实践,既能了解真相,提高兴趣,还能动脑动手,打破惯性思维,总结成败,获得创新的机遇,并能提高创新能力。

相传晋代书法家王羲之年青时练习书法,用了数十缸水,洗毛笔把池子的水也染黑了,同时他还静观鹅掌拨水,从中领悟到用笔轻重之法,又从鹅的转项之姿,省悟到执笔横竖转弯等写字的诀窍,从而不断提高自己的书法艺术,终于成为著名的书法家。

鹅掌和书法,乍一看毫无关系,但书法家却能从中悟出提管运腕的奥妙,可见观察、联想、实践、感悟的重要作用。如果我们能做一个有心人,在自己的学习、工作中勤于思考,不懈地探索和追求,就能"独具慧眼,别有洞天",做出更辉煌的成绩来。

4. 要掌握创造创新的技法。创造创新能力的获得需要多种创造性思维,如纵向思维、横向思维、发散思维、逆向性思维等,只有掌握这些方法并经常运用,能力才会提高。

据传有位年轻的建筑师,发现禽蛋易碎,但把它攥在手中握,却难以握破。为什么呢? 原来是外部的压力和鸡蛋内部的张力相等而抵消了。他由此得到启示,经过周密考虑,构思出一种"薄壳结构"的巨型建筑,设计了规模宏大却中间不用柱子的体育馆。

事物是繁杂的,生活是多彩的,创造、创业、创新是不易的,必须掌握其技法,创造、创新能力才会提高。

要提高创造、创新能力,还需要努力学习,不断积累科学知识。因为没有丰富的知识,就不会有周密、深入的联想和想象,也就不可能有创造、创新。比如一块石子投到小水池里,它激起的涟漪范围很小,可投到大海、湖泊里,引起的范围就大多了。这就说明有渊博的知识,才能运用科学知识,结合实际,创造出新的事物来——纵观历史,凡有重大发明者,都是学识渊博、且有实践经验的人。

青年人努力学习,不断提高创造、创业、创新能力特别重要。

第四节　努力学好外语很重要

对青少年来说,努力学好外语很重要,而且越来越重要,为什么呢?

一、努力学好外语的重大意义

所谓外语是指外国的语言文字,如英语、德语、俄语、日语等。为什么要努力学好外语呢? 这是因为随着科学的进步和社会的发展,全球进入信息化时代,国与国之间、人与人之间的交往,以及文化科学方面的交流、来往等越来越频繁,主要表现在如下几个方面。

1. 国与国之间的交往。国家之间通过互相交流来往,达到取长补短,互利共赢,共同发展,既建立了亲密的友谊,又通过科技文化等方面的交流,更加促进了国家的进步和人民生活的提高。为此国家需要大量的各种科技人才为祖国和人民服务,其中也包括外语人才。

2. 企业集团走出国门,帮助兄弟国家建设,如我国提出"一带一路"倡议,受到了世界大多数国家的响应,也需要大量的外语人才和有关国家进行联系交流。

3. 就一个人而言,有许多青年不但在本国创业,而且到国外创业的也层出不穷,和外国人交往交流做生意,假如不懂外语就会寸步难行。

4. 国家每年派往各国的留学生大量增加,外国来我国留学的学生也逐年增多,急需大量外语人才。以"孔子学院"为例,我国已在130多个国家建立了"孔子学院",大力传扬了中国5000年来博大精深的文化科学知识,是前所未有的创举。

5. 每年除公费留学生外,我国自费出国留学生也在逐年增加。

综上所述,都说明学习外语的重要性。

经济全球化使英语在世界上的地位逐步增加,很多国家认识到了英语的重要性。学生、老师、公务员离不开英语,各个领域也都需要英语。同样,我国也十分重视对青少年英语的培养,从小学三年级就开始学习英语。但英语毕竟和母语差别很大,那么怎样学好英语呢?

二、怎样才能学好英语

应掌握两点,一是决心,二是方法。因为"有志者事竟成","世上无难事,只怕有心人",何况英语也并不是多么难学的东西,"彼能是,而我乃不能是!"因此说有决心是学好语言的第一要素。有了决心还要有学习的方法,二者具备必能学好英语。

高中生学习英语已有七八年经验,有了一定的基础,应继续努力学好它。英语的学习包括听、说、读、写、记,这五项是学好英语的重要措施,但没有兴趣的投放,是枯燥的;没有坚强的意志,是乏味的。如果不听不说,学好是困难的,不读不写是难以记住的……只有各项措施具备,方法恰当,加上努力,方能学好。因此说,学好英语应从以下几方面入手。

1. 上面提到首先是听、说、读、写、记,这五项措施缺一不可。所谓听,就是认真听老师讲课,并且要经常练习用英语说话,才容易记住。所谓读就是要多读课文,有条件者还要读点课外文章,来补充所学知识。读有两项作用:一是朗读,其作用是熟悉课文,纠正读音,提升朗读说话能力;二是默读,加强思考、分析、记忆。单读还不够,还必须经常练习写,通过写作业,既巩固了所学知识,也提高了读写能力。而且通过写,还可以练习把英语翻译成中文。最后是记,更为重要,因为不管采取什么方法,最重要的是要记住并会应用,这是学习英语的最终目的。

2. 要学好英语,掌握一定数量的词汇是最基本、最重要的。只有记住、掌握了大量词汇,才能构成词组和句子,再组成语言和别人交流。但是要掌握好单词,不仅要了解它们的词义,还要了解它们的词性。和汉语相近,英语也有名词、动词、形容词等,假如不懂词性,就容易用错。比如一句话中本该用名词而用成动词或形容词,那就错了。

英语是由 26 个字母组成的拼音文字。有人认为,只要学会这 26 个字母就行了,这是错误的认识。因为这 26 个字母可组成的单词有千千万万,常用的也有五千个左右。要阅读文件或各种文章,至少要用一万多个词汇,再加上外来语,更加重了单词记忆的困难。因此,完全死记硬背不行,要寻找掌握其规律,比如什么情况下,英语的词性会改变;英语单词的前后缀有何特点和作用等。只要掌握了它们的规律,对于记住这些单词的意义、词类、拼法和扩大词汇量是很有帮助的,它与汉字的偏旁部首有"异曲同工"之妙。

3. 英词词汇的记忆理解离不开上下文。英语的一个特点是一词多义,一词一义并不多见,绝大多数的词有一个以上意义,绝大多数体现在上下文中。比如 hand 的基本意义是手,可在一定的上下文中就表示不同的意思。如:You can't make the hands of a clock more backwards. He's very old and still writes a good hand. 在以上句子中,hand 分别意为"指针""书法"。这样的事例很多,举不胜举。

联系上下文记忆词语十分重要,死背硬记英语单词不如联系上下文记忆深刻,而且还要记住、了解单词的习惯用法,既要了解词语的音、形、义,也要在实践中应用,做到词不离句、句不离文。

另外,还有英汉姓名的区别,英语比喻、英语外来语、英语专有名词、英语诗歌等,也应当了解掌握。

4. 要想学好英语,还必须掌握英语的各种词汇的组合形成,各种句子和语法等情况,方能进行翻译工作。

三、提高英语成绩的几点措施

一是要多听、多说、多看、多思、多记,因为多听才能发音准确,多说才能熟练,多看才能掌握所学知识,并能扩充知识,多思能加深印象、不易忘记,多记才能提高英语成绩。二是多听英语磁带,看一些英语影碟多查英汉字典。三是如果父母会说英语,可帮助子女学习,成绩会提高更快。四是多看看高考英语试卷,掌握一些考试内容和类型。五是要学会英汉翻译和简单英语作文……

总之,英语作为一种重要的语言交流工具,学好它也是不易的,希望广大学子们在家长、老师们的教育下,努力学好英语。

第五节 勇攀高峰努力实现梦想

教育学生成才如同攀登多层的宝塔,一要基础好,二要不怕苦,三要有毅力,四要有方法方能成功。但是,爬上宝塔的顶峰确实不是易事,有些意志薄弱的学生或因各种原因而中途止步,有的甚至在接近成功的时候缺乏坚持,最终还是失败了。英国剧作家莎士比亚说:"千万人的失败,都有是失败在做事不彻底。往往做到离成功差一步就停止不做了。"这多么可惜呀! 因此达到宝塔顶峰者往往是少数。

一、攀登科学高峰的重大意义

高中是最艰苦奋斗的三年,也是即将登入大学校门成为天之骄子的三年。真是千军万马登宝塔,万马千军闯独桥。学校与学校、学生与学生之间竞争十分激烈,那么学子们为什么要攀登科技高峰呢?

1. 责任的需要。因为中国博大精深的文化科技知识,需要年轻人去学习、继承、传扬、创新,这是青年人义不容辞的责任。因而年轻人应该明白自己肩负的历史使命,不要辜负前辈们的期望,努力攀登科技高峰,为建设祖国出力。

2. 中华民族的需要。我国是个多民族的国家,历史悠久,有光辉灿烂的文化科学和光荣的传统。但近百年来落后了,因此饱受了列强侵扰、凌辱,特别是受到日本侵略者的迫害,各民族人民深受苦难,需要年轻人去团结各族民众,振兴中华。

3. 祖国和人民的需要。中华人民共和国成立后,特别是改革开放以来,中国人民在中国共产党的英明领导下,正齐心协力为实现四个现代化,为实现两个一百年的伟大中国梦而奋斗,这都需要大量的德才兼备的高科技人才。

4. 读书学习攀登科技高峰也是为了自己的需要。为什么这样说呢? 因为在科技发达的当今社会,如果一个年轻人没有一点科学知识,没有一技之长就会被时代淘汰。而经过读书学习,掌握一两门技能,可以为将来大展宏图,为祖国为人民作出卓越的贡献打好基础!

比如那些在事业上建功立业的科技人才,都与青少年时期的勤奋学习、立志成才、努力攀登科学高峰分不开。比如"两弹一星"科学家钱学森、朱光亚、核物理学家邓稼先,卫星专家孙家栋以及赵九章、李颐黎、屠呦呦(女)、于景元、黄大年等,他们真是"男儿顶天立地,女子厚德载物",我们首先要学习他们热爱祖国的思想,学习他们"心中有信仰,脚下有力量"的精神,学习他们热爱科学,勇于探索、创造、创新的精神。

格言说,"人有精神能立,国有精神能强"。正因如此他们才不畏艰难,不怕挫折,顽强拼搏,从而为祖国为人民作出了伟大的贡献,受到了人民的无限热爱和敬仰。

这就是勇攀科学高峰的重大意义,学子们努力啊!

二、怎样攀登科技高峰

这个问题既容易又复杂。一是因人而异,二是许多名人已经给我们做出了榜样,应该向他们看齐。不过任何事情都有一定的规律和解决的方法,攀登科技高峰也是一样,对于弱者来说高不可攀,而对于强者而言,则充满自信,勇于探索研究,并坚韧不拔,最后取得成功。他们成功的重要因素之一就是勤奋读书。

1. 读书改变人生,学习创造未来。每年 4 月 23 日是世界读书日,可见读书的重要性。"少壮不努力,老大徒伤悲",又说明青少年读书的重大意义。

读书学习能影响青少年的人生,改变其命运。因为读书学习,能使你积累丰富的文化科学知识,能给你指明前进的方向和道路,是你将来取得成功的基石,最有核心价值的财富,同时读书还能催你奋进,追求美好未来!

放眼世界,凡崇尚读书、热爱学习的民族,生命力必然顽强。联合国教科文组织 2014 年的一项调查结果显示,全世界年均阅读书籍量排名第一的是犹太人,年平均每人阅读 64 本书;而上海排名中国第一,年均每人阅读只有 8 本书;中国 14 亿人口,年人均纸质图书阅读量为 4.56 本。由此可知,犹太人是特别热爱读书的,正因如此,诞生了许多对世界有深远影响的人物,如马克思、爱因斯坦、胡赛尔、毕加索、基辛格等。另据统计,在 20 世纪的 100 年中,诺贝尔奖获得者为 680 名,而犹太人就占了 152 名,占获奖总数的 22.35%。

犹太人仅占世界人口的 1/400,却能在科学经济等各方面取得如此成就,与他们热爱读书有紧密关系。人们常说犹太人聪明,其实是因为他们热爱读书学习的缘故。

对于我们每个人而言也是一样,通过读书学习获得知识,变得聪明睿智,积极向上进取,从而能改变自己的人生,创造美好未来。

2. 书是良师益友,攀登高峰离不开读书。在我们成长的道路上,会受许多良师益友的培育、教导和帮助,除了父母以外,还有长辈老师同学朋友,而更重要的就是读书。书籍更是我们的良师益友。青年人以书为伴,以智慧为师,是事业成功的基石。

下面我们再来看看嗜书如命的高尔基吧。

高尔基是一个嗜书如命的人。一天晚上,苏联喀山附近的一间房子突然燃起大火,眼看房子就要化为灰烬。这时阁楼上出现了一个浑身冒烟的青年,手里抱着一只箱子,见无法从楼梯上跑下来,便赶紧打开窗户,抱着箱子纵身跳了下来。那青年头发已被烧光,衣服也千疮百孔,可他不顾自己,忙捡起因摔坏箱子而洒了一地的图书。这人就是高尔基。

高尔基在读书中忘掉了苦闷和劳累,从书中吸取营养,勇攀高峰,终于成为前苏联著名文学家!他说"书籍是人类进步的阶梯,书籍是青年人不可分离的生活伴侣和导师"。

中国这样的人也很多,如汉代的匡衡、唐代的韩愈、宋代的苏轼、明代的顾炎武、近现代的鲁迅等,真是数不胜数。现在我们的学习条件很好了,但仍应学习前人艰苦奋斗的精神,才能攀上科学的高峰。

3. 读书务求深钻细研,为我所用,切忌浮躁,或水过地皮干,贪多嚼不烂。读书最忌一曝十寒,必须学思结合,否则就很难学有所成,学有所长!

理学家朱熹曾说:"读书之法在循序而渐进,熟读而精细。"刘伯承读书就务求深钻细研,为我所用。刘伯承五岁时就被送进了本村的私塾,开始他并不好好念书,有时还逃学。看到孩子不争气,他父母十分心焦。一天放学后,刘伯承回家放下书包就要出去玩耍,母亲严肃地喊住他:"慢着点儿,把今天先生教的书背一遍。"

刘伯承眨眨眼睛,心想,反正母亲不识字,于是闭上眼天南海北东拉西扯,"子曰""诗云"地乱背一气。不巧,正好这天父亲生病在屋里,听到儿子胡编乱诌地瞎背,气不打一处来,马上严厉地责备他,气得不停地咳嗽。母亲更是伤心地直掉眼泪,边哭边说:"我们穷人家读点书不容易,你父亲的病越来越重了……到时候怕连饭也吃不上了,看你还怎么读书!"望着父母亲的悲痛情态,刘伯承惭愧地说:"是我错了,请你们放心吧,从今后我一定狠读书,学本事,做个有出息的人!"果然,从此以后他每天都早早起床,第一个到学堂背书,夜晚陪在母亲的纺车旁看书,直到深夜。

很快他就读完了《三字经》《论语》《孟子》等书,课外还阅读了《史记》《汉书》以及《水浒》《三国演义》等古典小说。他看书几乎到了入迷的程度,就连推磨和放牛时也带着书,有空就学。私塾老师看到他如此用功,十分赏识,对他的教授也更加热心细心,夸他今后定能成才。

长大后,刘伯承牢记着老先生的话,"读书务求深入,切忌浮躁"。所以,凡重要的文章,他总要反复读十多遍,直到弄懂背熟为止,而且在书上总是密密麻麻地画了道道、杠杠、圈圈,还有眉批旁注。因此同学们开玩笑地说,"刘伯承是在钻书、啃书,难怪有那么多洞洞"。刘伯承认真地回答:"看书不能像水过鸭子背,更不能光在上面漂,要像扎猛子一样深钻进去,才能求得真学问。"

青年人读书要向刘伯承学习,并学习雷锋的钉子精神,凭着挤劲和钻劲方能成功。

4. 攀高峰要经得起千锤百炼。人的一生是不可能一帆风顺的,总会遇到波折困难和烦恼,特别是青年人在前进的路上总有不如意之处,那么应怎样认识对待这些挫折呢?

那就是以坚强的决心去克服它,开动脑筋去战胜它。俗话说:"失败乃兵家常事。""吃一堑长一智。"只要经得起挫折和失败,千锤百炼才能炼成好钢;不要因为一两次失败就垂头丧气,一蹶不振,那只会令你一败涂地。

据报道,2015 年 1 月 13 日,陕西省三原县北城中学发生了一起悲剧,在第一节晚自习下课休息时间,一名高二男生突然打开教室窗户从四楼跳下,后被送到医院抢救,但终因抢救无效死亡,其死亡原因,据调查了解,是因为考试成绩排名下降。

一个青春少年居然因为一次考试成绩下降而自寻短见,死得实在是轻于鸿毛! 它更警告人们,一个如此懦弱的青少年,无论如何是成不了大器的。

我们要学习爱迪生等科学家的奋斗精神。爱迪生小时候曾被当成是低能儿,被老师称作笨蛋而退学,但靠自己的努力,不怕挫折和失败,终于成为世界著名的发明家。又如前面提到的华罗庚,在初中学习时,功课学得并不十分好,有时数学成绩还不及格,但由于自己不懈地自学钻研,后来还成了著名的数学家。

由此可知"事在人为""学贵有恒"的道理。所以说攀登科学高峰,必须经千锤百炼才能炼好钢,才能实现自己的梦想。

第六节　以优异成绩迎接高考

高中生经过三年的刻苦学习,即将迎来高考。虽然分数不可能全面地代表一个人的能力和学生掌握知识的程度,可成绩的高低是评判一个人是否学有所成的条件之一。所以说高考仍具有显著的作用。

一、高考的重大意义

高考是高等学校招收新生的考试,具有如下几方面特征。

1. 它是选拔人才,特别是选拔高科技人才的重要手段之一。因为它的考试科目最多,考试内容最全面,最具代表性,是全面衡量学生理解掌握文化科学知识能力和水平的考试,最具权威性。

2. 高考是检验各学校教学质量的试金石,带有示范性、方向性和领头羊作用,而且也是考查学生的思考分析、运用创新智慧等综合能力的措施。

3. 高考也是总结经验教训,为今后的教育教学工作和教改奠定良好基础的工作,可以使我国的教育事业更好、更科学地向前发展。

4. 每年的高考体现了党和国家对教育工作的关怀和重视,是我国由教育大国逐步走向教育强国的主要举措。

二、以优异成绩报效祖国和人民

既然高考如此重要,那么应该怎样以优异成绩报效祖国和人民呢?

1. "使命重在担当,实干铸就辉煌"。青少年只有明确了自己所担当的重任,为实现伟大的中国梦和共产主义事业而奋斗,才能艰苦奋斗、发愤图强,才能为祖国和人民做出辉煌贡献!所以说青少年首先要树立远大理想,树立正确的人生观和社会主义核心价值观,像周恩来那样"为中华之崛起而读书",方能产生动力,有所成就。这就是所谓的"德",单有德不成还得有才,有本事才能成事,二者缺一不可。

2. 常言道,人不吃饭饥,人不学习愚。人生一世,只有好学,才能有知识,有智慧,只有用知识武装自己的头脑,不断进取,才能有所作为。俗话说"寒门出贵子",就是因为从寒门出生的孩子,他们懂得吃苦,懂得"吃得苦中苦,才有甜上甜"的道理。比如古今许多名人,大多是从小就有远大理想,而且是从艰苦环境中磨练出来的。

习近平总书记在与北大师生座谈时,勉励同学们要在修德、勤学、明辨、笃实上下功夫。下得苦功夫,求得真学问,加强道德修养,注重道德实践,善于明辨是非,善于决断选择,扎扎实实干事,踏踏实实做人,才能报效祖国,服务人民。他还告诫人们,成功成名永远不是用巧嘴吹出来的,而是用心血写出来的!有了比常人更多的付出,更过人的求知欲,更开阔的思维,更远大的志向,无论出身多艰苦,都将会成就一番不凡的事业!

我们要铭记总书记的教导,努力修养,努力学习,努力成为德才兼备的中国青年,时刻准备着以优异成绩报效祖国和人民。

三、以优异成绩迎接语文高考

考试是考查知识或技能的一种方法,如笔试、口试和现场作业等方式。考试是人类几千年留下的传统,是选拔人才的一种有效方法,今后也不可能消失。特别是高考更为重要,因为从某种意义上说,它是确定年轻人的去向,甚至关于命运的大事。既然如此,学子们应怎样以优异成绩迎接高考呢?那就先说说语文吧。

大家清楚,中国是文明古国,有 5000 年的历史。中国文化五彩斑斓,博大精深,特别是汉字是我国的独创,我国各族人民通过汉字可以互相交流,共同进步,汉字是人类文明进步的产物。保护传承发扬汉字文化,是当前和今后弘扬中华文化的一个重要任务。因此学好语文,研究创新中国文化,是青年人义不容辞的责任。但学好语文并非易事,俗话说"冰冻三尺,非一日之寒",首先应打好基础,由浅入深,循序渐进,根据语文的特点应多看多思多记。

高中生很快要迎接高考,所以一定要掌握高考语文的规律,按高考语文的项目进行学习、复习。时间紧,任务重,应归类复习,这样效果会更好一些。比如有判断正误题、成语选择题、病句选择题、衔接表述得体选择题等,都属于思考分析类别,应从语感、上下句的意思进行选择,此其一也。

二是考科技文阅读的题。这是考学生基础知识学得是否扎实,思考分析能力是否敏锐、智慧的题,是考学生的选择能力、推断能力和从中寻找信息的能力等,实际上是考学生理解应用科技知识能力的考题,是在启迪学生努力掌握正确运用科技知识的能力。

三是考文学类阅读的考题,如散文、论文、杂文和小说等。这是考学生理解文章的综合能力,通过考文章的字、词、句、篇,实际上也是在考学生记忆、思考、分析、应用创新等能力,以及考察各类文章的体裁特点和活学活用的能力。

四是考实用类文体阅读,如新闻、传记或时事热点。是考查学生对新闻、传记等文学体裁文章的了解掌握情况。通过填空、选择、问答等多种形式,或从文中寻找信息、个人理解表述,了解学生掌握应用文的程度和能力。

五是考文章的衔接类。比如给一段文章,其中有空缺的语言,让学生根据上下文意思补出空缺部分的内容。当然要求语句要通顺流畅,内容要合理、正确,这是考查学生的衔接创造能力。

六是考一些主题。这类题较为灵活,多考标志类、流程图类或信息概括类,是考查学生的主观能动性,考查学生的创造创新能力,是非常适时和必要的。

七是对古文知识的考查,包括如下考察内容。

1. 多考记叙人物的,比如给你一段古文,让你断句填空、注音、解词或实词辨析,另外还考一些文学常识之类,如对古文的理解,回答问题的形式等。

2. 考一些古文诗词鉴赏。考查形式多样,如给出一首诗词,让你给个别词注音或解词,或翻译或问答或选择,也可考对诗句的特点总结、作者是谁等。

3. 考查学生对古诗词、短文、名句的理解,领悟和掌握,运用能力。比如通过对古诗词短文或名句的默写问答,可考查学生对我国文化遗产知识的理解掌握程度,也可了解学生的记忆思考分析应用等多种能力。

总之,考察古文是继承传扬创新我国古代文化科学知识的重要措施之一,青年人应该成为博古通今的人才。当然考试形式、内容多变,应灵活掌握。

八是作文考查。作文是考查学生写作能力高低的综合措施,有多种形式,有命题作文,例如《由唱国际歌所想到》的等;条件作文,就是给一材料,让学生按材料的内容自拟题目作文;先写一篇短小精干的应用文,再写一篇大作文或条件作文;还包括续写、扩写、缩写、补写等。不过,考前两种作文者较多。

作文是全面考查学生作文水平的重要措施,从字、词、句、篇到结构内容主题方法,甚至题目题材、开头结尾书写等,都可表现学生的写作能力。因此写好一篇作文,对提高语文成绩十分重要。平时要重视练好基本功。那么怎样才能写好作文呢?

1. 首先是审题或命题。(条件作文题目需自己拟定)题目要醒目引人,能概括全文或起点睛引导作用。

2. 确定写作体裁。记叙文、议论文、散文、说明文采用哪种形式?

3. 列提纲。把草稿纸竖折1/2,然后左边列出提纲。列好提纲后,从右边照着左边提纲写,以防出错或漏掉。

4. 誊写需要8分钟左右,检查需2分钟,这样写好一篇作文需28到30分钟。在誊写时,可适当地进行增补修改完善。当然也有的考生怕时间不够用,而直接在试卷上写的,或打点草稿随想随写,这样容易出现错误或语句欠流畅、中心欠明确、涂改多等缺欠,作文成绩往往不高。

5. 写作方法与技巧。写作方法在于考生的敏锐思考,当然与平时的磨练有关。考生在作文方面应尽力做到如下几个方面。一是要做到开头即龙头,结尾是凤尾,中间是虎肚——也就是开头要引人入胜,醒目,让人产生兴趣,如龙在高空飞舞,急着想看下去;结尾如凤尾一样,余音绕梁,耐人深思遐想,回味无穷;所谓虎肚就是像虎肚的条纹一样,一条一条有条不紊,有板有眼阐述清楚,以引领读者进入佳境!

总之,学好语文离不开三要素:学、思、记及现代文阅读、古文阅读和作文训练。祝学子们学好语文,以优异成绩迎接高考!

四、以优异成绩迎接数学高考

数学是研究现实世界空间形式和数量关系的科学,包括算术、代数、几何、三角微积分等。数学和语文一样,也是一门极其重要的学科。人们在生活学习中离不开数学,高中生无论学文学理,数学是必考科目。数学的学习研究范围很广,据说历年的数学高考成绩偏低,也许是选拔人才的一种策略吧。

数学是一种逻辑思维方式,必须遵循客观规律。人在认识过程中借助于概念判断推理,反映现实思维计算方式。数学的高考形式主要包括以下几个方面。

1. 选择题。包括集合复数概率、程序框图、函数、数列等,这些内容需要学生熟练掌握。

2. 判断正误题。包括复数、概率、函数、数列等内容,要求学生分清、记住其特点,做出正确判断。

3. 解析题。如不等式集合、立体几何、解析几何、微积分等,也要记住它们各自的特点,分清其区别,然后做出准确的分析,正确的解答。

4. 填空题。考查考生对定义、概念、定理、推理等熟悉运用程度,内容包括概率、三角函数、数列、函数等。

5. 选做题。一方面是考查考生对所学知识的情况,另一方面也是为考生提高分数的一种方式。让学生捡会的做,易得分,至于考题内容灵活多样,比如2选1,其余可为笔答题。

以上考题范围相近,但是内容形式不同,学生学习复习中应全面理解掌握,在考试中要敏捷思考分析才行。

6. 笔答计算题。有解三角形、立体几何、解析几何、函数、导数等,这是数学高考的又一重点难点,也是考生能否拿高分的关键。

笔答计算题全面考查学生掌握所学知识程度及运用能力,和公式概念的灵活应用及推理的能力。通过笔答计算,既是考察学生的计算能力,也是选拔高材生的一个重要措施。学子们应掌握高考各科的试题规律和答题方法。

高考出题的规律和特点,一般来说,一是全面;二是重点突出;三是分类明确;四是由简到难由浅入深;五是全面检验考生对所学知识掌握运用的能力。时间紧,任务重,所以考生必须掌握考试方法。那就是:1. 从开头一直往下答。容易的会的随手答上,经思考一时难定的,可标记,以便检查时记住补上。这样既节省时间,又不易漏题。有的考生为得高分,首先答难的计算题,结果用时多造成紧张也解答不出来,把前面会的题也耽搁了,后悔莫及,得不偿失。2. 答计算题时,即使不会的也可先把会的逐步表达出来,只要答题有理也可得分;一字不写,当然没分了。3. 一定留出检查的时间,检查未答题或可改正的题。4. 少涂改,卷面要整洁。

考试虽然凭知识能力,但也有答题技巧的因素。所以学好数学应在记住理解数学概念、定理、推理公式等基础上,思考分析,多做题,达到手熟为能的地步。

五、以优异成绩迎接英语高考

前面专门谈过学习外语的重要性——作为当今有志青年,每人应该掌握一到两门外语,才能更好地了解世界。下面再谈谈怎样考好英语。学好英语有四要素:多说、多记、多写和语法,考好英语有三要素,去掉上面的多说即可。

高考英语有如下几项类型、内容和范围,望学生们重点学习掌握。

1. 阅读理解:基础题、范围广。比如给你几段广告、科普文、新闻或记叙文,让你填空、选择、改正、补充、回答问题或纠正语法错误等,从多方面考查学生对英语知识理解、掌握的程度,警示学生在学习英语方面应多记、多写、多思。

2. 填空考题。比如一篇文章中有十多个单词或短语,文章下面有十多个选择项目,让你根据上下文内容,把下面正确的单词或短语填在上文的空缺内,这是考查学生的理解、记忆、分析能力的考题。

3. 七选五考题。比如一篇文章中有五句空缺,下面七个选项,其中有五个是文中正确选项,另两个多余,让考生把正确的选项分别填在文中的空缺内。此类题是为了考查考生的理解、辨别能力。

4. 语法类考题。比如一篇文章中有十处空缺,有五处语法错误,要求(1)根据文章中上下句的内容,把文中空缺处的单词或短语准确地填出来,使文章完整通顺;(2)把文中五处语法错误的句子找出来,并依次把正确的改在下面(有时还让说明理由)。

5. 短文改正。比如一篇短文,文中有十处错误,让考生找出来并改正。这类考题是考查学生的记忆、理解和辨别正误能力,在学习中也十分重要。另外还可能有其他考题。

6. 英语作文。体裁不等,多为写信,有时也考记叙文或介绍类、通告类文章,一般会要求根据题中所给的要点进行写作。比如给一些单词与短语,让你在作文中用进去,也可添加要点以外的细节等,把文章写通顺完整。当然,用词准确、词句流畅会更好。

英语作文是综合考查考生学习英语的程度、能力和水平的一项重要措施,和其他考试科目一样,是极重要的一项综合考查考生素质、能力的手段,必须引起老师和学生们的重视,可多加研究和训练,努力提高学习效率、能力和素质。

7. 有时也考外语翻译等。学好英语要掌握规律和方法,创建英语思维是学好英语的关键,而且平时就要打好基础。

语、数、英是文理科学生都必考的科目,可见其重要性。希望学子们努力学好。至于政史地、理化生的学习方法与语数外相近,这里就不多谈了。

第七节　正确的选择是成功的前提

经过 12 年的艰苦奋斗,特别是经过高中 3 年的激烈竞争,高考选拔后,终于告一段落了。独木小桥真难过,再有一根才正好。现在,独木桥也变成了"立交桥",完全由学子们自由通行选择,这是很好的事情。

一、正确选择专业的重大意义

青年人一生中较大的选择有两次,一次是九年义务教育的中考。中考后一部分学生进入高中继续深造,而另一部分学生则进入各类中专学校或职业院校,接受具有某种专业知识的教育或走向工作岗位;而另一次最重要的选择就是高考了。

高考结束后,学子们又将面临一次重要的选择——申报志愿,从某种意义上讲,这是一次人生命运的重要选择。为什么这样说呢?

1. 当今社会,科技知识飞速向前发展,知识处于爆炸时代。比如一个人,即使终生忙于学习,也只能学习"九牛一毛"的知识,是微不足道的,所以要根据各人的兴趣爱好有目的、有选择地读书学习,以便能精通一两门专业,这于国于己都有利,要比忙无头绪、乱抓一气、不求甚解强得多。这是选择好专业的重要性之一。

2. 俗话说:"七十二行,行行出状元。"这有力地证明"事在人为"的道理。无论学什么专业,干什么工作,勤奋学习、努力工作、做创新人才是第一要素。所以说,青年人既要选好专业,又要改革创新,努力成为祖国的有用人才。

3. 党和祖国的需要就是我的志愿。因为是党和祖国培育、养育了我,祖国如我的母亲,要以实际行动报答她。另外,"大河有水小河满,大河无水小河干",没有党和祖国的养育和培养,就没有我们年青人的今天。所以说,党的恩情比海深,祖国的需要就是我的志愿。

4. 我国在世界上拥有数量最多、素质较高的劳动力和人才,拥有最大规模的科技人员和各类专业技术人才队伍,每年高校毕业生就有近 800 万人,蕴藏着巨大的创造潜力,这是其他国家难以比拟的。因此,充分发挥他们的创造性,施展其才华和创造价值,是我国很快就由社会主义大国迈向强国的必要条件。这是一支多么强大的生力军啊!因此,选择好志愿、专业,才能学有所成,才能更好地为祖国为人民服务。这就是选择专业的重大意义。

二、怎样正确选择志愿和专业

高中生一旦考入大学,顺利毕业就成了学士,成了知识分子,这是十分难能可贵的,并且也深受人们羡慕和敬佩的,那么,应怎样正确地填报自己的志愿专业呢?填报专业志愿十分重要,因为这关系到学生的前途和今后的人生走向。所以,一定要认真对待。

1. 高考结束后,大约等待十天左右时间,分数就下来了,在网上可以查到,并且在公布了文理科分数线以后,就可以确定自己报什么学校什么专业了。

2. 一般来说,高考分数如果突破 600 分以上,可报全国重点如清华、北大、复旦等大学;其余分一本和二本分数线,上了一本分数线,可报一类学校的专业;上了二本的分数,可报二类学校的专业;剩下的是专科分数线。上了专科分数线者,可报专科学校。

3. 选择专业、学校要认真全面考虑。首先应查看我国各大学的办学情况和开设的专业,然后再根据自己所考分数,查找对应学校的专业情况,最后选择决定。主要的还是应根据自己的兴趣、爱好或特长来确定。因为兴趣是成功的开始,爱好是成功的希望,特长是成功的钥匙;其次再考虑气候、环境、语言等外部情况。另外,填报专业志愿应和家长协商——家长毕竟是过来人,经验丰富,考虑问题周到、全面,且关心子女,是子女的得力助手。

事情是不断发展变化的,选择学校、专业也一样,不可能十全十美,遇到问题时应抓西瓜,丢芝麻……有一首打油诗《新长征》说:"立交桥上走一程,各条大道通北京。千百专业任你选,满怀豪情新长征。"经过高考的高中生,在立交桥上走了一回后,"将军不下马,各自奔前程"——有的迈进了各类大学的校门,继续深造;有的走进了职业学院,学习职业知识;也有的则进入各类培训学校,学习一技之长;还有的走上了工作岗位……举目四望,大千世界,无奇不有;低头思想为自己的生存奔忙。因此说,在这"大众创业,万众创新"的大好形势下,青年人及早选好专业并为此而奋斗,是十分重要和必要的。比如郎平因爱好排球而成名;张继科、马龙因对乒乓球有兴趣而取得大满贯的好成绩。还有无数青少年因从小热爱科学、文学而成为科学、文学家等,都说明了这个道理。

然而,为什么同样的人,有的人能成名成家,有的却默默无闻呢?可能有如下几种原因吧。

1. 怕吃苦、怕受累,这是大多数人的思想。因为发明创新需要动脑筋思索、分析、研究,需要坚定的意志和顽强的精神,需要有克服困难的毅力和持之以恒的、不怕挫折的品质才行,而且要勇于艰苦奋斗、善于总结经验教训。而有些人惯于过安逸的生活,不求上进,所以很难有大的发展和长进。

2. 还有一种人是怨天尤人,一味地报怨老天、埋怨别人,把自己不如意的事情一味归咎于客观,是"宿命论"者,认为事物的发展和变化、人的生死贫富等都由命运或天命预先决定,人是无能为力的。这种人是唯心主义者,相信命运,停步不前,当然不会有发展。

3. 可能受环境认识、遗传等原因造成。人有千差万别,但一个人的成功与否,取决于其思想、意志、毅力和奋斗精神……

总之,高中生经过高考选择志愿专业后,还应继续发扬不怕苦、不怕累、艰苦奋斗的精神,在新的环境下,开始新的长征。路在何方? 路在前方,路在聪明的头脑中,路在艰苦奋斗中……

第六篇

06

| 大 学 篇 |

第二十章

以人为本,开始新的长征

高考结束后,标志着新的长征即将开始。人是不断向前的,要达到理想的彼岸,就要不断前进,因为每一代人有每一代人的长征路。今天,我们这一代人的长征路就是要实现中华民族伟大复兴的中国梦,为新的长征续写新的篇章,创造新的辉煌。

学习并弘扬伟大的长征精神,走好今天新的长征路,是新时代特别是新青年面临的光荣而伟大的使命。

第一节 新长征是人生必由之路

一、怎样走好新长征之路

所谓新长征,就是要在做人与成才、创新与创业之路上,学习革命前辈为了实现崇高理想而与天斗、与地斗、与自然斗的大无畏精神。笔者认为除此之外,还应该做到以下两点。

1. 胸怀祖国。所谓胸怀祖国,就是要爱国就像热爱自己的眼睛一样,热爱哺育培养我们的母亲,这是最最重要的。伟大的革命先行者孙中山先生曾说:"做人最大的事情是什么呢? 就是要知道怎样爱国。"

翻开中国的历史,上下 5000 年,中华民族之所以能昌盛不衰,就是因为历朝历代有无数知名不知名的爱国志士抛头颅、洒热血不屈不挠地斗争,才换来了今天的光明。比如汉代的卫青、霍去病、苏武,宋代的杨家将、呼家将,南宋的岳飞、文天祥,明朝的戚继光等。特别是 1840 年鸦片战争后的百年屈辱史,更表现了中国人民不受外侮、不怕牺牲、顽强奋战的爱国主义精神,涌现出了一批英雄人物如林则徐、关天培、刘永福、邓世昌等。再如抗日战争时期,中华民族为争取民族独立和自由,进行了不懈的斗争,牺牲了无数英烈,终于战胜了日本侵略者,他们可歌可泣的爱国精神，永远值得我们后辈纪念和学习。

"天下兴亡，匹夫有责"，所谓胸怀祖国，就是时时、事事、处处以祖国的利益为重。爱国的表现有多种形式——当国家有难时，应挺身而出去保卫祖国；在和平年代里，用自己的知识、智慧去建设祖国，这都是爱国。比如，中华人民共和国建立以后，有许多爱国学子在国外学成之后踊跃回国参加祖国的建设，有的科学家甚至经过千难万险才回到祖国，如钱学森、钱三强、邓稼先、王淦昌、黄大年等。还有许多国内的科学家，在各个科技领域为祖国和人民作出了卓越的贡献，使我们的祖国日渐强盛。我们要学习他们这种爱国主义思想和精神。

所谓胸怀祖国，就是大学生要继续努力学习文化科学知识，努力为祖国和人民做出优异的成绩。教育家吴玉章曾说："能够献身于自己祖国的事业，为实现理想而斗争，这是最光荣不过的事情了。"

2. 放眼世界。所谓放眼世界就是要放开眼界观看、思考，放眼未来。特别是当代大学生，更应该眼观全球，放眼世界，绝不能做井底之蛙和一叶遮目不见泰山的短见派。要适应时代发展的要求，树立民族自尊心与自信心，锐意进取，自强不息，确实把自己的爱国之心转化为报国之行。

青年兴则国兴，青年强则国强，因为青年人思路敏捷、精力充沛、身心健壮，正是学习科学文化知识、成人成才的大好时机。他们上进心强、有魄力，正是精明强干之时，他们勇往直前、勇于探索、勇于创新，易出成绩，所谓"青出于蓝而胜于蓝"就是这个道理。青年人肩负着强国富民的重任和推动历史前进的使命，因此说，青年人既要胸怀祖国，又要放眼世界，多了解世界发展的趋势，学习国外的先进科学，为建设祖国所用。

实践证明，一个没有鸿鹄之志只顾眼前利益的青年，将来是很难成为栋梁之材的。纵观历史，众多的科技专家、英雄模范等志士仁人，他们的灵魂深处都有着浓厚的爱国主义情怀，有远大的报国志向，所以才能成就一番事业。青年应向他们学习、看齐，努力成为国家的有用人才。

二、诚信、友善、敬业是立身之本

诚信、友善、敬业是做人的修身之本、立业之宝，三者缺一不可。

1. 中华民族是礼义之邦，历来推崇诚信，提倡"仁、义、礼、智、信"。"信"即诚信，诚实、守信用之意，也就是为人处事要说老实话、办老实事、做老实人，言行要一致。

孔子说："人而无信，不知其可也。""信则立，不信则废。"可见诚信的重要性。

我国几千年来一直把诚信作为自己的立身之道,比如历史上有无数个讲诚信、守诺言的志士仁人,如晋文公守信用,退避三舍而最后取胜成为霸主;韩信发迹不忘报恩,千金谢恩人;孔明守信"七擒孟获";张良守信获兵书;荆轲信守承诺刺秦王;皇甫绩小时读书"信规求罚",终成大业;梁颢守信抄书的故事等。当今,诚实守信之人更是层出不穷,扶贫救济者、帮助求学者、助人为乐者比比皆是,最著名的有雷锋、郭明义等,不一一列举。

总之,诚信是宝石,能激励人们心灵的火花;诚信是阳光,能温暖人们的身心;诚信是灯,能指引人们前进的方向。诚信也是共同的国际语言,诚信是良种,播到哪里哪里就会生根发芽,茁壮成长。

例如美国有个"诚实节"的故事,很值得我们学习。

5月2日是个普通的日子,但对于美国威斯康辛州的中小学生来讲,却很特殊,因为这一天要过诚实节。每年的这一天,当地各个学校都会举行各种形式的活动,对学生进行诚实教育。诚实节是为纪念一个年仅八岁的男孩而设立的,他因为坚持诚实而献出了自己的生命。

这是一个悲惨而又真实的故事。

在美国威斯康辛州蒙特罗市,曾有一个男孩,名叫埃默纽,他五岁时,父母双亡,成了一个孤苦伶仃的孤儿,生活无依无靠。这时有个叫诺顿的酒店老板对他说,"埃默纽,你到我的店里干活吧。"后来他被诺顿夫妇收为义子。但老板是个贪婪的人,他这样做是为了讨得慈善的好名声,让孩子帮他干更多的活。

转眼三年过去,埃默纽长到了八岁,他每天辛勤劳动,待人诚恳,彬彬有礼。

一天晚上,劳累了一天的埃默纽睡得正香,突然一声巨响惊醒了他。他不知发生了什么事,连忙起床到外面看,一幕可怕情景出现了。"天啊,你们在干什么?"他叫起来。原来老板夫妇正在杀人,被杀的是个商人,带了很多钱,晚上他在酒店喝成一滩泥。诺顿财迷心窍,为了掠夺钱财,竟杀死了商人。

埃默纽看见鲜血四溅,吓坏了,连忙躲回自己的小房间里。一会儿,老板收拾好外面的血迹,走进了埃默纽的房间。装着悲哀的样子说:"孩子你看到了,杀死他我也很伤心,明天如果警察来问此事,你就说这个商人喝醉了酒见人就打,老板是为了自卫,把凳子扔过去,不料竟把他砸死了。"埃默纽看着凶狠的老板,胆怯却坚强地说:"不,爸爸不是这样的,我不想说谎。"

老板生气了,逼着他说:"你必须这样说,快向我发誓。"埃默纽摇摇头说:"不,我不想说谎。"老板恼羞成怒,说:"那我就不客气了!"就把埃默纽绑起来,吊在屋梁上,用鞭子抽打他。"照不照我的话说?""不!"老板见埃默纽仍不改口,就狠命地抽打埃默纽,竟把他活活打死了。

事后,诺顿夫妇受到了法律的严惩。埃默纽小小年纪至死不肯说谎,他可歌可泣的事迹深深地感动了人们。蒙特罗市政府为埃默纽建造了一块纪念碑和一座雕像,纪念碑上写着:"怀念为真理而屈死的人,他在天堂永生。"威斯康辛州政府决定每年5月2日为诚实节,以永久纪念这个城市最勇敢的孩子。

诚信是志士仁人共同的高尚品德,也是人类应该共同学习的品德。因此说诚信是修身立业之本。

2. 所谓友善是说同学朋友之间要相互亲近和睦,团结友爱,互相尊重,友好相处。学习上要互相支持,工作上互相帮助,生活上要融洽相处,遇事应互相忍让,这样才能使人人友善、家庭和睦、社会和谐。

今天,我们更需要这种友善精神,无论是学习、工作,还是生活,都应该如此。因为一个人的能力毕竟是有限的,需要群策群力,方能成功。

3. 所谓敬业是指专心致力于学业或工作的精神。敬业也是一种奉献精神,一种全心全意为祖国为人民服务的精神。大学生、青年人,要想敬业就应该分三步走,从三方面——学习、工作、创业着手。

当今世界科技在飞速发展,国家非常需要科技人才,特别是高科技人才,作为一名大学生,没有渊博、深厚的科技知识是不行的。所以说大学生还必须继续努力钻研科技知识,研究科学的奥秘,不断增长学识才干,只有这样,将来才能更好地敬业。但是,也有部分大学生进入大学后放松了学习,这是不可取的。

美国大发明家爱迪生在研究各种电器设备的过程中,经常彻夜不眠,困了就伏在椅子的扶手上睡一下,醒了又继续研究。英国科学家牛顿,有一次请人吃饭,客人已经到了,仆人把饭菜摆上桌,却迟迟不见主人的踪影,原来,牛顿又进入实验室做他的实验去了。一进入科学的天地,他就忘记了外界的一切。客人只好自己吃完饭告辞了。他直到得出满意的实验结果才走出实验室,来到餐厅,发现客人吃剩的骨头,才恍然大悟地说:"我在实验室以为还不到吃饭的时候呢,原来早已吃过了!"正是这样一种"痴迷"的精神,才使他全身心地投入科学研究,成为历史上最著名的科学家和近代物理学的奠基人。

大学生、青年人都要学习科学家这种忘我的敬业精神,才能在科学事业上做出自己的成就。

青年人头脑里装有丰富的科技知识,还必须热诚努力地工作,才能做出成绩。爱默生说:"缺乏热诚,难以成大事。"因为热诚是一把火,可燃起成功的希望。成功只能在热诚的行动中产生,这是成功者的共同经验,也是开发生命的必然需求。你开发生命的宝藏越多,就越能体验到热情和努力工作的重要性。

热诚、努力地工作,有如下几方面的好处:一是会拥有明确的奋斗目标,然后付诸行动,迈出第一步;二是敢于从基层做起——年青人初入社会,应该有从基层干起的打算和决心,脚踏实地地工作是出人头地的必备条件,在基层锻炼自己也很有必要;三是发挥你的聪明才智,且要比别人更卖力地工作,才能受到人们的拥护。四是运气更偏爱那些肯动脑筋努力敬业的人,比如在伽利略之前,很多人都看到了悬挂着的物体有节奏地来回摆动,只有伽利略才潜心钻研,最后发现了钟摆的秘密,这对精确计算工时和天文学研究作出了重大贡献。事实证明,也只有那些肯动脑筋、敢于实践的人,才能创造出新事物来。

"大众创业、万众创新"的倡议和号召,是形势的需要,发展的需要。为了使大学生更好地创业,国家采取了许多必要措施,比如在全国各省、自治区建立了许多科研、创业基地,为大学生的创业、创新提供了必要的场所和方便条件,大大促进了大学生的创业热情——各种创业者正如雨后春笋般涌现。

创业者应明白,一切成功都要靠自己努力争取,创业、创新本来是一种艰苦的劳动,必须靠自信、毅力、坚持方能成功,也要学会在忧患中看到机会。有这样一个故事,在一个小镇上,有位老人把两个儿子叫来说:"你俩年纪不小了,应该到外面闯闯了。"俩儿子遵从父命,前往繁华的城市去。

大儿子数天后回来了。"怎么回事?你怎么回来了?"父亲问。

"爸爸,你不知道,那儿的物价实在太贵了!连喝水都要花钱买呢!如果在那儿生活如何吃得消?"

没过多久,二儿子拍电报回来:"这儿遍地是黄金,连我们喝的水都可以卖钱!我近日不打算回去了。"

又过了几年,二儿子在大都市发财了,他掌握了大部分的矿泉水市场,成为富甲一方的企业家。

同样的环境,有人看到的是机会,有人看到的却是问题。创业、创新也一样,能否在前进中看到机会,是事业成功的关键。机遇不能等待,应像无数科学家那样动脑筋创造机遇。要有决心不做平庸之辈,不管处在顺境或逆境,都要有取胜的决心和行动。成功在于勤奋努力,勤能补拙,所以要勤于学习、勤于思考,要勇于探索,就必有所获。

第二节　大学生的心理健康问题

进入大学,也等于走进了一个小型的社会——人来人往,学生们来自五湖四海,纷繁复杂,竞争仍很激烈……

一、大学生缺乏心理健康的表现

从当前我国大学的普遍情况看,大多数的大学生心理状况是好的,但是也有部分大学生的心理健康状况不容乐观。比如有的大学生在情绪、认知、理想、意志、行为等方面存在差别,在生活、学习、人际、恋爱人格等多种实践中遇到困惑,因而产生了各种心理健康问题。

据一项针对全国 12.6 万大学生的调查结果显示,20.3% 的大学生存在明显的心理障碍或各种亚健康问题。又如来自内蒙古呼和浩特市某高校心理咨询中心对 2639 名大一新生的思想、心理健康状况的测试分析,表明在一年内有自杀倾向的一年级大学生有 65 人,占 2.4% ;测试异常人数达 196 人,占 7.4% ;对"至今你觉得心理健康方面有问题吗?"做出肯定选择的有 800 人,占 29% 。大学生的心理健康问题,值得引起人们的重视。

针对大学生的心理健康问题,2003 年,教育部下发了《普通高等院校大学生心理健康教育工作实施纲要(试行)》,要求高校加强大学生心理健康教育。各地高校开始重视,纷纷设立了有关大学生心理健康的专业课,并用广播、专栏、校报等多种形式进行宣传,起到了一定效果,但仍应常抓不懈。

二、大学生心理健康问题产生的原因

大学生产生心理亚健康的原因比较复杂,有多种因素,既有思想因素,也有文化差异和个体差异等。

1. 自卑心理。有自卑心理的大学生为数不少——有人觉得奇怪,为什么都是大学生了,还会有自卑心理? 这就需要我们深挖原因。

有自卑心理的大学生轻视自己,整天悲观失望、忧郁孤独,总认为自己低人一等,总觉得别人瞧不起自己。例如有的学生学习较差,有的个子矮小或长相丑陋或出身低微,有的因失恋或遭遇某种挫折等而萎靡不振,不求上进,这就给学校的管理教育带来了不利因素。如 2005 年 5 月 13 日,北京大学医学部大三学生张金金在成都双流机场跳天桥自杀,实在可悲可叹。

解决的办法主要在自己，要正确认识自己，明白"人无完人，金无足赤"的道理。应积极向上、增强自信、乐于交往、发挥才干，必定会受到人们的尊敬和赞美；另外，从学校来说，要加强教育和宣传作用——从人生的价值等多方面进行宣传教育，广泛调动大学生的自主性、积极性、创新性精神。

2. 孤僻心理。"孤僻"是孤独怪僻的意思，有这种心理的人，往往很少与人交往，好像与世隔离，孤单寂寞，无所事事。

孤僻的表现是整天萎靡不振，上进心不强、不合群。孤僻的人有两种表现，一种是孤芳自赏，认为自己高人一等，不愿和人接触交往，自以为是；另一种人是性格冷漠，或是受了某种打击、挫折后产生悲观心理。总之，这两种情况都会影响正常的学习和生活。

解决的办法是性格要开朗、乐观，把自己融入集体之中，只有在大家庭中，个人才能得到发展的机会。一个拒绝融入集体的人，必定会孤僻、寂寞、无聊。要积极参与集体活动，在为他人理解、接受、欢迎时，自己也就摆脱孤僻了。

另外还有不求上进、忌妒等不良心理都是影响大学生进步的坏毛病，应坚决去掉。比如不求上进者，一般性格内向，内心的纠结、痛苦不愿告诉别人，怕丢面子或暴露自己的缺点被人瞧不起；有上进心但意志薄弱、坚韧心不足，碰到困难就愁眉苦脸、怨天尤人，也会灰心丧气，停滞不前；至于忌妒心理危害更大，前面已提到，这里不重复了。

3. 影响大学生心理健康的外因是环境影响，一些大学生受外部坏风气的影响而变坏，也是屡见不鲜的，比如对网络的迷恋等。

总之，作为天之骄子的大学生，居然会出现诸多心理亚健康问题，甚至会自杀，看似让人不可思议，但究其原因，可能是因心理障碍、生理疾患、学习或就业压力、情绪挫折、家庭变故、环境等诸多因素造成，很多问题是因为心理不健康而导致的。

大学的学习目的、内容、方式有别于中学，其重要特点是学习的自主性强——学生是学习活动的主体，而教师是指导者。

随着社会对大学生要求的逐步提升，用人标准的转变，使很多大学生在校就既要学习专业知识，同时还要选修其他相关知识，如外语、计算机等，还要考取各类证书或继续深造，以适应激烈的市场竞争。假如大学生自控能力弱，学习动机不够或学习方法不妥、能力不强，就会出现自信心下降、自卑感上升，从而出现焦虑、紧张等反常情绪，同时也会极大地影响大学生的心理健康。为此，国家对大学的教育改革首先提出要对大学生加强政治思想教育，加强世界观、人生观的教育，加强社会主义核心价值观教育，是特别适时必要的措施。

三、怎样扭转大学生心理亚健康的问题

要以学校教育为主,家庭、社会教育密切配合。学校要根据大学生出现心理亚健康的原因,有针对性地进行教育。国家应大力宣传对大学生的优惠政策,拓宽大学生的就业门路,减轻其就业压力,鼓励大学生创业创新,到基层、到艰苦的地方锻炼自己。要大力宣传、提倡、教育大学生胸怀祖国,面向未来,要去掉私心杂念,发挥才华,鼓励他们全心全意为人民服务,成为建设祖国的栋梁之才。其次家长也要密切关注孩子的成长和心理变化,一旦发现子女有亚健康问题要及时引导或就医。

第三节　机遇垂青于勤奋博学、能力强的人

大学生们应该明白,人的一生有许多机遇,而且机遇对人生也至关重要。但是自己若不努力,不提高自身的素质和能力,那么机遇也很难降临于你,即使降临了,也会因你的素质能力差而离开你。所以说,机遇只垂青勤奋博学、能力强的人。

纵观历史和现实,任何一个成功青年,都与客观环境、自身素质和机遇这三个因素有关,比如许多科学家、艺术家、军事家等,都是靠这样成功的。不同的大学生对机遇有不同的认识和看法,一种是积极寻找机遇,另一种是等待机遇,还有的则是埋怨机遇。

一、机遇只垂青积极探索的人

所谓机遇是指时机、机会,如难得的机遇等。俗话说"机不可失,时不再来",说明机遇的重要作用。聪明者在学习上积极寻找机遇,寻找学习技巧,在学习上能取得好成绩;或者在工作中积极寻找机遇,发挥自己的才能受到领导的好评或重用,再加上积极探索,必能取得更加优异的成绩。

我国伟大的无产阶级革命家朱德同志就是这样一个典型。朱德的成功与其勤奋好学、积极寻求机遇、探索真理有着相当密切的关系。

相传朱德由于从小勤奋学习,所以成了前清举人,在旧军队里当过旅长。但他痛恨旧社会的黑暗,为追求真理,探索真理,积极寻找机遇,因此辞官不做,只身到上海寻找党组织,后又到法国勤工俭学,在周恩来的介绍下加入了中国共产党。从此后,和其他革命同志一道,不怕苦不怕累,出生入死地为自己的理想而奋斗,

真是"鞠躬尽瘁，死而后已"，确实是我们后辈学习的典范。

　　像朱德这样的志士仁人还有很多，如周恩来、邓小平、彭德怀等；又如无数爱国的科技人才，他们努力寻找机遇，积极探索科学奥秘，呕心沥血，为祖国和人民做出了卓越的贡献，也是广大青少年、大学生努力学习的楷模。这是积极探索机遇的第一种人。

二、第二种是等待机遇的人

　　为什么有些人常常抓不住机遇呢？这是因为他们对机遇认识不足，一味等待、懒惰错失了良机。殊不知机遇只垂青努力上进的人，垂青顽强拼搏的人和热心工作的人。幸运和机遇不会垂青等待者。有这样一个故事很说明问题。有个年轻人靠在一块大石头上，懒洋洋地晒着太阳。这时，从远处走来一个机遇老人。

　　"年轻人，你在做什么？"老人问。

　　"我在这儿等待机会。"年轻人回答。

　　"等待机会？机会是什么，你知道吗？"老人问

　　"不知道，不过，听说机会是个很神奇的东西，你只要遇见他，你就会走运，或者当官，或者发财，或者娶个漂亮老婆……反正，好极了。"

　　"你连什么是机会也不知道，还等什么？还是跟我走吧，让我领着你去做几件于你有益的事吧！"说着，机遇老人要拉年青人走。

　　"不，不，不！少来添乱，我才不跟你走呢。"年轻人说。

　　机遇老人叹息着离去了。

　　不一会儿，一位鹤发童颜的老人来问年青人："你抓住他了吗？"

　　"抓什么？他是谁？"年轻人问。

　　"他就是机遇呀！"

　　"天哪！我把他放走了！"年轻人无比后悔，叫喊着，想让"机遇"返回来。

　　"别喊了。"老人说，"机遇是一个不可捉摸的东西，你等它时，它可能迟迟不来，你不留意时，它却来了。所以，要好好把握，抓不住它时就永远错过了。"

　　"天哪！那可怎么办呀，难道再没有机遇了吗？"年轻人哭着说。

　　"那也未必！"老人说："机遇不能老等，要创造机遇才行！"

　　"机遇还能创造吗？"年轻人问。

　　"当然。"老人说："你想想，许多科学家的发明、创新，不是靠自己创造机遇探索研究出来的吗？所以，年轻人不要老等待机遇，要学会自己创造机遇才行！"

　　"原来如此！"年轻人恍然大悟。

聪明者寻找并创造机会,愚蠢者坐等且错失机会。青年人,其实命运掌握在你自己手中。

三、第三种人是怨恨机遇的人

这种人因抓不住机遇而在事业上停滞不前以至一事无成,于是就埋怨机遇,怨天尤人,认为自己的命运不好,尽找客观原因。其实,原因主要有以下几点:一是这种人对把握机遇的重要性认识不足,有侥幸心理;二是缺乏对机遇的敏感性,不善于认识把握机遇;三是更主要的,即不动脑筋、懒惰、依赖、等待、观望等,希望天上掉馅饼给他。因此,不找主观缺欠,尽找客观原因,有"宿命论"思想。

有这样一个民间故事,有一天灶神爷和财神爷争论起人们贫富的缘由来。灶神爷认为人的贫穷是因不动脑筋、懒惰造成的;而富贵正好相反,是靠开动脑筋十分勤奋而成功的。财神爷却认为贫富是由命运决定的。二神各抒己见,谁也说服不了谁,于是商定共同到人间考察。

来到人间,他们暗暗熟悉了两个穷汉和一个富翁,每天要从一座桥上经过,于是就决定考察他们三个人。一天,他俩见那俩穷汉衣服破烂脏乱,蓬头垢面,愁眉苦脸,正坐在阴凉处捉虱子,还不知谈论些什么。

二神见后十分怜悯、同情,决定资助这俩乞丐。

快到中午了,俩乞丐准备过桥到村西要饭吃。二神见桥上无人,就把一个元宝放在桥中,让乞丐去拿。

只见两人走到桥前约定说:"今天咱俩闭着眼过桥,谁落后谁要饭,行吗?"

"行!"

于是二人闭着眼,跌跌撞撞地过了桥,睁开眼大笑一回。小个子晚了一点,二人离桥而去。一个明晃晃的元宝没有看见。

"你看怎样?"财神说。

"啊!原来如此。"灶神爷非常奇怪。

于是他俩又把元宝放在桥西的一片树林里,等待着下一个节目。

大约过了一个小时,只见富翁骑着高头大马果然来了,只见他过了桥下了马,把马拴在桥桩上,自己走进了树林里。

原来,这片树林正是富翁的,他要进去考察一下树林的环境及树的长势情况。碰巧有点肚子疼,四处查看了一下,望见远处有一缕亮光,走近一看,原来是一个元宝,真让他喜出望外!

"事情就是这样。"财神爷说,"有缘千里来相会,无缘对面不相识。"于是两位神仙扬长而去。

青年人要切记:千万要开动脑筋,勤奋努力,争取机遇,创造机遇,成为一个有为青年。

第四节　立足当前,面向未来

所谓大学生要立足当前,面向未来,就是说在校期间,大学生仍要努力学好科学文化知识。这是国家的需要,也是自己的需要。

一、立足当前,面向未来的重要作用

我国要实现中华民族伟大复兴的中国梦,要把我国建设成为一个富强、民主、文明、和谐的社会主义现代化强国,需要大量德才兼备、勇于担当、年轻有为的科技人才,特别是高科技人才,在各个科技领域同心同德、开创进取,为祖国为人民发热发光。这是党和国家的需要。俗话说:"学如逆水行舟,不进则退。"时不我待,所以大学生要立足当前,面向未来。

所谓立足当前,就是要在新的环境条件下,继续努力学好文化科学知识,在学好自己专业的基础上,根据自己的兴趣爱好或特长,再选学一两门专业,成为全面手,为今后的就业创业和更好地工作奠定坚实的基础。

所谓面向未来,就是要面向世界,面向将来。从当前着手,也要为将来着想做准备。即要"胸怀祖国,放眼世界,以人为本,与时俱进",紧跟时代的步伐,奋勇前进!只有这样把自己的人生融入到国家和人民的事业中,才能真正发挥个人的人生价值。

二、应怎样立足当前,面向未来

鲁迅先生曾说,"凡是在事业上有所成就的人,都有一个成功的诀窍,变闲暇为不闲,也就是不偷清闲,不贪逸趣"。

青年人还可能记得"明日歌",记得"寒号鸟",记得"学习喜鹊垒窝"的教训。青年人应该明白,今天是最重要的。不要把今天该做的事拖到明天,寄希望于明天的人是一事无成的人。只有抓住今天才能为明天奠定坚实基础,才能有灿烂辉煌的未来。

比如宋朝初年,有个名人叫钱惟演,生长于富贵之家,他从小热爱读书,没什么其他嗜好,靠学识做了官。他曾对下属说他"平生惟爱读书,坐则读经史,卧则

读小说,上厕则读小辞,盖未尝顷刻释卷也"。读书手不释卷,因此改变了人生,值得学习。古往今来,这样的书迷、书痴,可真不少。

再如清华园学生钱钟书追求真正学问的事迹。学生时代的钱钟书就立志要"横扫清华图书馆",即把清华大学图书馆130多万册藏书,从 a 字第一号开始,通览一遍,有的还要做批注,还要浏览其他书刊。

钱钟书在清华读书4年,共读了33门课程,29门必修,4门选修,包括英文法文伦理学、西洋通史、古代文学、戏剧、文学批评、拉丁文、文字学、美术史等,第一学年除体育和军训科吃了当头棒外,其余绝大部分为优秀。钱钟书还强调干事不能拖延,要"及早""马上"。

钱钟书的成绩当时在文学院和全校都是出名的。

虽然钱钟书先生一生孜孜不倦,但他不主张做书呆子,而是追求真正的学问,他著的《管锥编》一书,囊括了古今中外近4000名作家的上万种著作中的数万条资料,内容几乎涉及人文科学的所有门类,是一部人生感悟和洞察的书,一部谈世道人心,纵横捭阖、浩浩荡荡的煌煌巨著。

钱先生的真知卓识值得我们学习。他认为,多读书,多思考,多比较,从中发现问题,达到触类旁通的方法是科学的,所以身体力行,成了一名博学有才之士。

成功的法宝是勤奋和毅力。大学生要想在学习和事业上有所成就,必须勤奋并有毅力。

有这样一个真实的故事。据说在很久以前,有一位老酋长病重,他找来族中最优秀的三位青年人对他们说:"不久我就要离开你们了,你们要为我做最后一件重要的事,就是要你们用勤奋、智慧和毅力,攀登那座我们一向认为最神圣的大山。你们要尽其所能爬到顶峰,然后返回来告诉我你们的见闻。"

7 天后,第一个年轻人回来了,他告诉酋长说:"我爬到山顶了,我看到那里绿树成荫,柳暗花明,鸟语花香,流水清清,是个好地方。"

老酋长笑着说:"孩子,那地方我也去过,是山麓,不是山顶,你回去吧。"

10 天以后,第二个年轻人也回来了,他精神疲惫,满脸风霜:"酋长,我到达山顶了,我看见乌云翻滚,松树呼啸,天气寒冷,不是长留之地。"

"孩子,那不是山顶,是山腰,不过也难为你了,回去休息吧。"

一个月以后,在人们正为第三个年轻人担忧的时候,他却步履艰难,衣衫褴褛,唇焦舌燥,但心情愉悦地回来了。

"酋长,我终于到达山顶了,那里只有蓝天白云、冰雪和寒风,但一览众山小,让我心旷神怡,心驰神往,舒畅极了。"

"你有何感想呢,孩子?"酉长问。

"它让我想起千古英雄的业绩,想起勤奋、毅力是成功法宝。"

"孩子,祝福你,你到的是真正的山顶,按照我们的传统,应该立你为新酉长,让他们学习你的勤奋和毅力。"

古今同理,凡事业有成者都与勤奋和毅力有关,特别是当今社会科技飞速发展,竞争如此激烈,作为大学生,要想事业有成,就必须发扬刻苦勤奋的精神,专心致志,创业创新,以爱国之心报国之志,把全部才华奉献给祖国和人民。

第五节　关于留学的问题

留学是国与国之间为了相互学习、进行贸易往来文化交流等,互派学生到各国学习或研究,具有极其重要的意义。

一、留学的重大意义

随着科学的进步和社会的发展,除民间交流外,国与国之间的交流也愈来愈频繁和重要。比如国家之间为了相互交流便利,就互派大使进行联系,工作更为方便。

当今世界经济全球化,各国之间相互交流学习更加迫切,同时也促使各国互派留学生学习他国语言和文字文化。各国互派留学生学习有如下好处:

1. 留学生是桥梁,是纽带,是促进国与国之间沟通交往的使者,是促进各国间文化科学交流的介绍人。国家之间相互学习科学文化,取长补短,共同提高,离不开留学生。

2. 留学生是了解、学习、研究他国情况的使者,通过学习他国的语言文字,互相交流学习,达到互利共赢之目的。

3. 学习他国的先进经验和科学技术,帮助弱小国家建设,促进共同发展,和别国交往,不懂人家的语言文字和风俗是不成的。

4. 促进民间交流,做好翻译工作。总之随着科学的进步、社会的发展,国与国人与人之间的交往更为密切,因此,留学生的重要性更加明显,学习外语越来越重要。

特别是我国自从改革开放以来,全国人民在党中央英明正确的领导下,各方面取得了举世瞩目的伟大成绩。比如经济建设空前发展,人民生活空前改善,科技事业空前进步,国际地位空前提高。所以世界各国十分向往中国,来我国留学的学生像雨后春笋一般。我国也采取"走出去请进来"的战略,比如设立"孔子学院",在世界各个国家和地区先后办起了 500 多所,中国的科技文化及教育逐渐受到了世界各国的重视,文化自信得到了进一步加强。

二、留学的种类和层次

上面谈到,青年人出国留学,喝点洋墨水是大好事,于国于己都有利! 于国而言,国家正需要大量德才兼备的高科技人才建设中国;对于个人而言,学成以后用真本事来建设新中国,这是两全其美的事情。因此,国家、家长和学子们都十分重视出国留学问题,每年有大量学生出国留学。

留学分两类,一类是公办留学生,也叫国家公派留学生。每年秋季,国家根据需要,会从各大学中选拔各种专业优秀的人才出国留学,一切费用由国家负责,学制一般为 3~5 年,学成以后回国参加祖国建设。

另一类为私人留学,也叫自费留学。当今有的家长希望子女喝点洋墨水儿,毕业后找份好工作或留在国外工作。这样的学生,有的高中甚至初中毕业后就到国外留学了,在出国前会到专门机构补习外语。

关于外国大学的层次问题,也有上、中、下三等档次。一般知名的大学是上档次的,可信的;不知名的民办大学就难预料了。所以,念自费大学时选择大学和专业特别重要,要谨慎行事。

三、留学生应注意的问题

上面提到外国的大学也有档次,也有三六九等之别。为此中国留学生出国留学时,选择大学和专业要充分调查研究,三思而后行,特别是自费留学生。因为自费留学失去了国家的支持和保障,有时会孤单无助,再加人地生疏,极易上当受骗。那么,打算自费留学的学生应该注意些什么问题呢?

到国外大学就读,要按国家公布的国外知名大学就读,不要到不知名的大学就读。一是教学质量有保证,二是安全有保障。

不要完全相信招生广告。因为有些不知名大学为了赚钱,为了多招留学生、多赚外汇,利用中间人做虚假广告,切忌上当。许多家长为子女留学心切,相信了招生广告,结果花钱多不说,教学质量也不能保证,人身安全也得不到保障,而且毕业后国家还不承认学历,真是后悔莫及,苦不堪言。

要按照国家的规定,应办的协议手续、要找的保人等要办理齐全,同时要先了解查访清楚,没有问题后再签约。

留学生本人在国外学习人地生疏,毕竟和国内不同,所以一切要自立自尊,自信自强。首先应熟悉学校环境。要遵守有关国家法律,遵守校规,以免发生意外,随身不要多带现金或贵重物品。宿舍内要备急救箱,学习急救知识等。要团结同学,应当交几个正直的本国知心朋友,遇事帮助解决。因为有的国家社会不太稳定。要经常和同时出国的同学联系,经常和家长联系,有事可和使馆人员联系。总之,留学生要自律,要自强不息,趋利避害。

第六节 继续深造,成为高科技创新人才

所谓继续深造是指大学生或有志青年进一步学习,以达到更高的程度,成为高科技人才,将来更好地报效祖国和人民,也为世界的发展与进步添砖加瓦!

一、继续深造是祖国和人民的需要

这是因为当今世界科技飞速发展,每天都有新发明新创新,科技人才竞争十分激烈。李克强总理曾说:"国家之间的竞争其实是人才的竞争。"一语道破了人才的重要性。

当前,我国正为实现四个现代化,实现"两个一百年"的宏伟目标,建设富强、民主、文明和谐的世界一流的社会主义现代化强国,实现中华民族伟大复兴的中国梦而努力奋斗,更需要大量的德才兼备的高科技创新人才。所以说大学生、有志青年继续深造,是祖国和人民的需要。

二、当今我国高科技创新人才太少

根据我国高等教育的学制和学位,大学本科四年毕业为学士。再到有关教育科研单位学习两到三年毕业为硕士。硕士继续在教育科研单位学习研究,两到三年毕业后为博士。此外还有博士后。另外,我国科学院对部分高级科研人员,或在科研中取得突出贡献者,给予"院士"最高学位称号。

我国虽然人口众多,但是高科技创新人才和欧美发达国家相比仍然太少。根据专家的研究及实践证明,人的品格在青少年时期就基本定型,所以在这一时期应加强创新能力的培养,使其从小就养成创新的观念和习惯,这十分重要,例如美国、瑞士、俄罗斯等国家就特别重视这方面的培养与教育。

总之素质教育很重要。从宏观上看,要实现从中国制造到中国智造,达到世界一流水平,就要让广大青年不走老路,开创新路,做创新人才,这对高等教育更为重要。要启发其想象力、创造力,把应试教育转化为创新教育,让中国的高科技

人才大量涌现。

三、凝神聚力,向高科技进军

国家的兴旺发达,离不开科学技术,离不开知识分子的科技创造,更离不开党对知识分子的英明决策。

党的关怀是知识分子献身的源泉。我国自改革开放以来,对知识分子十分关心和重视。比如吸收海内外的英才来中国搞科研,发挥他们的才华,为实现中华民族伟大复兴的中国梦凝聚合力。党中央对于知识分子的贡献给予高度肯定,并对广大知识分子寄予殷切的厚望,体现了我党对知识分子工作的认知达到了新高度。

党给知识分子指明了前进的方向,要求广大知识分子紧密团结在党中央周围,自觉践行社会主义核心价值观,要有家国情怀,勇于担当使命,坚守正义,追求真理,恪尽职守,把个人的发展融入到伟大的社会主义事业中,不忘初心,牢记使命。

当前,我国在特色社会主义建设中,各方面都取得了卓越的成就,值得骄傲自豪。但是目前我国科技创新能力与发达国家相比还有差距,这就要求知识分子们要更加凝神聚力,更加强化担当意识及创新意识,为实施我国创新驱动战略,建成创新型国家贡献智能和才华,不断向高科技进军。

第七节　恋爱结婚,建立和谐美好家庭

恋爱结婚是人生中的一件幸事、喜事,也是一件大事。俗话说终身大事,就指恋爱结婚这件事。

一、恋爱结婚是每个人成长过程中的客观规律

不论男女青年,身体发展到一定时期,生理发育趋于成熟,就要谈婚论嫁,这是客观规律。封建社会,婚姻由父母做主包办,子女毫无权利,可现在完全不同了,青年男女只要符合婚姻法条件,就可以自由恋爱结婚,这是青年人的权利。

恋爱是青年人相爱的具体表现,是结婚成家立业的第一步,特别重要,也要特别慎重。大学生恋爱要真心要诚心,要自尊自爱,要讲道德,既要对自己负责,也要对别人负责,应注意以下几个方面问题。

一般来说,在学习期间不易恋爱,为什么呢?这是因为大学生在学习期间是

掌握科学文化知识的重要时期,是第一位的。如果对某人产生爱慕之情,必然会胡思乱想,朝思暮想,这样必定会影响学习,特别是单相思,更是如此,此其一也。即使不是单相思,成功的几率也很小,因为前途未定,毕业后各奔东西,再加上经济没有独立,对工作造成很大压力,对双方都是不可取的。因此说对自己对别人都要负责,此其二也。

所以对终身大事必须正确慎重对待,双方的目的首先要纯正,态度要真诚,互相了解,互相谈心:谈理想、谈性格、谈家庭、谈优缺点、谈打算、谈奋斗、谈志趣。经过一段时间的接触、了解、谈心、思考,如二人都认为双方志趣相投,志同道合,可以结为伴侣,就可以通知双方家长并见面,进一步沟通,事情就接近成功了,但必须经过双方家长同意才好。需要补充的一点是,二人在谈心的过程中如认为合得来,可以继续,如果一方认为不合适就要终止,避免都受到不良影响。

二、结婚是建立幸福家庭的开始

有条件的大学生结婚后,即开始建立和谐美满幸福的家庭。当然,此时要边继续学业边经营家庭,身上的担子更重了。一定要处理好二者的关系,以免影响学业完成。

什么是家庭? 家庭是以婚姻和血统关系为基础的社会单位,包括父母子女和其他共同生活的亲属在内。那么什么是和谐、美满、幸福的家庭? 又该怎样建立这样的家庭呢? 关于这个问题,许多名人、作家都做了精辟的论述,比如科威特作家穆尼尔曾说:"夫妻生活中最可贵的莫过于真诚、信任和体贴。"美国卡耐基夫人曾说:"和丈夫志同道合,就是婚姻美满的一个基础。"俄国托尔斯泰也说:"幸福的家庭都是相似的,不幸的家庭各有各的不幸。"

此外,还应该有以下几点认识。一是男女双方要明白婚后二人所肩负的重要责任,那就是敬老爱幼,双方都有老人,总要有孩子。一般来说,爱小容易敬老难,所以说这是第一位的。不要把老人当作累赘,每人都有老的时候,只有夫妻双方敬老爱老,以身作则为子女做榜样,孝道才会代代相传,成为一种美德,家庭也才会和谐美满幸福。二是双方要志同道合,心往一处想劲儿往一处使,总会有收获的。俗话说"二人一条心,黄土变成金,一人一条心,穷断脊梁筋"就是这个道理。因此遇事要共同商量,对者为师,取长补短,共同进步。即使生活暂时苦一点,也没有关系。有格言说丈夫的成功必然有妻子的一半;同样,妻子的成功也必然有丈夫的一半! 三是出现矛盾时要相互忍让包容。不是尖锐矛盾的话,要认真思考、处理,要讲道理,切忌使用暴力使矛盾激化。有错者要知错必改,要主动向对方道歉,使大事化小小事化了,夫妻间不必过分计较。

另外,彼此要忠诚、忠贞,不能出轨破坏婚姻。

三、夫妻相守一辈子很难吗?

人人向往与爱人相守一辈子,白头偕老。但是随着我国改革开放政策的实施,西方所谓的性自由、性开放,打破了我国保守专一的两性风俗与观念,造成离婚率居高不下,而且还有逐年上升的趋势。据上海社会科学院研究所的调查,40%的离婚是因不忠导致的。婚姻是自私的,婚外情成了离婚的第一主因。

另据中国人民大学性社会学研究所所长潘绥铭的研究,中国人婚外情的发生率正在逐年增长,如2000年男性出轨率为13.2%,女性出率为4.25%。到2010年,这一数据增长到了28.9%和9.7%。值得注意的是,中国男女的出轨率都高于美国、法国、意大利等国,尤其女性更高。为什么家有"贤夫娇妻"还要"红杏出墙"呢?根据2015年"网易新闻"进行的一次大调查,48%的男性出轨理由为感情得不到慰藉,此外还有认识误区的诱使,认为情妇更美、更性感,以及好奇心驱使等原因。无论男女,有婚外情者都是极其有害的,必须认清并抵制诱惑,禁止发生这种婚姻悲剧。

那么婚外情有哪些严重危害呢?第一,影响夫妻间的感情,使家庭处于紧张、不睦、矛盾或分裂状态。因为有外遇的男方或女方,往往会遭到对方的记恨和报复,因而经常产生矛盾、吵架,给家庭带来不安定因素。第二,有外遇者往往对家庭冷漠,造成家庭矛盾不断加深,男的有外遇,把钱给了情人;女的有外遇,整天吃喝玩乐,不务正业,双方疾恶如仇,甚至产生暴力,感情难以恢复,于是只好离婚。这是我国离婚率逐年上升的主因,在给家庭带来不幸的同时,也使子女受到伤害,给社会带来了混乱。第三,严重者甚至会因矛盾难以解决而导致杀人事件。这样的事例极普遍。俗话说"自古奸情出人命",就是这样。第四,易传染疾病。婚外情经过乱搞两性关系,容易传染疾病。比如性病、梅毒等,特别是传染艾滋病毒,更是一种严重的伤害。

要想解决这一问题,一是要大力宣传婚外恋的危害。二是要大力宣传建立和谐美好家庭的好处及必要性,提倡向五好家庭学习,依法严惩婚外恋,禁止婚外情乱象。三是要严厉扫黄打非。四是要提倡诚信和谐,夫妻白头偕老,严控随意离婚,禁止暴力伤害他人等。

总之,家是最小的国,国是最大的家,家和万事兴,国和永昌盛,所以说要想把我国建成一个民主、文明、诚信、友善、繁荣昌盛的伟大社会主义强国,家庭和谐也是一个极其重要的因素。

　　望所有家庭和谐美满、志同道合、齐心协力,共同为建设小康家庭,更为建设富强昌盛的祖国而努力奋斗!

2017 年 8 月 20 日